願天常生好人
願人常做好事

孟子旁通（中）

——公孙丑篇——尽心篇

南怀瑾 讲述

人民东方出版传媒
東方出版社

图书在版编目(CIP)数据

孟子旁通.中,公孙丑篇 尽心篇/南怀瑾讲述.—北京:东方出版社,2022.1

ISBN 978-7-5207-0805-0

Ⅰ.①孟… Ⅱ.①南… Ⅲ.①儒家②《孟子》-注释 Ⅳ.①B222.52

中国版本图书馆 CIP 数据核字(2019)第 029838 号

孟子旁通(中):公孙丑篇 尽心篇
南怀瑾 讲述

责任编辑: 王夕月
出　　版: 东方出版社
发　　行: 人民东方出版传媒有限公司
地　　址: 北京市东城区朝阳门内大街 166 号
邮　　编: 100010
印　　刷: 北京明恒达印务有限公司
版　　次: 2022 年 1 月第 1 版
印　　次: 2023 年 6 月第 2 次印刷
开　　本: 650 毫米×960 毫米　1/16
印　　张: 29
字　　数: 351 千字
书　　号: ISBN 978-7-5207-0805-0
定　　价: 66.00 元
发行电话: (010)85924663　85924644　85924641

编者的话

南怀瑾先生是享誉国内外，特别是华人读者中的文化大师、国学大家。先生出身于书香世家，自幼饱读诗书，遍览经史子集，为其终身学业打下了扎实基础；而其一生从军、执教、经商、游历、考察、讲学的人生经历又是不可复制的特殊经验，使得先生对国学钻研精深，体认深刻，于中华传统文化之儒、道、佛皆有造诣，更兼通诸子百家、诗词曲赋、天文历法、医学养生等等，对西方文化亦有深刻体认，在中西文化界均为人敬重，堪称“一代宗师”。书剑飘零大半生后，先生终于寻根问源回到故土，建立学堂，亲自讲解传授，为弘扬、传承和复兴民族文化精华和人文精神不遗余力，其情可感，其心可佩。

一九七六年，南怀瑾先生应台湾《青年战士报》之邀公开讲解《孟子》，广受欢迎，其中关于《梁惠王》的讲授整理成《孟子旁通》（一）于一九八四年出版。因缘境遇波折，三十多年后，南先生关于《孟子》其余六篇的讲授在整理后才陆续与读者见面。当时鉴于先生对各篇的讲授皆可单独成书，故出版时未再沿用《孟子旁通》之名，而是各篇自成一书，各书重定名目。经南先生及其法定继承人独家授权，我社陆续以《孟子与公孙丑》《孟子与离娄》《孟子与万章》《孟子与尽心篇》《孟子与滕文公、告子》的名义，出版简体字本，献给广大热爱中国传统文化的读者。

被后世尊为“亚圣”的孟子，终生以效法孔子为志，是孔子儒家学术思想和理念的重要传承者，是研究中国传统文化不可回避的历史人物，对后世产生了深远的影响。他的思想存于《孟子》七篇，是儒家的重要典籍，记载了孟子及其弟子的政治、教育、哲学、伦理等思想和政治活动。宋代学者将其与《论语》《大学》《中庸》合称为“四书”。

南怀瑾先生对《孟子》极为重视，在讲授时阐发颇多，感触颇深。于《梁惠王》篇，他指出，孟子用“仁政”理念说服梁惠王和齐宣王，在义利之辨上更具超越性；于《公孙丑》篇，他认为，孟子借着与公孙丑的问答，表达出中国文化的精髓——“内圣外王”的中心思想；于《离娄》篇，南先生以为，孟子继承了孔子编纂《春秋》的精神，具体而微、深入又广阔地阐释了中华悠久的文化传统；于《万章》篇，南先生谈道，孟子在此篇提出了许多重要的概念，如知人论世、以意逆世等，涉及为人处世的诸多原则；于《尽心》篇，南先生以“修身立命”总领，以“尽心”点题，并借孟子“五百年必有王者兴”之叹，冀望于二十一世纪之青年学子；于《滕文公》篇，南先生分析了孟子如何教导“未尝学问，好驰马试剑”却又不甘堕落的滕国世子修心养性，及至领导滕国在战国列强的夹缝中自立。而在对《告子》的讲解里，南先生判断中国历史上有关性善、性恶辩论的得失，阐发孟子传授的养心、养气方法，孟子与墨家巨子、淳于髡、慎子等名流在思想交锋中体现的儒家社会理想、对政治以及仕宦者事君之道的看法，等等。

尽管由于各种原因，《滕文公》的记录稿大部分已遗失，南先生亦未能补讲，《告子》的整理稿，先生也没有完成全部审订工作，这是不能弥补的遗憾。但先生通过孟子传达的大丈夫当养“浩然之气”、行己有耻、立身有义的主张，做人的进退之道，已是神完无缺。因此，在目前《孟子》七篇讲授已全部出版的条件下，我们遵照南怀瑾先生生前的愿望，重新将其合为一集，回到《孟子旁通》名下，以期完整展现南师对《孟子》的全部理解和阐发。

我社与南怀瑾先生结缘于太湖大学堂。出于对中华优秀传统文化的共同认识和传扬中华文明的强烈社会责任感、紧迫感，承蒙南怀瑾先生及其后人的信任和厚爱，独家授权，我社遵南师遗愿，陆续推出南怀瑾先生作品的简体字版，其中既包括世有公论的著述，更有令人期待的新说。作为一代国学宗师，南怀瑾先生“通古今之变，成一家之言”，毕生致力于民族振兴和改善社会人心。我社深感于南先生的大爱之心，谨遵学术文化“百花齐放，百家争鸣”之原则，牢记出版人的立场和使命，尽力将大师思想和著述如实呈现读者。其妙法得失，还望读者自己领会。

东方出版社

二〇二一年十二月

目　　录

公孙丑篇

尽　心　篇

公孙丑篇

出版说明

自从一九七六年南师怀瑾先生讲完《孟子》以来，至今已是三十五个年头了。当时是应台湾《青年战士报》唐社长之邀请，在该社所作的公开讲课。为了使年轻听众易于了解，南师是与历史配合，且以轻松浅显方式讲解，俾使听众能深入经典中的真义和精神。

《孟子》全书共七篇，第一篇《梁惠王》于一九八四年出版，书名为《孟子旁通》（一）。惟世事无常，次年南师又应邀前往美国，《孟子》其余各篇记录，皆随带至美，后又辗转各地，至今始得重启整理工作。

《孟子》这本书，是中国传统文化中重要的儒家典籍。孟子生于战国时代，他继承了孔子的精神，始终为人伦正义，为道德政治奔走呼号。所以在《孟子》书中所记述的，不仅是为政的原理准则，更是人人身心道德修养的基本。

数千年来，孔孟之道为什么如此受到重视？正如南师在《孟子旁通》前言所说，孔孟的一生，“始终为崇高的理想而努力，放弃了自我而为天下人着想，为千秋万代着想，因此也就受到人们一种超越的崇敬，称之为圣人”。

时至廿一世纪的今天，孔孟学说在世界各地皆有蓬勃而起的趋势，现《孟子·公孙丑》篇已在南师指导下先行整理出版，其余各篇亦将加紧整理工作，陆续印行出版，以飨爱护传统文化的读者。

再者，本书虽为《孟子》的第二篇，由于亦可单独阅读念诵，故而另定书名为《公孙丑篇》。未来各篇，亦将各定书名，不再沿用《孟子旁通》原书名。

《孟子》全书的讲解记录，原为蔡策当时中文速记，后再誊写，并略作初步整理。在手写的原稿中，也见有李淑君及另一人的整理笔迹，但迄未完稿。编者据此再作整理，完成工作。惟本书中小标题，仍保留蔡策所拟。

蔡策手写原稿，历经三十余年的岁月，颇多残破，外加零乱难识，经新加入的彭敬细心辨认，始得以输入电脑。

另义务协助校对、查资料等工作的谢锦扬、宏忍师等各位，在此也一并多谢了。

刘雨虹　记

二〇一一年一月于庙港

公孙丑章句上

管仲的故事
管鲍之交
生死不易的知遇至情
历史的乘除
时势　机运　成功
由来才命两相妨
不动心的哲学
罗近溪的不动心案例
动心与不动心
澡雪精神心自安
武侠工夫的不动心
文武殊途同归的修养
修养哲学上的辩证

孟子的志气同源说
唯大英雄能本色
门户之争的动心
从心所欲的不动心
专于一　万事毕
养气工夫
理气不二论
浩然之气
浩然之气与正气歌
心气一贯
道家的炼气
治心与养气
平心静气

前面《梁惠王》上下两章，是孟子一生学说思想的大纲。自《公孙丑》章开始，以下的每一章，都是根据上面的纲要再加以发挥的。有关孟子的学说思想，以及孟子的心性修养，我将陆续作补充说明。

以后的各章，内容更加丰富，讲起来就难免会牵涉到中国文化的许多问题。所以今后对于问题的讨论，将尽量作更深入的研究。而《孟子》原文并不太艰深，也不古板，大家都能一目了然，所以在文字上就不再详细地说明了。

但是对于《孟子》原文，大家最好能够多多朗诵，熟读会背，因为中国秦汉以后的古文，经常运用《孟子》这本书的笔法，其中有许多美好的词句，或被后人变化运用，或者成为名言，传诵不已。

譬如后世常用的“当道”二字，就是由《公孙丑》章的“当路”一词演变而来。“当道”即“当政”，处于政治体制上的“要津”，就是重要路口的意思。在从前，就相当于一人之下、万人之上的宰辅；但这个名词，在古文上，常被引用称那些官居要职掌握政权的人，并不只限于宰相一类的。在文学上，便有清人类似格言的两句诗：“当路莫栽荆棘树，他时免挂子孙衣。”诗格虽然平平，意义还真深长！

所以，现实掌握政权的重要人物，对于政治命令的发布，必须慎重地考虑，因为一个法令、政策所影响的不止当时，更影响了几十年后人民的祸福利害。因此千万不可在办公室或会议所，因一时的痛快，订立新的政策或法令，并立刻颁布执行。这种做法，极易产生弊端，贻害社会。所以我常说，执政者是要负政治上的因果的。这两句诗确为警语，更说明政治立法与立言、立德的因果关系。

话说回来，《公孙丑》上下两章，是记载孟子师生间的对话，其中大部分的内容，是在齐国湣王当政时期孟子再度到齐国的事。这次孟子在齐国，停留了一段不算短的时间。

公孙丑问曰："夫子当路于齐，管仲、晏子之功，可复许乎？"孟子曰："子诚齐人也。知管仲、晏子而已矣！或问乎曾西曰：'吾子与子路孰贤？'曾西蹴然曰：'吾先子之所畏也。'曰：'然则吾子与管仲孰贤？'曾西艴然不悦，曰：'尔何曾比予于管仲！管仲得君，如彼其专也；行乎国政，如彼其久也；功烈，如彼其卑也。尔何曾比予于是！'"曰："管仲，曾西之所不为也。而子为我愿之乎？"曰："管仲以其君霸，晏子以其君显。管仲、晏子犹不足为与？"曰："以齐王，由反手也。"

管仲的故事

公孙丑是孟子的弟子，有一天他向孟子提出问题。他问，假使老师你在齐国执掌政权，能不能做到像名臣管仲和晏子所成就的那种功业呢？

孟子听了后，对公孙丑说，你真是标准的齐国人，只知道管仲、晏子这两个历史人物，好像天下就只有齐国这两个人才能创建了不起的功业似的，而不知道除了这两个人以外，高明人物还多得是。孟子这句话，等于现在我们对人说："你真是一个英国人，只知道你们历史上有个丘吉尔。"或者说："你真是一个美国人，只知道你美国有个罗斯福而已。"这就是描写孟子的幽默，意思是说公孙丑坐井观天，看到井口那一点点天空，就以为整个宇宙只有那么大。

他幽默了公孙丑一下，然后又说，你知不知道过去曾经有人向曾子的孙子曾西说："你和子路到底哪一个好?"曾西听到这个问题就不安于座，在座上躬一躬上身，带着恭敬的口吻说："你怎么拿我来跟子路比呢？连我的先祖大人曾子对子路都是相当敬畏的，我怎么可以和他相提并论?"于是这个人又问曾西："那么你和管仲比起来，哪一个比较好呢?"曾西听了这句话，马上转成不大高兴的脸色说："你又怎么把我去和管仲比呢？管仲得到一位顶好的领导人齐桓公的信任，而齐桓公自己对于齐国大小事情都不管，完全交给管仲，由他爱怎么办就怎么办。"

在历史上，一个好的领导人对一个幕僚长相信到如此程度，的确也只有齐桓公对管仲才做到。所以齐桓公能够做到春秋时候的五霸之一，甚至可说是五霸之首，并非偶然。更难得的是，他们两人原来是敌人，在战场上面对面作战时，管仲曾经对齐桓公射了一箭，刚好射在齐桓公的带钩上，幸好带钩上的一块铜片抵住了箭镞，没有射到腹部，否则齐桓公可能早就被管仲射死了。

讲到管仲，使人联想到管仲与齐桓公之间的君臣际遇与君臣相得之难。这种老板与伙计之间主从相得的情形，真是一件太不寻常的事。至于齐桓公与管仲、鲍叔牙三个人之间的君臣知遇，以及在朋友情谊上相处得如此尽善尽美，的确难能可贵。尤其管鲍之交的知心知己，更成为千古美谈。但也可以说，齐桓公与管鲍之间的相处，表面上固然有君臣的情感，而实际上，似乎还有一份朋友之间的真情感，这尤其是难上加难！我们如果拿后世西洋历史中大家所钦佩的德国威廉二世和俾斯麦来比，还不如反观自己历史上齐桓公与管鲍之交的这一段史实。这的确是一个领导人事业成功的榜样，说明君臣之间、朋友之间必须要彼此信任，要同心协力，才能成就一件大事。

现在首先要讨论大家所知道且乐于称道的“管鲍之交”的故事。

第一，管仲与鲍叔牙两人的交情，在一开始可以说是很不对称，在友道上来讲，能够相交实在太不容易。因为他们两人结交当初，管仲是个穷小子，鲍叔牙是有钱的少爷。虽然说古往今来，阔少爷结交个把穷朋友也是寻常事，但难在这个有钱有势的鲍少爷能够完全不在乎管老弟的贫穷卑贱，居然与他情同手足，平等相待。

第二，管仲在少年时代的行为，是恃才傲物、放荡不羁的一型；鲍叔牙是谨慎老实、比较贤良方正的一型。可是难在鲍叔牙能够深切认识管仲、欣赏管仲，对管仲的所作所为不但原谅，而且绝不见怪。

第三，在这段时期，管仲和鲍叔牙合伙经商，想来当然是由管仲出主意，怂恿鲍叔牙拿钱去做生意的。但到了结账分红的时候，管仲不管三七二十一，任凭自己的意思，拿走了大部分。别人看不过去，替鲍叔牙叫屈，鲍叔牙不但不见怪，反而说，管仲家里需要用钱，多拿一点去用，那有什么关系呢！

这两个人的交情中，所谓“管鲍分金”的事，还只是起头的序幕。更难得、更有趣的是第二幕，又加上一个主角齐桓公，以及最后落幕的一场，更会使人拍案叫绝，真是可以耀古烁今了。

管鲍之交

管仲和鲍叔牙两个好朋友，后来都走进了齐国的政治圈子，鲍叔牙帮助齐国的世子小白，也就是后来的齐桓公；管仲运气不好，帮助了另一位世子公子纠。不久，齐国因为争夺继承权而发生宫廷内乱，而且还牵涉到国际关系。小白和公子纠为了争政治权利而大动干戈，变成仇敌，这段历史大家都知道，不必细说了。在大动干戈的时候，管、鲍两人各为其主，所以有后来管仲射了齐桓公一箭之事。但是，最后公子纠被杀，齐桓公胜利了，而管仲做了俘虏。齐桓公要报一箭之仇，非杀掉管仲不可。在这个紧要关头，鲍叔牙出面了。

他对齐桓公说：“你现在虽然做了齐王，但你还想不想称霸诸侯、拥有天下呢?”齐桓公说：“那是当然的，这还有什么疑问吗?”鲍叔牙说：“如果你还想这样，不但不能杀管仲，还非得重用他不可。”这个齐桓公真像后来的汉高祖刘邦一样，只要被人轻轻在脚下一踢，他就明白了。听鲍叔牙说了这番话后，齐桓公愣住了，就反问鲍叔牙，管仲真的这么行吗？鲍叔牙就趁机推荐管仲，为他大吹大擂一番。齐桓公不但马上放了管仲，还虚心请教他如何可以实现霸王大业的计划。管仲侃侃而谈，齐桓公一闻千悟，认为管仲是天下大才，马上拜为相国。甚至后来齐桓公还对他百依百顺，反而倒转来拍他的马屁，不叫他的名字，而尊称他为“仲父”，使他死心塌地、服服帖帖地对自己尽忠尽心。

管仲与齐桓公、鲍叔牙三人之间的故事，最妙的关键，还不止于此。当管仲被俘虏了，正在岌岌可危、将要被杀头的时候，人人都为他担忧，但是管仲却安心得很，反而很高兴地认为自己马上要转运，有机会可以大展抱负了。因为他断定，他的好朋友鲍叔牙一定会出死力保荐他。除非齐桓公无大志，如有大志，想创大业，一定会吃鲍叔牙这一剂药，非要用他不可。

事情发展的结果，果然不出管仲所料，这便是所谓“管鲍之交”难之又难之处。如果是后世或现代的一般人，碰到这种情形，生怕朋友拖累了自己，哪里还敢死力保荐一个被俘的敌对人物呢！因此后世还有人以己之心度他人之量，而说管仲与鲍叔牙两人早就商量好的，把力量分开来投资，各帮一个老板，不管哪个成功，他们两方都会互相保荐而得富贵。当然，不能说世间一般人绝对没有这种投机取巧的意图，但也不能说人与人之间没有真正的道义啊！随便以假设而厚诬古人，未免有伤厚道，后人真是聪明太过了！

齐桓公自从重用管仲之后，他便成就了“一匡天下，九合诸侯”的功业。也就是说，他做了当时全中国诸侯的盟主，等于现代国际上联合国的主席，自己不用太操心，一切都由管仲包办，替他完成。齐桓公还是一个吃喝玩乐的高手，他本来就是一个浪荡不羁的公子哥儿，好吃也好色；所不同的是，一方面有公子哥儿爱好吃喝玩乐的个性，一方面又具有霸主的雄才大略。所以他能够豁达大度，完全信任管仲，由他一手包办。管仲在当时，也就等于联合国的执行秘书长。事实上，他的权力几乎仅次于齐桓公，好像是个副盟主似的。不过他也具有才子型贪图享受的个性，并非像儒家标榜的淳朴君子。可是他们君臣之间，好像最要好的朋友一样地互信互谅，实在是一件太不容易的事。因此孟子在本章中引用曾西的话，其中便有“管仲得君，如彼其专也；行乎国政，如彼其久也”的评语了。

生死不易的知遇至情

管鲍之交的历史故事，到这里还不算是高潮的顶点。最妙的是在最后的一幕，当管仲快要死时，齐桓公有点着慌，不知道怎么办才好，因为后继的人才实在难找。所以他亲自来探看管仲病情，同时很着急地问管仲，万一你不在了，我应该找哪个接替你的任务才好？桓公并且提出了管仲的好友鲍叔牙来做继任人选，想来管仲一定会同意。但是管仲却马上反对，认为不妥。他的理由是，鲍叔牙是好人，也很方正，一个方正的大好人，在做人的道德上是第一等人，但是非常复杂的政治重任，并不是一个一味讲究方正的好人所能担当的。

我们一般人的想法，管仲一生之中得鲍叔牙的恩惠太多：穷困时，在生意分红上占了便宜；被俘虏时又救了自己的命，还推荐自己做了齐国的宰相。现在他快要死了，应该把这个高位让给鲍叔牙来接手才对，不料他竟在齐桓公的面前断然否决了。齐桓公问他为什么反对鲍叔牙接他的位子，他说：鲍叔牙是一位好好先生，怎么可以做这种勾心斗角、时时刻刻都要用权术的事？如果让这个好人来做，那么不但鲍叔牙完了，齐国也会垮的。事实上，管仲这种话，也真的是为了爱护鲍叔牙、爱护齐桓公和齐国而说的。

后来鲍叔牙知道了这件事，很欣慰地说：管仲真是最了解我的好朋友，我的确不能担当这个职位，如果做了，说不定脑袋都保不住。

他们相交的情谊，就是如此的真挚，如此的感人。他们两人在事业上，只有鲍叔牙推荐管仲，管仲从来没有推荐过鲍叔牙。可是两人交好，真正的知己之处，却不是我们通常交友所可想象的。现在人谈管鲍之交，只看到前面分红利的那一段，而且希望对方是鲍叔牙，自己永远是管仲。

再回过来说，齐桓公对管仲之专信，在历史上的确是少有的。我们常喜欢以三国时代刘备对诸葛亮说的自喻如鱼得水的情形，来作为君臣之间、宾主之间信任的典范。其实刘备信任诸葛亮，并不及齐桓公信任管仲那么专。诸葛亮的事业，都是在刘备死后才做出来的。换言之，诸葛亮在刘备死了以后，才更有权力和条件发挥自己的才干，完成更大的功业。而刘备的器量因为不及齐桓公，所以他的事业始终限于天下三分之一的局面。李宗吾曾说三国时代三个人的笑话：曹操是心黑脸不厚，所以陈琳作一篇檄文骂他的时候，他还会脸红头痛；而刘备则是脸厚心不黑，手段不够毒辣，所以刘备的天下是哭出来的，到处扮成惨兮兮的样子，赚人的同情；至于孙权是心黑但不够黑，脸厚但不够厚，都不到家。以李宗吾的厚黑哲学来说，在他的“厚黑学校”里，这三个人都是不能毕业的学生。虽然这是李宗吾的玩世笑话，但也有他的一面歪理。

不过，领导人固然应该相信高级干部，但作为高级干部的，是否值得领导人去信任呢？是否具有忠诚、才华、品德、能力等应具备的条件呢？像这样优秀的人才，实在不容易找到，而管仲的确有值得齐桓公专信的地方。

上面是孟子引用曾西所说“管仲得君，如彼其专也”一句话所引起的闲谈，这是管仲当政的第一个因素。此外曾西再举出第二个因素，是管仲在齐国当政四十年之久，的确是段不短的时间，努力经营下来，成绩自然可观，使齐桓公在国际上称霸。可是曾西认为，管仲对于人类社会并没有什么特殊的贡献，并没有留下永垂千秋的建树，成就并不算高。所以曾西会不高兴地说，“管仲，曾西之所不为也”，你怎么拿我和管仲比较呢？

这是孟子引用曾西和别人的谈话，这一段史料只在这里由孟子口中说出。

于是孟子接着对公孙丑说：管仲这个人，曾西都不愿和他比，你怎么把我看得那样差劲，竟拿我去比管仲呢？

公孙丑说：老师！管仲辅助齐桓公，称霸天下达四十年之久——在现代来说，差不多有半个世纪了；而晏子后来辅助齐景公，也使齐国成为国际间的大国，使齐景公成为著名的国君，这样的两个人，你还认为不行吗？

历史的乘除

孟子说：使一个国家称霸，使一个国君成名，又算得了什么？我认为要使齐国称王天下，就像自己把手掌翻过来一样的容易。我们现代的成语"易如反掌"，就是从孟子这句"由反手也"来的。孟子说得如此容易，我们可以说他的牛可吹大了。且看下文。

> 曰："若是，则弟子之惑滋甚！且以文王之德，百年而后崩，犹未洽于天下；武王、周公继之，然后大行。今言王若易然，则文王不足法与？"
>
> 曰："文王何可当也？由汤至于武丁，贤圣之君六七作，天下归殷久矣！久则难变也。武丁朝诸侯，有天下，犹运之掌也。纣之去武丁未久也，其故家遗俗，流风善政，犹有存者。又有微子、微仲、王子比干、箕子、膠鬲，皆贤人也。相与辅相之，故久而后失之也。尺地莫非其有也，一民莫非其臣也，然而文王犹方百里起，是以难也。"

孟子说使齐国称王天下，就像自己一翻掌那么简单。公孙丑听了，对他老师的话表示怀疑，他说：照老师这么说，使齐国称王天下，像把自己手掌翻过来那么容易，这就使我愈来愈糊涂了。就以历史的事迹来说，称王天下谈何容易，像周文王这等人才，当政差不多百年，他当时那样地厉行仁政，也并没有完成一统，还是靠了他的两个儿子——武王和周公继续努力下去，然后慢慢经过了百多年才成功的。

实际上，周朝统一天下，掌握政权达七百多年之久，这样深厚的基础，并不只是周文王父子两代奠定下来的，而是由古公亶父，乃至远溯至公刘，更向上推至后稷，这样好几百年一路下来奠定的基础。犹如秦始皇的并吞六国、统一天下，也不只是秦始皇的功劳，而是秦国在一两百年前就开始建基的。并不像后世来自民间的帝王，例如明代朱元璋那样，原来只是一个落魄的和尚，结果在民间突然崛起，做了统治全中国的皇帝，这是特殊的现象。这也就是古今时代不同、社会环境不同而产生的不同模式。

我们再看看"治世百年，殷之顽民未化"的历史记载。周朝的政权建立了一百年以后，前朝的遗民、殷商的拥护者仍然不肯接受周朝王道德政的感化。由此可见教化社会人心的困难，这是我们读历史必须注意的一个关键。以文、武、周公之德、之才、之能，"治世百年"尚且"殷之顽民未化"，便知天下事实在不像翻一下手掌那么容易。这也就难怪公孙丑"惑滋甚"，对他老师孟子"以齐王，由反手也"的话想不通了。

所以公孙丑说：你说王天下那么容易，那么文王也不值得效法学习啰？这是公孙丑用孟子的话反过来向孟子质疑。因为孟子是最推崇文、武、周公的，所以现在公孙丑这样发问，等于说：那么老师你比文王、武王，比周公还要伟大，还要高明了？

孟子对于文、武、周公、孔子，始终尊敬如一。他说：如果以文王来比我，那又不敢当。不过我说我可以使齐国称王，是另有理由的。当年文王、武王的情形和现在不一样，首先，文王、武王当年的对象是前朝商汤。商朝由汤王传到武丁，有数百年之久，其间有过六七位圣贤之君。五六百年间出六七个圣贤的君主，这是很难得、很了不起的盛世。我们算算历史的账，在以往的历史中，以武力最强、文化又发达的汉唐两代来说，汉代在汉高祖以后，文帝、武帝、宣帝之外，没有几个好皇帝。唐代在唐太宗以后也没有几个好皇帝，唐明皇算是半个，但是到他年纪大的时候也就糊涂了。还有一个唐宣宗，他也是做过和尚的，虽然他没有真的出家，但的确也剃了头，做了一阵禅和子，与黄檗、香严禅师都是要好的同参道友。有一次他与黄檗同住在江西的百丈山上，曾因同观瀑布，和黄檗联句作诗，不过也有人说和宣宗联句的是香严禅师，并非黄檗。这首诗是这样的：

千岩万壑不辞劳　远看方知出处高（黄檗起句）
溪涧岂能留得住　终归大海作波涛（宣宗联句）

后人看了唐宣宗的末句“终归大海作波涛”，认为是唐室衰微的谶语，因为唐朝自宣宗以后即天下大乱，接近尾声。还有宣宗做和尚时，题百丈岩的一首诗也很好：

大雄真迹枕危峦　梵宇层楼耸万般
日月每从肩上过　山河长在掌中看
仙峰不间三春秀　灵境何时六月寒
更有上方人罕到　暮钟朝磬碧云端

这都是他少年时代为了逃避唐武宗的猜忌，剃头出家去学禅时的作品。据《林间录》记载，他全靠太监仇公武的庇护，剃头出家去参禅也是仇公武的计划。这个姓仇的太监，大有类比丙吉当年保全汉宣帝的大功。唐宣宗说“日月每从肩上过，山河长在掌中看”，日月星辰都从他的肩头上运行过去，大地山河也在他的掌中一览无遗，这到底还是帝王的气魄。后世称宣宗为唐朝的中兴之主，因为他来自民间，深知民间的疾苦，和汉宣帝的情形相似，汉唐这两个谥号“宣”字的皇帝，和周代的宣王一样，都是中兴之主，还算是很不错的。

我们从后代历史上的事迹，可以证明孟子的话。一个朝代，在五六百年之间出了六七个圣贤之君，是很不容易的事。孟子又说：在商汤的时候，天下人心归向商朝，是经过很长很长的时间养成的，这种归顺服从的时间一久，一时是很难改变的。这可以说是人类的好习惯，也可以说是人类对历史的惰性。大而言之，一个国家民族对于自己历史文化的习性，是很难改变过来的；小而言之，个人的习性，也是很难改变的。想把一个旧的传统变过来，十分不易，而且传统愈久愈是难以改变。

接着孟子又说：所以到了由武丁领导天下的时候，能使诸侯都来诚心朝贡，好像也是轻而易举，像在手掌上运用的事情一样。即便到了末代纣王时，这位商朝最后也是最坏的一位帝王，虽然他很坏，但距离他的祖先、那位名王武丁“朝诸侯，有天下”的时代，并不太远。上代商朝世家忠臣，遗留下来的好风气、好政绩、好政体、好制度并没有变，所不同的只是纣王个人的暴虐而已。同时，纣王时代辅佐他的同宗之中，或是纣王的叔伯，或是纣王的兄弟辈，还有微子、微仲、王子比干、箕子、膠鬲等许多的贤人。只是商朝到了这个时候气数已尽，刚好传到暴虐的纣王手里，如果是由商朝宗室的这些贤人中任何一个来当帝王，那么周朝就起不来，也不可能革命了。因为这个时候，纣王宗室的贤人们都还在全心全力辅助商朝，所以纣王虽那么暴虐，周朝也要等待时机。久而久之，等商朝的根基先自行崩坏、气势衰败的时候，周朝才能起来。除了历史文化上的时间因素之外，当时的实际情形是天下领土皆属纣王，人民皆是纣王的臣民，商朝人众土广。而文王当时不过只有方圆百里的一点点领土，以及少数人口。以这样悬殊的现实力量，对抗历史久远的殷商王朝，便可理解周朝的崛起是多么的不容易。

时势　机运　成功

> “齐人有言曰：‘虽有智慧，不如乘势；虽有镃基，不如待时。’今时则易然也。夏后、殷、周之盛，地未有过千里者也，而齐有其地矣；鸡鸣狗吠相闻，而达乎四境，而齐有其民矣。地不改辟矣，民不改聚矣；行仁政而王，莫之能御也。且王者之不作，未有疏于此时者也；民之憔悴于虐政，未有甚于此时者也。饥者易为食，渴者易为饮。孔子曰：‘德之流行，速于置邮而传命。’当今之时，万乘之国行仁政，民之悦之，犹解倒悬也。故事半古之人，功必倍之，惟此时为然。”

刚才讲述孟子为公孙丑解惑的一大段道理，中间有好几处转折，有好几个理由。他滔滔不绝地一直说下来，公孙丑也插不上嘴了。如果以现在的谈话形式和技巧来说，一定是说第一点、第二点、第三点，逐项加以分析。古人没有这一套，用不着这样一条一条排列起来，因为听的人一听就知道了。现代人讲话，如果不分别列举，听话的人会指说话的人不合逻辑，没有条理，不聪明。不知道究竟是古代的人不聪明，还是现代的人不聪明，这实在很难定论。

到这里公孙丑还是插不上嘴，孟子继续讲下去，应该是讲到第四点了。

孟子这里引用的话非常好。公孙丑是齐国人，问的是假如孟子在齐国当政将会怎样，又引用了齐国的两个历史人物管仲和晏子到问题中来，更讨论到齐国称王于天下的事。虽然孟子一开头就说了公孙丑“子诚齐人也”，仅知有齐国而已。说到这里，他还是引用了齐国的成语来说明他的论点。

齐国是姜太公（尚）之后，文化相当深厚。孟子说，你们齐国有句名言说：“虽有智慧，不如乘势；虽有镃基，不如待时。”这两句成语是道家思想的结晶，经过孟子一引用，更变成后世的名言，成为哲学上一个不易的定理。

青年同学们，现在读《孟子》，对于这句话最好能够牢牢记住。我们幼年时读书，读到这一类美而又有至理的名句，便立刻熟读、立刻背诵，到老还是牢记不忘的。

这句成语是说，虽然你有聪明绝顶的智慧，但是客观环境还没有构成有利的形势，所以你还是没有办法成功的。也就是说，一个聪明人，因客观的形势不利，也是没有办法成功的。比如骑上摩托车，不能在刹那间就到达目的地，一定要车轮转动的那一股势，发生动力，才能到达。如果没有这个“势”，而空想到达，那只有进精神病院了。

你虽然有了无比坚固的基础，还是要等待时机，才能发生功用。所谓时机，也就是现代所讲的“命运”“机会”。机会不来，你纵然有天大的本领，也是枉然。我们现在看电视蛮舒服的，可是电视机由发明而到成为全人类的需要品，就要一段时间和机运了。所以发明电视的人并没有发财，后来的人捡现成而做电视生意的，反而发财致富，这就是时机的关系。在他来说，虽有发明的能力，但运气未到。历史上很多发明家常有潦倒而死的结果，皆时运未通。可是后人利用他的发明，却大发其财。所以读了《孟子》这几句话，想到一些不逢时机的事情，不禁喟然而叹，却也不禁要点头一笑说，果然不错。就如以谈“空”为主的佛法，也是注重时机因缘，何况世事是一切有而不空呢！

不过，时机来了，不晓得把握，又有什么用？我常说第一流智慧的人，创造机会；第二流的聪明人，把握机会；而愚笨的人错过机会，失去了以后又不断抱怨。如同赶公共汽车，第一流的人，先买好票，先站在第一个位子等着，车子一到，首先上去，有舒适的座位。第二流的人，买好票，刚好能挤得上去。第三流的人，公共汽车开过了，他在后面跑步追赶，赶不上了，便在公共汽车后面的一团黑烟中大骂山门。不过世界上这一流的人居多，也许我们就在此辈之中吧！

古今中外，不知埋没了多少人才，都是因为自己没有乘势，或没有待时，或无势可乘，或时机早已过去，或是时机迟迟不来。这些也可归之于命运，所谓生不逢时，虽有才能也毫无用处。就好像算命的说命好运不好，命是帝王之命，可是始终轮不到你上座，一生倒霉运，又奈何?!

乘势与待时，确是事业成功的重要因素。不但个人事须乘势待时，家庭事、社会事、国家事、天下事莫不如此。即使有了智慧，有了基础，还是要乘势，还是要待时。

又如大家都知道宋朝有两位爱国诗人，一个是陆放翁（游），一个是辛稼轩（弃疾）。他们在少壮时代皆是意气凌霄、豪情万丈的人物，当时生逢乱世，国运艰难，也真有时势造英雄、英雄造时势的气概。

但到了他们的晚年，一切的豪情壮志，都归到孟子所说“虽有智慧，不如乘势；虽有镃基，不如待时”的哲理名言之领域了。所以陆放翁有一首诗《书愤》说：

早岁那知世事艰　中原北望气如山
楼船夜雪瓜洲渡　铁马秋风大散关
塞上长城空自许　镜中衰鬓已先斑
出师一表真名世　千载谁堪伯仲间

辛稼轩则有一首题为“有客慨然谈功名，因追念少年时事，戏作”的词：

壮岁旌旗拥万夫　锦襜突骑渡江初
燕兵夜娖银胡箓　汉箭朝飞金仆姑
追往事　叹今吾　春风不染白髭须
却将万字平戎策　换得东家种树书

由来才命两相妨

孟子引用了这两句齐国的谚语来说明当时齐国的势与时的情形。他说，“今时则易然也”，现在齐国的时机到了，齐宣王欲王天下，容易得很。

孟子替齐宣王算命，知道这正是行仁政王天下的时候；而这个时势，却不利于他自己。“明知其不可而为之”，这正是儒家的精神，圣人的用心。孟子志在淑世、救世，不计较自己本身的利害。

他说以齐国当时的形势来讲，土地、人民的力量，与历史上的夏后、殷、周时代不可同日而语。当他们——夏后、殷、周兴盛起来的时候，领土的幅员还没有超过千里，而现在齐宣王的领土已经超过了千里；人烟稠密，农业生产发达，经济稳定，社会一片繁荣。到了这种地步，不必再扩充领土，也不必用心经营、招揽百姓。土地与人民这古代政权的两大资本，齐国这时都充足了，已经有很富强的实力，假使这时候齐宣王能行仁政而称王，谁也抗拒不了。

同时，孟子又指出齐国正是得时之利的时候。他说，以历史时代而言，从周文王到现在，已经七百多年，在这么长久的年代中，从来没有以王道政治来领导天下的王者。周朝只有在文王到成王这段时间是兴盛的，自成王以后，就衰败下来了。到了战国时期，老百姓都在紊乱或者暴虐政治下辗转流离，在痛苦呻吟中挣扎，尤其到了七百年后的现在，情况更加严重。

这时孟子又说了两句名言："饥者易为食，渴者易为饮。"后来，在中国文化中，这两句话经常被人引用，尤其在政治理论方面。肚子饿了的人，容易满足"食"的欲望，饭也好，面包也好，吃起来都觉得好。肚子饱的人，一天到晚山珍海味，吃多了、吃腻了，吃到后来，吃什么都觉得不好吃。同样的，"渴者易为饮"，口干的时候，什么都可以喝，沟水、马尿都是好的，渴极了的人乃至可以吸自己的血，舔自己的汗水。

这里，孟子以饥渴的情形来比拟当时老百姓对于良政的渴望，他并且引用他所崇拜的孔子所说的话——"速于置邮而传命"，德化的流行散布，比驿站、车马传送命令还快。

这个"邮"字，和现代的邮政的"邮"是同一个意义。所以邮政这一制度远在周代已经有了，后来又改称驿站。不过，古代的邮驿是由政府办理、专门为政府传递公文的，老百姓无权享受这种制度的便利。我国自清末设置文书传递和私人通信的机构制度，便采用周代这种公文传递制度的"邮"。在孟子那个时代，交通方面最快的就是这种邮政交通了，如果在现代来比喻，则应该说犹如卫星转播一样的快速了。

孟子最后结论说：在现在这个时候，像齐国这样有万乘战车的大国，如果出来实行仁政，天下百姓都会很高兴的。从春秋时代开始，差不多二三百年间，老百姓好像倒悬着，过着痛苦不堪的日子，如果齐国能够实行仁政，等于把倒悬他们的绳子解下，他们会欢喜不尽的。所以现在行仁政，较之古代事半而功倍。“事半功倍”的成语，就是从《孟子》这里习用而来的。《梁惠王》上下章的内容，也几乎全是记录孟子劝魏、齐两国国君行王道的重要。

讲到这里，使我想起宋朝理学初起的情况。当时，主力派的儒家学者极力尊崇孔孟，后来发展为宋儒的理学。他们自认是尧、舜、文、武、周公、孔子道统的传人，但是其他一般的学者并不同意他们的论点，认为他们是自我标榜、矫枉过正。所以后来写《宋史》的学者，便把儒家理学派定名为“道学”，把一般儒家学者定名为“儒林”。

在当时的儒林学者中，有一位名叫李泰伯的，对孟子有反感。因此另有一名儒士要向李泰伯骗酒喝，便作了两首讽刺孟子的诗送给他，骗来三天大醉。诗中有两句，可说是对孟子生平鸡蛋里挑骨头，“当时尚有周天子，何必纷纷说魏齐”。

孟子当时为什么栖栖遑遑要游说魏齐行王道？这里就是孟子的答案，他认为这个时候是必须施行王道的好时机。也可以说，孟子确实认为当时需要革命，不必礼尊周天子了。因为当时周天子名存实亡，可能只有现在一个乡镇长那么大而已。大家给他饭吃他就吃，不给他吃他也只好坐在那个天子位子上等待，还欠了一身债。“债台高筑”这个成语，就是从周赧王来的。所以，孟子准备把尊周天子为“正统”的历史包袱甩掉。孟子当时所看到的，是天下老百姓的痛苦生活，因此他想要做的，是解救老百姓的痛苦。他提出“民为贵，社稷次之，君为轻”的思想，完全是菩萨心肠，所以孟子早在当年就有民主、民权、民生的思想。下面就讲到孟子的学术思想。

不动心的哲学

公孙丑问曰："夫子加齐之卿相，得行道焉，虽由此霸王不异矣。如此，则动心否乎？"孟子曰："否！我四十不动心。"曰："若是，则夫子过孟贲远矣。"曰："是不难，告子先我不动心。"

公孙丑问孟子：老师！假使齐宣王请你当卿相，你的理想就可以实现了。在功成名遂的时候，你动心不动心？孟子说：不！我早在四十岁的时候，就到达了不动心的境界。

孟子说的是老实话，孟子和公孙丑谈这些话的时候，应该是再度到齐国，正是他已过中年了。他告诉公孙丑，早在他四十岁的时候，对于任何荣耀困辱都可以不动心了。他学孔子真学得太像了。在《论语》中孔子说他自己："十有五而志于学，三十而立，四十而不惑，五十而知天命，六十而耳顺，七十而从心所欲不逾矩。"孟子的四十不动心，等于孔子的"四十而不惑"。

说到"四十而不惑"，想起一则笑话。在明朝时，有一个人读《论语》中孔子这段话，便作恍然大悟状，说自己读通了《论语》，有一大发现：原来孔子少时生了病不能走路，大概是小儿麻痹症，到了三十岁才能站起来，所以叫作三十而立；到四十岁两腿才有力量，可以随意走路了。这是一则讥讽书呆子的笑话，但也可见古今青年人的调皮都是一样的。

讲到孟子说的不动心，这的确是一个大问题。他的"不动心"，影响了后世中国文化讲学问、谈修养，关系太大了。

以中国文化的本位立场而言，孔孟思想的文化基础，历史最为悠久。从佛家角度讲，后来佛教的思想虽然流布中国，但已经迟于孟子五六百年；即使以最早的史迹计算，佛教最初于汉明帝时传入中国，也迟了孟子约三百多年。再以道家的文化来说，原始的道家并没有谈到“不动心”的问题，后世道家提出类似“不动心”的修养方法，也比孟子迟了四五百年。而儒家文化，后世的中国儒家，尤其是宋朝以后，理学家的一切修养，差不多都是以“不动心”为学问修养的中心话题。至于学佛的人讲修持工夫，也是与“不动心”有类似之处，只是名称不同，叫作不生分别，或不起妄念。所以“不动心”是很值得讨论的题目。但在讨论“不动心”这个中心问题之前，我们先问一个轻松的问题。

试问诸位，孟子说不动心的时候，你说他究竟动心没有？照逻辑论辩的方法来讲，他动心了。他在齐宣王、梁惠王面前拼命地鼓吹。如果他不动心，则又“何事纷纷说魏齐”？严格地说，悲天悯人，正是圣贤和大英雄的动心之处。所以说，什么叫作“不动心”，是很难下一个定义的。

唐宋以后，佛家也好，道家也好，儒家也好，各家做修养的工夫，都希望做到不动心。直到现在，学禅、学道，不管哪一宗派的修法，凡是讲究静坐工夫的，也都是希望做到不动心。只是唐代以后的禅，改变了一个名词，叫作“无妄念”或“莫妄念”。其实，名异而实同，换言之，后世佛家的修持工夫，更是强调不动心的重要。

佛学、禅学等，讲不动心的资料太多了，我们只取简单扼要而且有趣味性的来说。例如唐代诗僧贯休和尚的《山居诗》，便是强调不动心的代表作。他说：

难是言休即便休　清吟孤坐碧溪头
三间茆屋无人到　十里松阴独自游
明月清风宗炳社　夕阳秋色庾公楼
修行未到无心地　万种千般逐水流

他这首名诗，代表了一般学禅者的观念，他一开始的意思便说哪一个能做到说放下就完全放下的？第二句以下是写真正出家人的修为，一个人冷冷清清，孤独地在高山之上或在溪流清寂之处吟唱静坐，三间茅屋，十里松风，那是多么幽美的胜境。月明之夜，夕照秋林，也正是最好的良辰美景。但此时此地外境虽然清净，最重要的还是要靠自己无心才算是真清净；如果“修行未到无心地”，这些净境也只有徒添愁思，修行也是白修，真是“万种千般逐水流”了。这两句是直接说明修行不达到这种不动心的无心境界，一切的一切仍然是随波逐流而去，不足道也。

这是利用贯休和尚诗句的文学境界，来说明禅宗乃至佛学其他各宗派的原则，都是着重在不动心的一面。这首诗比任何佛学的术语或经文的解释，都更为简单明了。

此外，明代有名的诗僧梢堂也有一首诗：

心心心已歇驰求　纸帐卷云眠石楼
生死百年花上露　悟迷一旦镜中头
人言见道方修道　我笑骑牛又觅牛
举足便超千圣去　百川昨夜转西流

“心心心已歇驰求”，这就是讲不动心，一切的妄心都已真正的空去，此心再也不向外面去驰求乱跑。

“纸帐卷云眠石楼”，这要真正有道行的人才做得到，普通人做不到，勉强去做，一定会伤风感冒。过去有许多修行人，住在高山顶上的石洞里，连窗子都没有，云雾随时可以进来，潮湿得很，一层层的云气，又冷又重，绝非都市里的大厦可比。

“生死百年花上露”，这是指生命的短促。活了一百年，算是上寿，但是以整体生命的历程看来，这百年的人生只是分段生死的一节，也只不过像早晨花瓣上的露珠一样，太阳一升起，就蒸发得无影无踪了。

“悟迷一旦镜中头”，这是引自《楞严经》中的典故。在《楞严经》中，释迦牟尼佛说了一个故事：有个人名叫演若达多，一天早上起来照镜子，看到镜子里面有一个头，心想我自己的头到哪里去了？愈想愈不对，看不见自己的头，因此他疯了。等到他有一天再照镜子的时候，想到自己的头原来仍旧在自己身上，他才恍然大悟，不再发疯了。人，只有这样一条自救之路，所以悟与迷的道理就在这种地方。自去迷，也自去悟，说佛在哪里，你本来就是佛，只是你没有找到自己而已。

“人言见道方修道”，一般人都说，求到了法，见到了道，才开始修道。“我笑骑牛又觅牛”，人本来就在道中，何必再去求道见道，这等于骑在牛背上还要去找这头牛。如果懂得骑牛觅牛是错误的，那么“举足便超千圣去”，一下子就超过了儒、释、道三教的圣人境界，自己自然就是一个平平实实的本来人了。“百川昨夜转西流”，这是倒过来说的。以前中国人说“天上众星皆拱北，人间无水不流东”，天上的众星都是拱卫着北斗星，这是不错的。至于“人间无水不流东”，是中国人的话，在其他的地区来说，也可能是“人间无水不流西”。而栯堂这句诗，并不是指现实世界的川流而言，只是作诗的一种“比兴”技巧，指修道而言，只要反求诸己，一夜之间即可还我本来。

佛家的这些文学作品，是不是都代表了不动心呢？尤其学禅的人，更喜欢大谈《六祖坛经》的“无念”。“无念”不就是“不动心”吗？学佛修道做工夫的人，打起坐来，盘腿固然困难，想“不动心”更是做不到，这是最痛苦的。要做到不动心是很困难的。

孟子说自己四十岁已经做到了不动心，依照这样计算，他大约做了二十几年的工夫。从孟母带他三迁，长大成人后，他一直走圣贤之路，起码花了二十多年的工夫，才做到不动心的境界。后世的理学家们，大部分都只注意孟子这里所谓“不动心”的工夫和“不动心”的境界。

不过我们要了解一点，公孙丑是问孟子，如果你做了齐国的宰辅，一人之下，万人之上，功成名遂的时候，你动心不动心？这好比我们如果访问美国总统卡特（当时的美国总统），问他由花生农夫而当选美国总统，动不动心？卡特是美国人，他一定说：“我很高兴，非常兴奋，当然动心啊！”这也是西方人可爱之处。如果问到中国人，受了传统文化的影响，多半是说些谦虚的话，才算是有涵养，所以最多是说“没有什么！”“诚惶诚恐，勉为其难”等门面话而已。

罗近溪的不动心案例

由于孟子与公孙丑的对话提到“不动心”的问题，自秦汉以后，一直到十九世纪末期，两千多年的中国文化体系中，谈修养，讲事功，或多或少都受到孟子所谓“不动心”这句话的影响。尤其是宋明以来，以儒家正统自居的理学家们大多数更是如此。其实，自汉魏以后的道家和佛家，也受到这句话很大的影响。因为佛道两家的修养方法，所谓讲究修持、注重修为工夫的内涵，基本上和孟子讲的“不动心”异曲同工。

道家学说宗主老子的“为无为”，乃至于一变而成为道教的以“清静无为”为宗旨，原则上当然都要建立在“不动心”的基础上，那是毫无问题的。等而下之，例如后世道家的神仙丹道派谈修为、修养，所谓“攒聚五行”“还丹九转”的方法，都是先锻炼好精气神，做好筑基的工夫。而筑基工夫的大原则，还是以“不动心”为主。丹道家所谓“开口神气散，意动火工寒”，便是描述动心的作用。

现在再来看看理学家们“不动心”的学问与修养。由宋代兴起理学开始，经过百年，其间的学者大儒很多，讲心性修养的微言妙论也太多了，我们只是“任凭弱水三千，我只取一瓢饮”。换言之，也只找一个“不动心”最明显的例子来说，所以便采用《明儒学案》中罗近溪的一段。

罗先生是王学的后起之秀，也可以说是王阳明门下杰出的大儒。所谓王阳明的姚江心学，有两位特出的人物，一位是王龙溪，一位便是罗近溪。不过，到了罗近溪的时代，王学已近末流，同时明朝的政权历史也将近尾声。一般认为，王学到了末流已近于禅，好像不能算是正规的儒家理学。其实，这是门户之争、派系之见的论调，亦是以真儒自我标榜的攻讦之说，也就是正学与伪学、真儒与伪儒在思想意见上争斗的丑陋相，事出题外，就不多作讨论了。

在这里，我们只说罗近溪一生中有一段相当长的时间都在做“不动心”的工夫。《明儒学案》摘录他经历的一段话说：

> 又尝过临清，剧病恍惚，见老人语之曰：“君自有生以来，触而气每不动，卷力而目辄不瞑，扰攘而意自不分，梦

寐而境悉不忘，此皆心之痼疾也。”

先生愕然曰：“是则予之心得，岂病乎？”

老人曰：“人之心体出自天常，随物感通，原无定执。君以夙生操持，强力太甚，一念耿光，遂成结习。不悟天体渐失，岂惟心病，而身亦随之矣。”

先生惊起，叩首流汗如雨，从此执念渐消，血脉循轨。

这一段话，记录罗近溪中年做学问、讲修养，极力克念制欲，朝“不动心”的方向去做，结果弄得一身是病，身体僵化。用现代医学的观点来说，他患了神经麻痹症，全身僵硬，麻木不仁。经过一位高明之士的指点，他惊出一身大汗，病就好了。这是黄梨洲先生编《明儒学案》上的简录。

我在另一书上所看到的是，他在似梦非梦中听了那个老先生的话后，这一惊，汗出如雨，湿透重衾，从此病就好了。所谓“湿透重衾”，就是说出汗太多，湿透了被褥。但是这位梦中指点他的高人却不肯留名，罗近溪再三问他，他只说是泰山丈人而已。因此这也成为同时代的学者攻击罗近溪的借口。因为在那个时代，这一类什么丈人、什么先生等称呼，不是道家仙家的代号，便是在家学佛者的别称。罗近溪的一生，接近佛道两家的奇人异士很多，这些都可作为忌妒他、攻讦他是伪学的证据。千古学者们的猜忌、相轻相攻，有时比起一般没知识的人们因利害而互相攻击还要可怕。看通看穿了的人，及早拔足抽手，以免落进漩涡而不能自拔。

我们引用罗近溪的例子，可以看出他的修行弄得心身皆病。一般人的许多病痛，都与心理作用有密切的关系，要讲究养生的人必须了解这一点。这里举出罗近溪的目的，是希望不要把孟子“不动心”这一句话，再像罗近溪一样，弄错了方向。

再说，即如佛道两家讲修养工夫的人，也是一样需要注意。一般人标榜“无念”的观念，大多都是根据《六祖坛经》上断章取义而来，以讹传讹，误己误人。其实，六祖对自己所谓“无念”一词，作过更深一层的解释，所谓“无者，无妄想；念者，念真如”，并不是说要做到如木头石块一样的什么心都不动。

还有更好的例子，在《六祖坛经》上记载一则公案。当时，北方有一位卧轮禅师，专门注重对境无心的不动心修持，当然他也有相当功力心得了。所以他作了一首偈子说：

卧轮有伎俩　能断百思想
对境心不起　菩提日日长

这首偈子，由北方传到了曹溪南华寺。六祖听到了，深怕一般学人弄错了方向，他不能不开口了，因此就说我也有一首偈子：

慧能没伎俩　不断百思想
对境心数起　菩提恁么长

在六祖这首偈语里，很明白地告诉大家，对境可以生心，但必须在纷杂的思虑中始终不离无思无虑的奥妙，那就不妨碍道业了。至于透过千思万虑如何去认识无思无虑的道体，则是慧悟的关键所在了。

所以自六祖以下的唐宋禅师们，很多都强调处在流俗鄙事之间，日用应酬、鸦鸣鹊噪，无一而非道场，并非如木石一般的“不动心”才算是修道。

动心与不动心

那么，孟子回答公孙丑问的“不动心”，究竟道理何在呢？很简单，孟子的答复，是指在心理行为上要坚定意志而不动摇的“不动心”，他并不是说在心性修养上要做到什么无思无虑的境界。如果硬把孟子这里的“不动心”和克念制欲的工夫牵扯在一起，孟子有知，恐怕未必同意。不信的话，你只要再细读原文，连贯全章的道理来精读，就会明白了。

说到人生的学问修养，在行为哲学上的“不动心”，让我先说一个大家都熟悉的笑话，就是苏东坡与佛印禅师的故事。苏东坡喜欢参禅学佛，也经常作嬉笑怒骂的文学作品。他在参禅的工夫上，自认已经做到不动心的境界。有一天，他写了一首诗：

稽首天中天　毫光照大千
八风吹不动　端坐紫金莲

他派人把诗送到金山寺给他好朋友佛印禅师。佛印看了，在他的原诗上批了“放屁”两个字，退了回去。苏东坡一看，马上亲自过江来看佛印，问有什么不对。佛印就笑说：你不是“八风吹不动”吗？为什么“一屁过江来”呢？事实上，这一则笑话是后人编的。这些句子绝对不像苏东坡的文笔，不过，倒蛮有道理的。

那么，什么叫八风呢？那是佛学的名词，所谓“利、衰、毁、誉、称、讥、苦、乐”，便是人世间八大现象的外境之风。什么是“利”？包括了功名富贵、升官发财，一切事业成就，万事如意都叫利；相反一面，便是“衰”，一切倒霉。“誉”，是包括了一切的好名声，万事顺遂，人人称赞；相反的，便是毁，遭遇别人的攻击。“称”和“讥”，本来和毁誉差不多，但有差别，毁誉的范围大，称讥的成分小而浅。“苦”与“乐”是相对的两面，人生随时随地被苦痛和快乐所左右。一个人如果修养到对世间的八风都无动于衷，那是多么的困难！当然，心里麻木和白痴不在此例。

我们再随便举出一些留名史册、类似于孟子所说“不动心”的故事。

晋末的权臣桓温，有一次先埋伏了杀手武士，遍请朝廷政要们吃饭，目的是要谋杀太傅谢安与王坦之。王坦之吓得不得了，问谢安怎么办。谢安神色不变、意态自若地说：晋朝的存亡，就决定在你我这一趟的赴宴，你跟我去吧！王坦之在宴会上一直带着恐怖的神色，举止颠倒，极不自在。可是谢安还是那样从容不迫，而且更有一种不在乎与不可侵犯的神气。他用锐利的目光看着桓温，再看看埋伏在幕后的武士们说：你今天请客，是多么风雅的事，为什么把这一批应该放在战场上的武士藏在幕后，拿着那些不好看的俗物（武器）呢？桓温被他的气度所慑服，反而觉得不好意思，马上命令撤退卫士，也终止了杀谢、王的阴谋。

后来当后秦王苻坚统兵百万南攻东晋的时候，晋朝举国上下都害怕至极。谢安不动声色，还和侄子谢玄驾车出去郊游野餐，玩到夜里方才回家，处理作战布置的命令，然后慢慢地说，差不多没问题了。事实上，东晋所有可以作战的部队只有八万多人。而苻坚号称步骑兵百万，认为投鞭足以断流，这固然也是心理战术的夸张宣传，但的确不是东晋的兵力可以对付的。结果苻坚反被谢玄的精锐部队打垮了，苻坚本人还被射伤，从此一蹶不振。东晋俘虏了几万人，掳获的物资很多，单是军用交通的牛马驴骡驼等便有十万头。

大胜利的捷报到达，谢安正和客人下棋，看了报告，一声不响，仍然慢慢地下了一子。客人忍不住相问，他则意态如常地说：小儿们在前方已破掉了苻坚，打了大胜仗了。这是何等的修养，何等的镇定！不过，棋下完了，客人走了，他兴奋地一跃而起，禁不住内心的高兴，一脚跨过门槛，把脚上穿的屐齿（木拖板的前跟）也弄断了。

在历史的记载上，一方面描写谢安学问修养的镇定风度，但另一方面又附笔描写他背地里折断屐齿的洋相。是真不动心吗？还是强作镇定呢？不过，无论属于哪一种，身处其境，能如谢安的表现，也确非一般常人所能做到。就如在桓温那一次宴会上的谈笑风生，也是拿性命做赌注啊！所以在处事上，他的确是做到了“不动心”的修养了。

此外，讲帝王的“不动心”，就是尧舜禹三代的禅让了。圣贤的“不动心”，如周公旦辅成王，所谓“恐惧流言”的史迹；孔孟“穷则独善其身，达则兼善天下”的风格；大臣如司马光、吕蒙正等人的作为。至于一般知识分子士君子们，有柳下惠、管宁等，还有岳飞、文天祥的人格，也都是“不动心”的好榜样。文天祥《正气歌》里的历史人物与故事，也是孟子所提出“不动心”的佐证。历史上的资料相当相当多，暂时就此打住。

再说相反的动心的一面，如汉高祖功成名遂归故乡，自唱“大风起兮云飞扬，威加海内兮归故乡”；项羽自称西楚霸王之后，愿归故乡江东，让人看看他的威风；以及前面所讲苻坚的大言炎炎，自称“投鞭断流”时的山大王作风；明末清初洪承畴、吴三桂的屈膝投降，等等。历史上这类动心的资料，也是数不清、讲不完的。

自唐宋以后，中国文化儒、释、道三家哲学修养的中心，每个时代几乎都在讨论不动心的问题，而且有所争执。所以我们上面也举出明代做“不动心”工夫的名儒罗近溪，让大家知道孟子以后儒家对于“不动心”及其有关哲学所持的观念以及所做的工夫，同时也可由此稍稍窥见儒家“不动心”学术上的一鳞半爪。至于佛家和宋明理学家们所讨论的不动心，谈得太远了，在《孟子》本题之下，我们不必多加阐述。现在我们再回到《孟子》这一本书上，平实地来讨论孟子的不动心。

我们先了解，孟子在这里说“不动心”，是因为他的学生公孙丑问起假如他做了齐国的宰相，达到治国平天下的目的，在这样功成名就的时候，动心不动心呢？孟子说：我在四十岁的时候，已经不动心了。换言之，我们会认为，他在三十九岁的时候，也许还会动心。这个“动心”，以现代西方人的说法，就是“我感到骄傲”，以东方人的说法，就是“自豪”。而不动心的详细解释，就是当功已成、名已就的时候，自己并不会因而沾沾自喜而影响到自己的素行，甚至连私生活也不会发生改变。

像以前为了消弭两国世仇而互相访问的埃及总统沙达特、以色列总理比金，全世界的人都赞誉他们两人是英雄。我们在电视新闻上，看到他们的言行举止也煞有其事，装出一副英雄样子来，昂首阔步，这就是动心。孟子说他四十岁就不动心了，也就是说，他对于功名富贵，早在四十岁的时候，就看得如浮云飞尘一样，丝毫不在乎了。他把这等功业看成喝一杯茶、吐一口烟一样的平淡，这是孟子所讲的“不动心”。正如明儒王阳明的诗（编按：南师版本）：

险夷原不滞胸中　万事浮云过太空

波静海涛三万里　月明飞锡下天风

可是后世的人拿到鸡毛当令箭，就把孟子在这里的“四十不动心”这句话，扯到内心修养工夫的动念或不动念、有知觉或无知觉，实在是离谱。规规矩矩地说，孟子这里的“不动心”只是对功名富贵与事功成就而言，好比你们在街头橱窗中看见一件漂亮的衣服，并不想去买来穿，这就是对这件衣服“不动心”。

澡雪精神心自安

那么，孟子这样的“不动心”，做起来难不难呢？一个人开始时对功名富贵不动心，还比较容易；但是当功成名就时还要自己不动心，那就很难了。人在功成名就、踌躇满志时，就以为自己最伟大了，这一念就是动心。所以唐末诗人有一首诗说：

冥鸿迹在烟霞上　燕雀竞夸大厦巢
名利最为浮世重　古今能有几人抛

这诗里的“冥鸿”，出自《庄子》的典故。所谓冥鸿南飞，又有“鸿飞冥冥”的成语，是说有一种高飞的巨鸟，经常展翅在白云上面，自由自在，任意飞翔，弓箭罗网都捕捉不到它，甚而它栖息在哪里人们也不能确定。所以诗人把冥鸿比作不为功名富贵羁绊的高士，寄迹在天空轻云彩霞之上，偶尔能看见它的身影，忽然又飞得无影无踪了。而一般追名逐利的人，就和那些筑巢在大房子梁柱上的小燕子一样，一天到晚叽叽喳喳乱叫，自夸居住的房屋有多么伟大，梁柱雕刻得多么华丽，而事实上它们只是筑巢在那里栖身而已。这就等于一般世人栖身托命于名利，而对自己的功名富贵自夸一样的可怜。

这首诗在前两句以比兴作了隐喻，下面两句就点明了主旨，大有一吐为快的味道。“名利最为浮世重”，世界上的人都看重名利，“古今能有几人抛”，从古到今能够有几人把名利放弃不要的？你我都是燕雀者流，只怕一个大老板多给我们几个钱，就在他那里栖身托命了。他这里还只是讲一般的名和利，如果像公孙丑所说那样的功成名就时，那就更严重了。

我们再举例来说，那位“力拔山兮气盖世”的楚霸王，年纪轻轻，逐鹿中原，征服群雄，登上楚霸王的宝座时才二十多岁，就“天下侯王一手封”了。后来的汉高祖，当时还是他手下所封的一名汉王哩！他在风云得志、意气飞扬的时候，有些老成、忠心的大臣建议他不要回江东立都，而应该以咸阳作为号令天下的首都。结果这位霸王得意非凡地说，“富贵不归故乡，如衣锦夜行”，到了万乘之尊的地位，不回故乡风光一番，就好比穿了漂亮衣服在夜里走路。我们现在的漂亮衣服大都是晚上穿，因为夜晚街上比白天还光彩明亮。但是几千年前穿了漂亮衣服走夜路，可没人看得见。

项羽这个“富贵不归故乡，如衣锦夜行”就是大动心，志得意满，不知道居安思危。所以尽管他有“力拔山兮气盖世”的高强武功，但却不能成大事，天下一手得之，又一手失之。其实富贵归故乡，充其量听那些老太婆、老头儿们指指点点地说，项羽啊！你这个小子真了不起！但是，这又怎么样呢？

现在我们看历史，批评别人容易，一旦自己身临其境，要做到富贵不动心，功盖天下而不动心，真是谈何容易！

像那位手拿羽扇的诸葛亮，就是了不起！他可说是临危受命，把刘备从流离困顿、几无立锥之地的情况下辅佐起来，与强大的曹操、孙权造成鼎足三分的局面，这是何等的功勋！而刘备死后，诸葛亮又绝无二心地辅助那个笨阿斗，鞠躬尽瘁，死而后已。结果他的临终遗言是“成都有桑八百株”，他们家在成都有八百株桑树，每年靠桑树的收成，子孙们就够吃饭了。诸葛亮到底是千古人物，不像那位聪明的苏东坡，尽打如意算盘说：

人人都说聪明好　我被聪明误一生
但愿生儿愚且蠢　无灾无难到公卿

还有伯夷、叔齐，他们薄帝王而不为，视天下如敝屣，所以我们的至圣先师孔老夫子曾屡次在《论语》中赞叹他们。我们常听人说，叫我当皇帝，我才不干。当然你不干，因为根本就没有人会请你去当皇帝。我们只能说，如果有人送我西装，我还不要哩！像释迦牟尼那样放着王位不要，出了家，有了成就，这才是真本事。

前面所讨论的是就大事而言的“动心”问题，至于平常小节方面的“动心”，更是随处可见。小孩子们到了百货公司，看见饼干、玩具就吵着要，要不到就哭，这就是动心。朋友送了一条漂亮领带，好开心，这也是动心。学佛修道的人为了使自己不动心，不打妄想，于是闭起眼来，盘腿静静地坐在那里，无奈脑子里却热闹地开着运动会。庄子说这是“坐驰”，外面看起来他是安静地坐着，但脑子里在开运动会，一个比赛接着一个比赛，开个没完。所有我们这些跑来跑去的念头都叫作动心，所以说真正的“不动心”，实在也非帝王将相所能为。

古人有句名言：“志心于道德者，功名不足以累其心；志心于功名者，富贵不足以累其心。”一个人如果立志于道德修养的话，不但后世的留名不放在心上，这辈子的功名利禄更是毫不考虑，这是第一等的人才。第二等的人是“志心于功名者，富贵不足以累其心”。像那位桓温说的：“不流芳百世，即遗臭万年。”我今天上午还跟年轻同学说笑话，像报纸刊登大抢案的主角那样，多出风头！国内外报纸都登他的消息，我们还做不到呢！当然这只是当笑话说说。这里“志心于功名”的“功名”，是流芳百世之名。三代以下未有不好名者，一旦“志心于功名”，什么黄金、美钞、汽车、洋房都不放在眼里了。古人除了这两句话，还有第三句话：“志心于富贵者，则亦无所不至矣。”这是第三等人。像现在大专联考填志愿表时，先看准哪个科系出路好、赚的钱多，就往哪里钻。像这样立志为赚钱而学的，如果能够成为盖世的人才，那才是天大的奇迹呢！

和古人这句话很像的，便是宋朝陈仲微说的：“禄饵可以钓天下之中才，而不可以啖尝天下之豪杰；名航可以载天下之猥士，而不可以陆沉天下之英雄。”禄就是薪水、待遇。古时候官员们每年领多少担米，这就是“禄”。唐太宗当年开科取士，那些英才到底还是被“禄饵”所钓，被“名航”所载。真正志心于道德的奇士、英豪，反而都隐居起来。所以孔子在《论语》中提起隐士，常常流露出对他们的敬意。而中国文化中，除了孔孟等救世救人的思想外，隐士思想也占了很重的分量。道家常有些隐士，连名字都不要了。像广成子、赤松子、黄石公等，到底叫什么名字都无从得知。唐代有一位得道的道人，一年四季披件麻衣，后世只好称他为麻衣道人。禅宗也有一位纸衣道者，他可比我们进步，一千多年前就穿起纸衣。在这些连名字都不要的人们眼里，“名航”算什么?！他们不屑于上船。不上船怎么办?你开船好了，他游泳，慢慢来，要不然他干脆躲到山上去了。

其实，自宋儒倡研理学、讲究孔孟心法的动心忍性，见之于事功，用之于行事之间的，除了宋代的文天祥、明代的王阳明、清朝中兴的名臣曾国藩之外，到了蒋公中正时，他的修养心得有两句名言：“穷理于事物始生之处，研几于心意初动之时。”推开蒋公的功过等不谈，如果公平谈论儒家理学修养的心得，老实说，这两句名言的造诣，当世再也无人可及了。如果蒋公在世，我便不能如此说，因为会被人误会为谀辞。我相信将来学术文化史上自有定论。

武侠工夫的不动心

孟子说了他在四十岁就能不动心，于是公孙丑说：这样看起来，老师比我们齐国那位鼎鼎大名而在秦国大出风头的勇士孟贲还更加厉害。孟子却说：我四十不动心，也不算什么难事嘛！其实，告子比我更早就能不动心了。

孟子和告子，在学问上尽管意见相左，但孟子并不因此而歪曲事实，对方好的就是好的。所以他说告子比他更早便能不动心，这句话孟子毫不隐讳地说出来，绝对不会嫉妒而隐瞒。这也可说是圣人与凡夫的不同之处。

这里公孙丑提到的孟贲，是战国时代有盛名的人，相当于今日的拳王阿里。为什么说孟子比孟贲更厉害？因为对于功名富贵不动心，必须有很大的勇气。例如在街上看见一只名贵的手表，价钱虽然高，自己的经济能力足够买下来，戴在手上可向人炫耀财富，于是动了心想买。如果说硬是不买，不动心，那也要一点勇气才能切断那想买的欲望。很多事情，一般人都是看得通，但下不了决心，拿不出勇气。佛家有一部经典，名为《能断金刚般若波罗密经》，就是强调能切断一切妄想、烦恼，这的确需要大勇气。所以公孙丑便拿出自齐投奔秦武王的大勇士孟贲，来比拟孟子不动心的勇气。

曰："不动心有道乎？"曰："有。北宫黝之养勇也，不肤挠，不目逃；思以一毫挫于人，若挞之于市朝；不受于褐宽博，亦不受于万乘之君；视刺万乘之君，若刺褐夫，无严诸侯；恶声至，必反之。

“孟施舍之所养勇也，曰：‘视不胜，犹胜也。量敌而后进，虑胜而后会，是畏三军者也。舍岂能为必胜哉？能无惧而已矣。’”

在孟子说了告子比他更早就不动心以后，公孙丑又问孟子，处于外界的诱惑下而能不动心，有没有什么方法？孟子说，有啊！于是他举出两个古人为例，说出不动心的道理来。而这一番道理，从表面上看，似乎和“不动心”毫不相干，因为只是一些打拳练武的事。实际上看懂了以后，就知道他讲的是武士精神，要有这种快刀斩乱麻一般的武士精神，才能有不动心的勇气和定力。无论入世、出世的修养之学，对此都必须郑重注意。

孟子说：像北宫黝，在修炼自己武功的时候，要先养成“不肤挠，不目逃”的功夫。

所谓“不肤挠”，就是遇到可怕的事不会紧张得毛孔收缩，汗毛一根根竖起来。现代常形容为“刀架在脖子上，连眉毛也不皱一下”。“目逃”，在女性方面最常看见，小姐们看到一只小老鼠，尖叫一声，双手把眼睛遮起来，这就是目逃。过去练武功的人先练眼睛，用竹签、筷子在眼前晃动，好像要刺向眼睛，而眼睛不动；再进一步，用水泼向眼睛，眼睛是张开的，尽管水泼到了眼球上，眼球还是不动，连眼睑也不眨动一下，眼神就定住了。

北宫黝便练就武功上这么一个定力。至于在心理上，别人即使损害了他一根汗毛，在他的观念里，就像在闹区或在公堂之中当众打他一样的严重。而对于这种外来的打击，不管对方是普通老百姓，或者是高高在上的大国君主，他同样的不能够忍受，一定要反击，非把这口气争回来不可。当他要去攻击别人的时候，也是这种心理，即使去杀一个有万乘战车的大国国君，在他来说，和在街上杀一个小瘪三一样，并不因对象是一个国君就会恐惧、顾忌或犹豫，他要动手就动手。所以他对于各国的诸侯并不放在心上，天大地大不如我大，算是天地间唯我独尊的人。谁对他说话声音大一点，他一定比你的声音更大，更凶狠。这是一种勇，横而狠的勇，也是任侠尚气、好勇斗狠的勇。

孟子再举例说了另一个养勇的人——孟施舍，他的勇是另一型的。北宫黝的勇，是大洪拳、螳螂拳，相当于近代武侠电影明星李小龙，是精武门这一路上的；相反的，孟施舍则属于太极门，是柔道绵功型的。

孟子说：孟施舍培养勇的功夫则有所不同。外表看起来，他似乎是一个文弱书生，好像对方用指头一点，就会使他倒下去似的。可是真地打起来，他也非常认真，非常谨慎，先估计对方的力量，然后再考虑自己用什么方法，在什么时候进击对方的要害。等到考虑周密，在心理上认为有绝对战胜的把握时，这才和对方交手。这是先顾虑到对手比自己强大的一种作战态度，并不是说我是天下无敌的，一定能够打胜。虽然他随时惧敌，但却具备了不惧怕强敌的勇气。凭了这份勇气，再运用智慧坚强自己的信心，以弱敌强，打败比自己更强大的敌人。

所以武功虽是小道，但是武勇的修养却很不简单。表面上看，孟施舍的胆子小得很，不轻易和人家动手，实际上他的气魄已经修养到心理上不怕任何人。他的智慧已战胜敌人，而态度上还是绝对的谨慎，这是孟施舍和北宫黝两种不同的养勇典型。

说到“不肤挠，不目逃”，我们可以了解，孟子之所以举这两个人的养勇来答复公孙丑，是从外在不动心的修养方面作个说明；也就是告诉公孙丑，对于外在的不动心，起码要修养到所谓

“泰山崩于前而色不变，麋鹿兴于左而目不瞬”的程度。这样的修养，的确很难做到。

大家都知道荆轲刺秦王的故事，我们读了《孟子》这一段关于养勇的道理，再读《史记·刺客列传》时，对于荆轲的传记，不必读完全篇，就可以根据孟子所说养勇的两个典型原理断定荆轲刺秦王一定不会成功。这也是司马迁写《史记》的文学技巧高明之处，他牢牢地把握了荆轲这个人的人格特性，可以说把荆轲的灵魂和骨髓都写出来了。

荆轲这个人，好读书，爱击剑，文武全才，他的剑术造诣很高。他曾经到赵国榆次去拜访赵国的剑术名家盖聂，要和盖聂比剑。他大喝一声，拔出剑来，可是盖聂站在原地，纹风不动，“怒而目之”，以非常威严的眼神看住荆轲。这种眼神，就是一种“不肤挠，不目逃”的神气，荆轲被他眼神所慑，便收剑入鞘，回头就走。有人问这是怎么回事，盖聂说，他的神没有养到家，被我的眼神慑服了。然后荆轲又到邯郸去会有名的豪客鲁句践，两个人一起赌博，因此争路道，鲁句践光火，大声凶狠地讦责他，荆轲又一声不响地走了。鲁句践的气势，同样的，把荆轲逼走了。由此可见荆轲的养气炼神的工夫都不够上乘水平，所以他刺秦始皇会失败，更何况秦始皇的武功也很高。谈到练武，勇气固然重要，但修心养性的涵养工夫，可以说比武功更为重要。

我们再回来看孟子对孟施舍的介绍。这位孟大侠的勇有四个要点，我们必须注意。第一，自己对自己要有信心，如果自己失去信心，那就不用说了。第二，要准确地衡量对方的能力。第三，抓住对方的弱点。第四，也是最重要的一点，行动时要小心谨慎，绝不轻视对方。具备这四个条件，才算得上“勇”。不论个人的武功成就也好，两军对垒作战也好，乃至平常面临艰危困难，如何去克服，如何善处艰危，都需要有这样的勇气。虽然未必一定有百战百胜的把握，但失败的机会总不会太多了。

文武殊途同归的修养

> “孟施舍似曾子，北宫黝似子夏。夫！二子之勇，未知其孰贤。然而，孟施舍守约也。
>
> “昔者曾子谓子襄曰：‘子好勇乎？吾尝闻大勇于夫子矣。自反而不缩，虽褐宽博，吾不惴焉？自反而缩，虽千万人，吾往矣。’孟施舍之守气，又不如曾子之守约也。”

孟子的话，到这里做了一个转折，把北宫黝和孟施舍两人的养勇工夫做了一个小结，但不是总结。从这一小结一转，又引发出更深一层的理论来。他介绍了二人养勇的状态，然后为二人做结论，而不作直接的批评。他的讲解，仍然用比喻来说明。

他认为孟施舍的养勇工夫，就好像孔子的学生曾子。《论语》上说“曾也鲁”，从外表上看起来，曾子好像是呆呆的，而孔子的道统最后却靠他传下来。至于北宫黝呢？好比子夏。孔子死后，子夏在河西讲学，气象比其他同学来得开展。不过孟子又说，北宫黝和孟施舍这两个人的养勇工夫，到底谁比较高？这就很难下断语了。然而还是孟施舍这个路线比较好，因为他“守约”，晓得谦虚，晓得求简，晓得守住最重要的、最高的原则。北宫黝奔放，气魄大，可是易流于放纵任性，不如孟施舍的“守约”，也就是专志守一的意思。

孟子接着说，以前曾子问他的学生子襄，你不是好勇吗？我老师孔子告诉我，关于气派、气魄、义无反顾、浩然之气等，都是真正大勇的修养原则。孔子说，真正的大勇，是当自己反省到自己的确有理、对得起天地鬼神的时候，尽管自己只是一个默默无闻的小老百姓，但面对任何人，心中也绝不会惴惴不安，天王老子那里也敢去讲理。但是如果反省到自己真有错误的时候，就要拿出大勇气来，虽然有千万人在那里等着要我的命，我也是勇往直前，去承认自己的错误，承担一切错误所导致的后果，接受任何的处分。“君子之过，如日月之蚀焉”，能这样一肩挑起自己错误的负责态度，就是真正的大勇。

通常一个人犯了错，对一两个朋友认错已经很不容易了；若能对着一大群人承认自己的不是，那真需要“大勇”的气魄了。

这是我的解释，我把“缩”照字面直解为乱、缩拢的意思，缩就是不直，不缩就是直。另外古人有一种解释，“缩，直也”，这样也可以。不过这段话虽然大意不变，句法就有些不同了，说出来让大家比照参考：自己反省一下，要是我理亏，即使对方只是一个穿宽大粗布衣服的平民，难道我能不惴惴然害怕不安吗？反省一下，自己是理直的，虽然面对着千军万马，我也勇往直前拼到底。

我们了解孔子对曾子所说大勇的内容，也就了解孟子引述这段话的作用了。孟子引用孔子告诉曾子的大勇原理，根据孔子的说法来推演，孟施舍的守约固然也很高明，但又不如曾子的守约。曾子这种修养工夫，是更上一层楼的成就。

前面孟子说了，“孟施舍似曾子”，又说“然而，孟施舍守约也”。孟施舍守的是什么“约”？简要地说，他是“量敌而后进，虑胜而后会”，不轻视任何一个敌人。实际上这是养气的工夫，而孔子所告诉曾子的，不是练工夫，而是做人处世的修养。不但不问胜败如何，还进而问自己合理不合理；合理则理直气壮，不合理则坦然受罚。如此，即使手无缚鸡之力，依然是有大勇，是一个顶天立地的大丈夫。所以曾子守的是这个约，与孟施舍有所不同。曾子是有真学问的人，在人生修养上，是大智、大仁、大勇的中心；而孟施舍守的约，只是与人交手时的一种炼神、炼气的最高原则而已。所以孟施舍的“守约”，比起曾子的“守约”来，就只能算是“守气”了。

这里讲到“守约”的问题，同时提出了“守气”。司马迁写《游侠列传》，综合游侠的个性，下了一个“任侠尚气”的定义。换言之，任侠的人大都是使气的。“侠”的古写“”，右半边是“”，强调一个人的肩膀。所以“侠”就是为朋友做事一定竭尽心力。“气”，就是意气，越是困难的事，你认为做不到，我就做给你看。后世学武功的人，学了几套拳脚，根本没有把别人的事当作自己的事那么全力以赴，只妄想以武侠自居，早就忘了“任侠尚气”的可贵精神。面对“武道”的衰落，不免令人又有很多感慨。

我们要知道，中华民族之所以可贵的另一面，就在于这种“任侠尚气”的精神，这种精神体现在墨家的思想。墨家思想在中国文化中占有很重要的分量，早在春秋战国时期，中国文化已包含了儒、墨、道三家的成分。几千年来的中国文化，一直流传着墨家的精神，这是一个很重要但却被人忽视了的问题。我们现在都以为中国文化以儒、释、道三家为主流，其实这是唐、宋以后文化的新结构。虽然如此，墨家的侠义精神却始终流传在中国人的心中，融合在中国的文化里。

修养哲学上的辩证

曰：“敢问，夫子之不动心，与告子之不动心，可得闻与？”

“告子曰：‘不得于言，勿求于心；不得于心，勿求于气。’不得于心，勿求于气，可；不得于言，勿求于心，不

可。夫志，气之帅也；气，体之充也。夫志至焉，气次焉。故曰：‘持其志，无暴其气。’”

公孙丑听了这番理论以后，又触及实际问题，再向孟子问道：老师，我冒昧地请问一下，你刚才说告子比你更早就修养到不动心了，请问，你的不动心和告子的不动心，在修养上是否相同？

孟子说，告子说不合于道理的话，不要放在心里研求；心里觉得不妥当的事，不要在意气上争求。从这里我们很明显地看到，在中国文化中，谈心气合一的修养工夫是孟子特别提出来的。至于后世道家的心气合一，也都是从这个脉络来的。如果说心气合一之说远在孟子之前就有，那也是对的。

这里是孟子专说他与告子修养到不动心的原则，不过孟子这里谈的不动心，和前面所说由于外面功成名就的诱惑，或危险困难的刺激而引起的不动心，又有所不同。到了这一段，孟子所说的不动心，已回转到内在修养的不动心了。不过孟子不像后世那样，只做内在修养的不动心工夫，而是内外兼通的、相合的。

接着孟子批评告子所主张不动心的修养原则说：告子认为“不得于心，勿求于气”，心里觉得不安、过不去的时候，千万不要动到意气，这是对的。这就像吃了友人王某的亏，本来想以其人之道反治其身，把他的一笔巨款取来，以泄心头之恨。但想想，以怨报怨并不妥当，虽然心理上觉得过不去，但也不能意气用事、逞强非达到目的不可。“不得于言，勿求于心”，凡是在道理上讲不通的，就不要在心理上再去好强。孟子认为，对于道理不明的事情，明知道不该做，而却偏要动心，这就应该再去深入研究清楚，找出原因来才对。

孟子批评了告子的得失以后，提出他的意见。他说，“志”

是主宰、领导、指示“气”的司令官。在这里我们要了解“志”是什么，他认为“志”就是意识形态，是意识观念。譬如“去西门町”，这是一个思想，这个去西门町的决定就形成了一个意识形态，成为一个观念，具有力量，督促我们前往，这就是“志”。

至于“气”，内部的气，就是“体之充也”，我们身体里面本来就充满了气，并不是由两个鼻孔吸进体内的空气才是气。身体活着的时候，内部充满了气，气是哪里来的？是意志心力合一的动元。

“夫志至焉，气次焉”，气是怎么行动的呢？孟子认为心理可以影响生理，生理也可以影响心理，但是他强调以心理为主。“志至焉”，就是心理为主，“气次焉”，气是辅助心理而相辅相成的。所以我们心理上想到害怕时会出冷汗，这就是心理影响到生理。志怯则气虚，想到自己丢人的事，脸就红了，就是元气虚了。志一消，气就差了，想到要开刀，脸色就变了。有“恐癌”的心理病，人就先瘦下去了，所以气是志的附属品。产生气的原动力，则是意志。

孟子最后说，“持其志，无暴其气”，真正的修养，还是从内心，也就是从心理、意志的专一着手，然后使气慢慢地归元充满。这个时候，你的心理、生理，两者自然协调、融合，对事情的处理，待人处世之间，自有无比的镇定、勇气和决心，当然可以把事情处理得很好。

后世理学家讲修养的，有一种心气二元的理论，道家也有心气合一的说法。如宋代的大儒张横渠讲究养气，《东铭》《西铭》两篇著作就是讲养气；二程夫子（程颐、程颢）喜欢讲养心。不过宋明理学关于心气二元的理论或心气合一说，有的地方他们自己也矛盾得很，一会儿心，一会儿气，搞不清楚，但都是从亚圣孟老夫子的家当里抽出来的。后来明明又把道家的养气、禅宗的养心写入自家理学当中，而又不承认是人家的东西，自己一定要标榜出一个老祖宗来，标榜谁呢？当然要推出孟老夫子来了。所以距离孟子已经一千多年的宋儒们，宣称孟子死后孔孟之学就失传了，中间一直空了一千多年，才由他们承担起来。

朱元璋当了皇帝，看见唐太宗找了一位圣人李耼（老子）做祖宗，他也要找出一个名字响亮的古人认做祖宗，于是找到了朱熹。也许从宋到明朝代太近，年代相隔不远，还不好意思马上拉朱熹做自己的祖宗，只是规定考试一定要用朱熹的批注。因此朱熹也统治了中国文化几百年。这恐怕是朱熹生前做梦也没有想到的好运气。当年的国民党元老吴稚晖年轻的时候曾狠狠地大骂宋明理学家，他说，假如把宋明理学家们杀了剁成肉酱来做包子喂狗，连狗也不吃，因为那肉馅太酸了！这些理学家们害了中国一千多年。吴老骂得固然有点过火，但由此可以看到早年革命青年志士们气魄之奔放了。

还有一个朱元璋找祖宗的传说。据明人笔记说，有一次朱元璋微服出巡，遇到一个理发匠，在当时这是被人看不起的职业。他随口问这人姓什么？他说姓朱。朱元璋追问他是不是朱熹的后代，这位老兄说：我才不是朱熹的后代！朱熹是朱熹，和我有什么相干，我自有我自己的祖宗。朱元璋听了这个剃头匠一番话，心里暗叫惭愧。像这样的人都还不忘自己的祖宗，不往脸上贴金，而自己身为一国之君居然忘本，而且有拉别人来做自己祖宗的自卑心理，真是令人惭愧。于是他也就打消了认朱熹做祖宗的念头。这是一则野史笔记，但不能断然说纯属捏造，对于世情，也许有点教化纠正的作用。

宋明理学家的心气二元论，或心气合一说，何以会和《孟子》这里的记载搭上线呢？凡是读过古书的人大概都知道，孔子没有谈过“气”这个问题，比孟子稍稍早一点的庄子才谈过气。在孟子当时，燕、齐之间的道家人物、一般方士也都在讲养气或炼气。所以孟子讲养气，也可以说是受了道家的影响；严格地说，是受了时代的影响。如果说孟子的养气是继承孔子而来，这是大可不必的事。孔子没有谈过养气，曾子、子思也没有说过；乃至在《易经》中，孔子也没有谈过养气。但由此我们可看到一点，就是任何一个圣人、任何一个学者，都离不开时代的影响。这并不是说因为孔子没有讲过养气，孟子就不应该讲；这里只是指出孟子有关养气学说并非来自孔子，而是来自孟子当时的时代影响。

后世宋明理学家把“心”“气”二元当成儒家的法宝来讨论，如果当作修养方法论是可以的，如果就形而上的道体立论，那就太离谱了。老子说过养气，如“专气致柔”等，同时又说：“此二者，同出而异名，同谓之玄，玄之又玄，众妙之门。”“同出而异名”，就是一体的两面，是说不但意志可以控制气，气也可以影响意志。例如腹泻，泻得气都断了，纵然意志还很强，那也是没有办法的。

孟子的志气同源说

再说修养，现在也有些人，学道学佛学禅，修定达到了一点点境界，心地清明，以为就是证了道，悟了心。其实这不过是“专气致柔”，平和了一点，是身体感觉上的一点反应而已，不可自以为已经悟道了。现在社会上一般学道的书所说的一些境界现象，把千里眼等小成就就说是成道，真是荒谬绝伦。其实这些花样都是气或神经层次的事。孟子讲的并没有错，他说要养志有勇，气度恢宏。但是后世的人拿这几段来讨论，讲得玄之又玄，恐怕大违孟子的本意，离题太远了吧！

后世的诗人们引用道家的观念，便有“悟到往来唯一气，不妨吴越与同丘”的感想了。人活着就是一口气，这口气一往一来就活着，这口气不往来就死去。不管什么冤家、亲家的，死后都是剩一把骨头，埋在一起没有什么两样。这与佛家“冤亲平等”的观念有异曲同工之妙。佛家从“真空妙有”着眼，道家则从“气化万物”的观点立说。

孟子也同样认为生命活着就靠一股气，“气，体之充也”，气充满在身体内部，到处都是。很多人练气功，说什么气吸进来要放在丹田，于是常有人问，气究竟是应该让它停在身体的哪个部位才叫气沉丹田呢？其实，人体就好比一个皮袋子，你说气进去了，它能停在什么地方呢？又好比轮胎打气，我们能让它停在轮胎的某一角落吗？可能吗？所以我们练气功，说是要让气停在丹田，当然不行。但是“气沉丹田”也确有其事，丹田那里的确是一鼓一鼓地动，这又怎么说呢？“夫志，气之帅也”，那是意识感觉的作用。心静下来以后，能比较灵敏地感觉到气经过丹田的鼓动，并不是气都凝聚固定在丹田，否则我们的手脚和身体其他部分难道都没有气了吗？

从孟子这句“气，体之充也”，可见孟子的确是有真实的修养工夫，这是他自己做工夫的经验谈。他说过“夫志，气之帅也。气，体之充也”之后，又说“夫志至焉，气次焉”，让我们不要太迷信炼气，气功并不是究竟，它只相当于一个附属品，是随“意志”思想的心理作用而起变化的。生命功能的终极还是在于“心志”的作用，心动之后才引起气动。

于是孟子提出七个字的修养原理，“持其志，无暴其气”，这不仅是儒家养心的要领，同时也包括了佛家、道家做工夫的原则。孟子告诉我们说，要保持心志的专一和宁静，不要使意气乱跑。

“既曰：‘志至焉，气次焉’，又曰：‘持其志，无暴其气’者，何也?”曰：“志壹则动气，气壹则动志也。今夫蹶者，趋者，是气也；而反动其心。”

孟子提出的修养原理，“持其志，无暴其气”，公孙丑还是不懂，觉得孟子讲话前后矛盾，因此他问：既然你说过“志至焉，气次焉”，心理作用是主要的，气机变化是次要的，为什么现在你又说“持其志，无暴其气”，要保持心念的专一，不要使气乱跑，这是什么道理呢?

如果我们做孟子的代言人，就会对公孙丑说，“志至焉，气次焉”，是理论上的大原则；“持其志，无暴其气”，是实际修养方法的层次。但孟子答得更详尽，“志壹则动气，气壹则动志”，意志专一了以后，可以引动并指挥生命内部气机的作用。也就是说，心念动了，气机随着动，就是“志壹则动气”。现在的人，吃得好，生活紧张，中年以后多半患高血压症。如果不太注意它，心理放轻松，血压自然会降低；否则，越注意自己的血压，心理越紧张，血压就越高。这就是“志壹则动气”的道理。

又如清代有一个名医，他的女儿颈上大动脉旁长了一个大瘤，天天叫痛，苦不堪言，吃药不能好，开刀又危险，他就在女儿腿上用红笔画了一个圈，并告诉女儿说颈上的瘤没有关系，自然会好；不过，七天以后，腿上画了圈的地方会长出一个更大更痛的瘤来，那更麻烦。他女儿听了非常害怕，更加着急，天天看着腿上的红圈，七天以后，那里果然长出一个瘤来，而颈上的瘤好了。这位名医如此这般地把瘤移到腿上之后，才在腿上开刀。这在西医名为心理治疗，就是运用“志壹则动气”的一个实例。

同样的，生理也影响心理。孟子接着说：“今夫蹶者，趋者，是气也；而反动其心。”你看那些快跑的人，一拔腿就往前冲，就想拿锦标，都是先由于气的冲动，而后影响了心绪的浮动。再说出生一百天以内的婴儿，如果跌在地上不会受重伤，因为婴儿心里没有事，不知道自己跌倒不跌倒，就不会受到气的影响。庄子也说“醉者神全”，喝醉的人糊里糊涂，跌倒时自己心里也不知道，即使受伤也是轻伤，这也就是心志没有受气的影响之故。反过来，清醒的人跌倒容易受重伤，就是生理影响了心理，这些就是说明“气壹则动志”的道理。

《公孙丑》这一篇还没有讲完，但是我们必须暂时把书本搁下，先对前面所提出的问题做一番研究讨论。

《孟子》全书最重要的就是《公孙丑》这篇。这篇的重点，我们拿旧的观念来讲，就是“内圣外王”的修养方法。但是我们过去读《孟子》，乃至现代人看《孟子》，很容易忽略了这一点。由于《孟子》全书思想是连贯的，但是经过后儒把它一圈，圈断了，再加上我们自己的不小心，没有全书一贯地把它读完，于是忘记了“内圣外王”的修养方法。“内圣外王”用现代话说，也可以说是“内养外用”之学，是充实自己内在的学问、修养朝圣贤的道路上走，从事济世救人的大业。这就是古代所标榜的“圣贤之路”，也就是说，一个人格的完成，是由内在学问、思想的修养，而发挥到外在利世利人事业的功勋，这就是圣贤的道理。古代把人加上“圣贤”两个字，看来就严肃多了，像对孔庙两庑圣贤的塑造加上一些宗教的心理、色彩，一个个好“神”气，没有什么“人”味。其实大可不必，所谓“圣贤”，只是一个人内养的升华和外用的圆融罢了。

唯大英雄能本色

现在我们读的《公孙丑》这一篇，是绝妙的文章，这篇先从一顶帽子开始，由公孙丑问孟子功成名就时动不动心。这不是我们平常问的你高兴不高兴。动心和高兴程度不同，公孙丑这里问的是动心不动心，这是个大问题。

人谁不动心呢？尤其是面临功名富贵时，如何能不动心？孟子这里说“四十不动心”，这是个主题，人怎么做到不动心呢？人啊，天天随时随地在动心，怎么个动心呢？《中庸》里面就提到“喜、怒、哀、乐”，这是孟子的老师子思把人的心理状况归纳成这四种情绪。后来演变成中国文化里常提到的“七情六欲”。六欲是汉朝以后佛学传入的思想，是说人对色、声、香、味、触、法的需求。七情呢？是我们固有的文化，出自《礼记》，除了“喜、怒、哀、乐”之外，又加上“爱、恶、欲”。不管七情也好，八情也好，不去管它如何分类了，我们每天对事情没有不动心的。人真修养到“不动心”啊，就是“内圣”境界，不但对功名富贵不动心，对一切都不动心。那么，你会说，不动心不就是死人一样，不就是呆了吗？所以我们要讨论不动心。

其次，由不动心引出来公孙丑的一段话，他说：老师，你的不动心，有这样高的修养工夫啊！秦国当年在秦武王时代有个勇士叫孟贲的，你比他还要厉害啊！

从公孙丑这句问话我们发现，这位学生到底不行，公孙丑竟然拿武功来比孟子的不动心。武功里有没有不动心呢？有。现在我们觉得很有意思，方才也提到过，打拳啊、练武啊，叫国术。中国过去不用这个名称，什么“国术”“国技”的，是民国初年以来受西方文化影响才改用的名称。古代对于文章写得好、武功练得好，称文艺、武艺，意思是好到了艺术的境界。我们看古代的书，说“武艺高强”，不说“武功高强”，更没有说“武术高强”的。虽说只是用字的不同，但用字涉及一个国家文化思想的背景。所以武功到了最高处，同文学一样，进入了艺术的境界。过去的武艺也的确先要修养到不动心。那么孟子由这个问题提出两个人，一个北宫黝，一个孟施舍，来加以说明，而后再转入修养方面。他说北宫黝武功修养的原则像子夏；孟施舍的武功修养像曾子，原则是“量敌而后进”，比北宫黝高。这里第二个重点来了，他说曾子“守约”，讲到修养的方法了，什么叫“守约”？

门户之争的动心

我们再来研究一下“不动心”这三个字。由于在座许多人对“不动心”非常动心，下课后纷纷提出讨论，所以我们再来谈谈。前面提过，两千年的中国文化，大体上可分为两截来看。春秋战国之后，中国文化是儒、墨、道三家的天下，严格说来，道家是最古老的。到了汉朝佛教传入以后，文化结构变成儒、佛、道三大主流，而且由三大“家”变成三大“教”。儒家到了唐末还没有正式变成儒教，经过了唐、五代，一共四五百年的酝酿、转化，直到宋朝，才真正变成了儒教的典型，这是因为理学家的原故。如宋初的五大儒，程颐、程颢两兄弟，张载、朱熹、陆象山等，都是有名的理学家。所以我们可以说，中国文化在宋朝初期那个阶段，走入一个新潮派的学术思想——理学，反对佛家以及道家。而在隋、唐、五代时，整个思想、学术界都是禅宗的天下。

去年我在东海大学有个唐代文化的专题讲演，我说唐代三百年间在中国文化思想史上几乎是一片空白。义理之学根本谈不上，至于辞章之学，唐朝是文学好，有名的唐诗留下了不可磨灭的光辉；但是谈到学术思想则没有。其实应该说有，只是都走入了佛学和禅宗的领域。这个学术思想界的怪现象一直延续到五代，所以这三四百年的文化思想可以说整个是禅宗的天下。在这个情势下，除了道家还分得小半天下之外，再没有其他的了。儒家呢？只有八个字，“文章华丽，记闻博雅”而已。有一点必须声明，这只是我个人的看法，如果站在佛学与哲学的立场看，唐代却是文化思想的鼎盛时期。

这个情况延续到了宋朝，自然就非变不可，新潮派的学术思想非起来不可，因此有宋朝五大儒的前后兴起。但事实上，宋明理学家应该说是“外儒内禅”，外面打着儒家的招牌，喊着儒家的口号，但内在修养、工夫却非禅即道。所以我常对宋明理学家有所论议，认为他们风度太差，明明是向佛道两家借用的东西，而且还一边借一边偷，然后反过来就骂这两家。而这两家可没有还手，你爱骂就骂。相形之下，更让人觉得理学家的态度不够潇洒，胸襟不够开阔，讲圣贤之学术却无圣贤之气度，实在是件遗憾的事。

宋儒修养工夫的境界，却也标榜“不动心”。怎么叫“不动心”呢？这是一个问题。我们人谁能不动心呢？我们都知道佛学把人的思想称为妄想，妄想也就是烦恼，一切众生都因妄想而来，所以一切众生生来都有烦恼。我常觉得佛学里烦恼这个名词翻译得实在是高明。烦恼不是痛苦，我们脑子里永远有许多连续不断的游丝妄想牵扯着、困扰着我们，这就是烦恼，烦恼是由妄想而来。为什么不叫它是思想呢？思想这个名词连起来用，是唐以后才有的，到了近代才流行。追根究底，它来自佛学，但在佛学里，思是思，想是想，不可一概而论。思想不一定是妄想，但是我们一般人平常思想都是妄想，因为这些“想”都不实在、不稳定，停留不住，保持不住，随时跟着外境、生理、气候、环境等的变化而变化，所以叫它作妄想。要做到妄想而不动心，真是谈何容易！

道家在唐以后变成道教，差不多也是用“妄想”这个名词。所以说唐朝以后，道教实在和佛教已经分不开了。如果站在比较宗教学的观点来看——这是一门很新的学问，在美国有些大学乃至研究所有开比较宗教学的课程，把各个宗教的内涵和形式以及哲学基础，做一番比较研究。佛教和道教之间的关系非常微妙，我们知道佛教里人和人见面就说“阿弥陀佛”，这句话很有意思，后来演变成中国文化里的常用语。平常讨厌一个人，一旦看他跌了一跤，觉得开心、活该，于是顺口就说“阿弥陀佛”。好朋友病了，心里难过、悲伤，也说“阿弥陀佛”。好的说“阿弥陀佛”，坏的也说“阿弥陀佛”，所以这个“阿弥陀佛”真好。尤其在大陆，过去到庙子里看到和尚，问他吃过饭没有，他说“阿弥陀佛”；你好吗？他也说“阿弥陀佛”；不好吗？他还是说“阿弥陀佛”。反正不着边际，这真高明。道士们见面呢？不说“阿弥陀佛”了，他们说“无量寿佛”，是从佛教里翻译来的，“阿弥陀佛”翻译成中文的意思就是“无量寿佛”。佛教里还有一部《观无量寿佛经》。所以你说他究竟是道教呢？还是佛教呢？搞不清楚，我觉得蛮好玩的。

严格地说，理学家和禅与道也几乎分不开。我们举个例子，就说“不动心”吧，怎么个“不动心”呢？我们看看供在台北指南宫那位有名的吕纯阳，他有一首诗：

一日清闲自在仙　六神和合报平安
丹田有宝休寻道　对境无心莫问禅

据说这是吕纯阳没有悟道时候的诗，但是他工夫已经很好了。据说这时他能坐着他自制的直升机——飞剑，在空中飞来飞去。飞来飞去这只是工夫，还没有悟道。但他这首诗也可以说是讲修养的，你看他说的“一日清闲自在仙”实在是好，我们如果能够有一天不忙碌，呆在家里，没有事，没有烦恼，那就好比神仙。但是一天偶尔没有事，在家休息，也许做得到；可是我们尽管清闲，却不见得自在：放个假在家，东搞搞，西搞搞，老婆儿子哭一顿骂一顿，真不自在。“小人闲居为不善”，清闲反而危险，所以说能清闲自在也不简单。

第二句“六神和合报平安”难了，身体一点病痛难受都没有，“六神和合”是身体的，精神健旺，那谈何容易！这时“丹田有宝休寻道”，道家讲炼成丹就成仙了，他们认为每个人内部都有“丹”，就是长生不老的药，但是一般人找不到。现在吕纯阳找到了，他牛吹大了。第四句和我们现在所讲的有关了，“对境无心莫问禅”，这个境界多大啊！如果人真做到“对境无心”的话，的确就可以成佛，也就不用参禅，不用学佛，不用修道，已经到家了。

现在问题来了，他这“对境无心”和孟夫子讲的“不动心”是一样的吗？现在我们不管他“对境无心”也好，“不动心”也好，再回过头看看一般学佛修道的，打起坐来，都希望做到“无妄想”。那位鼎鼎大名的禅宗六祖，曾经标榜禅宗以“无念”为宗。什么叫无念呢？就是没有杂念，没有妄想。那么和孟子的“不动心”是不是一样的呢？它们的含义似乎相同，但又不完全相同。孟子的“不动心”，重点在为人处世，待人接物。勉强说，是佛学里“事理无碍”的初阶。而佛学里的真正“无念”，除了“事理无碍”以外，还涉及“理无碍”“事无碍”“事事无碍”等，包括了形而上本体的实相，以及形而下修为的原则。详细说起来，又是一个大专题，我们就此略过。

虽然两者之间有程度和层面的不同，但是我们可以说，这种修心养性之道，不是后来佛教传入以后才有的，早在孟子提出“不动心”之前，中国文化里就有了。这套“内圣外王”的修养，可以说是东方文化的精华，和西方文化比较起来，的确有所不同而别有独到之处。

从心所欲的不动心

现在我们再回过来研究一下《论语》，孔子没有提出“不动心”的问题，但是讲到过类似的修养。我们看他老人家的报告“四十而不惑”，不惑相当于不动心。但是真正能圆融地不动心、到达圣人境界，是他七十岁时，“七十而从心所欲不逾矩”，这时孔子才完成了圣人境界的修养。我们由孔子的自我报告，可见“不动心”鉴别之难。

现在我们大概对“不动心”这个名称所包括的与我们有关的内容做了一番研究，竟有如此之多，详细发挥起来，几年都讲不完。道家、儒家、佛家修养到不动心的理论以及方法，介绍起来太多了，现在我们还是限定在孟子的“不动心”来说。真正的“不动心”是什么样子呢？孟子举出两种典型。一种是属于外型的“不动心”，就像武术家一旦身陷重围，成千成百的枪杆对着，但是他眼睛都不眨，视死如归，一点不动心。普通一般人可做不到，尤其小姐太太们，遇到一点小事就尖声大叫，十里外都听得到。实际上女性们尖声大叫，你说她真怕吗？不见得，她就是爱叫，这一叫啊！把男性的“不动心”就给叫动了。

记得当年在大陆，我曾经去庐山住过，那里有座寺庙叫天池寺，旁边有个深谷，可以说是万丈悬崖，看下去令人头晕目眩，很少有游人到此。那里有块石头就像舌头一样，突出山壁，石头的大小，正好两只脚可踏在上面。据说这块石头只有两个人踏过，一个是王阳明，他站在这块突出的小石头上，向万丈深渊下面望去，试试看自己恐惧不恐惧。另外一个人是谁呢？是蒋公中正，他一生研究王学，所以到庐山时，也到那块石头上站一站，就是想看自己面临这样的险境是不是会动心。

置身危难重重的困境而能不怕、不惧，算不算是不动心呢？这还不能算是孟子所讲的真正“不动心”，这还只是对外境的不动心，就像孟子所列举的那两位武士北宫黝和孟施舍的修养一样。那么孟子所认为真正的“不动心”是怎么样的呢？他认为要像曾子那样，中心要有所主，也就是所谓的“守约”，内心要有所守。不动心并不是一个死东西，假如一旦父母死了，我们还在那里学圣人不动心，这成什么话呢？如果不动心就是无情的话，那么父母儿女可以不管了，国家天下也不相干了，这个样子的“不动心”还能学吗？自古以来，很多学佛、修道的都误以为“莫妄想”是不动念头，是究竟的真理，因而导致一种非常自私的心理，凡是妨碍打坐、用功的，都是讨厌的，都是不应该的。一天到晚什么事都不想做，也不肯做，就只是闭眉闭眼的要不动心。其实他又要成仙，又想成佛，欲望比一般人大得多，你说这颗心动得有多厉害！可是一般修道的人往往都忽略了这正是动心，还沾沾自喜地以为自己在不动心呢！

昨天一个朋友来，我和他谈起不动心的事，提到我最近写的两句诗——“事于过后方知梦，浪在波心翻觉平”。中国文学上我们常看到“人生如梦”这四个字，在境界上看来多美，多洒脱；但在我看来，并不以为然，我看他和我一样，都是事后的诸葛亮，过后方知，人在身临其境时并不知道。就好比掉在海里，陷到大浪的中心点时，或者困在台风眼时，反倒觉得没有一点风，也没有一点浪；坐在飞机舱里，坐在快速火车上，自己反而不觉得在动。所以许许多多讲儒家修养的以及学佛修道的人，把两腿一盘，眼睛一闭，打起坐来，清清净净的，自以为是“不动心”了、“无妄想”了，其实正是“浪在波心翻觉平”。为什么呢？因为他有个大妄想就是要修道，正在动心啊！这正如佛经上所形容的，“云驰月驶，岸动舟移”。

如果我们把不动心认为是个死东西，那就完全错了，如果认为修养到“无念”的境界就算得了道，那更是大错特错。现在反过来看看普通一般人的思想，总是连绵不断的，一波未平，数波又起。就算打起坐来，一直告诉自己要“莫妄想”，也还是无可奈何！我们多半都不习惯说实在话，如果肯说实话的话，我们请一千个学道、打坐了几十年的人来问问看：静坐时，有没有妄念呢？我相信有九百九十九个半的答案都是“有妄念”，都没有办法做到无妄念。如果说修养到了没有妄念，那很可能是像我前面所说的，“浪在波心翻觉平”，只是自以为清净无念罢了。

因此我们要注意，孟子的话没有错，他以他的太老师曾子为不动心的典范。曾子不动心的原则就是“守约”，所谓“守约”，是心中自有所守，有个定境，有个东西。因此要“约”，约住一个东西，管束一个观念，照顾住一点灵明。我们平常的思想、情绪都是散漫的，像灰尘一样乱飞乱飘。我们这边看到霓虹灯，马上联想到咖啡厅，接着又想到跳舞，然后又想着时间到了，必须赶快回家向太太报到。一天到晚，连睡觉时思想都在乱动，精神意志的统一、集中简直做不到，所以必须要“守约”，守住一个东西。

专于一　万事毕

由此我们可以了解宋明理学家标榜“主敬”“存诚”的道理，这也可以说是他们的高明处，没有宗教气息，只以“主敬”

“存诚”为宗旨。什么叫“主敬”“存诚”呢？这也就是本篇下面一节孟子所提到“必有事焉”的道理。好比人们欠了债，明天就必须还，还不出就要坐牢。但是今天这笔钱还不知道在哪里，于是今天做什么事都不行，听人家说笑话，笑不出，人家请客也吃不下，这种心境就是“必有事焉”。又好比年轻人失恋了，不知在座年轻人有没有失恋的经验，假如有的话，那个时候一定也是放不开。至于谈恋爱时，又是别有一番滋味在心头，就像《西厢记》所说“茶里也是他，饭里也是他”，到处都是他的影子。这就是曾子所谓的“必有事焉”。我说这句话可不是开玩笑，我们做修养工夫，如果真做到心里一直守着一个原则用功的话，那就上路了。

每个宗教对心性的修养，都各有一套“守约”的办法。譬如佛教要我们念一句“阿弥陀佛”，就是“必有事焉”的原则。密宗的这个手印、那个手印的，东一个咒语、西一个咒语的，也同样是“必有事焉”。又如天主教、基督教，随时培养人们对“主”“上帝”的信念，乃至画十字架，也都是“必有事焉”的原则。说到天主教的手画十字，很有趣的是，密宗恰好也有画十字的手印，与天主教所画先后次序不同。这两个宗教的手印到底是谁先谁后呢？实在很难研究的。现在不管这些，我们只专对学理来研究，把宗教的外衣搁下。每个宗教教人修养的方法，都是运用“必有事焉”的原理，也就是孟子所讲“守约”的路子。

我们是现代人，就先从心理状况来做一番研究。我们在每天乱七八糟的心境状态中，要想修养到安详、平和、宁定、超越的境界，是很难的。首先必须要训练自己，把心理集中到某一点——这是现代的话。佛教的“阿弥陀佛”、孟子的“守约”以及现代的“心理集中到一点”，是没有两样的，融会贯通了就是这么个东西，这也就是所谓的“人同此心，心同此理”，道理、原理是一样的，只不过用词不同罢了。不论古人、今人，中国人、外国人，凡是真讲修养，就必须先做到“守约”。佛教所谓的入定，也就是“守约”的初基。所以孟子讲不动心的修养工夫，第一步就必须做到“守约”。如果就佛学而言，要修养到不动心的话，第一步就必须先做到“定”。“定”的方法是怎么样呢？照佛学原理说来，就要“系心一缘”，把所有纷杂的思绪集中到一点，这就是“守约”。如果发挥起来详细讲的话，那就多了。总而言之一句话，孟子认为修养到不动心，必须先做到心中有所主。

在座诸位有学禅的，有念佛的，有修道的，有信其他各种宗教的，或许有人会问：我坐起来什么也不守，空空洞洞的，好不好呢？当然好。但是，你如果认为自己什么都没有守的话，那你就错了，那个空空洞洞也是一个境界，你觉得空空洞洞的，正是“守约”。和念佛、持咒、祷告等同样是“系心一缘”，只不过现象、境界、用词观念不同。

如果真正做到不动心的话，那就动而不动、不动而动了。说到这里，我想起明朝潘游龙的《笑禅录》，里面有一段提到一个秀才，到庙里拜访某位禅师，这位禅师懒得动，坐着不理他。秀才心直口快，就问他为什么坐着不起来。这位禅师就说：不起即起。秀才一听，拿起扇子在禅师的光头上一敲，禅师气得问他：你怎么打人？秀才就说：打即不打。潘游龙在这部《笑禅录》里，用禅宗的手法列举古代的公案，重新参证。他用轻松诙谐的题材，使人在一笑之间悟到真理。可惜胡适之先生竟误会《笑禅录》是部鄙视禅宗的书，所以引用它“打即不打，不打即打”来诬蔑禅宗，反倒令人失笑了。

如果真修养到不动心的话，那倒真是“不动即动，动即不动”了。这话怎么说呢？就是对一切外境都非常清楚，对应该如何应对也非常灵敏，但是内心不会随着外境被情绪所控制。这就是庄子所谓的“哀乐不入于胸次”。但是要注意，不动心并不是无情，而是不受一般私情、情绪的困扰，心境安详，理智清明。如此才能步入“内圣外王”的途径，才能为公义、为国家、为天下贡献自己。

中国这几千年来丰富的文化思想、多彩多姿的历史经验，是别的民族所没有的，这的确是值得我们自豪的地方。我们从历史经验中常常可以看到，有些人平常人品很好，但是一旦到了某个地位，就经不起环境的诱惑，而大动其心了；相反的，一旦失意，也经不起失败的打击，于是也大动其心了。现在在座的青年，看起来一个比一个淳朴可爱，但是有一天到了“哼啊！哈啊！”的显要地位时，或者变成一个大富翁时，周围人一捧，那时如果没有“守约”的工夫，那你就不只是动心了，而是连本有的平常心都掉了，昏了头了，这样自然就随着外境乱转了。

如果没有经过时间、环境的考验，很难对一个人的品德、修养下一个断语。这也就是孔子所说的“可与共学，未可与适道；可与适道，未可与立；可与立，未可与权”。我积一生的经验，对这几句话体会很深，许多人可以做朋友，但是进一步共同做事业，或者共同学道，那就难了。又说“可与立，未可与权”，可以共学，也可以适道，可以共事业，但不能共成功，无法和他共同权变，不能给他权力。如果共同做生意，失败了也许还能不吵架；最怕的是生意赚了钱，分账不平，那就动了心，变成冤家。我常对朋友说：你的修养不错，差不多做到了不动心。不过，可惜没有机会让你试验，看看一旦有了权位是不是还能不动心。人到了一呼百诺这种权势，连动口都不必，话还没说出口，旁边人就已经服侍得周周到到的了，这种滋味当然迷人，令人动心。所以要修养到“守约”“不动心”，的确是圣人之学。我们如果详细讨论的话，还多得很，牵涉到古今中外儒、释、道三家各种的修养。

养气工夫

下面有重要的来了，公孙丑对孟子所讲有关不动心的道理懂了没有，不知道。反正我们很感谢公孙丑，他不问的话，我们就没得听。他又问孟老夫子：孟老师的不动心和告子的不动心差别在哪里？因为孟子提出告子比他早一点不动心了——现在我们补充一点，在座的老年朋友要注意，对生死不动心就可以了生死，得道了。富贵、功名倒还不算什么，真能做到生死一如、对生死不动心，那就了不起了。这是补充前面的话。孟子说告子的理论不通，“不得于心”的话，那就“勿求于气”，不要做修养的工夫，因为原理没有明白，做工夫也没有效果。心里还有怀疑不能安详的话，气就不能宁静，不能得定。所以孟子说，心里不安详，气就不能定下来，这是对的。至于说对道理不明白，“不得于言”就“勿求于心”，就不再研究，孟子认为那就不可以，这句话是有问题的，孟子说告子对于这一点了解得不彻底。

我们现在也不要帮着孟子来批评告子，只是提出这几句话。实际上告子这句话也不错。我们看了他们两人的观点，就好比什么呢？以禅宗为例，告子所说好比神秀的偈语：

身是菩提树　心如明镜台
时时勤拂拭　勿使惹尘埃

孟子所说则好比六祖的偈语：

菩提本无树　明镜亦非台
本来无一物　何处惹尘埃

当然，这并不表示他们的工夫程度与六祖、神秀相等，此处只是勉强作个比喻而已。

很幸运的，我们是现在研究儒家，如果我们生在宋朝，那就完了，因为宋明几百年间只要你稍稍表明自己学佛修道，前途就完了。名气大如苏东坡，还是吃了这个亏的。尤其到了明朝，像我这样随便评论先儒，那有几个脑袋啊？现在可以了，到底是民主时代。在过去我们讲《孟子》，如果用这个比喻，那就变成大逆不道、旁门左道，很成问题。所以我们看历史，常觉得古人很可怜。不过话说回来，也许过一两百年，人们又看我们很可怜，这个事情很难讲，现在我们这些闲话不谈。

接着，孟子提出“志”和“气”两个问题。所谓不动心，就是思想、情志不动。要做到不动心，就必须养气。现在里面又钻出问题来了。孟子提出“心”和“气”是一体的两面，他认为心理和生理是互相影响的。他答复公孙丑的结论是“善养浩然之气”，孟子的真工夫来了。这一下可好了，这浩然之气不晓得有多大！“浩”者，大也，大气磅礴。又一个问题来了，暂时把它摆在这里。

理气不二论

讲到这里，就要讨论“浩然之气”了。浩然之气，也是中国文化中的一个大问题。由于这个问题非常重要，因此我们就《孟子》原文所提“浩然之气”的渊源先做一个概略的回溯，让大家对于孟子所以提出“浩然之气”与公孙丑讨论的来龙去脉，有个更深的印象。这样，我们对于不可见、不可闻、不可触的“浩然之气”，才能有更清楚的认识，甚至能有所体会。

最初，公孙丑请教他的老师孟子，在功成名遂的时候动不动心。孟子告诉公孙丑，他在四十岁的时候就已经不动心了。“不动心”这三个字，后世道家、佛家以及宋明的理学家都把它引用到内心修养工夫上去，成为“不起分别”“无妄念”的同义语，作为身心达到“道”的最高境界的修养，并且认为是念头丝毫都不动的一段形而上的工夫。不过，我可以大胆地说，这对孟子的本意产生了很严重的误解。孟子在这里对公孙丑所说的“不动心”，只是对一切事功成就的不动心；也就是对人类社会中的名利、荣誉、权势以及物质不动心而已。

接着公孙丑认为，孟子能够对名扬天下、功在万古的人生境界都不动心，那需具有大智、大勇，否则是很难做到的。因此讨论到勇的问题，牵涉到北宫黝、孟施舍等几个武功很高的人，举他们的武勇来比拟，以便讨论得更具体。但是孟子在“勇”这一课题中所作的结论是：武勇之勇，并不是真正的大勇；真正的大勇，还要配合个人高度的修养。像曾子那样，或者如子夏一样，才是真正的大勇。也就是孔子教诲曾子的：自己有理时，虽然自己只是一个最普通的老百姓，纵然面对王侯将相，也丝毫不会感到害怕，也不会退却；如果自己理亏，虽在千万人面前，也要认错，也要担负起责任来，这就是真正的大勇。

从不动心到大勇，也就是一个人的真学问、真正的修养工夫了。工夫到这个阶段，虽有千万元、上亿元的贿款放在面前，不但不会伸手去拿，连“这钱可不少啊”的念头都不会产生，这就要具有大勇的人才办得到。

如汉朝的杨震，做官的时候，有人在半夜悄悄地送了一大批银子给他，杨震不肯收，那送钱的人说，现在这房子里只有你我两个人在，你尽管收下，绝对不会有人知道的。可是杨震对他说：“怎么没有人知道呢？你知、我知、天知、地知。”那人听了，良心上也受到谴责，非常惭愧地挟了那一大包银子走了。

我们设身处地想想，那么多的钱，以自己的薪水算起来，大概两辈子也赚不了那么多。又当深更半夜，而且只有两个人面对面，没有第三者在场，这是多大的诱惑！如果没有大勇，就很难下拒绝的决心，更难说出那句使对方感悟的名言来。我们可以想象得到，杨震说这几句话时，他的心地是多么光明磊落，温语中有千钧之力，气魄多么的宏伟，这就是真正大勇的具体表现。

再回转来说，公孙丑又问大勇是怎么样修养来的，孟子说是由于意志的坚定来的。“坚定意志”这句话，嘴里说说容易得很。其实，没有相当修养工夫是很难做到的。公孙丑再进一步问，坚定意志有什么方法。孟子告诉他七个字，“持其志，无暴其气”，如果下定了决心，就坚决地去做，绝对不改变，就像一个虔诚的宗教徒绝不改变他的信仰一样。学禅的参话头，学密宗的念咒子，或如念佛，这些都是“持其志”。但仅仅“持其志”还是不够，不能成功，同样重要的还要“无暴其气”。

孟子这里所讲的气，包括情绪在内。大家对于事情，可以做或不可以做，平日都知道，认识非常清楚，都能坚持这个原则。但当心浮气躁的时候，就会受影响。譬如发怒的时候，理智告诉我们不要出口骂人，可是气一上来，嘴巴不受控制，骂人的话就出来了。所以“志”与“气”是两回事。而孟子说不仅要“持其志”，同时更要“无暴其气”，不使此气粗暴浮躁。因为心理与生理是相互影响的。心念专一，可以影响身体，生理机能会受影响。如专心看书时，往往别人说话就听不见；相反的，生理也影响心理，人生了病就情绪不好，思想或更敏锐或变迟钝。所以气修到专一归元，也可以改变意志。像被撞昏的人，就是气的作用而影响到意识的昏迷。有学静坐几十年的人，无论是佛家、道家，对修养的路子很明白，但始终不能得定，就是因为气调不好的原故。有些专门做气功的人，气炼得很好，可是心理上没有把理路搞通，也不能成功。“志壹则动气，气壹则动志”，两者不可偏废。

这是孟子和公孙丑前面讨论的大概，现在则更上一层楼了。

“敢问夫子恶乎长？”

曰：“我知言，我善养吾浩然之气。”

“敢问：何谓浩然之气？”

曰：“难言也。其为气也，至大至刚，以直养而无害，则塞于天地之间。其为气也，配义与道；无是，馁也。是集义所生者，非义袭而取之也；行有不慊于心，则馁矣。我故曰：告子未尝知义，以其外之也。”

这时，公孙丑问孟子，你刚才说的，志和气相互影响，同等重要，那么请原谅我冒昧地问一句，你的修养工夫在“志”和“气”两方面哪方面比较高明呢？

孟子说，我在志的方面，也就是心理方面，对于至高无上的真理已经了解，到达即事即理、事理不二的地步了。“难言也”就是很难说明白的意思。他说我善于“养吾浩然之气”。这“浩然之气”就是这里的重心了，我们先做文字上的解说，然后再深入讨论。

这句话里头“我”与“吾”这两个字，平常是同义字。但在这里，则有不同的意义，否则孟子为什么不说“我善养我浩然之气”或“吾善养吾浩然之气”呢？因为这里的“我”是专指孟子本人，是他的自称，而“吾”字则泛指我们人类。如果译成今天的口语，就是“我善于养我们人类所具有的浩然之气”。从这句话可以知道，“浩然之气”是大家都有的，是人人都可以养的，但是懂得的人很少。孟子则不但养气，而且还很善于养“浩然之气”。

“浩”是表示浩大、充满、浩渺空泛等含义的形容词。最重要的是这个“养”字，不是“炼”，这个“养”字用得太好了，太妙了。这是要特别注意的重心所在。

浩然之气

公孙丑又问：什么是“浩然之气”？

孟子说：这就很难讲了。孟子这里“难言也”三个字的含义，和释迦牟尼佛所讲“止！止！不须说，我法妙难思”的意义差不多。并不是孟子养气不行，也不是他不善于辞令，而是“浩然之气”真的很难讲。我们知道天地间的确有些事是所谓“可以意会，不可以言传”的，硬是无法用言语文字来表达的。

虽然如此，孟子还是讲了，因为身为老师的责任就在传道、授业、解惑，学生有问题提出来，还是要教他的。所以他告诉公孙丑说：这浩然之气浩大无比，是阳明之气，强而有力，是不可动摇变更的，是光明而且生机活泼的。如以佛学的术语来说，便是无量无边、圆明清净的。当然，孟子时代佛学还没有传入中国，我们只是用比喻来说明而已。孟子只讲气，这气是至大至刚的，是他所善养的“浩然之气”的原则和定义。

他又讲到养气的方法，是要“直养”。难道说不能横着养，也不能躺下来养吗？当然不是这样解释。所谓“直养”，要连着下面“无害”一起来读，就是如同我们抚育小孩，要顺着他心理、生理自然生长发育的情况去栽培他、养育他。既不能奶粉不足，也不可钙片太多。如果营养不足或营养过量，都是会出毛病的。

在养气方法上，另一个比较抽象的原则，就是“气”要配合“义”和“道”。“义”是义理，“道”可指形而上的道理，同时也可比为形而下的道路，轨道的道，也就是要有方法，不能出轨。假如不是配合义和道，这气就“馁”了，养不成了，无法充塞于天地之间了。

孟子再深入一层说：这气是“集义所生”，把一切“义理”（原理）都透彻、明白了，并彻底做到以后，才能养成这股浩然之气。并不是自己本身只讲做工夫，对一切义理没有彻底了解和体认，只从传说的道理中因袭套用附会、生拉硬扯就可以得到的。而且，尽管借用别人正确的义理，可是如果自己没有亲身实践，也是不行的。等于放了一包菜心在这里，张三说是萝卜心，李四说是菠菜心，王五又说是芥菜心，到底是怎么回事，你一定要亲自打开看了，才能决定要怎么煮这包菜。这等于佛家讲修行，先要明理，然后再行修定。

而且，心与气是相连的，心理上如果觉得不对的时候，有罪恶感的时候，或者感觉难过的时候，气就消弱，不能起作用了。做小偷的人，他一偷再偷，习惯了，坐牢出来还是偷，看起来好像一点不气馁；可是他在行窃时，只要附近有一点声响、有一个影子，他还是会害怕气虚的。这就是做不善不义的事时气自然会馁的最简单的道理。

最后孟子说：我所以说告子还没有彻底了解这个道理，是因为他把心与气分开为两回事；他认为心是属于内在精神，而气则属于外在物质。这是不正确的，这气应该是有心无形质的气，心与气是相连的。

浩然之气与正气歌

关于“浩然之气”，现在我们再加讨论。

我常说，对于孔孟形而上的道与形而下的用，尤其对于孟子的“浩然之气”了解得最为深刻、在行为上表现得最彻底的，南宋末代的文天祥要算是第一人。他那首名垂千古的《正气歌》对浩然之气有很精彩的发挥，不但说出了孔孟的心法，更把佛家道家的精神也表现出来了。宋朝自有理学创宗以来，修养最成功的结晶人物可以说就是文天祥了。他是中国理学家的光荣，他的学问修养是宋明理学的精神所在。历来解释《孟子》的浩然之气，对“直养而无害，则塞于天地之间”解释得最好的，我认为就是文天祥《正气歌》的头一段，最为扼要精简。《正气歌》后面几段当然也好，不过我们暂时不讨论。文天祥的学术思想，把宋明理学家们有时自相矛盾的“心气二元”直截了当统一成为“心气一元”。他认为宇宙生命的根本来源就在于气。这个气不是指我们呼吸之气的气，这个“气”字只是个代名词，一个代号而已。

《正气歌》一开头便说“天地有正气，杂然赋流形”，我们要注意这个“杂”字，“杂”就是“丛”的意思。古人学问著作都有所根据，哪怕是作首诗、填个词，他们用字都有所依据。这里“杂”字是由《易经》的观念变化而来，《易经》认为宇宙万有的关系是错综复杂的。我们要注意啊！错综复杂并不是说它乱，而是说条理很严谨，彼此之间都有层层的关联。我们平常一听到错综复杂，就想到是乱，这是后世以讹传讹的错误。所以文天祥在《正气歌》里说“杂然赋流形”，万物都由气的变化而来。形而下的万有就是形而上的本体功能的投影，叫作“正气”，把儒家、佛家、道家的最高哲理都包括进去了。

他又接着说“下则为河岳，上则为日星”，他把宇宙分为两层，这也是仿照《易经》“天尊地卑，乾坤定矣”的观念而来。他把气也分为两种，一种阴气，一种阳气。我们不要一看到“阴阳”就觉得很玄奥，其实“阴阳”就好比我们现在数学上加和减的代号。由阴阳二气的变化，就形成了我们这个物理世界。“下则为河岳”，气之重浊者，也就是属阴的气，下凝成为形而下的地球物理世界，例如山川草木万物等。“上则为日星”，气之轻清者，也就是属阳的气，上升成为天空、日月星辰等万象。

下面一句他就说“于人曰浩然，沛乎塞苍冥”。这气，对天地万物而言，总名为正气，对人而言，便叫它是浩然之气，宇宙万有乃至人类，都是它所变的。这又是中国文化的特色。在中国文化里，人占着很重要的分量，因此有所谓“天、地、人”三才的说法。人和天、地是处于平等地位的，是同样伟大的。天地也常有缺陷，并不一定圆满，而生在天地间的人，却能运用智慧来弥补天地的缺陷，辅相天地，参赞化育。往往天所赋有的特点，不是地所具备的功能；而地所赋有的特点，又不是天所具备的功能。但是人却能运用智慧就当时需要来截长补短，使天地二者沟通而调和。所以说人可以辅相天地。那么文天祥就说了“于人曰浩然”，这股正气在人的身体生命中，和在宇宙中一样，遵循二元一体的原理，分为两部分，一部分是物理的、生理的，一部分是精神的、心理的。这股正气到了人的生命中，才叫“浩然之气”。我们如果好好修炼，培养这股与生俱来的浩然之气，就可以发挥生命的功能，和宇宙沟通，所以说“沛乎塞苍冥”。

整个宇宙，包括了人类，都与“正气”同体，都为“正气”所化；在人身上，则特别叫它为“浩然之气”。两个气名称不同，代表一体两用。

他这几句话，对“浩然之气”解释得比什么都好，翻开宋明理学家的著作，都没有他说得干脆利落、简单明了。我们由文天祥这一杰作的发挥，对于孟子“我善养吾浩然之气”的“我”与“吾”两个字的意义也就更加清楚了。

那么我们要问：“文先生！既然你有浩然之气，应该不会被元朝敌人俘虏坐牢才对呀！”

其实他被关起来、被杀害，也正是浩然之气的发挥。他的《正气歌》接着列举许多历史上的忠臣烈士，这也就是孟子所说的“以直养而无害”，义所当为，赴汤蹈火在所不惜，该如何便如何，生死早就置之度外。所以文天祥的《正气歌》最后便说：“顾此耿耿在，仰视浮云白。悠悠我心悲，苍天曷有极。哲人日已远，典刑在夙昔。风檐展书读，古道照颜色。”这说明“是气所磅礴，凛烈万古存”，其中隐含的最高道理使人深思，同时也描绘出一个智者踽踽独行的心境，何其苍凉悲壮、崇高伟大！

重点还是上面的几句话，尤其是“于人曰浩然，沛乎塞苍冥”，大家要注意的是：我们每一个人只要活着，就有这股浩然正气，这是生命本有的，只要肯下工夫，每个人都能够由博地凡夫，修养到天人合一的境界。

这是文天祥在苦难中体验出来的真理，他这牢狱中的三年太不简单了，他只要肯点头，元朝一定请他当宰相。他在宋朝的残破局面中，面临亡国时，到处奔走，只是个无权无势、又无富贵可享的虚位宰相。他不向元人点头服从，就只有坐在牢里，面对着牛粪马尿、苍蝇蚊虫，但他就是硬不点头。忽必烈最后一次和他谈话时，他谢谢忽必烈对他人品才华的赏识，引为知己。但是他仍不肯点头，要求忽必烈成全他。到这个时候，忽必烈虽然爱惜他，却也气极了，答应他第二天行刑。这时他才站起来，作揖拜谢忽必烈的成全。我们看，这是何等的修养！这是何等的气象！这就是“沛乎塞苍冥”的浩然之气。

文天祥在刚被俘的途中，曾经服毒、投水，以图自杀，都没有成功。后来遇到一位异人，传给他大光明法，他当下顿悟，已了生死，所以三年坐牢，蚊叮虫咬，但他在那里打坐，一切不在乎。所以他说只要持心正气，一切的苦难都会过去，传染病都不会上身了，当然做元朝的宰相更算不了什么。有些学佛学道的朋友常常问念什么经、什么咒可以消灾免难、驱邪避鬼，我说最好是念文天祥的《正气歌》。可惜大家听了都不大相信，我也无可奈何！至于后世道家的咒语，便有一个根本的咒语《金光咒》，起首就是“天地玄宗，万气本根”，也可以说是从《正气歌》中套出来的。

心气一贯

继续要讨论的，是“浩然之气”和我们现在修养的关系。

我在年轻学禅时，我的老师袁先生对我说：“对面的院子从来不开门，里面住的是谁你知道吗？那就是你的太老师，是修道家丹法的一位老师。”袁老师早年也曾学道，他老人家后来供养了这位学道的老师半辈子，真是数十年如一日。有一天袁老师要我去参拜这位太老师，可是他对我说：“你去看太老师之前，我有个问题问你，你先回答了再去。你说说看，到底是念先动，还是气先动？”我当时脱口而出便说是念先动，他听了以后才让我去看。原来我的那位太老师因为是修道家的神仙丹道法，始终坚持是气先动，而袁老师则认为是念先动，但是又不愿去反驳老师，也不敢苟同。

不过后来我再经过研究，认为不但是气先动不对，念先动也不对。根本上分先后就不对。严格地说，分不出先后，念动气就动，气动念就动，就是老子说的“此二者，同出而异名”。心物是一元的，心气也是一元的，是一体的两面。好比一只手，有手背也有手心。伸一只手出来，是手背先动还是手心先动？有形的是同时动；在形而上则犹如禅宗的道理，不是手背动，也不是手心动，是伸手者的心动了。心、手背、手心三者合一，所以后世的禅师们也有画一个圈，中间加上三点，这就与“太极含三”的道理一样了。

老子说“一生二，二生三，三生万物”，这一方面的学理，老实讲，佛家和道家互有轩轾。佛家讲心的形而上学是第一等的，无人可以超越；但在气的这一方面，却又须另当别论了。

我们再来讨论浩然之气的“气”字。

我们中国文化中这个“气”字是很难解释的，十多年前，曾经有一个美国学生问我，这个“气”字翻成英文该是哪个字。我说还是不要义译，还是音译好了，然后加以注解，比较妥当。孟子这里对这个气就有几层解释：第一，“至大至刚”，是形容词；第二，“配义与道”，说明气与精神合一，也就是心物一元，与“义”有关；第三，和形而上的至理是合一的，与逻辑上的至理也是合一的，也就是与思想上无思无虑的最高境界是合一的，属于“道”。

我们读这一段，好像糊里糊涂的，就是弄不明白。孟子刚说过“难言也”，我们也可以对孟子说“难懂也”，确实是很难懂。不从实际修养，光从言语文字上，的确是很难了解这个气的精义。

这是孟子说的养气，现在我们回过头看看文化历史，孔子可没有讲气啊！他没有传一套炼气、养气的方法给曾子吧？更没有什么九节佛风、宝瓶气啊，以及六妙门中的数息、随息、止息等修气的方法吧？曾子著的《大学》也没有讲气呀！那么曾子传道给他的学生，就是孔子的孙子子思，子思著了《中庸》，也没有谈养气啊！何以到了战国末期，孟子提出养气来呢？而且养气还养得很高明呢！在后面的《尽心》章里，孟子把养气的工夫都写出来了，也等于把道家的任督二脉、奇经八脉，乃至后来学密宗所讲究的什么修气、修脉都讲到了。只不过，他没有用这些名词。

孟子在《尽心》章里说“可欲之谓善”，修养工夫做到了，只需稍稍用力，就能念念在兹，念念善相呼应，就好像一般人之有所欲求一样，是那么的自然。能做到这样，就是到达善的程度了。“有诸己之谓信”，修养到了，工夫自然上身。做修养工夫的人，平常打起坐来，都是在用心寻找工夫，等待着工夫的变化。一旦程度真的到了，工夫自然来找你，这是很妙的，如人饮水，冷暖自知。到底什么叫工夫自然来找你？只有过来人才知道，我在此只能点到为止。这句话也就同吕纯阳的“丹田有宝休寻道”有同样的意味。“充实之谓美”，然后扩而充之，当然什么奇经八脉、三脉四轮的都通了，这时候的境界美极了。“充实而有光辉之谓大”，再进一步，本性的光明自然呈现。“大而化之之谓圣”，继续韬光养晦，就到达圣境，“圣而不可知之之谓神”，到达了与天地精神相往来，明通造化之机，别人无法测知的神妙地步。

孟子把修养的次第都详尽地说出来，真好比佛家的《菩提道次第论》一样。不过，这些并没有放在这一章，都在《尽心》章中提出。孟子对养气养心的工夫很有心得。孔子呢？并没有说过类似的话。

我们都知道儒家传道以《书经》为主，《书经》是尧舜传心的法则，“人心惟危，道心惟微，惟精惟一，允执厥中”，并没有讲到气。尧、舜、禹、汤、文、武、周公这一路下来，一直到孔子，都没有谈到气，但是中国文化里谈养气之学的，追其根源，则比尧舜传心法还要早，这就要追溯到黄帝时代了。

《黄帝内经》这本书，虽然后世认为是后人的伪造，但道家自古尊黄帝之说，重视养气的工夫。而孟子所处的战国时代，北方燕国和齐国两大强国讲究修道的方士特别多。那时讲究炼神仙丹药，就像现在研究科学一样，非常热门。如果谈到中国文化里的科学发展问题，那么在战国时期，首先发展科学的，就在齐燕两国。有关医药及化学方面的学术，都是从这里发展出来的。南方的道家，比孔子还早的老子，以及稍晚的庄子，都是楚国人，都提到过养气。就像我们现在，不管你怎么保守地谈传统文化，难免会带上些现代的名词，掺杂些科学的知识。所以孟子在战国时讲到修养工夫的养气，不能说没有受道家方术的影响。儒家由孟子开始提出养气，而且说得很坦率，强调养气的重要，证据确实凿凿，如果要讲修养的工夫，而"养气"没做好的话，那是办不到的，只好免谈了！

道家的炼气

现在我们再回过来看看道家的养气之学。沿黄河南北，是中国古老科学最发达的地带，那些相当于现代的理论科学家的人们，都出在燕（北京、河北一带）、齐（山东胶东一带）。这是我们要特别注意的，尤其是年轻同学，对这些方面的资料，恐怕连书名都没有听说过。事实上，在这一方面，我们有很丰富的历史文献。

英国人李约瑟写了一部《中国科学发展史》。十多年前，有个学生买了一套原文的给我，我当时翻开书，指着那些道家的书名问学生们，居然没有人知道。惭愧不惭愧？自己是中国人，连这些书名都不知道，这样还要号称复兴中华文化，不是太可笑了吗？

当时北方燕、齐的道家都尊奉传统的道术为修持的本源。《黄帝内经》和《难经》这两本书，虽然有人说是后人伪作，但的确是上古道家思想的汇编。我们再看南方的道家思想，此时弥漫了全中国，所以当时军事学家的思想，如《孙子兵法》，皆以道家思想为最高的指导原理。孙子的后代孙膑也属于道家，相传他的老师是鬼谷子，不过事出有因，查无实据。不过我们可以说兵家出于道家，此外，医家、农家、纵横家、法家也都出自道家。

只有坐而论道、专门强调仁至义尽的，才算是儒家。其余都是道家的天下。

南方的楚国，是战国时新兴的强国，当时敢与秦国抗衡的只有齐、楚两国。楚国最后被秦国所灭，有一位和我一样姓南的楚南公，他说："楚虽三户，亡秦必楚也。"他认为楚国尽管亡国了，哪怕最后只剩三户人家，但将来推翻秦国暴政的一定是楚国人。结果，项羽、刘邦起来了，就是楚国人，他的预言说中了。

我们再看看楚国的道家思想。老子曾说"专气致柔，能婴儿乎"，正式提出了养气。学太极拳的大多以老子这句话做标榜，现在我们不管练拳不练拳，你能做到像婴儿一样柔软吗？好，问题来了，婴儿连骨头都是软的，我们能吗？柔到了极点和刚到了极点，境界都是一样的，就像孟子说的赤子之心。老子又说，"谷神不死，是谓玄牝。玄牝之门，是谓天地根。绵绵若存，用之不勤"，这都是说气的作用。我们平常不要哼啊哈的那么卖力气地苦练气功，《庄子》第一篇《逍遥游》说，"野马也，尘埃也，生物之以息相吹也"，就是讲气。《齐物论》里也说，宇宙的发生主要在于风，也就是气。这些都是叙述气化的原理和境界，甚至在《养生主》里正式提出督脉的重要，“缘督以为经”，等等。这些都证明了战国时代修心养气的工夫在道家思想中占了很重要的分量，流传下来，影响了中国文化好几千年。所以比孟子稍后一点的荀子也讲气，这都是时代的影响。

我们把眼光放大一点来看，这种炼气的修养工夫，可以说是东方文化的特色。在印度也是一样，后世有人研究印度的学术，说印度的婆罗门教在孟子这个时候已经传到中国来了。但在中国文化史上，找不到确实的资料，这实在又是一个大问题。因此，我常觉得学问是搞不完的，究竟是印度的气功受中国的影响，还是中国的气功受印度的影响呢？实际上，印度的婆罗门教在秦始皇时就到了中国。历史上记载秦始皇抓到了几个很高很大的人，从印度来的，就把他们关在监狱里，结果他们自己又跑出来了，关不住。秦始皇虽然觉得很奇怪，但没有追究，结果就算了。因此传说当时印度的婆罗门教也有神通，当然也是由炼气而来。至于中国，早在秦始皇之前就有了气功的修炼。所以有人说印度的婆罗门教后来蜕变成密宗的气功，也是由中国的道家传过去的。

我们归结而言，气功可以说是东方文化的特产。甚至可以说东西方文化本来都是一个根源，经过一个冰河时期的变化以后，东西方人类受空间环境的影响又各有发展。这是另一个问题，这里暂不讨论。

自孟子提出养浩然之气以后，中国文化中关于养气这方面的工夫就多了。秦汉以后的道家就讲究服气，或称伏气。服气就是现在药物“内服”的服，代表吃的意思；伏气的伏代表的是息的境界。人修成功，气充满了，的确就可以不必吃饭，可以长寿成神仙，所以张良的“辟谷”并非完全假托之词。到后来伏气工夫形成具体的方法，后世道家就称这种方法为炼气或服气。

我们试看道家修心养性的一本重要文献，所谓千古丹经鼻祖的《参同契》，是汉朝魏伯阳所作。后世修炼神仙丹法之道的，多半是从这本书脱胎变化而来。而中国最初的理论科学，尤其是药物化学、炼金术等科技理论，也都和这本书有密切的关系。这本书的内容我们不在这里讨论，只是概要提出，这本书和中国神仙丹道的主旨都认为人的生命可以永恒存在。而养气的工夫，则是生命永恒存在的重点。它的重心是在修养精、气、神合而为一的先天元气。

我们中国的“气”字有许多写法：“气”，是指空气；“氣”，是人身进食以后，在体内所产生的生理之“气”；“炁”是“无”“火”两字合成，表示没有后天的“气”或“氣”，而是先天的“元炁”。

演变到了后世，就产生了炼精化气、炼气化神、炼神还虚这一套修道的体系。由我们现有的生命能，经修炼之后，再产生一个自己新的生命能。这在理论上是可以做到的。一般由两性交配而产生新的生命，是生命繁殖滋生的延续功能。而道家的理论认为，不必经过阴阳两性的交配，而将此生生不息的功能逆转，返回自身，利用人人具有的身心修炼，可以再产生一个新的生命。这个新生命可以出神入化，不受时空的影响，可以与天地同根，与日月同寿，与万物一体，成为神仙，而长生不老了。

在人类文化中，中国文化的这种炼气思想是非常特殊的，可以说只此一家，别无分店。人类各民族各国家的宗教文化，都是想要脱离现世的痛苦，而建立另外一个天堂或佛国，希望死后能往生到天堂或佛国去，这是属于精神的。但是中国道家的炼气不同，不需要去找另一个世界，不需另外建立什么天堂佛国，在现有的这个世界中就可以做到。

其他宗教虽然是讲生死两面，但讲到最后的结果却只注重死后的一面。只有中国文化看生的一面，谈生生不息，不只是站在死的这面看。同样的，炼气这一学说体系也是站在生的一面看人生。其他宗教看世界，好像是凄风苦雨，暮云入谷，大有站在坟场上看世界人生的味道。而中国文化则不然，看世界有如站在高山顶上面对初升朝阳，在一片光明中看世界，真是生生不息。

到魏晋期间，道教的《高上玉皇心印妙经》出来了，于是“上药三品，神与气精”，由炼气成为炼精、炼气、炼神三样法宝。人可以掌握生命，永远年轻，青春常驻，永远活下去。因此影响到后世的修炼三部曲。也有人说，佛家的修戒、修定、修慧也是如此，我们不在这里比较，免得引起两家的争执。

那么，佛家受不受养气之说的影响呢？隋唐之间倡行的天台宗讲究止观，采取魏晋初期翻译的《达摩禅经》等之修法，主张坐禅调息最为重要。这里的息也就是气。智颢大师所著《摩诃止观》法门主张上座第一步就得炼气，只不过换一个名词——调息。但他们分的层次比较精细。我们抛开宗教不谈，就纯学术的观点而言，天台宗是吸收了佛教乃至密宗以及中国道家的长处加以融会后，把气分为三个层次。初期佛学传入中国，讲究修证工夫的经典便有《大安般守意经》等。所谓“安般”，便是梵语“安那般那”的简译，也就是出入息的意思。“守意”，等于孟子的“养心”，连起来说，也就是养心养气的一种修证方法。隋唐以前学佛的人证果的比较多，大部分都是走这个工夫的路线。

治心与养气

现在有很多年纪大的朋友都会做工夫，其中有学道家的，有学佛家显教的，也有学密宗的，各种各样的工夫都有，真可以说是各路神仙都汇集了。不管学哪一种宗派，修养工夫没有不炼气的。刚才说的佛家止观法门，先叫我们调息，调息和修养有关，什么叫作调息呢？他们把人的呼吸分为三种程度。

最初的叫作“风”。我们普通人呼吸往来会有细微的声音，当然在我们谈话的时候，因为外面车子来来往往的声音太多，我们听不见自己呼吸的声音，如果回家躺在床上，就会听到自己粗呼吸往来的声音，这种呼吸就叫“风”。风动得越厉害，我们心里的思想就越繁杂，越不能宁静。当我们躺在床上失眠的时候，呼吸比较粗；越睡不着，呼吸就越粗。所以我们研究一个人，当真正睡着的时候，没有呼吸的往来，一点呼吸都没有，那一下的时间很短促，几秒钟，那时是真正的休息，真睡着了。等一下，又深深吸一口气。我们注意观察，会发现他的眼珠有些微微的转动，脑神经又开始活动，很可能他的梦境又上演了。据科学研究，我们一般的梦最长不会超过几秒钟，在梦中我们觉得过了好几天，其实只不过是几秒钟而已。

至于第二个程度的呼吸，就叫作“气”，呼吸往来比较细，一点声音都没有，呼吸到了这个程度，还不行。

最高程度的呼吸是“息”，我们平常做工夫，所以不能得定，思想不能静下来，就是因为呼吸还没有到达“息”的地步。所谓“息”，就是老子所谓的“绵绵若存，用之不勤”的境界。当心境到了宁静安详的境界，几乎不起任何杂念，身心一片轻快、安乐时，呼吸是“绵绵若存”，好像有呼吸，又好像没有，所以他说“若存”。那么，他为什么不说“绵绵若绝”呢？如果说“绵绵若绝”就是好像要断了，和“绵绵若存”的观念就两样。所以我们写文章要注意，一字之差往往在观念上就相隔千万里了。

下面一句是“用之不勤”，所谓“用”就是作用，“勤”就是勤快。工夫修养到了“绵绵若存”的时候，就“用之不勤”，这话怎么说呢？这就是孟子所说的不能揠苗助长，要“直养而无害”，不能用意帮忙他慢或快，必须顺其自然，循序渐进，不可以想法子加工让他快或慢。

修道的人都希望得定，真得定的话，连“息”都停止了。而一般做工夫的人不要说息停止办不到，连到达“息”这个程度都做不到。打起坐来一呼一吸的，拉风箱似的，没有到“气”的程度，当然更谈不上“息”了。这个样子，外气都不能息，怎么能达到《大学》里所说的“知止而后有定，定而后能静，静而后能安”呢？“静”“安”没办法做到，更进一步的“安而后能虑，虑而后能得”的智慧境界就更免谈了。所以，既不能得定，当然也就无法生慧。

拉拉杂杂地说了这些，大家大概可以了解一点如何养气、如何培养浩然之气了。

后来到了唐、宋六七百年间，像西藏所传的密宗也主张炼气，认为成佛的初基方法必须炼气。但是他们不叫炼气，而叫修气、修脉、修明点、修拙火，所谓打通三脉七轮为修行成佛的必须过程。至于现在印度的瑜珈术中修“身瑜珈”的一派，根本完全是讲究炼气。

上面所述，中国的、东方的，扩大范围而言，包括全世界，许多有关谈炼气的学术和方法都直接或间接地和孟子所说的浩然之气有互相关联之处。

平心静气

中国读书人每每喜谈“养气”，有时还劝人：“心平气和，多养气啊！”养气这工夫可真难。我们试看宋末元初方回的一首诗，就知道养气之难了。

万事心空口亦箝　如何感事气犹炎
落花满砚慵磨墨　乳燕归梁急卷帘
诗句妄希敲月贾　郡符深愧钓滩严
千愁万恨都消处　笑指邻楼一酒帘

他第一句诗说“万事心空口亦箝”，本来把万事都看空，把世间一切都看透了，自己把嘴巴也封起来了，对人对事都不再去批评讨论了。“如何感事气犹炎”，可是一碰到什么事情，气就来了。就像讲究养气的人打坐，原来在座上，心平气和挺好的，可是一碰到不对劲的事情，就发怒了。“落花满砚慵磨墨”，这第三句有浓郁的文学意味，本来想写写字、作作画的，可是一阵微风过处，落花片片，有几瓣飘飞入窗，刚好掉落在砚池中托身。见到这砚池中落花沾墨，又是一种情思，而打消了写字作画的念头，连墨也懒得去磨了。这就是受了外境的影响而移转了自己的心意，虽然人好像懒了，但还是心动气浮，几片落花就影响了自己。可见这和孟子说的“持其志，无暴其气”的七字“真言”就不相符合了。

“乳燕归梁急卷帘”，这第四句的写景也颇美：一双筑巢在梁上的燕子生了乳燕，初出窠巢试飞，倦了归来时，帘子挡住了它们的归路，自己又急忙去把帘子拉起来。虽然是一个善意的举动，但到底还是动心了。

第五句“诗句妄希敲月贾”，这是描写作诗的好胜之心，“好胜”也是气动。这句诗中“敲月贾”三字是有典故的。唐时有一个著名诗人贾岛，他有一次作诗，其中有一句是“僧推月下门”，后来又想想其中“推”字不大好，而改为“敲”字，成了“僧敲月下门”。但是究竟用“推”字好，还是“敲”字好呢？决定不下，于是在走路的时候，他边走边反复吟诵，不知不觉就撞了韩愈的驾。那时韩愈是大官，正骑在马上，卫士们当然把贾岛抓来。韩愈一看是个秀才，就问贾岛走路为什么莽莽撞撞的。贾岛说因为我正在一心作诗，所以没有注意到。韩愈听到这个人会作诗，大感兴趣。贾岛说明内容，韩愈大为赞赏，而且主张用“敲”字。于是贾岛的诗名大起，名满长安了。后来把斟酌文字称作“推敲”，就是从这个故事来的。我们知道了这个故事，就知道方回这句诗的意思就是作诗时也是求好心切，望胜的心大了。

第六句“郡符深愧钓滩严”，这是坦率说自己养气工夫的不行，遇事仍会动心。严子陵是东汉光武帝刘秀的好朋友，光武中兴，刘秀当了皇帝，找严子陵来做官，严子陵不但不去，反而躲到富春江上，穿件蓑衣，戴个斗笠，在江边钓鱼。但是方回接到郡守的任命状就高兴起来，回头一想到严子陵的高风，反而感到惭愧了。

我们记得公孙丑问孟子，假使在齐国当政功成名遂时动不动心，孟子说不动心。现在方回对一张任命状都动了心，这又是说明养气之难了。以诗论诗，这首诗第五、六两句都不算高明，喜欢用人名来押韵，是学苏东坡的作诗技巧。但苏诗这种技巧，并不足以取法。

最后两句“千愁万恨都消处，笑指邻楼一酒帘”，这是他的结论，最后想想，人生还是不要动气，不必动心。不过他的不动心、不动气，是要靠隔壁那家的酒来帮忙的，这不是要靠酒醉来自我消气吗？

所以我常说，中国的哲学思想很难研究，因为多半都包含在诗词与文学作品之中。我们看方回这首题为“春半久雨走笔”的七律，句句都含着哲学思想。

事实上，唐宋以后的士大夫们讲究静坐的、学习吐纳的、做炼气、养气工夫的非常多，我们随便举几个大家耳熟能详的人，如唐朝白居易有首诗：

自知气发每因情　情在何由气得平
若问病根深与浅　此身应与病齐生

这完全是他养气工夫的报告，他说自己明明知道气动的时候一定是受了感情的影响，是心动而同时气动。所以在没有修到无心地、尚有我此心时，则必因情而动心，心动就气动，那么气也就没法养得平了。如果要问容易动气的毛病有多大的话，老实说，当你一出生，有了这个生命的时候，这个动心、动气的毛病就有了。因此他又有一首诗说：

病来道士教调气　老去山僧劝坐禅
孤负春风杨柳曲　去年断酒到今年

一面在修心养气，一面又在动心惹气了，看来蛮好笑的。又如宋朝苏东坡的诗：

析尘妙质本来空　更积微阳一线功
照夜一灯长耿耿　闭门千息自蒙蒙

他说这是一个物理世界，我们予以层层分析，分析到像微尘那么微细，再去层层剖析，到最后，它里面的中心则是空的。现代的自然科学，已经证明了苏东坡所引用的这项佛家理论的真实性。所谓原子、核子、中子等，剖析下去，最后的中心是空的。而这本来的虚空，又因“更积微阳一线功”——这又是我国传统文化《易经》的道理。本来世界就是虚空的，只是因为一点点阳能持续回复的作用而奏功，由虚空产生了万物万有。认识了这一项真理，在晚上一盏孤灯之下打坐，把心念之门关上，千念万虑都摒诸心门之外，于是气息平静，久久都在一种濛濛然的氤氲状态之中，自由自在，舒适安详了。本来苏东坡对佛道两门的学问修养都很喜欢研究，而且也有点实践的小工夫，所以在他的这首诗里，对养气的工夫做得好像较有进步；但是他在狱中作的诗有“梦绕云山心似鹿，魂惊汤火命如鸡”，不免又动心惹气而不安了。

还有陆放翁的词里也说：“心如潭水静无风，一坐数千息。”所谓潭是指山中小溪流经之处有一较宽阔的深水聚处，天然有调节溪流水位的作用，在溪流中称为潭，如台湾的日月潭、碧潭、鹭鸶潭等。在河川间则名为湖，面积就更广阔，水也更深，如大陆的太湖、鄱阳湖、洞庭湖等。放翁在词中说，养心养气要养到像没有丝毫风吹的潭水，水面上没有一丝涟漪，平静得如同镜子一般，这样一坐下来，就连续数千息。一呼一吸称为一息。平常人打起坐来，心念平静的时候，呼吸是非常缓慢轻微的，甚至好像不在呼吸，而勉强去分辨，一息可能至少要三四秒钟。而在这心如止水的平静之中，一坐可以数千息之久，也是很不容易的。陆放翁的“一坐数千息”，是在静坐中做数息观的老实话。

心理专注出入息的次数，便是佛家讲修养方法的专注一缘、系心一缘，也就是与孟子所谓“持其志，无暴其气”的原则相同。我们读了陆放翁这些词句，便知道他晚年也讲究养气的工夫，这和他少年时代“早岁那知世事艰，中原北望气如山”的气概虽然同样是使气任性，但此时的数息养气当然不是少年时代壮气凌云一般的粗放了。如果以人生的经历和心情来讲，他写“一坐数千息”的词句应该在他写下面这首《再过沈园时》之后了。

梦断香销四十年　沈园柳老不飞绵
此身行作稽山土　犹吊遗踪一泫然

如此论断都是想之当然的事，而放翁毕生的意气却是至死不衰，所以才有下面这首诗表达的临老的庄严壮气。

死去原知万事空　但悲不见九州同
王师北定中原日　家祭无忘告乃翁

这些虽然都是文学上的气概，但文字、语言与意气之间却是息息相关、不可分割的。

从这些唐宋文学名人的作品中，可以知道养气之难。这个养气，也就是孟子所讲的与不动心相配合的养气，需要大勇。像文天祥这类的人才可以谈得上正气，所以这也可以说是“难言也”的原因之一。

孟子养气的心法

孟子所说的气，并不是物质世界的气，不是空气的气，即使勉强以空气的气来研究，则要借用佛家的理论做解释了。

佛家对于空气不叫气，叫作风，是四大——地、水、火、风之一。佛家在《楞严经》里提到风大和本体关系为“风性无体，动静不常”，又说“性风真空，性空真风，清净本然，周遍法界”，这和孟子说的“则塞于天地之间”，简直看不出有什么两样。孟子所说的也就是由形而下的气归到形而上的本体，一方面是动态的，一方面是静态的。静态方面，和心念合而为一，心静到极点，气也充满到极点。所以打坐做工夫可以祛病延年，心念空一分，气就多充满一分，心念全空，气则充满了，这就是“浩然之气”。在动态方面，这“浩然之气”是至大至刚的，发挥作用出来，就是配合不动心的大勇、大智、大仁。对于仁、义、礼、智、信的真理认清和确定之后，绝不动摇，甚至牺牲生命也绝不改变。假使像方回诗中的“如何感事气犹炎”，碰到事气就动了，那就一点也不到家了。

孟子讲养气的一段，做修养工夫的人要特别注意。孟子这一段话讲得非常好。

> “必有事焉而勿正，心勿忘，勿助长也。无若宋人然。宋人有闵其苗之不长而揠之者，芒芒然归，谓其人曰：‘今日病矣！予助苗长矣！’其子趋而往视之，苗则槁矣。天下之不助苗长者寡矣。以为无益而舍之者，不耘苗者也。助之长者，揠苗者也。非徒无益，而又害之。”

这里是孟子讲养气的方法，是解释前面所说的“直养”。怎样直养呢?

我们注意他的第一句话——“必有事焉”，就是心里要有个东西，心中要有所守。如佛家的净土宗，念念在佛，随时随地念中都要有一个佛，这就是“必有事焉”。禅宗的参禅打坐，行、住、坐、卧打成一片，就是“必有事焉”。修心、气这两方面的工夫，要如禅宗大师大慧杲所说的心里有如欠了别人好几百万元，明天不还就要坐牢，心里急得不能入睡，也许你还正在请客，当面有人敬你一杯酒，这杯酒你也喝了，可是你心里所想所念的，还是那几百万的债务怎么办！也好比得相思病的人，每一分每一秒都忘不了情人一样。

我们平常要做到宁静是很难的，我们做修养工夫很难达到定、静。我们看曾子所著的《大学》所说的“知止而后有定”，知道了“止”的方法才能够定。“定而后能静，静而后能安，安而后能虑，虑而后能得。”《大学》说到这里，下面就没有了，又换个话题讲别的了。那么“得”个什么呢？得“明德”，就是“大学之道，在明明德”。

“明明德”就好比顿悟。“在亲民，在止于至善”，顿悟以后起用，接着“知止而后有定，定而后能静，静而后能安，安而后能虑，虑而后能得”，这就是讲渐修，由渐修而得了“明德”，顿悟了。我们如果拿禅宗来比喻的话，就是这个样子。

由“止”到“定”这步工夫很难，所以孟子告诉我们要“必有事焉”。我们懂了孟子这句话的奥义，就可以进一步发现各宗各派修养的方法，譬如念佛、持咒、修气、看光、观想、祈祷等各种法门，实际上都是因为此心不能定，只好想个法子把它拴住，就各人的喜好习惯各自找个东西把自己给拴起来。所以《大学》上说要“知止”，先求“止”，止于一念，止于一个东西。这个原理也就是“必有事焉”，不然心就静不下来。当然也有高明的人，不用求上帝，不用求菩萨，也不念佛，也不念咒子，不必观想，马上能静下来。或者有人说他坐起来很空，但要注意，这并不是真空，只能说是保持一个空灵的境界。但是有个“空”，就是“有”了嘛！有个什么？有个空。这仍然是“必有事焉”。

假定我们只走儒家路线，只跟孔孟学，不涂上后世的宗教色彩，也不加上神秘的气氛，那么此心要如何修养呢？此心要“必有事焉”。怎么个“必有事焉”？我们想要心静下来、气定下来，就是把这一件事始终挂在心上，不要忘了这件事。

可是“必有事焉”还要注意不要去扶正，“勿正”，不要自己去从旁加工。有些人打坐时，一坐下去心里就想，我打坐了，不要吵！就好像一支竖立的杆子，本来是正的，这一“不要吵”的念头一加力，反而歪了。可是，你也不能说完全不理它，如果不理它，就倒下去了。所以孟子的第三个要领是“心勿忘”。一边“勿正”，一边又要“勿忘”，就好比佛家《心经》上的两句话“不增”“不减”。第四个要领则是“勿助长也”，因为你的心志已经在静、在定、在养气、在养心了，已经有事，不需要另外更加一事。如果另外再想办法去帮助它，反而有害。孟子对于“勿助长也”这个要领，还特别讲了一个故事来作具体说明。

他说宋国有个种田的农夫，在插秧以后，天天到田里去观察，总觉得秧苗长得太慢了。好像我们带小孩，每天看着他，往往感觉不出孩子一天天长大。这个农夫希望自己的秧苗能够很快地长高，便在夜里偷偷地跑到田里，把秧苗一棵棵拔高，忙了一夜，累得昏头昏脑地回家，告诉家里人说今天累坏了，因为在田里忙了一夜，帮忙秧苗长高了一些。他的儿子听了，赶快到田里去看，结果秧苗因为被弄得根基不稳，都已经枯萎了。

孟子对这个故事作结论说：天下做修养工夫的人，不这样“揠苗助长”的，没有几个人；也可以说，人人都在那里揠苗助长。

相反的，有人听了养气是这样养法，以为根本不要做工夫了。不做工夫，就和那些认为修养工夫无益而弃置不理的那种人有一样的后果。以种田为例，就好比是插了秧以后不去芟除旁边的杂草。而芟除杂草就像佛家做工夫一样，只能有正念，不能让别的烦恼妄念长起来。

于是对于养气的这段工夫，归纳起来，孟子还是坚守前面那个原则——“直养而无害”。

蓬生麻中　不扶自直

到底怎么直养？我们用禅宗一个故事来做个比拟。

据说五台山下有一个老太婆，是一位居士，她已经悟了道。当时，有些去五台山的禅宗和尚向这位老太婆问去五台山的路径，她老是说：“蓦直去！”现代语就是一直地去！或笔直走！而且只答这一句，其他的话就不讲了。于是有人把这个老太婆的这句话告诉了大禅师赵州和尚，说这个老太婆好像是悟了道。赵州和尚不大相信，自己去了，见到老太婆问：去五台山怎么走？老太婆仍然是“蓦直去”三个字。这下子赵州和尚便认为这老太婆真的悟了道。“台山路，蓦直去”成了有名的禅宗公案之一。这个道理，就是孟子的“直养而无害”的大原则。这一段话，不只是养气，而且还是养生的方法。

所有做工夫，不论心性法门或是炼气法门，孟子这个“养”字，用得实在太妙了，好到极点。“养”字很自然，就如养小孩那样养，饿了喂奶，小便了换尿布，就是如此养，孩子自然会长大。三天打鱼、两天晒网是不成的。如果照道家的说法，断绝了外缘来专修，什么事情都不管，也需要十三年。他们有一套计算标准：“百日筑基”，要一百天打基础；“十月怀胎”，初步得止要经过十个月，在这十个月中，如孕妇一样，不能乱动乱吃，一切都要小心；然后进入“三年哺乳”的阶段，这就是养；最后还要“九年面壁”，加起来一共是十三年又四十天。如能真的成功，当然是好，但是谈何容易！别说十三年的时间，就是“百日筑基”这三个多月的时间就很难持续到底。

说到这里，我想起了几个朋友的故事。

有一位老朋友，脾气很暴躁，来台湾以后，我问他脾气好些没有，他说脾气更大了，问我有没有办法。我说有一个办法很简单，你做到的话，包你有用处。当你要发脾气的时候，你赶快做个气功，把嘴巴一张先吐一口气，再用鼻子吸口气，咽下去，再说要不要发脾气。他照做了，过了一个多月来看我，他说："嘿！你的话真有效。当我要发脾气的时候，我把嘴一张，把气一咽，就没气了。"这是个好办法，当你要发脾气时，你告诉自己停一秒钟，忍一下，忍不住的，你干脆做个气功，嘴一张，呼一口气。那真有气耶！人生气时，硬是有一口气，不是假的。

人一生气，气机就变了，经脉也乱了。我常看年轻人爬楼梯，不过几层，上楼以后就坐那里气喘吁吁的，他因为不懂张嘴吐气这个窍门。爬高时不要闭嘴，嘴巴要微微张开哈气，才不会累。这个秘诀，是当年学武艺时老师传的。爬山时，我们跟不上，在后面拼命跑，看见老师在前面健步如飞的轻功，我们怎么跑也跟不上。老师回过头来说："张嘴！"嘿！一张嘴果然轻松了。当然，这与真正的养气还没有太大的关系。

养气工夫真做好的话，自然没有妄想，真的会得定，真的会不动心。所以佛家的修持方法中有"调息"的方法，尤其身体衰弱，或者老年人，的确必须注重养气。会养气的话，祛病延年，绝对不成问题；要想腰腿灵便一点，头脑清明一点，养气的确是个好路子。至于养到"浩然之气"，那就要心气合一了，涉及更深一层的道理。孟子在此只告诉我们要"持其志，无暴其气"，倒不是他不肯传我们，因为古人智慧高，"知言"，只要有一个原则，一句话就懂了。对于现在人，无论怎么说，他都不懂。教的人说得清清楚楚的，学的人一边照着做还一边问：这样对不对啊？对自己一点信心都没有，这就是"志"不够，没有信心。碰到这种人，我有时候真想学唐朝的赵州和尚说："喝茶去。”喝茶去还太客气了，应该是：“吃冰去。”实在是要去冰一冰，已经尽心这么说了，硬是懂不进去，简直是热昏了头嘛！所以我们要对“持其志，无暴其气”多体会、多研究，自然会有心得。

闲话养气

孟子所提出的这个养气的确有道理，同时也很简单，只看你肯不肯做。有一次，当代的名画家某先生来看我。他每次到台北，都很礼貌地拜访，这是他做人处世的美德，我对他非常敬佩。某先生自幼信佛，吃长斋，一辈子没结婚，现在几十岁了，还是一个人。他规规矩矩，写起信来也是一笔不苟，那些信真可以裱起来，一字一字地欣赏。这一次见面我就问他：“听说你要出国去啊！”他说：“是啊！人家两次要我出去，可是都去不成。”我说：“怎么去不成呢？”他说：“病啦，中风啊！”我说：“咦！中风？中风怎么好得这么快？”他说：“四月间有一天朋友到我家，我坐在客厅里陪客人吃西瓜，吃下去以后啊，就感觉脖子下面这个地方不对，就坐在沙发上不动，静一静。过一下子，一个东西，好像一股气，一麻，就到了舌头，于是半边脸就麻了，不能讲话了。但是手还能动。”他因为没有成家，单身一人，所以平常有位朋友同他住在一起照应他。当时这位朋友一看，马上要去请医生，可是这位先生对他摇摇手，因为来不及了。好在他一辈子搞修养，吃长斋，念佛，所以他说：“我那个时候心里非常平静，既无忧悲也无恐惧，冤亲平等，清清爽爽，准备就这么走了，心里了无牵挂，反正要走了嘛，心里什么都不管，所以特别宁静安详，一切放下。这么一放下，喔！那个‘麻’就往下消，过了一下子，又会说话了。这个时候看一下时间，事情前后经过大概有两三个钟头。”我说：“对！就是这个样子！”这位先生感慨地说：“唉！这个时候可真是平常修养的一个考验。”

我说：“真的啊！老兄，我还有一个朋友年纪比你大，也是学佛打坐多年，有一天忽然难过得浑身出冷汗，觉得忍不住，要去厕所，往马桶上一坐，屙了半马桶的血，紧接着又要吐，又吐了半痰盂的血。他也是想，好了！这下子要走了。平常学佛做工夫的，这可是个考验啊！看看自己在生死之间是不是有点领悟。这个时候他一点都不害怕，内心非常安详、坦然，就坐在马桶上，腿也没盘地做起工夫来了。他心这么一静定下来，什么都不想，结果就不吐了，也不屙了，当时就这么停止了胃出血。”

我说了这件事，就对某先生说：“老兄啊！你不要再跑了，年纪这么一大把，头发也都白了，该放下来，好好专修吧！”他说：“我哪里想跑啊！各方面拉着我去讲课，我把聘书退回去，可是人家硬是又塞回来。”我说：“你一辈子就害在一个‘情’字上，切不断！”他说：“对啊！对啊！我平生最佩服弘一大师了，弘一大师他有把慧剑，可以慧剑斩情丝；我就没有这把慧剑。”我说：“你错了！你也有一把慧剑，你一辈子只背着那一把剑。”他说：“哈！对！对！”我说：“弘一大师有个工夫，他拔剑而起。你老兄呢，拿着剑，就是不忍拉出鞘来。”他说：“就是嘛！”我说：“你啊！号称在家僧，我劝你干脆做个全僧，也不必剃头当和尚，只要心出家就好了嘛，修行主要就是修心。”

说到修心养性，“心”“气”是一体两面的啊！常常有年轻同学要学这一套，可是年轻人学了这一套没有用，因为道理没有学通，结果都学得愣眉愣眼的，一天到晚坐在那里两眼发直，这不是变成废人了吗？这怎么叫学道呢?!“浩然之气”修炼成了，是充塞于天地之间！而他却变成充塞于愣眉愣眼之间。修心养性的道理真正明白了，是天机活泼泼的，永远是生机蓬勃的。真正懂得了“浩然之气”的道理，生命永远年轻，尽管外表的形态会老，肉体的生命会死，但是此心、此气永远青春祥和，无忧无虑。

这次，我和某先生谈了半天，从他的病情谈到修养问题，我问他：“你现在每天静坐念佛几次啊？”他说：“每天早上一次。”我说：“不够！不够！每天起码要静坐三次。你现在可以把剑拔出来，不要拔了一下又套回去，管他什么人情；过不去是那么回事，过得去也是那么回事。”专志修养是最重要的，也是人生最现实的问题。

我拉拉杂杂地说了这么多，提出这两件事实，就是说明养气对身体健康是绝对有利的。那么大家一定问我：怎么养气呢？其实很简单，用不着学那些稀奇古怪的气功，只要保持内心平静，不拘在什么地方，不论是在办公室，或者是在马路上，走路走疲劳了，停下来，做两下养气工夫，精神就来了。怎么做这养气工夫呢？不要用鼻子吸气做气功，马路上灰尘大，空气脏，所以我们在都市千万不要用鼻子呼吸做气功，只要心境宁静，不必用耳朵去听，只要感觉到呼吸的往来就好了。我们本来就有呼吸，不必再用意去练习，或者对呼吸加以控制管理，只要感觉到我们原有的呼吸状况就好。如果感觉到什么地方不顺有阻碍的话，只要思想继续宁静下来，静上一段时间，自然就调和顺畅了。这是最好的方法，不要再特地做什么工夫。

要说做工夫嘛，初步的办法很简单，你早晨起来深吸一口气，试试两个鼻子通不通气，如果左鼻子不通，就表示身体有问题，尤其是中年朋友们更要当心。如果右鼻子不通的话，身子虽然有问题，不过不要紧。如果感冒，两个鼻子都不通，当然问题就更大了。这里要注意！两个鼻子的学问可大了！嘿！这也是鼻科吧！（众笑。）再说早晨左鼻子容易通，中午以后呢，右鼻子容易通。所以，从前我们在大陆当军人的时候，没有钟表，不知道几点钟，有些老兵或者乡下的老百姓都懂。如果问："现在什么时候了？"他们会把鼻子抽一抽，好像闻什么东西似的，然后说："恐怕中午过了！"嘿！他们这鼻子对时间的敏感好像比猫的眼睛还灵。

怎么鼻子会闻得出时间？后来晓得这个鼻子在一天十二个时辰中，通气的情况各有时间上的不同，所以我们呼吸起来感受也不同。譬如古代点穴功夫，认为每个时辰我们身上穴道的作用都不同。如果和人家打起架来，一边打架，一边就体会一下呼吸，马上就知道大概是什么时辰，应该点哪个穴道。鼻子就有这么大的学问！

现在讲一个瑜珈术，你们最好能练单鼻呼吸，尤其是坐办公桌用脑筋的朋友，很伤神的，中午以前最好常练习用左鼻子呼吸，没事的时候你就用手很自然地托住右边面颊，拿食指不着痕迹地堵住右鼻孔，这样子同事们根本不会知道你在搞什么气功。过了中午，反过来多用右鼻子呼吸。我这里只是教你们多用，可不是教你们一直用啊！要不然你们干脆拿棉花球把鼻子一堵，不是更省事吗？这个方法你们不妨试一试，包你们身体健康。这是一般道家、密宗们自认是不传之秘的初步方法。尽管有些人反对这样说出来，但我认为是对人类健康有利的事，用不着守密，应该公开。而且我素来认为既然是可以助人之道，就是天下的公道，不是属于哪个私有的，也不是属于哪一门、哪一派的。道既然是天下的公道，为什么分这个宗、那个教，这个我的、那个你的？这还叫什么宗教?！而且鼻子是人家自己的，你又不能传给人家一个鼻子，你不过告诉人家一个经验罢了，可是许多人真把这些当秘诀了。

你们不要因为我这么轻松地告诉了你，你就不稀奇、不好好去体会。如果能经常这么注意呼吸的话，脾气会变好，心情也会开朗。而且慢慢你能体会得出身体什么地方不舒服，什么地方难过，什么地方发胀、发酸，什么地方发麻、发痒，很容易就能发现自己身上的问题了。这时候一方面找医生，再一方面最好的办法是用鼻子做气功，慢慢把鼻子弄通。注意啊！这可不是孟子的养气，这只是普通的气功，如果说孟子养浩然之气就是这么养法，那真是冤枉了孟子，也冤枉了我。

还有一点要再提起大家注意的，就是养心养气不一定要盘腿，像大家现在这么坐着就可以。如果说盘腿才有道的话，那就叫“有腿”，不叫“有道”了。这个道理我们要搞清楚。还有，坐的时候，背脊骨不要靠在椅背上，我们身体背部和椅子中间最好空一点距离，不要靠紧。

养气的工夫，大概就如上面我们所说，当然这些不够详细，不够具体，因为我们现在主题是在研究孟子的学理，下面还有要点要讨论。总而言之，我们要注意，养气就是养心。所以儒、释、道三大家归纳起来，儒家标榜“存心养性”，佛家主张“明心见性”，道家提倡“修心炼性”，都是“心”啊、“性”啊，在“心”“性”两个字上面换来换去，虽然表达方法不同，实际上目的是一个，都是养心的工夫。

总之，要怎么样去修？只有“养”，这是急不来的事，急进不行，用功太多也不行，会成为揠苗助长的结果。无论儒家、佛家、道家，入世、出世，心性之学也好，气脉之学也好，都是如此。

即使是个人的学问、事业，也是如此，都需要慢慢地培养，那是急不来的。

言语相法

“何谓知言？”曰：“诐辞知其所蔽，淫辞知其所陷，邪辞知其所离，遁辞知其所穷。生于其心，害于其政；发于其政，害于其事。圣人复起，必从吾言矣。”

这里又谈到“知言”了。我们不要忘记，这还是孟子与公孙丑之间的对话，一直发展下来的自语自解，引发出来许多问题。而这些问题实际上是整个问题的一部分，不可分割。如果把一小段当成一个独立的意思去看，那就支离破碎，无从了解孟子的整个精神及其思想体系了。

中国人有句老话，表示对一个人认识得很清楚、了解得很深刻时，往往说“我把他从小看到大的”，这句俗话听起来并没有什么惊人之处，字面上看也很平淡，却包含相当深的哲理。

大家都该看过《红楼梦》，其中有一段描写贾宝玉周岁时依照古老传统的风俗举行抓周。在周岁幼儿的面前放置许多东西，如纸、墨、笔、砚、算盘、剪刀、尺、绳墨、印章、布、胭脂、花粉等，看他伸手去抓什么东西，就可以预测这个孩子将来会朝什么方向发展。据说这种测验还相当灵验。而贾宝玉当时见到面前这许多东西，一伸手就抓起了胭脂花粉，有人在旁边抢了下来，他还是抓胭脂花粉。后来这位公子哥儿果然在胭脂丛中度过他的青春。

这个故事也就是“从小看到大”的一种说明。幼儿时期的许多习气就是长大后的生活剪影，这也就是现代人所讲“性向”的问题。

不但小孩这样，大人也是如此。诸葛亮在高卧隆中的时候，他就自比管、乐，认为自己的能力才学、可以成就的事功，当不下于管仲和乐毅。而孟子，当公孙丑以管仲、晏婴来比拟他时，则不大同意；孟子引以自比的，是他平生最敬仰的孔子。

古人说“取法乎上，仅得乎中”，一个人所效法的是最崇高伟大的圣人，虽然自己不一定成圣，等而次之，也许可以做个贤人。比如有人想成佛，成不了佛时，成一个罗汉也不错。这是勉励一个人敦品立志必要“取法乎上”。所以《孟子》这一段，对于青年人的立志颇有启发，立志就要立大志，做大事。可惜现在的青年们大多数只希望找个好工作，那就只有做帮手的份了。读书人立志做圣贤，如果成不了圣贤，当个教书育人的也行。因为想到公孙丑以管晏比孟子，而孟子大不以为然，所以补充一点感想。

这里公孙丑又问孟子：什么叫作知言？这句话中的“言”字，首先是孟子引用告子的话“不得于言，勿求于心”提出来的。孟子前面曾说告子这种修养学问态度他并不同意，然后才谈到“志”与“气”的修养。于是公孙丑问孟子，这两项中哪一项你比较专长？孟子告诉他：“我知言，我善养吾浩然之气。”孟子对于浩然之气有很多阐述，而对于“我知言”这句话还没有做过详细的解释。所以公孙丑现在抓住了一个插嘴的机会，对孟子提出了这个问题。

“知言”，如果照字面上解释，是知道说话，但如果这样依文解义，就错了。这里的言就是理，知言就是懂得道理。也可以把“知”字解释成“智”字，“知言”就是“智言”，对于语言的智慧。我们中国有句谚语：“欲知心腹事，但听口中言。”

孟子又就公孙丑提的这个问题对公孙丑说：听一个人说话，就可以知道他的思想如何。一般人说话，总不外几种情形，孔子在《周易·系辞下》也曾提及：“将叛者其辞惭。中心疑者其辞枝。吉人之辞寡。躁人之辞多。诬善之人其辞游。失其守者其辞屈。”孔子的这几句话，我就不再加解释了，大家自己深加研究，现在只说孟子的话。

孟子这里说：凡是说话有所偏颇的人，他一定有所掩盖，有不清楚之处，所以一听到这偏一边的话，就知道说话的人思想被蒙蔽了，是被利禄之类的欲望或别的什么问题蒙蔽，脑子不明智了。这就是“诐辞知其所蔽”。换言之，思想有了偏见或成见，他说的话也就有所偏向了。

“淫辞知其所陷”，所谓淫，就是过分、啰唆、多余，有些人说话啰唆，说得过分或太多，就知道这些人有所陷——心理不健全。头脑健全的人说话都很清楚、简洁。比如说，过分夸张的形容，也是“淫辞”的表现。

“邪辞知其所离”，许多人说话不依正理，可是他也有他的一番歪理。世界上歪理千条，正理只有一条。说这种歪理的人，思想就离了谱。同时，这一“离”字也可以说是离间之离，凡是从事挑拨离间者，必有一番歪理。

“遁辞知其所穷”，所谓“遁辞”就是逃避之辞。譬如问某人某事办好没有，他不说办了或没有办，只说这事如何如何，这就是他忘了办这件事，他所说的一大堆如何如何都无非是遁辞而已。说遁辞的，就知道他已无他话可说，理也穷了。大家都有这个情形，自己没有理由、无话可说了，找个话来说，作为逃避，所谓“顾左右而言他”。因为不肯承认自己的错误，认错是需要勇气的，没有这个勇气，所以下意识地找个遁辞来敷衍。

人们说话方面的问题，孟子大致归纳成这四种类型。有人只有一种，有人四种都有，孟子这里所概括的，差不多把所有说话的毛病都包括进去了。

这也是属于相法，看相的方法，言语、心态在鉴人之学上都属于内五行，不是用眼睛看得出来的，但是关系非常重大。当年革命时期，有些革命前辈属于领袖型的人物，当他一开口讲话时，就是领导人的那种气度，条理清楚，干净利落，他一句“就是这样”，语气一出，听话的人好像魂都没有了，就跟他走。尤其是孙中山先生，原来反对他的人，一听了他演讲，就转变为信仰他、拥护他。

许多人喜欢辩，辩到最后理穷时，遁辞就来了。其他几种说话态度也是如此，只要听他的话，就可以知道他的思想以及行为如何。所以孟子说：“生于其心，害于其政；发于其政，害于其事。”从表面的言语可以推知他的思想理路。有的人说话很清楚，文章写得很糟；有的人文章写得很好，可是说起话来鸡零狗碎。孟子说由这四种言语形态可推想到思想理路，而言语思想又都是由心所生、唯心所造。归结下来，心与言就是心理与言语，关联非常密切。言语是思想所表达出来的形态之一，行为也是思想所表达出来的形态之一。思想是未经表达出来的言语行为，心里的思想一动，见之于行为，也可以施之于政治。如果思想是不对的、错误的，对于政治上的作为就有害了。这一有害的思想行为透过政治而发挥出来，问题就大了。所以一部法律的确立、一个政策上的措施，如果在事前不想清楚，不做周密慎重的深思熟虑，只顾解决目前的问题，而不考虑长远的后果，那是终究要出问题的。所以历代政治制度随时要改革，就是因为当初欠缺考虑，发现缺陷时必须再求改革。由此可知思想和言语的重要，也就了解了“知言”的重要。所以孟子最后加重语气说，假使文王、周公、孔子这些圣人今天能够复活，对于我这一段话也一定会肯定的。

孟子说到这里，等于对前面谈话所引发出来的许多问题做了一个小结论。不管是修养不动心的养心，或者是培养自己的大勇、大智，乃至养气，都要先从理上着手。理路如果不通，做起来就不会有好结果，不会有成就。大家今天听我讲《孟子》也是一样，在事先事后都要拿原书来看一看，再想一想，不要听了半天，回过来问你们一个问题都答不上来。刚才我问了几个人看书没有，还好上面的“诐辞、淫辞、邪辞、遁辞”四种毛病都没有出现。但是有一点，回答还不够直率，因为问到你们时，咧嘴笑一笑，什么都没有说，这就表示没有看书。假如是真诚爽直的，就拿出能担当错误的勇气来，拿出负责任的勇气来，说“我没有看书”；没有看就是没有看，用不着躲躲闪闪，那就不好了。

学行典型的讨论

> “宰我、子贡，善为说辞。冉牛、闵子、颜渊，善言德行。孔子兼之，曰：‘我于辞命，则不能也。’然则夫子既圣矣乎?”曰：“恶！是何言也！昔者子贡问于孔子曰：‘夫子圣矣乎?’孔子曰：‘圣，则吾不能。我学不厌，而教不倦也。’子贡曰：‘学不厌，智也；教不倦，仁也。仁且智，夫子既圣矣。’夫圣，孔子不居。是何言也!”

孟子是最佩服孔子的，对于孔门弟子他也都相当敬重。他答复公孙丑提出何谓知言的问题，同时又举了四种不同的言语形态为例，指出言语出于思想；不恰当的言语，是由不合理路的思想而来的，是“害于其政”“害于其事”的。现在公孙丑就举出孔门弟子七十二贤人中的几个人来发问，他们都是孟子平素相当敬重的。公孙丑说：宰我、子贡是最会说话的。这“会说话”的意思，也就是指他们两人的头脑清明，理路清楚。这是事实。我们常看到一些思想有条理的人，说起话来层次分明，条理井然有序。有的人说话说了半天，不知道他的主题在哪里，再问他到底什么意思，他自己也搞不清楚。

公孙丑继续又举冉牛、闵子、颜渊三个人，认为他们最讲究德行的实践。孔子曾经认为冉牛可以南面而王，当国家的领袖；闵子则是孝道最好的榜样；颜渊能“不二过”，又睿智好学，得到孔子的赞赏。但是他们虽有好的道德行为，却不能用言语文字表达出来，也算是遗憾的事。反之，虽然言语、文字的表达能力好，但是德行不够，也是美中不足。

只有孔子对这些长处兼而有之，他都具备了。用现代语来说，他是提笔能写，放手能做。所谓做，并不是硬做乱做，而是才、德、学三样兼备。但是孔子却还自谦地说“我于辞命，则不能也”，对于说话、写文章还是不行，并不到家。刚才孟老夫子说已经知言，那么，他是否已经达到圣人的境界了呢？

圣人不自是

孟子听了公孙丑这一句问话，首先以斥责的语气来了一声“恶”，好像我们现在的口语“看你这个人，说的什么话”。从前，子贡曾经有一次对孔子说：老师！你就是当代圣人了。孔子就告诉子贡说，对于圣人的境界，我是不敢自居的，不过我这一辈子不断地学习，不断地求进步，永远没有满足的时候。而对于教化的工作，我则永远不感到疲劳，永远不会灰心，如此而已！

孔子这两件事，老实说我们做不到。“学不厌”也许有一点相似之处；至于“教不倦”，我们做不到，老早就教倦了，一教人气就来了。如果要做圣人，像孔子一样，教人的时候就不可以一教就火气上来，所谓“有教无类”，聪明的人固然要教他，笨人也一样要教他的。

子贡听了孔子自己说只是“学不厌”“教不倦”，就接下去对孔子说：“学不厌”就是大智啊！“教不倦”就是大仁啊！现在老师你又仁慈，又有大智，这正是我们做不到的事，所以老师你当然是当代的圣人了。注意！这段话《论语》上也有记载。

孟子接着对公孙丑说，你听听孔子与子贡这一次的谈话，孔子是真正的圣人，尚且不以圣人自居，你怎么可以说我是圣人呢？

> “昔者窃闻之：子夏、子游、子张，皆有圣人之一体；冉牛、闵子、颜渊，则具体而微。敢问所安？”
>
> 曰：“姑舍是。”

接着公孙丑又说，我曾经私下听说，子夏、子游、子张他们三个人，各人都学到孔子一部分的长处。至于冉牛、闵子、颜渊，“则具体而微”，学到圣人所有的长处，不过比孔子浅薄得多，火候工夫都未到家。

冉牛等三人偏重德性，子夏等三人则偏重于文学。古代的所谓文学，主要是指传述学术思想而言。可不要把古代的“文学”两字用现代文学的含义来理解，那就错了，因为他们三人偏重于传述孔子的学术思想。在孔子去世以后，他们继承孔子的学术，到处讲学。像子夏的学生中就包括了梁惠王的祖父，也就是开创魏国的魏文侯，可见子夏在河西讲学名气相当大。

而冉牛等三人的重德性，也不像现代的观念，说这三个学生不跳舞，不打牌，不打架；假如这样，那不是德性好的要旨，而只是守规矩而已。对于这样的学生，虽然会给他很高的操行分数，而心里也许会认为他太拙了，将来也不一定会成大器。

真正的德性，是很高的涵养。像冉牛，孔子认为在自己的学生当中，只有他足以担当大事；闵子是孝行第一；颜渊是道德第一，都是无可批评的。就好比释迦牟尼佛的十大弟子中，舍利弗智慧第一，目犍连神通第一，富楼那说法第一，须菩提解空第一，迦旃延论议第一，大迦叶头陀第一，阿那律天眼第一，优波离持戒第一，阿难多闻第一，罗睺密行第一，等等。所以说，冉牛政治第一，闵子孝顺第一，颜渊德行第一，这三个人“具体而微”，大体像孔子，不过分量没有那么重。假如德性也可以衡量，那么若孔子的德性有一吨，他们没那么多，也许只有几百斤或几十斤。

说到这里，公孙丑以一个调皮学生的姿态，以嬉皮笑脸的语气再问孟子：“敢问所安？”上面这些人，老师你想学谁呢？是学子夏那样，还是学颜渊那一型呢？这一下，孟子也被他问住了，便说：“姑舍是。”这个“姑”字，是暂且的意思，孟子只好说：暂且不谈这个问题吧！

不过我们读这章书，首先看出孟子不高兴把他和管仲、晏子相比，现在公孙丑又一再提出曾子等孔子的高才生来做比较，一路紧逼过来。这中间公孙丑似乎也看出孟子的一点心事来，便旁敲侧击地间接问话，故意提出“然则夫子既圣矣乎”的双关语。也等于说，那么孟老师你就是当代的圣人啰！可是孟子又立即说：“你这是什么话！”同时举出孔子当年不以圣人自居的故事来，推辞公孙丑送来的这顶高帽子。好了，当年孔子在学生面前不以圣人自居而毕竟是圣人；而今孟子在学生面前也不以圣人自居，同时又说出孔子不自居圣人的故事来。那么孟子自己内心毕竟自比为谁呢？这是一个耐人寻味的问题。他口里不承认自己是圣人，又引用孔子不自居圣人的故事，让公孙丑自己去想好了。可是公孙丑也够调皮的，既然老师你不肯明白承认是圣人，那么就降你一级，问你孟老师究竟愿比孔子的哪一个学生吧！这一下，可真把孟子给顶住了。既然内心自认效法孔子，不只是冉牛他们那“具体而微”而已，但又不能自慢地说“我就是圣人”，于是他只有说：“我们暂且不谈这个问题，不去评论这些圣贤的高下吧。”这也可说是孟子的“遁辞”了。

可是公孙丑这个人却又一步一步逼过去，硬是不肯罢休，于是他又来问了。

大哉孔子

曰：“伯夷、伊尹何如？”

曰：“不同道。非其君不事，非其民不使，治则进，乱则退，伯夷也。何事非君，何使非民，治亦进，乱亦进，伊尹也。可以仕则仕，可以止则止，可以久则久，可以速则速，孔子也。皆古圣人也，吾未能有行焉。乃所愿，则学孔子也。”

“伯夷、伊尹于孔子，若是班乎？”

曰：“否！自有生民以来，未有孔子也。”

公孙丑又说，老师既然不愿谈冉牛他们这些人，那么像伯夷、伊尹这两个人怎么样？这两个人是不同的典型。伯夷薄帝王而不为，连国君都不愿当，而且看不起周武王的所为，所以不食周粟，宁可饿死在首阳山上，他是高士。至于伊尹，就怕没有机会出来做事，他只希望施展他平天下的抱负，所以背了一只锅去给商汤做厨师，用他优良的烹饪术获得了商汤的欣赏。后来召见谈话以后，更欣赏他的才华，结果便请他当了宰相。历史上称掌握相权为调和鼎鼐的美词，就是由于伊尹这段历史典故演变而来的。

公孙丑好似用螳螂拳的拳法，一拳一拳连续钩出去，又举出这两种完全不同类型的人，带着探测的意味，想问出孟子的看法。

孟子师生间的这一段谈话，要特别注意，这个主题涉及人生观的确定问题：人生到底要做什么？现在许多人学这样、学那样，甚至学出世法，如学佛、学道、学打坐，学了老半天，人生观都还没有确定。问他将来要做什么样的人，他自己也不知道。一个人首先要确定自己的人生观，立定自己要以何等人物作目标，才有努力的方向和路线。最好是做世界上第一等人，估量自己做不了第一等人，即使做末等人，也要有一个目标。或者你说想从事政治，想做外交官，或想当总经理，这些只是职业，并不是人生观。确定人生观是说做圣人或英雄，或豪杰，或富翁，或凡夫。在女性而言，则或为贤妻，为良母，或为女英雄、女圣人，这才是人生观。这一段谈话，就是以这个为主题的。

我们再看孟子答复公孙丑，这两个人的道不同，人生观的路线也不相同。伯夷这个人的观念是，不是他认为够水平的好老板，他不侍候的，即使请他，他也不干。他认为值得自己拥护的，值得自己去抬轿子的，他才去干。其次，对于不够理想的社会，不够理想的群众，他也不愿意去领导，不愿意去管事；必须是大时代的整个环境处在一种安定的状态下，他才肯贡献自己的力量，施展自己的抱负。如果整个时代环境扰扰攘攘，官争于上，民乱于下，他就遗世独立，不看更不管。

至于伊尹则不同，他的观念是“何事非君”，每一个人都可以做自己的老板，只要他肯干，就可以去帮助他，改变他。像后世汉高祖与张良君臣之间的情形一样，汉高祖那样粗鲁不文的脾气，当韩信要求汉高祖封他为假王的时候，汉高祖听了立刻火冒三丈，开口就骂，粗话刚出口，张良偷偷踢了汉高祖一脚，汉高祖就懂了，粗话下面马上接着说："要封就封真王，还封什么假王？照准！"因此无形中消弭了一次重大危机。汉高祖能被踢一下就改过口来说话，所以张良说我对别人说话，他们都不懂，也听不进去；只有他，一点就透，此乃天授也，只好帮助他。因为除了刘邦以外，还没有第二人能够如此。汉高祖这样的老板虽然不够理想，但张良还是辅助他。所以伊尹说"何事非君"，老板好不好没有什么关系，只看我们如何去帮助他，辅助他。

假使今天有伊尹这样的部下，不管在任何单位，当主管的可真舒服，这个部下把你的事当他自己的事办，什么都办得好好的，主管乐得清闲了。但是主管也需要真认识他、信任他才行。伊尹对于领导下面的干部也是一样，不问是什么样的群众，他都照带不误。善于带兵的人就体会到这个道理，不管这个部队的素质如何，一个好的带兵官，对任何样子的部队他都能带，而且能把部队带好，他自有他的办法。即使一群笨人，如果有好长官带领的话，他们照样会发挥出力量来。如果领导人差一点，那么他们还是一群笨人；如果领导人高明，笨人也会变成有用的人。伊尹就有这个本领，所以他说"何使非民"，哪里有不能领导的群众呢？对于社会形态，上轨道的也干，不上轨道的也干，这是他处世的原则，等于佛家大乘道的精神。而伯夷则不过是佛家小乘的气象。

随后孟子又提出第三种典型来，就是有机缘可以施展抱负的时候，就出来担当大事；轮不到自己上去的时候，就潜修默化；可以久留就久留，必须速去就速去，不论环境如何都任运自在，这就是孔子。无可无不可，出世入世都能坦然处之而胜任无怨，这就是佛家所谓的"圆通自在"，也是孔子曾经对子贡说过的话。

有一次子贡问孔子："老师，你看我到底怎么样？"孔子说："瑚琏也。"你像是被妥善包装珍藏起来的贵重祭器瑚琏那样，在国家有重大祭典的时候才小心翼翼拿出来，郑重地放在供桌上。这东西虽然非常贵重，但是平常不大用得到，这就是瑚琏。孔子又说"君子不器"，君子不是一样东西，如果成为一样东西，就定了型，限定了用途。所以君子不把自己固定为任何一种形态，任何时间、任何环境，只要自己认为值得做、应当做，就去做，孔子就是这样的一个人。

孟子说这三种人都是古代的圣人，对这三种典型的圣人，我都还做不到。不过如果要学的话，我愿意学孔子，当然，管仲、晏子根本不必谈了；也不愿学伯夷，走出世的路子，但也不愿走伊尹那种"不择手段完成最高道德"的路子。

公孙丑又问孟子：伯夷、伊尹、孔子是三种不同的古圣人，可是，老师你怎么又把他们三人排在一起，好像是一个等级呢？

孟子立即说：不！不！伯夷、伊尹虽然也是古圣人，可是孔子这位圣人与众不同，"自有生民以来，未有孔子也"，自有人类以来就没有人能够比得上孔子的。孟子这句话，把孔子推崇到极点。

讲到这里，我们暂时搁置一下原文来讨论讨论。

孟子说自有人类以来没有任何人像孔子那样崇高，因此可知孟子是孔子真正的知己，也是他真正的门人。历代的人捧孔子，都捧得不过瘾，只有孟子这句"自有生民以来，未有孔子也"捧得最过瘾，也可以说是最诚恳的话。可是他不像宗教徒那样，认为他们的教主是非人的、超人的；儒家的教化是始终不离"人"本位，而且不去说些超越人本位的话，这是儒家的平实处。

至于历代对孔子的尊称，则推元代的为最高，孔子“大成至圣文宣王”的尊号就是元代封的。可不要以为元朝是没有深厚文化基础的蒙古民族政权，在元朝九十年间，政治上有许多过人之处。尤其对于尊孔这件事，做得最好，从元成宗大德十一年七月制加孔子号曰“大成”，就可看出。

诏曰：

盖闻先孔子而圣者，非孔子无以明；后孔子而圣者，非孔子无以法。所谓祖述尧舜，宪章文武，仪范百王，师表万世者也。朕纂承丕绪，敬仰体风，循治古之良规，举追封之盛典，加号大成至圣文宣王。遣使阙里，祀以太牢。于戏！父子之亲，君臣之义，永惟圣教之遵。天地之大，日月之明，奚罄名言之妙。尚资神化，祚我皇元。

这是千古名文，虽然起草人还是汉人，但仍应归功于元朝。历代对孔子的颂赞都没有这么好的。“先孔子而圣者，非孔子无以明；后孔子而圣者，非孔子无以法”，这两句加到孔子身上，正是推崇极致而又恰到好处。而且妙的是，如果照抄到任何地方的文化，任何地方的宗教，都可以引用。如西方文化谈宗教，便可说“先耶稣而圣者，非耶稣无以明；后耶稣而圣者，非耶稣无以法”。在东方文化中如佛家，也可以说“先释迦而圣者，非释迦无以明；后释迦而圣者，非释迦无以法”。我们看所有佛经，都是“佛说，佛说”的；后世儒家著书，也无不是“子曰，子曰”的，不说“子曰”就不行。我们如果早生一千多年，甚至只要早生五百年，除非引用孔子的思想和语言，否则写文章时则“无以明”。

当然，有的人写文章捧孔子也未免捧得不得体。像后来有一位道学家常说“天不生仲尼，万古如长夜”，如果孔子不出生的话，那我们永远都在黑暗中。他这个话，似乎把孔子以前的历史文化都一笔抹杀了。当时就有一位名叫刘谐的翰林讽刺这位道学家说：“怪得羲皇以上圣人，尽日燃纸烛而行也。”怪不得伏羲以上的那些圣人们整天都要点亮蜡烛来走路。这也挖苦得够缺德了，所以有人评论刘谐这个人天生就很刻薄。固然这位道学家捧孔子的话过火了，没有孟子说得那么恰当，可是刘谐的讽刺则未免失之敦厚。

刘谐个性刻薄，可是口才非常好，他和哥哥分家的时候，坚持要求他的父亲刘巨塘把一个能干的男用人分配给他，可是他父亲已经把这个男用人分配给他哥哥了。于是，他父亲开导他说，兄弟就如同左右手一样，把这个男用人分配给你哥哥和分配给你，有什么不一样？何必争呢？后来有一天，他去探他父亲的病，他父亲伸出右手来，要他搔搔痒，他却故意在他父亲的左手上大搔其痒。他父亲说你搔错了，我是右手痒，不是左手痒。他说：你不是说过左右手是一样，没有分别的吗？他对父亲尚且要报复，刻薄的程度就可想而知了。

唐明皇与孔子

至于历代赞叹孔子的诗，也非常之多。在我个人认为，其中最好的一首，还是唐明皇《经鲁祭孔子而叹之》：

夫子何为者　栖栖一代中
地犹鄹氏邑　宅即鲁王宫
叹凤嗟身否　伤麟怨道穷
今看两楹奠　当与梦时同

这是唐代诗中最正派规矩的诗。诗就是文章，不同的只是变成可以歌唱出来的韵文。中间抑扬顿挫的平仄安排，就是要求歌唱时有音韵美感。如果平仄的安排不合规矩，就不能用。其次，在这短短几句美妙的辞藻中，还要蕴涵着深远的含义，以发人深省而堪回味为主，其中要有思想，要有感情，要有意境等，而成为一件完美的文学艺术作品。

唐明皇这首诗，第一句“夫子何为者”就很巧妙地提出问题。孔子是古今一致称颂的圣人，又称素王，他是大家的老师，人们都称他为夫子。可是这位大家的老师，他的一生究竟是为了什么？第二句“栖栖一代中”，叙述他一生的情况，也是上句的答案。“栖栖”两个字引用了《论语》的掌故，在《宪问》篇中，一位隐士微生亩曾经问孔子：“丘，何为是栖栖者与？无乃为佞乎？”孔子告诉他：“非敢为佞也，疾固也。”意思是我不是到处逞口舌吹牛，只是看见世人的固执不通而以为病，所以想说服大家明白事理而已。

还有一次，孔子到郑国时和弟子们走散了，子贡到处找人问，后来一个郑国人就对子贡说，东门有个栖栖遑遑、如丧家之犬的老头子，这郑国人所指的就是孔子。所以“栖栖”就是忙忙碌碌，也就是形容孔子救世心肠之迫切，忧心忡忡，不可终日。

经此一解释，就可知道要多读书。这一句诗很简单，只有五个字，可是它包括了有关孔子的这些故事，涵盖了那么多的意义。在那个时代里，孔子一心一意地要救世救人，那种忙忙碌碌的样子却被人误会是为了逞口舌之利、求噉饭之地，甚至被人看成没人收养的野狗，这是多么可怜！但是在这种情形之下，孔子丝毫不改变他淑世的初衷，这又是多么伟大！其中的意义和感情、赞叹，都在这寥寥五个字中表达出来了，而且说得温柔敦厚。

第三句“地犹鄹氏邑”，孔子是出生在鄹地，唐明皇是经过鄹地去祭孔子，这是写眼前的即景，看到当场的景物而兴起怀念，崇敬一千多年前这位圣人的“思古之幽情”，表现了一种相当深厚的情怀。

“宅即鲁王宫”，孔子的老家在汉朝的时候被一个被封为鲁恭王的汉高祖的后代准备拆掉，盖他的王宫。在开始要拆房子的时候，他走到里面去视察一番，忽然之间听到弦歌之声，宛如孔子还带着那些弟子在里面读书、弹琴、吟咏。他这下子害怕了，圣人就是圣人，自然就有那股威力和神力。以宗教来说，那是有神灵在保护的，所以他赶快下令停工，不敢再霸占圣人的遗产了。可是，在他已经拆了的一段墙壁里面，发现了古文的经书。据说，这是秦始皇焚书以后再度发掘出来藏在孔府壁中的第一手经文。不过，后人也有怀疑是伪造的。

这两句诗只有十个字，但所流露出来的情感真是感慨万千。唐明皇这首诗，是离开了皇帝的本位，完全以诗人的身份写出来的，写得非常好，也非常感人。像孔子那么伟大的圣人，千年以后，连古迹都被有权力的人擅加摧毁，真是成什么话！

“叹凤嗟身否，伤麟怨道穷”，这两句是咏叹孔子的一生。在《论语·微子》篇中，楚国有一个叫接舆的隐士，是道家人物，看见孔子来了，就装疯卖傻地唱起歌来：“凤兮！凤兮！何德之衰。往者不可谏，来者犹可追。已而！已而！今之从政者殆而！”凤凰呀！凤凰呀！你来得可不是时候啊！现在这个时代人心不古啦！你现在出来等于跑到荆棘丛中，人家可会把你当作山鸡，捕去杀了吃火锅的啊！过去的不去说了，现在转身还来得及的。算了吧！算了吧！如今从政当官可危险得很啊！这是楚狂接舆给孔子的警告。

孔子自己也做过类似的感叹。在《子罕》篇里孔子说：“凤鸟不至，河不出图，吾已矣夫!”这是孔子感叹当时既不像凤鸟出现时的大舜时代，又不是洛书出来时的伏羲时代，没有明君在上以为辅政，悲叹自己的道不得行于世。孔子在著《春秋》的时候，有人打猎打死了一只怪兽，不知是什么兽，抬来问孔子，他一看是麒麟。据说太平盛世才出麒麟；现在出来，却被打死了。因此他知道世界将更乱，而自己也和麒麟一样快完了。所以孔子“获麟而绝笔”，当时他正在著《春秋》，当他看到麒麟后就不写了。唐明皇用这两句诗来描写孔子一生行道的坎坷，也为孔子发出无限的感慨。

“今看两楹奠，当与梦时同”，这是唐明皇对孔子的祝文。他说，我现在亲自来看你这前后两进的故宅，并且向你叩首祭奠。“当与梦时同”，是指孔子在快要死的时候，经常梦到周公，而孔子在死前最后一次，是梦见自己在周公祭殿的两楹之间，因此孔子也知道自己快要死了。唐明皇的“当与梦时同”是说，我今天来祭奠离人世久远的你，这种心情和你当年梦到在两楹之间祭拜周公时是同样的沉重。

唐明皇以帝王之尊对孔子作如此之咏叹，也可知道唐明皇的风流蕴藉，还是有他的一套。所以我认为他这首诗不但是唐诗的正宗，而且比一般对孔子的诰文、祭文都要好。虽然没有孟子的“自有生民以来，未有孔子也”这句话那么简捷有力，但比其他的诗文实在好得太多。在文学艺术的观点上，他这一首五言律诗，四十个字，表达了那么多的感触，那么多的历史事迹，这就是作诗。一般不懂的人就指作诗为无病呻吟，其实并不是无病，实在是有病！而且还呻吟得有深度。

我们现在说这是古诗，在当时却是白话。今后的白话诗发展如何，“姑舍是”，且不去讨论它。但从这首诗上看，作诗一定要有深度，这里唐明皇一开口就是“夫子何为者，栖栖一代中”，这十个字几乎可以用在任何一个落魄的书生或知识分子的身上。今天不得志的任何一个读书人，都可以吟唱一下这两句诗，那也是很有味道的。用现代文学批评的术语来说，这就是所谓“共鸣”。一首诗经过千年以后，其文学价值与境界没有被漫长的时间冲淡，仍能新鲜而强烈地引起共鸣，即可誉之为不朽，当然也可以绝对肯定它是一首好诗了。

还有刚才说过，诗就是韵文的一种。古代的散文，也多少包含韵律的。古文中为什么那么多“之、乎、者、也、然、焉、哉”等语助词？就是在朗诵起来，可以抑、扬、顿、挫，帮助长哦慢咏，并且加重语气，也加深了印象，易于记忆。我认为古代的读书方法比现代好，不但有上述的好处，而且高声吟哦朗诵起来，把自己的感情放进去，可以与书中人打成一片。如读《论语》，有时好像自己就是孔夫子了，在无形之中又是一项德育的潜移默化。而在生理方面，又等于做了深呼吸，练了气功。不像现代人读书那样，低着头默不作声地死啃，把知识向脑子里硬塞硬填，强迫脑子死记，这是多么痛苦！今天年轻人近视那么多，和读书方法大有关系。我们幼年时读书，是把知识像唱歌一样唱进脑子里去的，当然那个时代是拉不回来了。今昔相比，文学的组织方法已大不相同了，现在的语体文和说话一样，如“张三走路快一点”可以用嘴说，也可以写成文字，可是如果像朗诵古文的方法一样朗诵起来，那不是“快一点”而是“十三点”——神经质了。

有一则笑话，一个人口吃，一句话说了半天还说不出来。可是他唱起歌来，一点也不口吃。有一次他家里失了火，他打电话报警，本来就口吃，现在又加上心急，更对着电话听筒结结巴巴说不出话来了。总算他急中生智，想起自己唱起歌来就不会口吃，于是把报火警的话用唱歌的方式唱出来。可是等他把“报警歌”唱完，家里的房子差不多快烧光了，而消防队里接电话的人还以为他在开玩笑哩！

孔子外传

另外，唐末五代时期的冯道也有一个与孔子有关的故事。冯道还没有当宰相之前，在外面做官镇守同州，大约和现代的省主席或行政专员的地位差不多。那时，当地的孔庙年久失修倒塌，却没有人过问。在他下面有一名专管酒税的科长之流的小官吏，对这种情况看不下去了，觉得孔庙都弄到如此衰败，太不成话，于是上了一个报告给冯道，要求准许他自己出钱来修复孔庙。冯道收到他的报告，因为是一名小科长递来的，就交给判官——等于现在的秘书长兼管司法的去办。这位判官的个性也蛮滑稽的，看到冯道交下来的这件公文，于是在上面批了一首诗：

槐影参差覆杏坛　儒门子弟尽高官
却教酒户重修庙　觅我惭惶也不难

意思是说，孔夫子教书的地方杏坛四周都长满了荆棘啦，可是口称孔孟之学、自认为是儒家出身的读书人都在高官显贵的位子，只图自己偷享安乐，对于孔老夫子四周的环境卫生也不去管了。如果叫一个管酒税的小吏去花钱修孔庙，我看了也感到脸红而惶恐，对这份公文我实在很难下笔签具什么意见了。

然后他把这件公文退回到冯道那里，冯道一看这首诗，真的不好意思，脸都羞红了，赶快自己掏腰包出钱来修孔庙。

差不多在同一时期，陈州的卫士使李谷，相当于现代的警备司令，他到任三个月，依照当时的规定去拜孔庙。当时陈州的夫子庙只有三间破房子，里面只有一尊孔子像，简陋得很。由于唐代的帝王们爱好歌剧，出了不少有学问的伶人，一直到五代时都继承这一遗风。唐时陈州一个著名的优伶李花开，看到这孔庙的破陋情形，口吟一首诗：

破落三间屋　萧条一旅人
不知负何事　生死厄于陈

孔子生前绝粮陈蔡，曾在陈州落难，无饭可吃。而死了以后，在陈州的庙宇又破陋到这个地步。所以他说，孔子对陈州来说，是一个过路的旅客，不知道他到底做了什么对不起陈州这个地方的事，以至于生前死后都在这里倒霉。李花开的这首诗也等于是一种民间的舆论，李谷听了以后又惊讶又感叹，于是赶快自掏腰包来修孔庙。

由这些故事我们可以看到，孔子之成为千古之圣人，确实是不容易的事。圣人永远是寂寞的。明代洪自诚所写《菜根谭》中说："栖守道德者，寂寞一时。依阿权势者，凄凉万古。达人观物外之物，思身后之身，宁受一时之寂寞，毋取万古之凄凉。"我们借用这段话，作为讨论孟子"自有生民以来，未有孔子也"这句话的结论。

所以说，一个人必须先仔细研究，确定自己的人生观。有许多事业，是一时的成功，短暂的光耀，只能保持三十年、五十年，最多保持一百年便过去了。所以只有少数人做的是千秋事业，像孔子，像那些宗教的教主们，除非没有人类，除非太阳不再出来，否则的话，他们是永远存在的。这就是千秋事业，就是确定人生价值的问题，大家做的到底是千秋事业，抑是一生一代的事业，就要自己去考虑了。

曰："然则有同与？"

曰："有。得百里之地而君之，皆能以朝诸侯，有天下；行一不义，杀一不辜，而得天下，皆不为也。是则同。"

前面孟子答复公孙丑，认为伯夷、伊尹虽然也是古圣人，但并不能与孔子等量齐观；孔子是自有人类以来没人比得上的圣人。于是公孙丑这里接着问孟子，那么伯夷、伊尹、孔子他们三个人有没有相同的地方呢？孟子说：有啊！只要有一百里这么大的领土给他们治理，结果都可以做到富强康乐，使得各国诸侯心悦诚服地前来依附而统一天下。不过，假如叫他们用手段做一件不义的事，或者杀一个无辜的人而取得天下，他们也一定不肯这样做的。这就是他们相同之处了。

曰："敢问其所以异？"

曰："宰我、子贡、有若，智足以知圣人；污不至阿其所好。宰我曰：'以予观于夫子，贤于尧舜远矣。'子贡曰：'见其礼而知其政，闻其乐而知其德。由百世之后，等百世之王，莫之能违也。自生民以来，未有夫子也。'有若曰：'岂惟民哉？麒麟之于走兽，凤凰之于飞鸟，太山之于丘垤，河海之于行潦，类也。圣人之于民，亦类也；出于其类，拔乎其萃，自生民以来，未有盛于孔子也。'"

公孙丑又问孟子说：他们不同的地方在哪里呢？

孟子在《公孙丑》这篇里，借着和学生的讨论，表达出中国文化的精髓——“内圣外王”的中心思想。“内圣”修养方面，他提出养心、养气的要点。“外用”功业方面，我们曾经提到，他借用伯夷、伊尹、孔子这三种不同的典型，影射出立身处世的楷模。全篇精神实在值得后人用心体会和效法。至于在文体方面，如果从孟子的时代退回一百年，换成《论语》笔法的话，就要简单多了，几句话就把意思表明出来，不会像孟子这样说了长篇大论。孟子此时，一方面，受了时代文风的影响——时代越向后发展，文章笔法越详尽；时代越向前追溯，文章笔法越简练。另一方面，也是孟子个人的文学素养好，起承转合，发挥得淋漓尽致。

对“内养”方面的阐述，《孟子》比《大学》《中庸》《论语》都要详细、具体得多。孟子提出养心、养气的方法，导致后世儒家“养心、养气”的学说和体系在中国文化中和道家的“炼心、炼气”、佛家的“修心、修气”相互辉映，蔚为大观。“外用”方面，他则列举伯夷、伊尹、孔子三人，烘托出万世师表孔子的典范，同时隐喻这条道路的艰难。

难在哪里呢？这也就是庄子所谓“有圣人之才，无圣人之道”则不足以成圣人；“有圣人之道，无圣人之才”也不足以成圣人。真正的大圣人必须有圣人之才，也有圣人之道。假如从庄子这个观点来看的话，道家可以说是有圣人之才，也有圣人之道，不过比较侧重于圣人之才；而佛家则可以说是有圣人之道，也有圣人之才，不过比较侧重于圣人之道。才、道两者周全的确是难能可贵的，这也就是佛家所谓的“根器”。

在座诸位都有志于学圣人之道，这一点是不错，但是，诸位不妨自己检点一下，是不是具备了圣人之才？这一点，恐怕大家还要多加充实。才、德、学三者是息息相关、相辅相成的。佛家注重功德，主要的目的也就在于“器识之才”的培养，才器如果有所不足，那就要靠“力学”，也就是努力多学来加以弥补。如果才、德俱佳，那么更要“博学”，以精益求精，因为这是一条任重而道远的路。至于能否得其时，那便另当别论了。正如唐杜牧的诗所谓“由来才命两相妨”。

《公孙丑》这半篇的要点就在于此，如果把握了这个关键，那么一路读下，味道就出来了。同时我们也才知道《孟子》为什么如此记载，为什么如此编排。否则，也和前人一样，把它圈成一段一段，支离破碎的，对全篇连贯的精神就没有办法掌握了。

现在让我们继续看《孟子》的原文。孟子借孔门三子宰我、子贡、有若对孔子的赞言，作为他对孔子的结论；同时也表明自己的态度、立场——效法孔子，立志于圣人之道。不过这一点孟子并没有讲明，而要读者自己去领会。这种文章的写法就好比“歇后语”。譬如“瞎子吃汤圆”，歇后语的意思就是“肚里有数”，主要意思在“肚里有数”，但是这句话不说出来，只说“瞎子吃汤圆”。孟子在此引用宰我、子贡、有若三个人的话表达对孔子的赞叹，其中隐含的寓意他也没有明说，而要我们自己体会。

宰我说：“以予观于夫子，贤于尧舜远矣。”宰我认为他的老师孔子比尧舜还要伟大得多。我们如果只从表面看，学生投老师的票，是当然的道理，偏私之意在所难免。事实不然，我们如果详加研究的话，宰我这个论点可以说是公正无私。尧舜固然有圣人之才、圣人之道，可以君临天下，但是却没有建立万世师表的精神世界；而孔子在当时很可以一统天下，但是他却仍然安守其分，以平民之身开创有教无类的先河，致力于百代千秋的大业。如果更深入研究，这其中还有更多道理，我们在此也是只点到为止。

宰我和子贡这两位同学的观念相同，但是表达的内容、方式有异。子贡在这里称道孔子的伟大，首先举出“见其礼而知其政”这个特点。

春秋战国时，各诸侯国的语言、文字、政令、法规等都没有统一，文字、政规等的统一是秦汉以后的事。因此，当时各诸侯国的礼仪、文化，包括了政治、经济、律法等互不相同。而孔子的智慧可以“见其礼而知其政”，随便到各地一看，由当地的民俗风情、社会状况就可以断定那个地区政治设施的成败。

子贡接着说，孔子还有更高明的一着，“闻其乐而知其德”。当时各诸侯国的音乐也都不相同，就好比现在世界各地音乐的乐风、韵味都各不相同一样。而孔子能够一听音乐，就知道当地的社会风气、国民道德如何。这两句话看起来好像有点玄虚，有点离谱，好像是学生为老师送出来的一顶高帽子，其实这顶帽子一点也不高。我们举个例子，看看《史记》中《吴太伯世家》——吴太伯是吴国的祖先，本来是周朝的世子之一，后来由于家庭问题，他为了成全孝道就离家出走，躲到偏远的南方吴这个地方，就是现在的江苏，当隐士去了。久而久之，这一带的百姓自然受他的感化，大家一致拥戴他为君主，于是就成为后来的吴国。或许由于吴国的开国先祖吴太伯的影响，吴国世代都有高尚的流风。

又譬如吴季札——吴王夫差的叔祖，也是舍弃王位远走他乡的一位奇人。《吴太伯世家》里称他为延陵季子（延陵是他的封邑）。后来他出使各诸侯之间，每到一个地方，他只要随处看一看，就能对当地政治、文化的兴亡得失有个大概的认识，并且有独到的见解。譬如他到了齐国，那时正好是晏子辅相，齐国势力相当强大。但是他已洞烛机先，警告晏子齐国不久会发生变乱，劝告晏子及时安排后路以保全性命。晏子不愧为一代名相，接受了吴季札的建议。后来吴季札到了郑、晋等国，又向郑国的子产、晋国的叔向提出了宝贵的意见。总之，他在周游列国之时，各国的君相几乎没有不向他请教的。因此，孔子对他也是非常佩服。

关于他，还有一则千古流传的美谈，就是“季子挂剑”的故事。古时候是文武合一的教育，士大夫们身上都会佩挂一把宝剑。当吴季札访问到徐国的时候，那个国家在当时是一个小国，徐君对他身上佩的宝剑非常喜爱，很想向他索取，但是没有明讲；吴季札懂得徐公的意思，但他也没有表示什么。后来他这趟大使的任务完成了，再过徐国，就准备把这把剑送给徐公，无奈这个时候徐公已经死了。于是吴季札亲自到徐公的坟上，解下宝剑挂在徐公的坟前。随从的人看了说，人都死了，何必如此呢？吴季札有他的道理，他说：“不然，始吾心已许之，岂以死倍吾心哉？”当时徐公心里想要，而我心里也想给，只不过当时双方都没明讲，现在徐公虽然死了，但是大丈夫不能负心，所以我一定要实践自己的许诺。这就是延陵季子的风范。

现在我们这里的重点不是介绍奇人轶事，引用这段故事，主要是说明《史记》在《吴太伯世家》里也记载了延陵季子具备“见其礼而知其政，闻其乐而知其德”的才智。现在我们翻开《史记》，看了这段记载，就像看普通文章一样，不会有什么特别的感触。如果我们设身处地，退回到当时的历史环境和复杂的时代中，看到一个人能够早许多年见人之所未见，预言出一个国家社会的兴亡成败，这是多大的智慧、多高深的修养！

子贡这里称颂孔子就具备这种高明的智慧，事情的前因一动，他就已经预测出将来的结果，这是何等远大的眼光与过人的见地。所以子贡接着说：“由百世之后，等百世之王，莫之能违也。自生民以来，未有夫子也。”就算经过千百年时间的考验，经过多少英雄豪杰的崛起，也没有办法动摇孔子在人类文化历史上的地位。“自生民以来，未有夫子也”，子贡对孔子佩服得真是无以复加，所以他结论就说，自从人类世界开始以来，从来没有像我们老师这么伟大的人。

我们如果从另外一个角度来看，孔子的三千弟子、七十二贤人中，子贡应该算是表现最突出的一位。我们甚至可以说，孔子之所以在历史上留下千古之名，生前身后，得力于子贡的宣扬之处很多。子贡当时在国际间也颇负盛名，而且有的是钱，在外交界又是位高手，有眼光，有办法。说句笑话，他是官僚，又是资本家，做什么像什么。孔子的晚年生活大概都靠他供应。例如有关堪舆的书籍记载，孔子死后，他弟子里面很多研究《易经》的，对阴阳、八卦颇有心得，经过会商讨论后，选出一块坟地，最后请子贡来加以裁定。子贡到场一看就说：这块地只足以葬帝王，不足以葬夫子啊！葬一个小小的皇帝嘛，还可以，我们的老师怎么可以葬在这里。最后由子贡选择了曲阜这块百代帝王师的名地。

孔子安葬之后，经过了三百多年的冷冻，到了汉武帝时，终于时来运转，董仲舒提出“独尊儒术”的建议，从此奠定了“至圣先师”的声威，孔子果然成了百代帝王之师。而原先为孔子准备的那块坟地，后来就成为汉高祖的安葬之处。据说是如此。风水之说是耶？非耶？其中涉及论辩太多，在此不用多加讨论。孔子死后，三千弟子、七十二贤人中独独子贡庐墓六年，在孔子坟墓旁边搭了个小茅棚，守了六年孝。其余弟子皆服“心丧”三年。这是事实。子贡对孔子的衷心敬仰由此可见。所以我们这里看到子贡对孔子的赞叹，真是捧得过瘾。

第三段，孟子引用有若对孔子的赞扬。有若顺着子贡的话说下来，师兄弟两人好像唱双簧似的，有若说“岂惟民哉”，岂止人类如此。有若对子贡的赞叹再来一个引申强调，有若举出走兽中的“麒麟”、飞禽中的“凤凰”来作比喻。现在有些生物学家认为麒麟就是生长在南洋一带的长颈鹿。我对这个看法是非常怀疑的，就好比现代学者把我们中国文化中的龙当成西方的恐龙一样的荒谬。恐龙是恐龙，不是中国文化里的龙，西方的恐龙只不过是我们中国龙的子孙。当然，到底有没有龙又另当别论。不过据中国文化的传述，龙生九子，形状各不相同，所以如果一定要把中国龙和西方的恐龙扯在一起的话，我们就只好说恐龙是中国龙的子孙，而且是个笨子孙。因为中国龙是神龙见首不见尾、变幻莫测的三栖神物，既能在天上飞，又能在水里游，更能在地上走。在中国文化里，麒麟和龙居于同等地位，都是中国文化特有的标志，我们把它随便比成长颈鹿或恐龙，实在是很成问题，至少我站在拥护传统文化的立场上是不同意的。在中国文化里，麒麟是走兽中最高贵、最了不起的，千百年难得一见。方才我们提到过孔子“获麟而叹”的典故了；至于“凤凰”则是百鸟之王，在飞禽当中是最珍贵的。

有若提出了麒麟和凤凰的比喻以后，接着又举“太山”为喻，“太山”就是鲁国人常引以为豪的泰山。太山并不是中国最高的山，太山在中国文化里所以占了特殊的地位，是因为在上古时代，它被涂上了一层神话色彩。“丘垤”是普通的小丘陵。“行潦”是小河沟、小溪流，“类也”，是同类的。麒麟是走兽，阿猫阿狗也是走兽；美丽的凤凰是飞鸟，天天生蛋给我们吃的鸡也是飞鸟；神秘的太山是山，公园里一堆假山也是山；浩瀚无边的江海是水流，马路旁的脏水沟也是水流。我们顶礼膜拜的圣人、仙佛是人，我们这些凡夫俗子也是人，都是同类。所不同的是，麒麟、凤凰、太山、江海、圣人是“出于其类，拔乎其萃”，在同类中表现得最优异，从平凡中升华、超越，而至于崇高、伟大的境界。“拔乎其萃”的“萃”就是草类，当一片种子撒下去以后，没多久就发了芽，随后长成一片草木，良莠不齐，经过了风吹雨打的锻炼，经过了地利天时的考验，最后硕果仅存，发展成了凌云之干。人为万物之灵，更应该效法这种“出类拔萃”的精神，踏踏实实地修炼自己的学养，日久功深，精诚所至，金石为开，有朝一日，平凡中自会有非凡的成果。

就像孔子，也不过是个普通人，但他是个了不起的普通人，能够学不厌、教不倦地从平凡中升华到“从心所欲不逾矩”的圣人境界。所以有若结论说“自生民以来，未有盛于孔子也”，自从有人类以来，的确是没有比我们的老师孔子更伟大的了。有若这句话，比子贡说得更重。

我们看这篇文章，从公孙丑一些不相干的问题开始，说到动心、不动心的修养，一路说下来，说到这里做了结论。究竟这一段话和动心不动心有没有关联呢？绝对有关联，关联在哪里？就在于孟子说明了自己“志心于圣人之道，志心于圣人之境”，这两句话是我照他的意思代他说的。他立志以孔子为榜样，可以出世，可以入世；可以治平天下，也可以默默无闻。所以孟子这里借孔子的修养典范，说明自己“志心”——内养不动心，以及“修身”——调养浩然之气的原因，以期外用济世救人——“齐家、治国、平天下”。这个是歇后语，他并没有完全点明。所以我们读书呀，不但自己要多读，还要能透过文字，运用我们的智慧了解它的内涵，了解它的真正精神，那么就可体会出《孟子》的味道来了。

孟子曰：“以力假仁者霸，霸必有大国。以德行仁者王，王不待大。汤以七十里，文王以百里。以力服人者，非心服也，力不赡也。以德服人者，中心悦而诚服也，如七十子之服孔子也。诗云：‘自西自东，自南自北，无思不服。’此之谓也。”

孟子提出的王道精神，是中国政治哲学的一个大原则。自孟子提出这个观念以后，中国历代的政治思想均以此作为政治的大原则。

孟子说“以力假仁者霸”，以权势及武力为手段，而又假借仁义为口号的，这种政治就是“霸道”。中国历史自尧、舜、禹三代以后，政治路线变了，所行的差不多都是霸道。而行霸道的先决条件，必须自己先能成为一个大国，也就是说国家本身的军事力量要强大，经济力量要雄厚，人民要众多，领土要广阔，等等。必须先具备这些厚实的国力，霸道才能行得通，所以孔子、孟子都认为，自周朝以来，王道就开始逐渐衰微了。

孔子在《礼记》的《礼运篇》中，说到人类文化衰微的演变，就感叹后世已失去了王道。世界大同思想体现于《礼运篇》中的一段，描写王道政治普遍实施以后理想的社会状况。他说，中国在上古时候的人类社会，就是这种大同世界的“太平”盛世；等而下之，王道的精神变了，王道的政治也没有了，但还可以致“升平”的社会；再等而下之，便是衰乱之世了。而孟子在这里，就更加强调失去大同世界理想、失去王道精神以后的政治，都只是假借仁义的“霸道”而已。但是他为霸业下了一个定义——霸业必须具备一个强大的力量来行使治权。然而，纵使是一个具有强大力量的政权，要想图强称霸，还是要假借仁义之名，利用仁义做它的号召。换言之，霸道的政权、霸道的君主、霸道的大国，如果不借仁义为名，还是不行，不能成为霸。历史上这类事例很多，一定要两者掺和来用，虽然有政权、有实力，但也还要借助仁义这块招牌。

例如十九世纪以后，西方政治思想所标榜的“自由民主”，表面听上去无可厚非，其实真正的“自由民主”也就是中国传统所讲的做到“王道”精神的一个渠道。可是直到现在为止，全世界的国家民族中哪个真正做到了“自由民主”呢？即使有，也不过是假借自由民主之名而行霸权之实，不也正是孟子所说的“以力假仁者霸”吗？

孟子再为王道下一个定义，“以德行仁者王”，以最高的道德政治为中心来施行仁政，就是“王道”。而以道德为基础的仁政，则不在乎土地是否广大，人民是否众多，武力是否强大，经济是否雄厚等问题了。他并且举出历史的例子作说明。这里要注意，引申孟子的思想，姑且裁定尧、舜、禹三代是上古最纯粹的、不着意的、本然而行的王道。他在这里所举的，是后世所称道的吊民伐罪——有所为而为的王道的代表。然而这一典型，也往往被后世假借而利用。他说，像商汤开始起来的时候，领土只有七十里；而周文王在开始建国的时候，领土也不过百里而已。幅员如此之小，他们却能够实行仁政，因为他们在实行之初并不是企图扩大领土，成为大国，也没有其他的野心。那是以一个道德的政治思想做原动力，所以不需要假借一个大国的力量去行使仁政。

中国的历史哲学中充满了儒家的色彩，而儒家从孔子开始，首先提出汤武吊民伐罪的革命事业。孔子平常不多谈汤武革命，到了孟子的时候，才比较提到汤武革命吊民伐罪的王道精神。但是，我们前面曾经提过，古人很多对于汤武的革命抱有怀疑的态度，尤其是司马迁。在《史记》的《齐太公世家》里，他很巧妙地表明了对汤武革命的看法，《史记》之难懂，就在这种高明的处理手法。当他记叙周文王、周武王如何创业、如何兴起时，全篇都是好话，但是他的文章里有块“骨头”，这块骨头没有摆在这里，而是摆在《齐太公世家》里。齐太公就是姜太公，当他遇到文王、成为文王的辅政以后，司马迁用“阴谋修德”这四个字点出文王把道德仁义作为阴谋的手段，说明文王、武王还是假借仁义而已。文王与姜太公两人“阴谋修德”，这四个字，就表明了司马迁的看法，说出了历史事实的真相。他的文章真厉害，好像把一个钉子钉到另一个不受注意的地方。你不把这个钉子找出来，则全篇的关键、整个的观念就搞不清楚了。

不过话说回来，这是历史哲学家司马迁的观点！历史哲学家们所要求的，是站在中国文化的立场，对民族文化的精神负责，所以他是不顾一切的，只为发挥正义而秉笔直书。但是，历史上多少还是有些隐晦的地方，基于私德，司马迁不便做露骨的批评；基于公道，司马迁又不得不说出微言大义。于是他运用高明的智慧、优美的文字以及巧妙的手法，完成了这部巨著。所以，这部《史记》传下来，他敢吹这个牛说“藏诸名山，传之其人”。因此我们读《史记》，必须细心体会。否则，很多关键就忽略过去了，而不能懂得《史记》的真义。

孟子更进一步引申王道精神说：“以力服人者，非心服也，力不赡也。”后世的霸道以权力、武力去征服别人、慑服别人，而在表面上被征服、慑服的那些人，内心并没有真正地被降伏或佩服这种征服者。实际上，只是因为自己力量不及，无法对抗，只好投降，做出服从的表示而已。做人也是同样道理，假如你比别人狠，比别人能干，比别人有钱有势，别人只有听你的，只好对你好了。譬如说你是一个有钱的老板，你公司里的职员因为要向你领薪水，只好听你的，但是他心里不服你，也不一定佩服你。

素王的道德榜样

孟子又提出另一面：“以德服人者，中心悦而诚服也，如七十子之服孔子也。”凡是以道德来服人的，是使别人内心高兴、心甘情愿去服从他，这就是王道。像孔子，只是一个平民老百姓，既无财又无势，什么都没有，自己还一度落魄到没有饭吃。可是三千弟子中的七十二贤人，这些忠诚耿耿的学生，在任何情形之下都跟着这位老师，连饿饭的时候都跟着老师一起饿饭。因为孔子的修养、道德使他们衷心地敬仰，故而服从他，这就是以德服人的道德精神。

孔子也因此成为“素王”。这个“素王”是非常崇高的尊称，也就是千秋万世的王，等于佛教尊称释迦牟尼佛为“空王”一样。空王的含义则更为豁达，什么都不要，他并不想坐在大殿里垂目而称王。你来烧香是如此，不来烧香也是如此。所以空王、素王，都是一样的极端高明。

孟子这一段画龙点睛之笔就在“七十子之服孔子也”这一句话，点出孔子“以德服人”而成就千秋素王之业。素王不是争取一时的功名富贵，不是要富有四海或保有天下的一代王业。换句话说，真正的王道德业有两种，一种是有实际的行为，见之于齐家、治国、平天下所表达的，如尧、舜、禹、汤、文、武；另一种便如孔子一样地有素王之尊，永垂万古。我们拿西方文化的名词来说，这是精神文化的王国，永远属于孔子的天下。

“诗云：‘自西自东，自南自北，无思不服。’”孟子接着又引《诗经·大雅》篇颂扬文王的话，东、南、西、北四方四境，普天之下，凡是有思想的人，没有人不心悦诚服文王的。这种诗句的咏叹，就是歌颂王道的精神、王道的政治。所以王道就是这样，谁都会心悦而诚服的。

孟子时论

我们还记得孟子曾经对公孙丑说“以齐王，由反手也”，如果要使齐国实行王道，听我的意见去做，齐国称王天下就像把自己的手掌翻过来一样的简单容易。可惜齐宣王和齐湣王都不听这个意见。现在，齐湣王政治暗潮涌动，正欲发动伐燕的不义之战，所以孟子就针对这件事首先阐明王道与霸道的分野。这也等于孟子评论齐湣王不行王道的一篇“社论”。这篇“社论”，也成为后世讲政治哲学时的不易原则。在他指出王道与霸道的分野后，又继续申论下去。

> 孟子曰：“仁则荣，不仁则辱。今恶辱而居不仁，是犹恶湿而居下也。
>
> “如恶之，莫如贵德而尊士，贤者在位，能者在职。国家闲暇，及是时，明其政刑，虽大国，必畏之矣。诗云：‘迨天之未阴雨，彻彼桑土，绸缪牖户。今此下民，或敢侮予？’孔子曰：‘为此诗者，其知道乎！能治其国家，谁敢侮之？’
>
> “今国家闲暇，及是时，般乐怠敖，是自求祸也。祸福无不自己求之者。诗云：‘永言配命，自求多福。’太甲曰：‘天作孽，犹可违；自作孽，不可活。’此之谓也。”

这里为什么又来一个“孟子曰”，而且为什么在这里把它圈断了呢？作文章讲究文气，前面孟子说“以力假仁者霸”，一路说下来，如果接着就是“仁则荣，不仁则辱”，一路再连接下去，没有起伏，没有顿挫，没有转折，像一条直线，就会觉得没有味道。像画画也是一样，一弯流水，一条曲径，有时被山峦遮去一段，被浮云罩住一截，于是隐约回旋，就另有一番气象，另有一种风情了。行文到了这里，又来一个“孟子曰”，就是这一类的手法，在文学上，好像是另起一段，重新起头。现代写白话文，也多如此，一节不能太长。现代人的工作繁重，生活紧张，对于太长的文章没有耐心去读，即使文章中需要较长的说明才能在文意上告一段落，也得想办法分成几个小段落，至少在编排形式上要如此截短。

这里孟子说“仁则荣”，荣就是光荣的成功，永远的辉煌，永远见之于文化历史上的荣耀。“不仁则辱”，辱就是耻辱，如果不行仁道的话，就会招来耻辱。这是以历史哲学家的观点所做的一次结论。

但是世上的人谁不喜欢光荣的成就呢？所以孟子说“今恶辱而居不仁”，今是指战国当时的诸侯们厌恶失败，却又不愿推行仁政，走成功的道路。既希望在历史上占有光辉的一页，留一个好名声，但实际上内在居心和外在的行为又与“仁政”背道而驰，只讲究现实眼前的利害，不管什么仁或不仁。这就等于一个人既讨厌潮湿，又偏要住在低洼地带不肯迁到高地去住一样，这就太矛盾了。

孟子批评战国当时的诸侯各国是如此，其实，人生也是如此。人的习惯总不肯改变，等想到时，习惯已经使自己受了太多损失。学问之道，就是要变化气质。人往往都很短视，安于现实，珍惜目前，那里放着一样东西，明知是一种障碍，可是摆了很久就是不肯挪开。过去农业社会讲究节俭，一张凳子坏了，还要留着，准备有一天还用得着。现在工商业社会的商品讲究包装，买了东西，盒子、罐子，美观大方，舍不得丢，积起来一大堆，成为美丽的废物。这就是农业社会的旧习惯，改不了。由此也可了解社会、政治、文化之难变，有时候领导人决定要变，可是一般人习惯久了，不肯变更。就连狭窄的泥路改成宽一些的柏油路面，有些人都还觉得讨厌。因为张家大嫂到对门串门子，要走那条柏油路，就认为太宽、太麻烦了。由此便也知道为政之难！

孟子希望那时的诸侯们怎样转变呢？他认为如果他们不愿在历史上蒙羞，留下恶名，就要赶快改变作风；而改变之道，在于“贵德”，尊重政治的道德，推行道德的仁政。而且必须“尊士”，尊重当时所谓的“士”。因为当时教育还不普及，“士”就是少数贤良的读书人、知识分子。其实上古真正的“士”并不如此简单，在中国文化里，典型的“士”应该像《礼记》中《士行》《儒行》篇中所记述的读书人，是在思想、言行、学问、道德、修养上都有卓越成就的知识分子。现代人大学毕业为学士，进而硕士、博士，这些只是学位的名称。有人拿到了这种头衔，实际上也许是不“博”、不“硕”、不“学”也不“士”的。

贤能与职位的界说

领导人除了“贵德尊士”之外，同时还要做到“贤者在位，能者在职”。“贤者在位”就是贤人的政治，这不只是孟子的思想；与他意见相反的墨子，当时也提出了“尚贤”的主张。虽然孟子反对墨子某一部分的思想，但是在这一点上，他们的观点是一致的。

下一句“能者在职”和上一句“贤者在位”两句话，从文字上粗看起来好像是同一意义，一般人会认为在位就是在职，在职就是在位；贤者就是能者，能者就是贤者。其实，这两句话大有差别。

古代的政治体制，位是位，职是职。以现代观念来说，“职”是负责执行职务、具有政治权力的行政人员。“位”不一定负责执行，而是说有智慧、有见解的人执掌决策、清议、评审、监察等官位。他们虽然位高而清贵，并无执行政策的实权，如清代翰林大学士等的显位便是。上古官制中有三公之位，也是“在位”的一种体制。“三公坐而论道”，并不以行动去执行事务，是专门对政治给予策划、建议、诤谏的。帝王一有不对的地方，他们就严肃起来，开口说话了。至于执行政务的事，便由有才干、有能力的人在职务上去实施、去执行了。

从前有一位同盟会的元老曾经对我说过，对任何人，即使有很深挚的友情，也不可以拿国家的官位当作人情送。可以送钱，送别的东西，但不能送官位。这个意思也就是“贤者在位，能者在职”的道理。

国家为政当如此，个人事业也一样。譬如投资开一家公司，结果因为是岳父、是内弟，不问他们是不是贤或能，就拉到公司来当权做事。如果他们是贤的、能的，当然没问题；但是，如果是不贤、不能的，你这家公司就非垮不可。当校长、开医院，做任何事都一样。

现在我们实施民主政治，也要贯彻《礼运篇》的精神。但是所谓“选贤与能”，这里要注意贤、能是分开的。当然，既贤又能的人更好，不过这种人才恐怕少之又少。我们只要深入研究历代官职的人事制度，就会发觉古人的确不简单。例如这一张娱乐用的《满汉升官图》，它标示清代人事官职的遴选制度，也是德第一、才第二、功第三、良第四、柔（服从）第五，这是升迁的顺序标准。许多人看了西方文化的什么人事管理学就以为了不起，其实我们几千年以来，自己老祖宗留下的好东西可真是多得很，可惜自己把它堆在仓库里当废物，不知道去挖这些宝藏。

孟子又说，做到了“贵德尊士，贤者在位，能者在职”才可以施仁政，行王道。然后到了“国家闲暇”的时候——要注意“闲暇”两个字，并不是各级的公职人员坐在办公室里无事可做，看报、喝茶、打毛线。其实，社会安定，民富国强，政简刑清，天下太平无事，才是“国家闲暇”的状况。在全国上下皆得清闲的时候，“明其政刑”，整理内政，修明政治和法令，在这种政治形态之下，别的大国也不敢来侵犯你了！

选贤与能的另一章

读了《孟子》这一段文章，正可作为孔子在《礼运篇》里所提出“选贤与能”的最好注解。孟子在这一段中，提了德、士、贤、能四种人才分类。他的“贵德尊士，贤者在位，能者在职”的名言，成为历代中国政治哲学和用人行政上不变的原则。在过去的历史上，历代的明君良相也都是深深了解这个道理，以这个原则施行于用人行政上面。当然，这又限于所谓“明君良相”才能懂得；等而次之，如历代的庸碌之主，便不大明白了。至于昏庸的，更不用谈。

孟子这三句当中的“贵德尊士”，是一大原则。不过，这个“士”字，包括了后世“才与学”这两重含义的综合。说它是一大原则，是因为无论贤者与能者，都必须以德与才为至高无上的标准。贤德者未必有才能，有才能者不见得尽是贤德之士。这是古今中外人才智力的差等，绝对无法平等的。所以孙中山先生也讲智、贤、愚、不肖，是等差平等的。所谓等差，是不能齐头并论；所谓平等，是人权基本上立足的平等。我们明白了孟子所说的重点，便可对“选贤与能”的道理有了明确的认识，不能混为一谈，更不能随随便便认为都是贤能了。

我们读历史，当然要认识历史，在过去历代帝王专制的政权上，许多开国的明君良相对于这个原则天生都搞得很清楚，不必读了《孟子》才懂得。只可惜他们缺乏孟子所说的王道仁者的思想。举近代的历史来说，如清初的康熙、雍正、乾隆三代，便是集这个治术的大成者。他们懂得如何安置贤良方正、博学宏词的贤者们，把他们的位置摆得清而且高，使他们沾不到一点实权。至于放任地方行政长官的时候，大体上都只责成他们有治理的才能，不大过问那些小德小行的缺点。当然，有贤而有德的能员，如清初的汤斌、陆陇其等名儒，更是极为欢迎的。

我也常说，大家要研究政治上的人事制度，非要完全读通《通典》《通志》等十通不可。不过太难了，还不如好好研究一下清朝末年的一张娱乐用的《满汉升官图》，便可看出历代帝王政权的用人行政的确有他们一套，并不是随便胡来的。他们用人的标准是以“德、才、功、良、柔”五个字的原则做标准，以出身学历经历的“由”字辅助，责“赃”罚罪，以贪赃枉法的“赃”做根据。由此升迁调降，看出他们对孟子的“贤者在位，能者在职”的理想与做法真推崇备至。这是中国文化的结晶，是人事行政管理科学的良模。这张图表和解法，学者另有专文，我只是略加说明而已。这张图并不完全为纪晓岚所作，而是清朝翰林院中一班穷翰林们集体的杰作；只因纪晓岚名气大，后来便都挂在他的名下了。

接着下来是“国家闲暇”，这四个字非常重要。我们看看几千年的历史，有多少是“国家闲暇”的时候？看过中国的历史以后，再翻阅一下外国史，我们就会深深感到，所谓“社会安定”“天下太平”“国家闲暇”这些字眼，几乎是“此曲只应天上有，人间难得几回闻”。一旦有幸，国家闲暇、社会安定，“即是时”，把握住这个时机，“明其政刑”，古代刑政合一，司法与行政不分。如果做到了政、刑清明的话，“虽大国，必畏之矣”，就算是大国强国，也不敢轻视你的。这几句话说起来好神气，又好像是空洞的理论，实际上都是仁风德政的必要条件。

同时我们在这里头可以看出几个问题：每一个时代、每一个社会，贤者都很难得。我们看看历史上，没有多少“明君”，也没有多少“能臣”，多半都是“具臣”。具臣就是有这么一个位子，有这么一个人摆摆样子就是了。好比现在一般普通人不敢有所作为，多做多错，不做不错。结果都在那里又不做、又不错。前面也曾说过，能干的不肯干，肯干的不能干，结果嘛！弄得既不肯干，又不能干，就是那么回事。现在把孟子这句话拿来对证，对于历史哲学就另外看出些道理，如果详细发挥起来，还很多。

所以我素来主张“经史合参”，要诸位对经史融会贯通，这样才能学以致用，否则光读经书，一天到晚抱着四书五经，人会变迂的，会变成呆头呆脑的。读经书，还必须配合历史，读历史同样必须配合经书。所以古人有所谓“刚日读经，柔日读史”的说法。年轻人一看这句话，头大了，什么“刚日”“柔日”的。其实很简单，所谓“刚日”就是阳日，也就是单日；所谓“柔日”就是阴日，也就是双日。

但是在“刚日读经，柔日读史”这句话里，刚日、柔日的意思不是这么呆板的。所谓刚柔，代表抽象的观念，“刚日”就是指心气刚强的时候，这里看不惯、那里看不惯，满腹牢骚，情绪烦闷。这时候就要翻一下经书，看看陶冶性情的哲理，譬如孟子的养气啰，尽心啰。相反的，如果心绪低沉，打不起精神，万般无奈的时候，那就是柔日，就要翻阅历史，激发自己恢宏的志气。

自求多福

接下来，孟子又引用了《诗经·豳风》中周公所著《鸱鸮》的诗句——“迨天之未阴雨，彻彼桑土（音杜，桑树之根）”，以及孔子对这诗的评论——“为此诗者，其知道乎！能治其国家，谁敢侮之”，以阐明孟子贵德、尊士、贤者在位、能者在职、明其政刑等政治思想和主张是继承周公、孔子之学，是有所根据的，强调他自己这个主张是正确的，是颠扑不破的。

周公作这首诗，是借小鸟营巢护居的情形，来说明治国的道理。有一种很会营巢的小鸟，在风雨还没有来的时候，就去把柔韧而带有湿土的桑根皮衔来，缠结补葺巢上通气和出入的孔道，以防风雨来袭时把窠巢弄坏。经过这鸟巢下的人们，看到这种努力工作的精神和态度，就不会轻视而任意捉弄这些鸟。我们现在常用“未雨绸缪”的成语劝人凡事要事先做好准备，就是从这首诗来的。所以孔子读了这首诗以后，就评论说：作这首诗的人，真是深懂治理国家的原则和方法，如果用这个道理来治理国家，谁还敢再对你有侵略的企图呢？

换言之，孟子在无形中说，这个治国之道就是贵德、尊士、贤者在位、能者在职，然后明其政刑。那么其他大国也要有所顾忌，就如经过鸟巢下的人，不敢看不起这只小鸟一样。

接着孟子的笔锋一转，针对当时的齐国现状发表言论：现在你们齐国也可以说是国泰民安的闲暇之时，可是在这样正可大有作为的时候，本应该未雨绸缪，明其政刑，而你们齐国上上下下却因为繁荣安定而昏陶陶地麻痹了，懒惰、傲慢、自大、优越感，一味地贪图安乐享受。这也就是以前提过苏秦为赵合纵说齐宣王中所描写的：“其民无不吹竽鼓瑟、击筑弹琴、斗鸡走犬、六博蹹踘者……车毂击，人肩摩，连衽成帷，举袂成幕，挥汗成雨，家敦而富，志高而扬。”最后应是“趾”高气扬，大概苏秦为了讨好齐宣王，而把“趾”字换为“志”字——完全一派骄、奢、淫、逸的气象。

当时岂止齐国情形如此，我们翻开历史一看，每一代在开创的时候，都是从艰难困苦中奋斗出来的；到了第二代或第三代子孙的手里，就慢慢不行了。政治安定、经济富庶、社会繁荣之后，逸乐就来了，这就开始走向衰败了。

一般家庭也是如此，祖父那一辈，天寒地冻时尚且赤了双脚，鼻尖被冻得红红的，手执锄头，在田里一锄一锄地翻土松泥，准备春来播种。到了他的儿子这一代，虽然由种田的父亲培育上了大学，但亲眼看见父亲的辛勤劳苦，也许自己也下田帮过一些小忙，还知道赚钱的艰辛，所以生活朴实，也努力振兴家业，继续置产。可是到了孙子的一代，在富裕的环境中长大，已不知祖辈、父辈的辛劳艰苦，于是“般乐怠敖”的毛病都出来了。到他的下一代，不但汽车要最时髦的，还要年年换新，吃喝嫖赌样样都来，于是就走向了衰败。也许传到第五、六代，差不多又要顶着寒风冷雨，佝偻着在田地里挥锄头、踩泥巴了。人世间之事，总是这样反复轮回。

这都是人类的一种惰性，家庭、社会、国家政治，都在这一惰性下循环起伏，交替兴衰。所以孟子在后面说“忧患兴邦，安逸亡身”，又说“入则无法家拂士，出则无敌国外患者，国恒亡”，一个国家，没有内忧外患，没有困难，就容易灭亡了。家庭、个人事业，又何尝不是如此？

孟子指出齐国这种“般乐怠敖”的风气会为将来招致祸害，所以他到了齐国力劝齐宣王行王道，不是没有理由的。他在这里对齐国所作的评论，就说明齐国该行王道的原因了。

于是他下了一个定论，也在人生哲学上给后世一个重要的启示，就是“祸福无不自己求之者”。个人、家庭、国家、世界的灾“祸”，未必是神力所降；至于“福”，也不是上天所赐，都是自己造成的。由此看来，有人会说孟子不信神，不信上帝，不信菩萨。孟子究竟信什么？他是有神论或无神论，我们暂且不论，但是孟子这句话正是世界上任何宗教所奉行的最高宗教哲学。你信上帝而不做善事，上帝也拿你没办法，上帝与你接不上线的；信佛的，就姑且算是唯心吧，但明明说心即是佛，此心不正、不善，求菩萨也是枉然。

撇开宗教不谈，福与祸，不是外来的，的确都是自己求来的，求福则得福，求祸则得祸。行仁则是求福，不仁则会招祸，这是孟子此处的看法，也是今古不移的定论。

业由心造　命不由天

说到这里，孟子又举出《诗经·大雅·文王》里说的，“永言配命，自求多福”，这是千古流传、符合天命的真理名言。这两句话，只有八个字，但这是中国文化本有的精神，包括宗教、哲学以及人生生命价值的因果观，同时更是破除千古迷信的宿命论的重点。上古的文字非常简单，但内容非常深奥；如果是现在，这八个字可以写一篇博士论文了。

什么叫“永言”？永久千古不能变动的名言，万古长新，永恒的。“永言配命”，配合一般人对命运宿命的观点。一般人认为有一个不可知的力量做主，如上帝、佛、菩萨、阎王等，以为命运有鬼神做主。上古文化，老祖宗告诉我们是“无主宰”的，配合大家了解一切生命、天下、国家的大势命运是“无主宰、非自然”的唯心所造。

因此要想真正改变自己的命运，不是靠他力，不是靠上帝、佛、菩萨，是靠自己“自求多福”，这是破除一切迷信的真言。人，只要努力，一分耕耘就有一分收获。你感觉这个社会对你不适合，哪个朋友与你处不好，都是自己的原因。所以先反求诸己，反省自己，不要怨社会、怨朋友，要严格检讨自己，找出原因，这就是“自求多福”。如果自己不先反省，而先怨社会、怨朋友，又有什么用？反而会“自求其祸”了。

孟子又引证《书经》上《商书·太甲》篇说：“天作孽，犹可违；自作孽，不可活。”如台风、地震、水灾、旱灾、火灾等，这些天然的灾害，有时还可以逃得过；但是自己造的孽，如放、僻、邪、侈这些罪过，如影随形，逃不掉的。“不可活”的“活”，《书经》作“逭”字，就是自己造孽所得的祸害，想逃也逃不了。所以《诗经》《书经》所记载的这些话，就是“祸福无不自己求之者”的意思。

上面所讨论的两节，在中国文化中都是人生哲学、政治哲学的大经大法，以现代名词而言，是至高的真理。我们做人、齐家、处世，对这些原则都要特别注意。像前面说的，既怕潮湿又偏偏要住在低洼地带，为什么不搬？自己不求转变，安于习惯，谁也帮不了忙。好像佛学所说的一样，明明知道众生皆是佛，我是众生，当然我也可以成佛。但是，我何以不能成佛呢？因为不能自己转变，所以别人也转不了你。

须知古今中外任何政治理想的终极目的，都是要使社会安定，人民丰衣足食，进而求得富强康乐，达到国强民富，然后而至于天下太平，这是不易的定则。至于任何政治主张、政体制度，都是因时因地的救时方剂，都是为达到政治理想的最高公德的方法，但也是随历史社会的演变而变更，这些还是次要的事。

反之，即如孟子在前面《梁惠王》章中对邹穆公所说的，

“凶年饥岁，君之民，老弱转乎沟壑，壮者散而之四方者”，再加上诸侯相互侵略，连年战伐，天下大乱，便是民不聊生的景象了。

其实，全部人类社会的历史，都在这两种大情况之下互相消长，反之复之，永远是如此矛盾发展的。

而马克思本身是一个备受艰难困苦的穷书生，处在当时西方欧洲式资本主义的社会，感觉贫富悬殊的痛苦，便产生了他的《资本论》的经济分配思想，认为去掉了资本家的暴富，便可以得到社会的安定。我以为他当时可能并没有想到，今日会有劳资合作制度与社会福利思想的发展，这种合作与福利，将来也许会发展得更完备，更美好。但是“法久弊生”，用得太过了，也会出大问题。这是未来不可预料但也是当然的事。

不过，我们所要注意的是，假定未来的世界，每个国家、每个地区物资分配不均已不存在，人人都富足康乐，又无敌国外患，试想，那样的社会、那样的时代，人们是否真能安分地享受富有的果实呢？富有之后的社会人心，如孟子所说的“般乐怠敖”便自然而然地会发生了。

那么，问题又来了，人类社会的不平、不得安定的原因，物质和经济的问题还是次要，主要的，还是唯心所致，是心理和欲望难以平、难以安的关系。这个问题，正是社会心理学，也可以说是纯粹哲学上的一个大问题。现在说来，一般人不大容易了解和接受，我只是特别提醒大家注意，预先对未来时代做个研究而已。现代人的学术思想很有趣，拼命研究《红楼梦》这部小说，几十年前，所谓红学是很流行、很时髦的学问，甚至连毛泽东也是其中的一个。

殊不知，《红楼梦》中描写的情况，是清朝乾（隆）嘉（庆）时代社会初得安定的反映而已。因为社会安定，家室富有，尤其在帝制时代的王孙公子、太太小姐们，一天到晚吃饱了饭闲得没有事干，不想些特别花样来混日子，就会觉得人生闲得活不下去了。所以清朝中叶的名词人项莲生便说：“不为无益之事，何以遣有涯之生。”这种心境，是确有其事的，绝对不是我们“生于忧患，死于忧患”的二十世纪中国人所能了解的。不过，现在这个矛盾的社会，很多有福气的太太先生闲得无事可做，不得不用打打麻将、跳跳舞、听听歌来排遣日子，这也就是“般乐怠敖”的道理。

所以说，古今中外的人文文化、历史哲学的问题重心，主要关键还是心的问题，并非是物质的问题。“天作孽，犹可违；自作孽，不可活”，所以无论个人与社会，有《红楼梦》大观园的繁华时代，如果不知检点，便有红楼梦醒时凄凉的后果。这是历史法则，历史的因果定律，必须特别注意。

历代帝制的心法

我们回转来讨论中国历史文化。在上古时候，儒道不分家，秦汉以后儒道才分开为两家。但是儒道两家文化同根，都和孔孟所讲的原则相同，而且都是推行王道。为什么自秦汉以后没有出现真正的王道政治，只有“以力假仁”类似王道的情形呢？我们且看一个历史故事，大致就可以了解其中的道理。

中国历史上最光辉灿烂的两个朝代，就是汉朝和唐朝。先说汉朝。汉高祖统一天下以后，称帝称王，后来在文帝即位后，汉朝的政治才真正上了轨道，史上著名的文景之治便由此而来。但汉文帝用的是黄老之道，是道家的思想。实际上大家都知道文、景两帝是“内用黄老，外示儒术”。尤其在汉武帝的时候，正式以儒家孔孟的思想为施政中心，所以汉朝的政绩非常辉煌。但汉朝的政治究竟是用道家，抑或儒家？是行王道，抑或霸术？说句老实话，当然是霸术！到汉宣帝的时候，我们看看下面的记载：

汉宣帝甘露元年——皇太子柔仁好儒，见上所用多文法吏，以刑绳下，尝侍燕，从容言："陛下持刑太深，宜用儒生。"帝作色曰："汉家自有制度，本以霸王道杂之，奈何纯任德教，用周政乎！且俗儒不达时宜，好是古非今，使人眩于名实，不知所守，何足委任？"乃叹曰："乱我家者，太子也！"

淮阳宪王好法律，聪达有才，王母张婕妤尤幸。上由是疏太子，而爱淮阳宪王，数嗟叹宪王曰："真我子也！"常有意欲立宪王，然用太子起于微细，上少依倚许氏，及即位，而许后以杀死，故弗忍也。久之，上拜韦玄成为淮阳中尉，以玄成尝让爵于兄，欲以感谕宪王，由是太子遂安。（见《资治通鉴》卷二十七）

上面这段历史的记载，是汉宣帝与太子之间的情节。太子就是后来的汉元帝，他个性、处事都是软软的，心地比较善良。这种个性，即使看见杀鸡，也会觉得恐怖而不忍心的，同时他也喜欢儒家的孔孟之道。他看见父亲汉宣帝所运用的政治原则着重在法治，下面的一班大臣也都是执法严厉苛刻，以严刑峻法来驾驭部下，并约束一般人的思想行为。对于这种情形，他看不下去。有一次，他陪父亲吃饭。在古代的宫廷之中，家人父子兄弟在一桌吃饭也是不容易的。当皇帝高兴的时候，才把太子或什么家属叫来一起吃，叫作"侍燕"。有一次，元帝得到侍燕的机会，趁父亲高兴的时候，就态度从容、语气缓慢的，不敢以父子的私情，只是用君臣的关系对他的父亲宣帝说：陛下，您现在以法治的精神治理国家，我看下面执法的人最好用一般的儒生——现代语是用些学者。

汉宣帝本来一顿饭吃得蛮舒服，一听见这样的话，尤其是从准备继承政权的孩子口中说出来，一气之下，脸色都变了，饭也吃不下了。他对元帝说，我们刘家自有天下以来，自有我们刘家的体制，是王道和霸道混合应用的；不能只用王道不用霸道，也不会只用霸道不谈王道。怎么可以专用儒家的孔孟之道、只讲道德的教化？这是做不到的，不可能的！难道说要把历史倒退，实行孔孟之道，用周文王、周武王的政治制度吗？时代已经不同了，如果现代实行周朝文王、武王时代的制度，那就糟了！

汉宣帝在盛怒之下，对自己的儿子说出了内心的真话。也可以说，这正是周朝以后，一直下来，汉、唐、宋、元迄明、清，历代帝王的真传秘诀。

汉宣帝又批评当时崇尚孔孟之道的儒家说：现代这一班世俗的儒生们，根本就没有头脑，都是一些不通时务的好古之徒。他们不懂人情世故，主观上有色盲，有偏见，喜欢说古代什么都好，现在什么都不对。其实，读书人是很容易犯这个毛病的。但是，现在的读书人则不是说古代怎么好、现代怎么坏，而变成了外国的什么都好，中国的一切都不行了。

汉宣帝又说，这些读书人只是把这种听起来蛮崇高、美妙的理论吹得天花乱坠，把人吹得头脑昏昏的，令人觉得愈听愈好听，而不知道把握政治上的要点、洞察当时的时代背景。这样的书呆子怎么可以做官？怎么可以把政治交到他们手里去搞呢？

他说完这一段历代帝王治理国家大事的秘诀之后，叹了一口气说，我们刘家的天下，大概就要败在你的手上了。

从周秦以后历史的事实发展上，证实了宣帝讲的话相当真切实在。而且很不幸而言中的是，汉朝的政治差不多就是从汉元帝开始走向下坡，开始衰败了。

因这一次的谈话，汉宣帝对这位太子留下了不好的印象，慢慢疏远他，而想改变主意把皇位传给另外一个儿子淮阳宪王。不过，后来又经过一番周折，元帝才保住了太子的权位。

我们看了这段历史，再看以后的历史，唐、宋、元、明、清都是儒家、道家、法家、纵横家、谋略家、王道、霸道杂用的拼盘，并不是绝对没有王道，那些治世的帝王也照样讲究仁慈。其实孟子在《离娄》章也说过，“徒善不足以为政，徒法不能以自行”，一味仁慈，不能把国家政治做好；只讲法治，则连自己走路都走不通。换言之，偏听医师的话，饭也不敢吃；偏听律师的话，路也不敢走；偏听佛家的话，做人也不敢做了。这也就是孟子这句话的引申。

汉宣帝的论评

汉宣帝说这段话的时候，虽然代表了他个人的意见，但也代表了刘汉政权的家法，同时也是过去历代帝制自雄的金科玉律。如果他不是帝王，一定会有很多学者起而围攻，尤其是以孔孟心法相标榜的后世儒者们，更会借题发挥，大做其文章了。倘使是一个平民，则将如宋朝苏东坡那般被打击，如明朝李卓吾那般被陷害，都是必然不可避免的。

我们不管所谓自认为正统儒家的看法如何，也不管历史上讲治道的政治家的看法如何，现在只取宋代大儒一两位代表作的评语，以供大家参考。他们的原文很明白，一读而知，不必另作解释，以免牵扯太多，讲到题外去了。

司马光的评语：

王霸无异道……其所以行之也，皆本仁祖义，任贤使能，赏善罚恶，禁暴诛乱。顾名位有尊卑，德泽有深浅，功业有巨细，政令有广狭耳，非若白黑、甘苦之相反也。汉之所以不能复三代之治者，由人主之不为，非先王之道不可复行于后世也。夫儒有君子，有小人。彼俗儒者，诚不足与为治也，独不可求真儒而用之乎？

……孝宣谓太子懦而不立，闇于治体，必乱我家，则可矣。乃曰王道不可行，儒者不可用，岂不过哉！殆非所以训示子孙，垂法将来者也。

张南轩的评语：

自高祖取天下，固以天下为己利，而非若汤武吊民伐罪之心。至其立国规模，大抵皆因秦旧，而无三代封建井田公共天下之制。其合于王道者，如约法三章，为义帝发丧，要亦未免有假之之意，则其杂霸固有自来。夫王道如精金美玉，岂容杂也，杂之则是亦霸而已矣。文帝虽天资为近，亦杂于黄老刑名，考其施设，动皆有术，但资美而术高耳。至于宣帝则又霸之下者，威文之罪人也。西京之王自宣帝始，盖文章养民之意，至是而尽消靡矣。且宣帝岂真知所谓德教者哉！而以为不可用也。如元帝之好儒生，盖窃其近似之名，委靡柔懦，败坏天下者其德教之云夫！惟王者之政，其心本乎天理，建立人纪，施于万事，仁立义行而无偏弊不举之处，此古人之所以制治保邦而垂裕乎无疆者。后世未尝真知王道，顾曰儒者之说迂阔而难行，盖亦未之思也。

再说，自周秦以后，一直到清朝末年为止，在我们两千多年的历史上，纵然经过多次的改朝换代，但是中国的文化思想却始终一贯，并没有多大的变动。至少，在过去是如此，都是效法三代以后家天下的帝王制度。所谓改朝换代，也只是政权上的转移，除了执掌军政、在人事制度及职官的称谓上稍有变更外，其君臣之道的办事精神也是依然如故。这种文化思想与历代政权的结合，始终都是标榜孔孟儒家的王道政治，表面上始终一贯，不敢违反。事实上，它的真正内幕，司马迁《史记》已经隐隐约约、含含糊糊地指出，都是以权力假借仁义而实行其王霸道，也就是儒家、道家、法家、纵横家等各家学说掺杂互用的治权。最明确而具体说明的，只有汉宣帝前面一段真正的老实话。由此历魏、晋、唐、宋、元、明、清，走的都是这条路线。最后，做得最精彩、有声有色而远超历代的，莫过于清初康熙、雍正、乾隆三代。所以清朝在前面一百多年的文事武功，都大有可观之处。

至于宋儒如司马温公（光）、张南轩、欧阳永叔（修）等所标榜儒家政治的王道理想，说实在的，也只是承继传统儒家的思想，止于理想的领域而已。说不好听一点，也无非是推崇孔孟，而仍在臣道上自我陶醉一番而已。碰到精明如汉高祖、唐太宗之流，一定肚子里隐隐暗笑，觉得是尽入我彀中了。坦率暴露一点便如曹操，干脆叫明了；除非像宋太祖赵匡胤的宋代子孙们，可以听进去一半，相信一半。但对于宋朝的历史政权并无好处，毕竟还是未能达到统一。

许多同学喜欢讲历史，喜欢读《资治通鉴》等书，高谈阔论，煞有介事，觉得蛮好玩的。有一次，我对一个同学说，你喜欢读历史，读多了历史，尤其是多读了中国的历史如《资治通鉴》一类，会害了你们。这位同学听了很诧异，红着脸说，怎么读历史会受害呢？我说，我不是说读历史不好，只是要你明白。为什么呢？过去中国历史的著作是偏重在标榜圣君贤相的人治，你多读了历史，不知不觉间就隐然有以圣君贤相自命的味道。等于每个人看小说、看戏，往往把小说里、戏里好的主角隐然自比起来。你总不肯自比戏里的那些坏蛋吧！一个平平凡凡的好人，居家处世，居然在心理上无形中模仿了圣君贤相以自命，岂不自招其祸、不伦不类吗？

人人都说《资治通鉴》好，事实上，也实实在在真好。可是，司马光写的这一部通史，它的主要重心是给当皇帝的人看的，是用来教育皇帝的教科书，所以叫作“资治”。资就是帮助、帮忙、资助的意思；治便是政治。它是教皇帝对于古今政治上的得失成败好好研究，好好以这部历史来做借镜，做榜样，做反省的。你我既非龙种，又非相才，读史便要小心，不可强自入于圣君贤相之列才对。此外，什么《贞观政要》《大学衍义》等书，也都是教皇帝的教科书，理由也是一样。所以我们举出宋代两位大儒对汉宣帝这一段话的评议，只因它们的重点是着重在学理上的，并不评价事实。至少在过去的历史文化是如此。不过，这些都是过去的，至于今后的历史，又要另起更始，又当别论了。

孟子的财经观念

孟子曰：“尊贤使能，俊杰在位，则天下之士，皆悦而愿立于其朝矣。市，廛而不征，法而不廛，则天下之商，皆悦而愿藏于其市矣。关，讥而不征，则天下之旅，皆悦而愿出于其路矣。耕者，助而不税，则天下之农，皆悦而愿耕于其野矣。廛，无夫里之布，则天下之民，皆悦而愿为之氓矣。”

到这里，孟子又说出“尊贤使能”的话，可是要如何来“尊贤”？这便要建立法制。假如只是表面上表扬一下，则不尊也可以。究竟要如何“尊”呢？则因人、因时代、因政治制度、因社会环境而有所不同。孟子只是在原则上说要尊而已。至于“使能”，那当然是指应该使用能干的人才。我们只要看近代史，清朝以少数民族治理了当时四万万人口的中国，维持了两百多年的政权，而且在康熙、雍正、乾隆三代，其盛况不下于汉唐。其中有一个原因，便是他们懂得人治的原则，对于学问道德好的人，所谓贤良方正、博学宏词一类的人物，就送到翰林院，供养他们去念书，甚至抄书。那些《四库全书》，都是翰林学士们手抄的。这些人读了一辈子书，官那么大，名望那么高，而所做的事情，却只是坐在那里抄古书。这办法可妙极了！一部古书，每人要抄写四份——四部。正楷字一个个抄，抄错了还算欺君，不尽职，因此就非慢慢地抄不可。有些书起码要抄好几年。一个人在四五十岁考了功名，做了翰林学士，抄上一两部书，也就要退休了。

古时没有老花眼镜，牙医也没有现代高明，像韩愈年未四十岁，就“视茫茫而发苍苍”了。就是清朝的一些翰林学士，也差不多如此，头上光秃秃的，发辫也编不起来了。而对于有能力可以办事的人，就放到外面去做官，办实际政务；至于翰林出身的，那真是光荣之至，而且地方官在同僚中也是另眼相看。清朝的皇帝们在这方面的确很高明。对于有能力的官，稍稍贪一点钱，他们装糊涂，假装不知道。只要能为国家、为老百姓做事，小贪是不碍事的。于是上下皆大欢喜，更可实心办事。当然，贪得太大就不行了。这就是清朝的“使能”方法，并要俊杰在位。总之，凡是有才能的人都任用，不浪费人才。所以有学问、有才能、有技术的人一定有事做。这样，天下的英才都能够尽其用，天下的人也都高兴替这个政府服务了。

但孟子接着上面一段讲人事行政之后，为什么对于执行财政经济的人事又指出“尊贤使能，俊杰在位”的话呢？对于贤、能的政治人才的分别，我们在前面的研究已经说过，现在他又提出中国古代人才分类学上“俊”“杰”的名词来了。什么是俊？什么是杰？定义很难下。不过，在古代的道家与杂家、兵家、纵横家的书上，常常会遇到这些人才分类的名词。所谓英、豪、俊、杰等的含义，最明显的，如学者们所谓的伪书——黄石公的《素书》上便分列得很清楚。其次，如《人物志》等各家杂说也都有。不过，孟子在这里本来要讲到一个国家在财政、经济上的田赋税收、关税等问题，却在贤能的原则之下，特别提出俊、杰的名词，看来似乎另有一层道理，的确是别具深意。

我们只要仔细研究二十六史，就可发现历来财经人才之难得，正如一个大政治家的产生一样，值得庆贺。这种特别擅长于财经税务的人才，的确需要特殊的俊杰才能。而且大致说来，如姜太公、管仲，是古代的大政治家而兼大经济家。等而下之，例如汉朝的桑弘羊、卜式，唐朝的刘晏，明朝的张江陵，清朝洪杨之乱时的钱江等人，不管他们的人品道德如何，但他们对于财经问题的处理，的确具有俊杰的才能。

孟子继续提出了当时四项财经问题：“市”，就是上古市镇、市场的由来。古代的社会，大家定期集中在一个地方，以我之所有的物品交易我之所无的东西，这种以物易物的交易方式，就是后世“贸易”名称的来源。慢慢社会发达，人事繁复，贸易的交换方法不方便，便发明了货币，开始了商业行为。到了战国时，已形成许多城市了，像齐国的首都临淄，是齐国政治中心所在，也是文教、经济的中心。孟子看了齐国的财经制度，提出建议，认为以经济为中心的市场应该采取“廛而不征”的办法。

在这一节文章中，有三个“廛”字，各有不同的意义，到底是指什么？颇难考证。古人的注解，只说前面的“廛”是活字——动词，后面的“廛”是死字——名词。但“廛”到底是什么？因为古今制度不同，很难加以解释界说。勉强与现代的制度相比，大约相当于现代的鱼市场、家畜市场、蔬菜市场，也有点像是现代设在香蕉产地的青果集散场。如此分门别类，专做某一产品的交易，生产者将自己的产品送到这里成交，政府则依其使用房屋面积及时间，或依产品的数量，或依盈利的数字，收取费用。此种费用有时是租金性质，有时是规费性质，有时是抽取所得性质。大约设廛的产品也不得在廛外交易，所以有时又有统一收购或有公卖制度的性质。

我们现在不去管齐国的廛是如何获得财税的，只看孟子在这里的主张，认为如果用“廛”做交易货品的征收税法，就不要再征其他捐税了；而对于已经制定法令管制征税的产品，则不要再规定参加廛的交易制度了。这样商人们都高兴到你的市场上来，物资就不虞匮乏了。

至于“关”，在古代原来是在通往邻国的要道隘口设关驻兵的国防措施。在两国无争、和平往来时，就成为对外进出货物、收取货税的地方。孟子这里主张在关口上，对于进出的货品只查一查，登记一下就可以了；或者大概议价一下便通过了，所谓“讥而不征”，不必在关上收税。这和现代所谓自由港、自由市场的制度差不多。他说如果不收关税，那么天下的商旅——行商和旅客，都高兴到你的国家来了，自然就可增加国家的财货流通和繁荣。

在农业方面，孟子主张让耕田的农民协助耕种公田，不再收他们的租税。这样一来，所有的农民都喜欢到你的国家来，在郊野开垦荒地，于是你全国耕地面积增加，粮产就丰富，不怕荒年之厄了。犹如一百多年前在东北的荒凉地区，大地主们欢迎大家去开垦，在开始三年之内不收租，不缴粮，初步还要帮助你牛马耕具粮草等。这种要你尽量开发的情形，很有相似之处。

第三个“廛”字，可以说是名词了。就是说在“廛”这种地方，因为已经有繁荣经济的作用，国家已在这里获取了财政上的收入，就不应该有“夫里之布”了。什么是“夫里之布”呢？据《周礼·地官·载师》记载：“以廛里任国中之地……凡宅不毛者，有里布；凡田不耕者，出屋粟；凡民无职事者，出夫家之征。以时征其赋。”古代的制度，鼓励大家做事，人人都要有工作，不可偷闲，如果有房屋不利用，就缴“空屋税”，有田不耕就要缴粟米，不做事的要去为公家服劳役。里布相当于后世的罚金，布也是古时一种货币名，古代有“布刀”这种货币，而现代的“币”字也从“巾”。孟子说如果这样，则天下的老百姓都愿意到你的国家来，入你的国籍，做你的国民。

从孟子这些主张中我们可以了解，当时的诸侯国对于民间赋税的征收，的确是有重复税率的情形，所以他才提出这些理论和主张，以求改革。

我们平常多半误认为儒家思想、孔孟学说只讲仁义道德，不重财经建设，所以不切实际。而现在读了《孟子》这段文章，我们便可知道，古代的先儒不但很重视财经问题，而且了解得非常深入，见地也非常高明。

崇祯安得不上煤山

如果有人研究历史，作一部中国财经赋税与政治得失成败关系史，便可以看出过去的历史，一个朝代每逢衰败没落时期，财经赋税是如何的紊乱不堪。政治与经济、财政是相辅相成、互相为体用的，只要熟读《管子》的名言理论，也就可以大致明白其中的三昧了。三四十年前，很多学者喜欢研究明史，我也曾经碰到一个美国来华的留学生，他也是研究明史的。当时觉得这个外国青年很有趣，我问他是研究明史什么问题。他说是研究明末的变乱和李闯、张献忠的问题。不过，我们现在讲到孟子的“尊贤使能，俊杰在位”一节，便接连出现“市廛（市场）征法”和“关税里布”的问题。在此随便举历史上明末衰乱与清朝初兴时期财经税务问题，作为大家将来仔细研究孟子思想学说的一个参考。

明朝到了神宗万历时期，满洲在关外称兵倡乱，也就是《明史》所谓的“辽东兵兴”开始。因为军需的必要，当时兵部的预算便需要增加饷银三百万两。此时明朝政府的国库已经相当短绌，但是，皇室宫廷的私库却还有上亿之多的财产。户部尚书李汝华向皇帝提出报告，请拨宫廷内库的银两出来帮助军饷，神宗却不答应。结果只好尽量搜括各省库存的积余款项，追征民间的欠税和各种赋税，才能勉强支应一个时期。但是不到一年时间，又须征兵支持前方，军费仍然没有着落，户部再次上奏，请求调拨各省税银来充军费，神宗就干脆来个相应不理了事。宫廷这个作风，一直到崇祯都是如此。至于那些富有的皇亲国戚，更不肯自掏腰包输家纾难，只想自保，不肯为国出钱出力。因此，户部只好提出另一个方案，还是再增加赋税，自贵州以外，天下田赋每亩加征银子三厘五毫，这是专门供给军事费用的。据估计，以田亩来计算，每年可以征收到饷银二百万两以上。

此例一开，便弄得民不聊生，人心大失。可是还不止于此，以后只要碰到用兵需要经费，便照例再来加征田赋。因此弄得只要有田便要倒霉，无论在战时或平时，谁也不肯买田置产，平民都愿意做流民。等而下之，吏法不良，基层官吏横征暴敛，只要看到你有种田的锄头，便认定你是地主，硬要追缴欠税，结果弄得流寇四起，江山不保。但当流寇入京时，不要说宫廷内库被抢光，那些富有的皇亲国戚不可数计的财产也统统完了。看了这一段历史，不要说别的，只要张居正还在，便不会使神宗这样做，不会使明室的财经吏治弄到如此地步。此所谓“俊杰在位”，有如此的重要。

后来清军入关，深切了解明朝的得失成败原因，康熙在位第三十八年便颁布了一道特别命令，告诫后代子孙永远不准加赋以增加民间的负担。所以清朝后来两百多年的田赋使用一条鞭法，也是安定爱新觉罗政权的重要因素之一。

再说，清初康熙时期，花费在外廷的军事费用和明朝差不多。而在宫廷费用上，却大力地审核裁减。康熙三十年宫廷花费的总数，还不及明朝某一宫的一年费用。所以他能够三次御驾亲征漠北，平定三藩之乱，都不需顾虑财经上的匮乏。到了康熙末年，部库盈余还有八百万两之多。

雍正时期更加节省，又尽量爱惜物力，内廷食米储蓄有余粮数千石。所以连年对西域青海的用兵纵然支用了大半国库，但还存余有四百余万银两。

乾隆继位以后，仍然秉承祖制，戒侈靡，示节俭。纵然在军费上也因屡次用兵开支很大，但还能四次普免天下漕运，两次普免七省漕运。他又先后六次巡幸江南，规费不下两万两，但是国库仍然充实。

这使人想起古代历史上记载的：卫文公提倡节约，自己穿布衣。汉文帝也是躬履俭约，结果使全国储粮的太仓之粟年年都有剩余的陈米吃不完，太府（国库）的存钱用不完，搞得串钱的绳子常常因陈旧腐朽而断。宋朝自太祖赵匡胤开始便很节省，后来的仁宗、英宗也差不多，所以史称宋初财经积封桩之钱数百万，而三司所存尚不计算在内呢！

可是清朝到了咸丰年间，太平天国兵起，国库已被那些权臣们挥霍得差不多了，军需费用也是没有着落，但是咸丰还是坚守清朝的祖制，仍然不敢增加赋税。所以中兴名臣如曾国藩办团练，起义兵，自筹经费，艰难困苦之极。据说，跟随洪秀全起义的军师钱江脱离了太平天国以后，才为湘军提出一个办法，创办厘金的制度，病商而不病农，才得以解决湘军和后来淮军的军费问题。

据我所知，清朝被推翻以后，国民革命军北伐以前，在北洋军阀乱政的那一阶段，我们的偏僻小县还仍然依照清朝遗留的田赋一条鞭法，不过厘金也要征收，关税也要征收，另外还加了许多税捐的名目，也是苦不堪言。好在北伐成功，这些苛捐杂税稍得整顿的机会。谁知革命尚未成功，跟着便是日寇侵略，直至抗战结束。

我们今天在台湾读《孟子》，深深体会亚圣孟子千古不易的名言法语，真有无穷感慨，为中国文化而伤感，也为中国文化将来的前途而担忧。

> “信能行此五者，则邻国之民，仰之若父母矣。率其子弟，攻其父母，自生民以来，未有能济者也。如此，则无敌于天下。无敌于天下者，天吏也，然而不王者，未之有也。”

到了这里，孟子先作一段结论。他说，一个诸侯之国应该做到：第一人才济济，都是贤能俊杰之士；第二商业安定，经济繁荣；第三各国商旅愿意前来，国际贸易发达；第四农产增加，耕地面积扩大；第五不重复征税，发展公卖事业的合作社。如果这五项财经措施都做到了，那么连邻国的国民都敬仰你，像敬仰自己的父母一样，对你也会产生向心力了。那时候邻国的国君要想率领人民来侵伐，就像率领子弟去攻击他们的父母一样，自从有人类到现在，从来没有成功的。如果做到了这样，天下就没有可与你为敌的人了。假如这样而成为天下无敌，那就是代天行道的父母官了。孟子用“天吏”这个名称，来强调政治上行仁政的人道和天道、天理的关系。所谓“替天行道”，本来是政治哲学上一个很好的名词，后来被梁山泊的柴进、宋江他们挪用，在大家的观念里便带了强盗行径的意味，成为不好听的名词。实际上“替天行道”就是按天理行事，做事行政符合天理。孟子说，如果这样还不能够称王天下，那是不可能的！

看到这里我们就可以知道，这一段还是孟子回答公孙丑所怀疑的“以齐王，由反手也”这个问题的发挥。

不忍心问题

这里我们要开始讨论所谓“不忍心”的问题，这个问题和前面“养心”“养气”的问题同样重要。

> 孟子曰：“人皆有不忍人之心。先王有不忍人之心，斯有不忍人之政矣。以不忍人之心，行不忍人之政，治天下可运之掌上。”

这一节的主旨，是孟子对于仁心、仁术的阐扬发挥。以现代的观念而言，就是讨论发挥人性善的一面。人性的心理行为扩大来说，一起心，一动念，表现在政治上时，可以左右政策，造成很大的影响；缩小范围来说，每人在日常生活中的外在表现，便是心理行为的作用，对人对己也有影响。

我们在《梁惠王》章下篇，曾经说到孟子和齐宣王讨论过的问题，就是因为要涂牲畜血在新铸的钟上面，而引起了为什么不杀牛只杀羊的仁心问题。孟子借此发挥，说明施行仁政是以不忍人之心的心理行为做基础。现在在这里又就此论点扩而充之，做一比较详细、深入的发挥，也就是这节书的重点。

我们看看二十世纪新兴的比较哲学，就是将东方、西方哲学做比较研究的新课程；另有比较宗教学，是将东、西方宗教学说思想做比较研究的课程。无论站在比较哲学还是比较宗教学的立场来看，对于中国文化的孔孟思想，尤其孟子这里所说的“不忍人之心”，在东、西文化上是完全相通的。在名词上，孟子称作“不忍人之心”；西方宗教或哲学方面的名词，就是“爱心”；佛教的名词就是“慈悲心”；而孔孟儒家的哲学思想中则叫作“仁心”。现在孟子提出来，所谓“爱心”“慈悲心”“仁心”，都是由“不忍人之心”出发的。

这里须特别强调注意的是人的“心理行为”问题。中国自汉唐以后，历代在宗教方面、在哲学方面，大家常使用一个名词——修行。尤其现代学佛的人特别多，大家都讲究修行。什么是修行？并不是打坐、做工夫就等于修行；这和“修行”的真正意义还有很远的距离。真正的修行，包括修正心理行为，修正自己的起心动念，修正自己喜、怒、哀、乐的情绪等，也就是心理思想上、生理变化上、言语行为上毛病的修正。所以在佛学上名之为“转识成智”，就是修行的道理。

一般人的打坐，不过是修行的一个入门方法与练习，也就是佛家所说的“克念”。把念头克服了以后，在打坐当中转化；然后扩而充之，才能转化自己的各种心理行为。假如没有转化心理行为的功力与智慧，则所有一切修行都是白说空话，也就是如前面提过的贯休和尚的诗——“修心未到无心地，万种千般逐水流”。无心的境界，并不是像一根没有知觉的木头，而是一切清净无为的境界，如果不修到这种境界，那么“万种千般逐水流”，都是空的，没有用。这里顺便提出来希望大家注意，不要轻易放过孟子这里的话，误认为它和形而上的“道”没有关系。否则，不但不懂孟子，也会不了解心性之学的重点，同时也就不认识自己！

现在我们再就《孟子》的原文加以研究。

孟子说“人皆有不忍人之心”，这是一个主旨，是他开头的第一句话。《孟子》这一节，是不是和上面公孙丑连贯讨论下来的？还是孟子又一次讲“不忍人之心”？究竟如何？我们无法考据。但是它被放在《公孙丑》上章中，那么它的意义必定与前后文有连贯性，不可割裂。换句话说，也是对于孟子最初答复公孙丑、主张推行仁政的重要，在这里做一个结论。

孟子首先提出一个原则——凡是人，天生的就有不忍人之心。他这里并不是说不忍心，而是说不忍“人”之心，要特别注意到“不忍”这两个字下面的“人”字，这是他偏重于“人道”，特别注意人与人之间的不忍之心，并没有说人皆有不忍“物”之心。至少在这个地方，初步指出人与人之间的不忍之心，但是，孟子还没有把对人的不忍之心推广于万物之上。

现在我们要讨论，是不是人人都有“不忍人之心”？这是一个问题。正如将来要讨论到的人性本来究竟是善的或是恶的问题一样。我们这里先讨论，人人都有不忍人之心吗？老实说，我们不知道。譬如说，婴儿的心是善的吗？孟子说是善的；荀子则主张人性是恶的，人之所以为善是由后天教育培养出来的；告子则主张人性是不善不恶的，其为善为恶都是受了后天环境的影响。所谓“点点杨花入砚池”，“近朱者赤，近墨者黑”，这些都是属于形而下学，在后面我们还要详细讨论，现在只是大略地提一下。这里的不忍人之心，和后面的性善、性恶的问题，有绝对密切的连带关系。

那么人天生下来是不是都有不忍人之心呢？严格分析起来，这是很难下定论的。假如我们以后天的婴儿来做例子，主性善的，则说婴儿都是善良的；主性恶的一派则说，假如是一对双胞胎，同时在哺乳，在没有吃饱时，往往会推开另一婴儿，而去抓住另一乳头。这时婴儿没有不忍人之心，只顾自己要吃饱，不管别人饿不饿。这些都是千古以来下不了绝对定论的问题。而孟子在这里强调不忍人之心人皆有之，现在我们暂时不下结论，先看看孟子下面的话。

他说：“先王有不忍人之心，斯有不忍人之政矣。以不忍人之心，行不忍人之政，治天下可运之掌上。”中国文化一向标榜今不如古，尤其是标榜先王之治。所谓先王，不是特定哪一个王，而是泛指中国上古的传统文化，把那时的圣人们都概括进去了。他们因为天生就有不忍人之心，有爱心，所以都做到了爱人的政治措施。因为有这种内在的不忍人之心做基础，表现在政治上，成为不忍人的政治行为，自然受到人民的拥护。因此上古的先王们治理国家天下事，就好像放在手掌心一样，可以随心运用，等于我们手上拿一个打火机，可以随意使用一样，就这样很容易地可以把国家天下治理好。

孟子这里强调，上古时的帝王所以能够那么轻易地把天下国家治理得那么好，是由于实行了仁政。而实行仁政根本上要有不忍人之心——也就是仁心、爱心做基础。

由四端看人性本善说

> “所以谓人皆有不忍人之心者；今人乍见孺子将入于井，皆有怵惕恻隐之心。非所以内交于孺子之父母也，非所以要誉于乡党朋友也，非恶其声而然也。”

孟子在这里，为人人都有不忍人之心这句话举出一项事例来作说明。假如我们看见一个四五岁左右的小孩要掉到井里去了，任何人都会心里一惊，巴不得一伸手就把他从井口拉回来。而人处在这种心理状态的时候，那是没有条件、没有利害关系、也没有任何要求的。这并不是想向他的父母讨好，也并不是希望得到社会的表扬或者邻居、亲戚、朋友的恭维称誉，当然更不是因为怕听到挣扎喊叫的声音才想去救他。从这类事情看来，就证明人人都有不忍人之心。

其实，孟子举的这个例子，在人类当中大体是如此。也可以说，仍有少数的人心肠很硬，恶性重大的，看到这种情形也有不会动心的。其次要注意的，这是不忍人，不是不忍物。假如看见一只老鼠掉下去，反而还会拍手叫好呢！不过绝大多数人是有不忍人之心的，而硬心肠或恶性大、见人落井不动心的人，到底是少数。我们不能以少数人的例外而否定大多数人所具备的这种善心。

在许多辩论性善性恶的书籍文章中，凡是主张性恶一派的，所举的例子都是对物而言。说到这里，顺便想到医学研究上往往以猴子、兔子、白鼠等动物来做实验或做解剖研究。近代有些人对这种研究工作非常不以为然，认为这是不仁的。最近印度人对于解剖猴子的研究工作，就提出反对的意见。

这里孟子说的是不忍人之心，是先对“人”不忍，然后推及于物，没有办法同时兼顾，要一步一步来，所谓亲亲、仁民，而后爱物。在医学上以动物做实验，也是基于不忍人之心而来的，并不是对这些动物不怜悯，实在是不得已而为之。台湾的医学院每年举行动物慰灵祭，就是这一精神的表现，不要看作是迷信行为。

这些都是正反两面的理由，我们很难为他们下一定论。因为这些牵涉到的事实和问题，已经属于人类形而下的行为了。本来形而下的是非善恶就很难下定论，只能取其大体而言。孟子所谓的善心，也是大体而言。

> “由是观之，无恻隐之心，非人也；无羞恶之心，非人也；无辞让之心，非人也；无是非之心，非人也。恻隐之心，仁之端也；羞恶之心，义之端也；辞让之心，礼之端也；是非之心，智之端也。人之有是四端也，犹其有四体也，有是四端而自谓不能者，自贼者也。谓其君不能者，贼其君者也。”

孟子举出人类心理善良一面的例子以后，又提出人伦道德上四种最基本的心理行为。

第一，凡是哀怜别人、同情别人，对别人的苦难不忍看下去的，都是恻隐之心，就是慈悲心。没有这种恻隐心，则不能算是人。第二，没有羞恶之心的，不能算是人。羞恶之心，也就是所谓的惭愧心、廉耻心。第三，没有辞让心的，也不是人。他说人天生有种好的心理行为，像懂得谦让利益、推辞好处等。譬如大家同桌吃饭，尽管这一道好菜最后终于要落到每人的口中，但大家必定先有一番辞让，如果没有这番辞让之心，菜一上桌，就不管别人，把好的抢先往自己口里送——非人也。第四，没有是非之心的，也不是人。是非都分不清楚，当然不叫人了。白痴不能叫作人，婴儿不能分辨是非，当然也不能算是人。因为这四种心理婴儿都没有，所以只能叫婴儿，不能叫大人。

有人说婴儿又叫赤子，那么婴儿之心应该就是赤子之心了。而赤子之心向来被人推崇，也是被孟子所赞许的。如果婴儿没有这四种心理，那算是赤子之心吗？其实不是，赤子之心是别有含义的。应该说，赤子之心是人性的光明面、善良面，是静态的体象，属于后天的内在——这里暂时不谈先天本体。这里孟子说的四种心理，是由静态的变成动态的心理行为。

上面这四种心理行为又称为“四端”，四个大方向的发端。古人讲这四端，往往配合《易经》的道理来说，就是“太极生两仪，两仪生四象”。于是说立天之道为阴阳，立地之道为柔刚，立人之道为仁义。这就是所谓的“太极生两仪”。至于“两仪生四象”，这四象也推而广之为天的四个现象、地的四个现象，以及人生的四个现象。古人这一说法未免太笼统，我们现在强调说明的是人的四个基本心理行为。

孟子自己对这四端的解释非常好，他说：“恻隐之心，仁之端也；羞恶之心，义之端也；辞让之心，礼之端也；是非之心，智之端也。”这几句话非常重要。儒家的学说，几千年来讲心理行为，乃至扩展为政治的心理行为，都非常强调这四端的重要。仁的行为是由恻隐之心发端的，义的行为是由羞恶之心发端的，礼的行为是由辞让之心发端的，智的行为是由是非之心发端的。所以一个人的仁、义、礼、智四种好的行为，就是这四种心理的扩大。

孟子说到这里的时候，又拉回去，谈到前面与公孙丑所说的行仁政的问题。他说，人本来具备了这四端，等于生下来就有四肢一样，能够做事走路，这是一定的道理。既然人本来就具备了这四端——四种心理行为，而对于行仁政却说做不到，那是他自暴自弃，自己欺骗了自己，害了自己。假如一个做人家臣子的人说他的领导人不能行仁政，那他就是未合臣道、未尽辅助之责，这样就等于害了他的领导人，“贼其君者也”。

“凡有四端于我者，知皆扩而充之矣。若火之始然，泉之始达。苟能充之，足以保四海；苟不充之，不足以事父母。”

这里孟子为开始的“人皆有不忍人之心”这一节话做了一个结论，这个结论做得非常好！现在我们暂且不谈他的结论，先对他的这一节话做一个回顾。

他主张人的后天心理行为本来就具备了深厚的善良面，就是仁心。仁心在哪里？他举例说人如果看见一个小孩快要掉进井里，大家都会有“怵惕恻隐”之心，要想办法去救援，这就是人心善良面的表现。然后他具体指出，凡是人，每人都具备了四种良好的心理行为：恻隐心、羞恶心、辞让心和是非心。说到这里，我们对这四种心理也要有适当的认识和调配。在恻隐心来说，等公共汽车时，你看到别人挤车的痛苦，一味地以恻隐之心让人先上，结果你自己总是上不去，这也不行。再说羞恶心，一个人好胜好强，这是起于羞恶之心，本来是好的，但好胜好强过了头反而不好。是非心也是好的，基于善恶心而来，可是不知道调配，结果嫉恶如仇，非要以怨报怨不可，也未免失于恕道。辞让心也是好的，但是调配不当，就变成了窝囊。所以只要运用得当，不要过分，这四个原则的确都是好的。

他接着又强调引申这四个原则，就是仁、义、礼、智的四端，是中国文化的基础，也是王道仁政的由来。

孟子现在的结论来了，他说，虽然有这四种善良面，可是还要加工，也就是佛家所谓的“加行”——要加工修行。怎样加工？“扩而充之”，学问修养之精进完成，都在这四个字上。他说“凡有四端于我者”，他这句话很好，读《孟子》百遍才发现孟子这句话之妙。这一节一开头他就说“人皆有不忍人之心”，话好像说得很武断，我们也曾经有所怀疑，认为大体如此而已，不一定人人皆有。而这里说“凡有四端于我者”，对这句话，我们举手赞成。这句话的相反意见，就是说有些人不是人；有些人也许没有四端啊；有些人具备了四端，但也有程度上轻重的不同。这里他说，人要认识自己，凡是有四端于自己的“人”，就要在修行、修养的工夫上培养自己这种善良的心理，使它扩而充之。如果不知道去培养、去扩大的话，那等于没有一样。尤其学佛的人，口口声声说慈悲，而实际上并没有将慈悲心培养扩大。在儒家来说便是修养上的不够了。

在文章的气势上，他那读来颇为武断的“人皆有不忍人之心”，到此来一个“凡有四端于我者”，犹如八股文之起、承、转、合中的转法，极其自然，不露痕迹，又非常动人。我想可以借用《西厢记》中的一句曲词来形容——“怎当他临去秋波那一转”，这种文章技巧，年轻人不要随便把它放过了。

他继续一转，结论出来了：“若火之始然，泉之始达。”在你心里本来有一点善心，等于有一点火光，你把这火光点亮、放大，就变成大光明了。也如泉水一样，把泉源扩大，渠道修好，泉水就汩汩而来。这慈、悲、喜、舍扩大了，仁、义、礼、智的修养、四种心理行为就大了。假使能够扩而充之，成为政治心理的行为，就足以保有四海，这就不只是统一天下而已。统一天下容易，统一了以后能不能保有，那就大有问题。周武王统一了天下，保有了八百年；秦始皇也统一了天下，但却只有十几年的时间，到儿子手里就失去了。这是鲜明的对照，说明保有守成是很难的，但扩充了这四端就可以保有。假使不扩而充之，一般人即使有这种善良面，如果没有经过修养或者没有受过教育，是不会扩充的。如果所受的教育不对，走入了岔路，那一点火的亮光就熄了。像有些独裁政治的斗争思想，早就把原来那点人性本源的火光熄灭了。从这里知道，孟子非常注重后天的学问修养，所以他说假如不能扩充这四种心理行为，那么连做人最起码的条件都做不到，对父母所应尽的孝道也都无法达成。

生活技能与道德

上面这一节，是后世学者们讲心性之学与心理行为时经常提到而且非常注重的问题。

前面曾提到过，明代一位理学家罗近溪修道打坐，修到后来出了毛病，遇到颜山农告诉他这样不是道，要扩充四端才行。所谓四端，就是孟子在这里所说的四端。不只是颜山农对罗近溪这样说，宋明理学家们很多地方都提到要扩充这四端。《孟子》这一节影响唐宋以后的中国文化，成为中国文化中仁心仁术的重点所在。

或许有人会问，我们现代人对于这四端，该如何去扩而充之？这就在于各人自己了。事实上，日常生活中，随时随地，言谈举止之间都可以去做。至于具体的方法，古今以来无人详细列举，仍须靠自己慧思体认。怎样做是对？怎样做不对？要随时反省，随时修正自己的内心与外在的行为。

也有人读《孟子》至此，怀疑这里所说的“心”是否即佛家所谓清净本然的本性。这是扯不上关系的两回事，佛家所言是形而上的本体，孟子这里所讲的，以及儒家的性善、性恶之论，是形而下的后天之性。后世儒者每每把形而上的本体之性与形而下的后天人性混淆在一起，没有分清界限。实际上，孟子说性善，荀子说性恶，告子说不善不恶，所举的例子都是人类有了生命以后的后天的形而下的心性。如果以这一套来讨论佛家所谈的形而上的心性，根本上是隔靴搔痒，摸不到边的。

佛家所讲的“性”，是万物还没有形成以前的那个本体的代名词，是非善非恶、可善可恶、能善能恶的。至于儒家，千余年来对人性善恶的研究，有些人往往把形而下的是非善恶解释到形而上的心性本体。西方文化也是如此，等于现代人认为外星人长得和地球人类相同是一样的不切实际。如果一定要在儒家对形而上本体问题做个探讨，那么《易经》的太极之说可以勉强说是相近或相似了。

其实，由于孟子反复辩证这四种心理行为的动机，以及施用在当政上的重要，很明显的，他是从人道立场而立论，是属于形而下的。如果牵扯到形而上的话，那么，就要归到孟子的老师子思的《中庸》，其中引用《诗经》中“上天之载，无声无臭”以及孔子的“天何言哉！四时行焉，百物生焉，天何言哉”，那才是准确的道理。

不过，历来的学者也有人把孟子所说的四端做比较研究，认为恻隐、善恶、辞让、是非这四端，正如佛家所说的慈、悲、喜、舍四无量心。其实，这是牵强附会的说法。佛家的心理行为，是侧重归纳于形而上道而立论；孔、孟所说的人伦道德，是从形器世间人文礼义而立言，并非佛家的最后目的所谓涅槃境界——泯是非，无分别，不可同日而语。

不过，他们淑世利人的行为和宗旨确是相同；其所不同的，正如佛说“一切圣贤，皆以无为法而有差别”而已。因此，我也常打一个譬喻，儒家，尤其是宋、明以来的理学家，等于是佛家的“律宗”，谨言慎行，无懈可击，堪为上乘。孟子所说的恻隐之心，等同佛家行门的慈悲心，可以归入慧学。辞让之心、善恶之心，可以归入戒学。至于是非之心，则可归入增上戒学。老、庄之说，等于佛家的“禅学”，飘然远引，独超物外。另外，佛家犹如儒家的《易》《礼》之教；老、庄与道家，则同于儒家的《诗经》《春秋》之教；唯有《书经》，独为儒家的人伦大教。这也是顺带一说，聊供大家研究参考而已。

孟子曰：“矢人岂不仁于函人哉？矢人唯恐不伤人，函人唯恐伤人。巫匠亦然。故术不可不慎也。”

刚才说过仁心与仁术，术就是方法。这里就是孟子关于仁术方面的原则。曾经有人问到，平日在待人接物、为人处世的时候，即使知道自己内在有这个仁心，但是应该怎样去发挥呢？他这里便提出了答案。

孟子说，制造箭头的人难道说生来就比制造挡箭牌的人更不仁吗？制造箭头的人，是把箭头制造得愈锋利愈好，愈尖锐愈好，就怕自己造出来的箭头不够利，不能杀伤人。而制造挡箭牌的人刚刚相反，唯恐自己所制造的挡箭牌挡不住射来的箭。他们巴不得自己制造的挡箭牌能挡住任何强劲锐利的箭，甚至现代的子弹都穿不过，才不会伤到人。这是两种不同的技术所产生的不同心理。

另外一种职业上的对比，如巫医和做棺材的，巫医们总是希望每个有病痛的人都能复元。巫和医其实是两个名词，但在古代往往二者合一，巫也包括了医。至于做棺材的匠人，为了自己的生活，难免就希望多几个人死掉。这两种不同的心理，也是因为职业的不同而来的。

虽然我们不能以职业心理来判断一个人的仁慈或者狠毒，但是在待人处世之际，日积月累下来，不知不觉的，心理行为就会随之而起变化。

《孟子》这节的重点，只是注重在“术不可不慎也”这个大原则。但这个“术”字的重点，不是专指技术技能的术，是指权衡变通的方法、原则，包括了处世为人的分寸，这就是学问了，难得很。

虽然一个人从事的职业和谋生技术与善恶道德没有决定性的关系，但是也不能不谨慎。另一方面，在日常生活上，做善事、布施，假如做得不好、不适当，也会有不好的结果，不可不小心。这些细节问题大家自己去体会，我们暂时不多加讨论。

> “孔子曰：‘里仁为美。择不处仁，焉得智？’夫仁，天之尊爵也，人之安宅也。莫之御而不仁，是不智也。不仁不智、无礼无义，人役也。人役而耻为役，由弓人而耻为弓，矢人而耻为矢也。如耻之，莫如为仁。仁者如射，射者正己而后发；发而不中，不怨胜己者，反求诸己而已矣。”

这里孟子先引用孔子的“里仁为美”。一般人把“里”解释成地方，要住的话，就要找一个仁爱的地方来住。我在讲《论语》的时候曾经说过，假如照这样解释，在台北市大概只有住仁爱路、信义路、忠孝路才好，其他的地方都是不仁不义，不能住了。当然我这是说笑话，但是如果所有的邻居都是仁义的邻居，那实在太难了，此其一。其二，如果大家都和仁义的人做邻居，那么世界上许多不仁不义的人都集中住在一起吗？难道恶人有个恶人堆，好人有个好人窝吗？似乎在理路上不通，不合逻辑。

我的看法，“里”就是“处”的意思；也可以作“居”字解，就是所处所居的立脚点。“里仁为美”的意思，就是我们平常为人处世要以仁为中心，以仁为立足点，才是至美。而“择不处仁”是说为人做事如果不择手段、不顾仁义道德的话，那是不明智的。这是我的解释。

孟子引用这个话，也没有错，他并没有说买房子、租房子要到仁人区域里去。

他再引申孔子的话说：仁是上天一种尊贵的爵位，同时也是人的安宅。这个宅，也不是指房屋。我们平常说“宅心纯厚”，这里的“宅”是一个动词，是说一个人的心要放在纯厚之中。换句话说，宅心和居心的意思差不多，譬如说“居心不良”这句成语，就是说这人的心地不好；而“宅心纯厚”，就是说这个人心地纯厚。那么《孟子》这里的意思是说，仁是人类最好的安心之处。“莫之御而不仁”，“御”是范围、阻止的意思。孟子说，没有任何人会阻止我们居心仁厚的，放着这么尊贵的天爵、这么安逸的居处不理不睬，而我行我素地去为非作歹，这就太不聪明了。

“不仁不智、无礼无义，人役也”，这句话是说，一个人不仁不智，于是就无礼无义，像这一类的人，就成为私心欲望的奴隶了。譬如对一件事情，在理智上由是非善恶的分辨，明知道是不可以如此做的，可是情绪一冲动，就这样做了。如果理智抵挡不住这种喜怒哀乐的情绪，那么人就成了这种情绪的奴隶了。

他又说“人役而耻为役”，当一个人做了别人的奴隶，又不喜欢被人奴役，就好比一个做弓箭的人体认到弓箭是杀人害人的东西，于心不安。如果有了这种心理，不如马上改变。这是说，我们在理智上知道不应该做，而情绪上抵挡不住硬是要做的时候，就要拿出最大的勇气来马上转变。知道不应该做，就绝对不去做。

修行容易专志难

所以他说：“仁者如射，射者正己而后发；发而不中，不怨胜己者，反求诸己而已矣。”这几句话是重点，要特别注意。这是千古以来儒家谈修养、佛家讲修行最重要的中心。他说，行仁道的人和射箭一样，拉弓射箭的人起码先要把自己的姿势端正好，然后才把箭射出去。可是当一箭发出去以后，不能射中红心的话，对于比你射得好的人，绝对不可以产生怨恨，要自己反省为什么不能胜过别人。自己好胜、好强，并不算错，但是不能因别人胜过自己就怨恨别人，而要反求诸己。做任何学问，也都是如此。孟子一再强调反求诸己，是儒家修养学问的中心，也是佛家修行的要点。一切都反转来，要求自己，反省自己，检讨自己；不是要求别人，更不是要求环境。

这一点，也就是仁术的道理。如果知道四端是善行，是好的，明知道而做不到，那就要在起心动念以及日用平常之间多加检点。修养不够的话，就会有时慈悲，有时不慈悲。譬如有的人看见乞丐动了慈悲心，要拿钱给他，最初拿十块钱出来，想想太多了，于是换成五块钱，在丢给他时，心里已经有了讨厌的味道。也有时候，我们对别人的要求，前面七八次或许都能答应他，但是到第九次感到有点烦了，第十次就根本不理他了。这也要自己好好反省，究竟一开始就不应该轻易许诺呢？还是应该有始有终地持续下去？又如有人自己财力并不十分充裕，但是看到孤儿可怜就想收养他；但是有人则认为不要自讨苦吃，不必直接收养，可以给没有孩子而喜爱孩子的家庭去收养，假手有充足能力的人去做，就更彻底、更妥当了。这是“术”的问题，是方法的问题，这也就是仁术的道理了。

总括上面所说，自“人皆有不忍人之心”开始，到“反求诸己而已矣”为止，等于继续申述对公孙丑所说的仁政王道。

孟子曰：“子路，人告之以有过则喜。禹闻善言则拜。大舜有大焉：善与人同，舍己从人，乐取于人以为善；自耕稼陶渔，以至为帝，无非取于人者。取诸人以为善，是与人为善者也。故君子莫大乎与人为善。”

孟子接下来说孔子的学生子路以及有关两位古圣人的事迹。他的主旨仍然是接着上面一贯下来的，也就是为扩充人类“四端”的心理行为而举历史的实例来作说明。

他说，孔子的门人子路很了不起，在别人指出他的过错时，他会高兴，所以他是孔子最喜欢的弟子之一。子路个性很直爽，对就是对，不对就是不对，指正他的缺点他不但不生气，反而很高兴。这就是子路。另一个典范是大禹，他听见别人一句有道理的话，乃至是说他不对的话，只要是善言，是有益的，他就作揖拜谢，这比子路又更高一层了。所以他能够被称为圣人，子路只能被称为贤人。至于大禹的老师，也就是传帝位给大禹的大舜，就更伟大了。

更伟大的大舜是善于和别人一样，就是他能舍己从人，等于佛家说的“无我”，一般人说的“无私”。他做到了无我、无私，他从人是从善而不从恶。别人有好的地方、对的地方，他则放弃自己的主见，跟别人走；他最喜欢拿别人的善来亲身奉行，别人只要有一点善，他便虚心取法。这是“乐取于人以为善”的意思，不要把这个“取”字解释错了，以为大舜是喜欢拿别人的财物来做好事。

大舜因为“乐取于人以为善”，乐意效法别人为善，所以他虽然是种田出身，做过陶器工人和渔人，但他却当了帝王。不但是帝王，后世更尊他为圣王。主要原因就在于他能随时随地效法人家的长处，而成为大圣。不然的话，就成了专制帝王。

孟子说：大舜以别人的优点来做自己的榜样，而往好处去做。这样一来，使原来有善言善行的人更加向善的方面努力；原来非善、无善的人，看见他舍己从人为善，便也跟着他的步伐舍己从人为善了。于是这人类社会中，善的更善，那些非善、无善、不善的也趋向于善。这是大舜“善与人同”而形成与人人为善的结果，所以君子没有比与人为善更伟大的德行了。

这三位古圣贤中，大舜能影响人人为善，所以是最伟大的。以佛家的三乘来比喻，大舜就等于是大乘，大禹等于是中乘，而子路等于是小乘了。大禹和子路还是有“我”，而大舜做到了“无我”，所以我们要效法大舜。

理论说起来很容易，真的做起来很困难。所以我们只能做“剩人”，不能做圣人。不过，还是要读圣贤书，慢慢读吧！我爱好四书，也爱好佛经，自幼出门远行，行李中一定带一部现代所谓“袖珍本”的四书，一有闲暇就拿出来阅读。

上面这段是仁心仁术的扩充，也是对《公孙丑》上篇所提出的问题再做发挥。这种编辑的手法非常妙，也非常好。

圣贤的人格分类

孟子曰：“伯夷，非其君不事，非其友不友；不立于恶人之朝，不与恶人言；立于恶人之朝，与恶人言，如以朝衣朝冠，坐于涂炭。推恶恶之心，思与乡人立，其冠不正，望望然去之，若将浼焉。是故，诸侯虽有善其辞命而至者，不受也；不受也者，是亦不屑就已。

“柳下惠，不羞污君，不卑小官；进不隐贤，必以其道；遗佚而不怨，阨穷而不悯。故曰：‘尔为尔，我为我，虽袒裼裸裎于我侧，尔焉能浼我哉！’故由由然与之偕，而不自失焉，援而止之而止。援而止之而止者，是亦不屑去已。”

孟子曰：“伯夷隘，柳下惠不恭。隘与不恭，君子不由也。”

这一节也是《公孙丑》上篇的结论，也就是孟子述明平生立志学孔子的道理。我曾说过，许多人不管他学佛、学道、学儒，年纪活到一大把了，还没有确立自己的人生观，没有立定将做一个什么样人的志愿。像孔子、孟子，“十五而志于学”，已经开始立志了。人生观是一定要确立的，现在孟子引用古人的志趣，来反衬出他自己的人生观。

他说，伯夷当隐士，人品极其清高，他严格地选择老板，连周武王都看不上。他认为不是理想的老板，就不替他做事；不够朋友的人，不和他做朋友；朝廷里有坏人当政的话，他就不到这朝廷中去。像纣王是他的本家，因为是坏人，他就走开了。他也不愿意和坏人说话，如果让他站在坏人当政的朝廷上，或者和恶人说话，他就感到难过万分，好像自己穿了礼服坐在烂泥坑里或煤渣堆上一样，觉得别扭难过。他对是非善恶分得太清楚。但是我们要知道，水至清则无鱼，人太清则无福；是非善恶分得太清楚了，就没有福报。是非看清楚之后，必须能包容，如果不厚道，变得愤世嫉俗，这也算是一种毛病。

孟子这里说，基于这种讨厌坏人的心理发展下去，如果和一个普通人站在一起，看见这人帽子戴得不端正，伯夷就偏过头去，理都不理就走开了，好像生怕看上一眼、打个招呼就被玷污了似的。所以诸侯们虽然写了言辞恳切的聘书来聘请他，他都不接受。他之所以不接受，是因为他的人生态度是不屑于去将就别人，所以结果搞到“天子不能臣”，皇帝没有办法找他来做干部；“诸侯不能友”，各国的诸侯想和他做朋友都办不到。他望望然而去之，走了，硬走到首阳山，困在那里吃野生植物蕨薇。这种植物，在登山时如果迷途，暂时用来充饥，保持体力是可以的，长久地吃下去，一定会吃坏肠胃。所以他和叔齐兄弟两人吃出肠胃病而死。他们清高是清高了，可是对当时天下的生民并没有任何贡献。

孟子另外举出一个和伯夷相反的人——柳下惠。大家都知道柳下惠坐怀不乱，是清高的人。可是大家不要以为清高的人都一定是坐怀不乱。万一乱起来，可比糟糕的人还乱，好比清水里放一团泥巴下去，就马上浑浊了。坐怀不乱的柳下惠究竟是怎么样的风格，看看孟子对他的描述就会知道。

孟子说：柳下惠对于坏的老板，只要答应帮他做事，说干就干，管你老板怎么坏，他无所谓。他也不以官小为卑贱，叫他扫地就扫地，叫他端茶就端茶，也无所谓。叫他当秘书长也可以，明天降为工友，他也好，后天去跑腿，他也没问题，都没有关系。答应了替你做事，他不但尽量发挥自己的长处，凡是有好的人才，他一发现，立刻推荐给你。处处都走正道，按照正当的途径去做，这种人就是外圆而内方的。在外表非常圆融，叫他干什么事都可以，但是对于任何事情，都一定以正大的道理、正当的途径去做。假使被人弃而不用，他也不会怨恨；处在穷困之间，也不觉得自己倒霉可怜，仍然能够自得其乐。这种修养的境界可以说是非常之高。

但是如果一个人内外皆圆就糟糕了。柳下惠对人，处处都圆融；可是在内心有自己的章法，所以也敢和坏人相处或做朋友。他常说：没关系，你是你，我是我，即使你脱光了衣服在我的旁边，也没有关系，反正我衣服穿得整齐清洁，因为你是你，我是我，你不可能把我染污得了。所以他能悠然自得地和别人相处，而不失自己的操守。

“援而止之而止”，你要他留下来，他就留下来。“是亦不屑去已”，因为他对那些有所不为、不愿混世同俗的作风有点看不上眼，觉得太拘谨、不洒脱，所以他“不屑去已”。

最后孟子对这两人的结论是：伯夷太狭隘了，有些孤高自赏，像小乘道；柳下惠不恭，处事不够严谨，也不好。太狭隘与不恭都有失中道，所以他走的是孔子的道路——大乘道；换言之，他走的是大舜之道，也是中庸之道。不过孟子没有把他自己所走的道路说出来，只说到“君子不由也”，这些都是他所不愿走的途径，说到这里就突然打住，结束了。

这种文章的结束方法非常之妙，司马迁以及后世的文章、禅宗的教育法都是这样。你问最后结论如何？他叫你参话头，自己去参，自己去下结论。

民国初年“五四运动”的时候，提倡白话文，风行新文艺，于是有了新文艺理论。那时的新文艺理论家们引用了西方文艺的作品和理论，大肆攻讦章回小说、元曲等“大团圆”结局的章法。引申下去，攻讦古文，主张新文艺作品的结局要留下问题，让读者自己去思考，去求答案。现在我们研究《孟子》到这里，知道文章中的这种章法远在几千年前的孟子时代就已有了。其实，古文里很多大文章，也都是运用这种方法的。后来那些一股脑儿地引用西方文学的理论与作品作为立论根据的，不无“月亮是西方的圆”之嫌，以西方月亮圆而攻讦旧文学，则是不识自家的真面目了，可叹！

公孙丑章句下

天时　地利　人和
孟子的架子
受授礼则
牧民的职责
职责与言责
疑人不用　用人不疑
葬礼的演变
直道做人难
门阀　财阀　学阀
处世的艺术
五百年必有王者兴

《公孙丑》下章，是由养气、不动心的个人修养问题开始，发挥到外用的行道。把个人的学问修养行之于社会，贡献于国家、天下，真做到了，就是圣人。目前学术界流行起禅宗，到处都是禅，一般人看了几本书，好像就懂了禅，其实连禅的影子都还没有看到。就算真悟了道，也还是困难重重，正所谓“悟道容易，修道难；修道容易，行道难；行道容易，成道难；成道容易，弘道难”。这条圣贤的道路实在是不好走的。

孟子曰：“天时不如地利，地利不如人和。三里之城，七里之郭，环而攻之而不胜。夫环而攻之，必有得天时者矣。然而不胜者，是天时不如地利也。城非不高也，池非不深也，兵革非不坚利也，米粟非不多也，委而去之，是地利不如人和也。”

天时　地利　人和

孟子在此举出当时的时代事件以及他个人一生的事迹，给我们作参考。

孟子曰：“天时不如地利，地利不如人和。”这段话说得很妙，颇有《孙子兵法》的味道。我们前面曾经提过，中国文化里，人的地位很高，所谓“天、地、人”三才。上天、下地、人居其中，参赞天地之化育。所以中国人自称万物之灵，说起来实在蛮难为情的，这是人自吹自擂、自我陶醉的说法。不过在我想来，牛、猪、马、鱼这些万物会把我们人类看成“万物之魔”，是专门吃它们的坏蛋。但是在人的立场，的确不错，人是天地间最能干的，因此有所谓“天地人”三才的观点。而孟子在这里也提出“天时不如地利，地利不如人和”，不论国家天下事或者个人的一生命运、成败得失，都离不开天、地、人这三项要素。虽然三者中最重要的是人和，但是三者息息相关，缺一不可。如果说只有人和，没有天时，也不得地利，还是成不了事。

天时相当于命运，地利相当于环境，人和则相当于伙伴。孟子这句话言简而意赅，不仅可作为军事哲学的纲要，而且是政治哲学的中心；小而言之，也是个人成功哲学的原则。于是“天时不如地利，地利不如人和”这句话就成了中国历史上的名言。我们看美国总统大选，当年卡特当选新任总统，当然是得人和的缘故啰！但绝对是人和的因素吗？不然！还配合了天时。为什么还配合了天时呢？这些年来，美国不论在经济、外交、军事、社会、政治各方面的发展都非常令人失望，使得民情急于求变，希望能打出一片新的局面。因此卡特就在天时、人和的有利条件下脱颖而出。

说到这里，我们顺便提一下，家喻户晓的《三国演义》里那位拿鹅毛扇的诸葛亮，早在未出茅庐之前就断定了“三分天下”的局势，他所依据的就是“天时、地利、人和”这三要素，曹操得天时，孙权得地利，刘备得人和，三者势均力敌，因此造成了鼎足三分的局面。

至于孔子，三千弟子、七十二贤人，大得“人和”。春秋时各路诸侯都没有他这样威风，但是他不得“地利”，以致无立锥之地，“栖栖遑遑”如丧家之犬。同时他又不得“天时”，时代大势所趋，无法挽狂澜于既倒，于是他有“时哉！时哉！”的感慨，乃至最后的“获麟而叹”。年轻同学将来到社会上做事，不论献身任何一种行业，也不论立志于大事、小事，都必须注意这三个要素——天时、地利、人和。

孟子这句话是针对什么而说的呢？古人好像从未讨论过这个问题。

依我个人看法，孟子当时因对各国的政治、军事有所感触而发此言，好比是个时代评论。那么孟子这句话所依据的历史背景是什么呢？就是晋国。晋国在春秋末年时国势衰微，政权操纵在四个大夫手里，就是智伯、韩、赵、魏这四位。后来智伯有心篡位独揽政权，于是配合韩、魏，共同攻赵。赵襄子一路败逃，最后逃到仅剩的地盘——山西一个小城。三家兵力重重把他包围，赵襄子困守了三个月，城里老百姓饿得连老鼠都捉来吃，但是他始终不肯投降。于是智伯观察地理形势，准备利用黄河上游的水决堤灌城，把整个城淹没。正在这千钧一发之际，赵襄子反攻了。怎么反攻呢？原来他策划了间谍工作，反过来说动韩、魏联合起来倒戈，打垮了智伯。虽然这只是春秋时代一个诸侯国里的小小内战，但是在战史上乃至战术上，却是有声有色的一仗。好比元朝当年围攻襄阳六七年，也始终无法攻下。像这种孤城困守的战绩，是什么道理？什么力量？原因何在？值得研究，尤其在座研究心战、政战的朋友们，更要特别注意。

孟子由于这个历史经验的启发，发挥多方面的哲理。首先他说“天时不如地利，地利不如人和”，赵襄子凭着人和，在困守三个月的艰难下反攻胜利，打垮了敌人。其中涉及了思想战、文化战、经济战、心理战、政治战等，学问多了。

“三里之城”，这么一个小小的地方，“环而攻之而不胜”，重重地把人家包围起来，当然是有他的天时因素，但却没有获胜，这就是“天时不如地利”的缘故。

相反的，这一段也是说智伯这方面，当时为了攻击赵襄子新筑了一个堡垒，居高临下。“城”“池”都是古代的战争工事。“城”就是城墙，“池”则是在城墙周围挖的河沟，有如我们现在的战壕。“兵革非不坚利也”，武器战备又新颖，“米粟非不多也”，后勤补给非常充实。结果打了败仗，“委而去之”，输给了敌人，“是地利不如人和也”，就是“地利不如人和”的缘故。

这是我们就历史经验所做的解释。刚才我曾说过，孟子这些话是对各国有所感而发的，下面重点就来了。

> “故曰：域民不以封疆之界，固国不以山谿之险，威天下不以兵革之利；得道者多助，失道者寡助。寡助之至，亲戚畔之；多助之至，天下顺之。以天下之所顺，攻亲戚之所畔，故君子有不战，战必胜矣！”

人民的归顺依附，不能只靠国界来范围；国防的坚固，也不能只靠山川地理的优势；至于威望临于天下，当然也不能只凭借众多的兵力。不论是“域民”“固国”或是“威天下”，主要关键在于“得道者多助，失道者寡助”。什么叫“得道”呢？就是以“仁道”为中心，再配合文化、政治、教育、思想、经济等种种的德政。后面这些文字都很简单，我们就不再浪费时间来解释了。

孟子的架子

刚才我们已经提到，《公孙丑》上下两章是相连的。上章是学理的发挥，由内养到外用，下章则引用事例加以说明。下章一开始，孟子先引用大题目，举历史的故事为例，紧接着，孟子要现身说法了。

孟子将朝王，王使人来曰："寡人如就见者也，有寒疾，不可以风。朝将视朝，不识可使寡人得见乎？"对曰："不幸而有疾，不能造朝。"明日出吊于东郭氏。公孙丑曰："昔者辞以病，今日吊，或者不可乎？"曰："昔者疾，今日愈，如之何不吊？"

这段很有意思了，孟子不是在齐国嘛，在齐宣王那里，起码也是客位，是外国来的客卿。齐宣王对他虽然不像对苏秦那样的言听计从，但也蛮尊重他的。孟子有一天准备去看齐宣王，齐宣王也想见见他，和他谈谈，于是就派一个侍从参谋之类的使者来告诉孟子，"寡人如就见者也"，宣王照理说应该来看孟先生的，"不幸有疾"，可是这两天感冒了，不大舒服，怕风。"朝将视朝"，明天早晨早朝开会，会后"不识可使寡人得见乎"，不知道能不能请孟先生去看看他。

要是我们一听，那还不好！一定兴冲冲地说"一定的，一定的"，第二天不到六点钟就起床了，等待着这荣幸的一刻，那多好啊！齐王召见，多神气呀！但是孟子怎么讲呢？"不幸而有疾，不能造朝"——我们现在有时候还看到"造门拜访"这个用语，就是"登门拜访"的意思，比"登门拜访"要恭敬一点。我们可不要看到朋友信上说"造门拜访"，就以为他要重新造个门来拜访，那就滑稽了。孟子听到使者说宣王感冒了，不能出门，他就说对不起，我这两天也感冒了，我也不能出门，不能去看君王。你看！孟子架子好大，而且答复得很妙。

第二天孟子却故意到殡仪馆去亮相了，吊祭他一个姓东郭的朋友。嘿！明明没有感冒嘛！孟子的学生公孙丑看了，心里有点发毛，觉得不对劲，就说：老师啊！太过分了吧！昨天还跟宣王说有病不能出门，今天却又亲自出来送丧，给大家看见恐怕不大好吧？这样子对齐王太不礼貌，得罪齐王，也不大好吧？孟子怎么答复呢？“昔者疾，今日愈，如之何不吊”，这没有什么不对呀！昨天生病，今天好了嘛！朋友发丧，我应该到，这是礼貌，这有什么关系呢？

> 王使人问疾，医来。孟仲子对曰：“昔者有王命，有采薪之忧，不能造朝；今病小愈，趋造于朝；我不识能至否乎。”使数人要于路，曰：“请必无归，而造于朝。”

齐宣王听说孟子有病，就派人来慰问。其实齐宣王也知道他这叫作“政治病”“外交病”，既然你不能来，我就派个医生给你看病。孟子的堂兄弟孟仲子，据说是跟随孟子求学的，当时孟子已经出门了，他就出来替孟子应对说：“昔者有王命，有采薪之忧。”之前宣王有命令，请家兄（孟子）去见他，但是他生了病。我们老一辈的人写信，有时会用“不幸有采薪之忧”这种说法，意思就是生了病。这个典故就从《孟子》来，“采薪”就是“打柴”，“有采薪之忧”就是身体不舒服，不能去打柴劳动的意思。

说到这里，又联想起一事，好在年幼时在家读过这些书，否则后来出外做事会碰到些为难的地方。譬如在台北，有位朋友知道你最近没有钱用了，就寄了两千块给你，信上说“以为桂玉之费”，要是现在年轻同学一看，糟了，要跑到西门町去帮他买什么“桂玉”。

到底什么叫“桂玉之费”呢？这个典故出自唐朝，当时首都在长安，许多要考功名的住在长安，到处拜访，请前辈推荐，如果没有人推荐，就不能报名应考。像李白、杜甫、韩愈这些大诗人、大文豪，还没考取功名之前也都很可怜地到处拜托，请人推荐。白居易有一次就基于这个原因，去看一位老前辈顾况，见面之后，白居易报上名字，这位老前辈一听就说“长安居，大不易”，这里的生活费很高啊！白居易当然说“是啊！是啊！我有些作品，想请您指教”，就拿一些诗给顾况看，第一首诗就是：

离离原上草　一岁一枯荣
野火烧不尽　春风吹又生

这位顾先生一看就说，“好！你可以在长安住下来了”。当时长安的生活费相当高，“米珠薪桂”，米的价钱好比珍珠那么高，柴薪的价钱则好比肉桂那么贵。几千年来中国没有朝科学方面发展，于是专门在文字上玩花样，这个典故到后来就演变成“以为桂玉之费”，意思就是给你做生活费，补贴一点伙食费或房租的。我为什么要连带提到呢？因为你们要研究中国文化嘛！看到古书，碰到“采薪之忧”“桂玉之费”这类的词句，你们真要头大了！翻遍了参考资料也无法解疑，因此我只偶尔提到一些，使你们研究中国文化时方便一点。

这个“采薪之忧”，就是指生病的意思，“不能造朝”，不能去见宣王。“今病小愈”，现在病是稍微好了些，“趋造于朝”，已经上朝去啦！只是不知道是不是已经抵达了。于是赶快叫几个人在路上等着孟子，告诉他暂时先不要回家，直接上朝去，齐王等着见他。

> 不得已而之景丑氏宿焉。景子曰："内则父子，外则君臣，人之大伦也。父子主恩，君臣主敬，丑见王之敬子也，未见所以敬王也。"

我们这位孟老夫子真是聪明，也蛮别扭的。他要求宣王的是礼贤下士的精神，所以一看情形不妙，结果家也不回了，叫部车子转到朋友景丑氏家去过夜。他这位朋友晓得内情以后，就对孟子有一番责备，说得很好。在中国传统文化的礼制下，一个家庭中，父子间的关系是人伦的中心；出外任职，君臣之道就是维系社会的法纲。君臣、父子间不是阶级的划分，而是礼制的关系。"父子主恩"，父子间以恩情为联系；"君臣主敬"，君臣间则以诚敬为桥梁。这是我们文化中的伦理道德。景子说"丑见王之敬子也"，我看宣王对你是够恭敬了，一直低声下气地想办法和你见面，可是你老兄总是别扭，我看你对宣王实在不大恭敬。

对于景丑氏的责备，且看孟子如何答复。

> 曰："恶！是何言也！齐人无以仁义与王言者，岂以仁义为不美也？其心曰：'是何足与言仁义也'云尔，则不敬莫大乎是。我非尧舜之道，不敢以陈于王前，故齐人莫如我敬王也。"

孟子就说：嘿！你这是什么话！你们齐国人对君王的建议向来只陈述利害关系，而没有文化思想最高哲理的建议，难道你们齐国没有文化吗？难道你们不知道仁义之道这根本大计的重要吗？也许你们心中认为，对这些君王们谈仁义，那岂不是自讨没趣，他们怎么会听这一套！如果你们齐国人的心理是这样的话，"则不敬莫大乎是"，那你们齐国人对君王才是大大的不敬。而我一个外国人却不然！我虽不是尧舜，但是我一定建议宣王走万世圣王之路。“故齐人莫如我敬王也”，因此你们所有齐国人都不如我对齐王来得恭敬。我所提供的都是最宝贵的意见，而最宝贵的意见往往是看不见的，当时也都是不值钱的，无法收到立竿见影之效，看起来既迂腐又穷酸。孟子这套君臣之道的哲理，可说是讲得太高了。

景子曰：“否，非此之谓也。《礼》曰：‘父召，无诺，君命召，不俟驾。’固将朝也，闻王命而遂不果；宜与夫礼若不相似然。”

景子又说了，“否”，不对！我不是这个意思，你误会了我的话。你老兄一天到晚标榜中国文化，同时以文化道统为己任，如果以中国文化的古礼来说，“父召，无诺”，父亲叫你的时候，不可说“等一下就来”，一定要马上就去。国君召你的时候，“不俟驾”，也不能说今天司机请假没有车子，明天再去吧！走路也要走去的。而你本来是要与宣王相见的，但宣王找你几次，你却摆架子始终不去，“宜与夫礼若不相似然”，如果依礼法标准，好像不大对吧？他三番两次地请你，而你一直避不见面，我责备你的是这个“不敬”。

对这段话，且看这个以好辩出名的孟夫子如何辩下去。

曰：“岂谓是与！曾子曰：‘晋楚之富，不可及也。彼以其富，我以吾仁；彼以其爵，我以吾义，吾何慊乎哉！’夫岂不义而曾子言之？是或一道也。天下有达尊三：爵一，齿一，德一。朝廷莫如爵，乡党莫如齿，辅世长民莫如德，恶得有其一以慢其二哉？”

孟子说：你说的是这个道理啊！于是他引用曾子的话说明中国文化的精神，这里面有很高深的哲理。现在让我们先解释一下原文。当时国际间，晋楚两国的国势都称霸一时。孟子引用曾子的话——“晋楚之富，不可及也”，意思就是说，你要知道，国际间不只是你齐国有钱，晋、楚和你们齐国也不相上下的呢！我为什么不到晋国去，不到楚国去，而到你们齐国来呢？这一段话，孟子并没有讲出来，不过他引用曾子这句话，实际上就是这个意思。所以我们读书要注意了，如果只看表面的文字，很多重要的关键就无法掌握。如果话还没有说意思就表达了，就是所谓的大手笔的一种写法，我们读懂了书，也就会写文章了。

在座有些年轻朋友或许会不服气地说，书上明明没写，你怎么知道他是这个意思呢？我们继续看下文就知道了。“彼以其富，我以吾仁”，晋楚虽然强大、富有，但无法用财富打动我的心。我虽然是一个老百姓，但是我有我的仁道原则；他们有钱，但是我不为他们的钱所动，我的仁道是无价之宝，他们买不动我的。

“彼以其爵”，他们可以给我很高的官位，“我以吾义”，但是我处世以义理为原则，不义的爵位我不要，我有我的人格。他们的爵位和我的义理一比较，“吾何慊乎哉”，我心里没有遗憾，坦然得很！

我们看中国历史，很多人是这种作风，我有学问，可是不帮你做事，不肯助纣为虐；你有钱有势，要花钱买动我，我偏不干！你硬要买的话，那就把吃饭的家伙——脑袋给你，反正这个吃饭的家伙也不能代表我真正的精神，这是中国文化可贵的一面。

“夫岂不义，而曾子言之，是或一道也”，现在是孟子的话了，他说难道曾子讲这话也不合礼法吗？我认为他是有另外一番道理的。今天我到你们齐国来，是尊重你们的齐宣王，认为他了不起，我才来的。下面他引申理由，“天下有达尊三：爵一，齿一，德一”。诸位要注意啊！今天社会只讲现实，所谓现实就是财富，房屋住得漂亮，汽车坐得新，钞票多，就是如此而已。另一面的精神天地，则远非现实所能影响。所以孟子在此提出了“达尊三”，所谓“达”，就是共通的；所谓“尊”，就是最高尚的。天下一致认为最崇高可贵的共有三件事。

第一件是“爵”，爵位。英国虽然近年日渐没落，但是还保有这种制度。英国对香港实行殖民统治一百年以来，用的不是大英律法，绝大部分是皇清律，是沿用清朝的法律。当然，随着年代的变更，条文也有所变动，但原始蓝本是皇清律。所以香港乡下老百姓看到英国警察，还是叫“大人”，把警察局叫“差馆”；当年英国统治印度时，也是沿用印度当地的法律制度，这是英国政治手段的高明。近年世界各地有许多协会的组织，如红十字会、狮子会等；英国有个兄弟会，据我研究，英国的兄弟会是模仿我们的青帮、洪帮而来。在座有学社会学的朋友，不妨研究一下。这一段是题外的话。

说到英国还保有这种爵位的制度，譬如殖民统治香港时，年高德劭、对社会福利有贡献的人，香港政府就封他为“爵士”，这是英国的一种政治手段。“爵”和官位、职位的观念不一样，所谓官拜大将军，这是官职。但历代的爵官分类颇复杂，例如唐朝，就有“职事官”“勋官”“散官”“封爵”之分。“职事官”就是有实际职务的官，如“尚书令”“刺史”之类，好比今天的院长、市长。“勋官”是武官的官阶，好比今天的“将”“校”“尉”。“散官”是文官的官阶，称为“大夫”“郎”之类，好比今天文官的“委任”“荐任”“简任”“特任”。“封爵”则称为“王、公、侯、伯、子、男”，并有“食邑”。例如唐初名臣长孙无忌，他具有“太尉检校中书令同中书门下三品扬州大都督监修国史（以上共兼三个职事官）上柱国（勋官）赵国公（封爵）”这种身份。研究这方面，要参考“唐六典”“九通”之类有关官规、官制书籍才可以。从这点也可见中国文化是博大精深的，许多现代人事制度还不如古时健全。

第二件是“齿”，这个“齿”是代表年龄。中国文学中有“马齿徒增”的说法，年纪大了，自认为一事无成，于是对朋友感慨“马齿徒增”。我们看了会觉得很奇怪，原来要想知道马的年龄，就看它的牙齿，马的牙齿会随年龄而增。孟子这里说的“齿”，就代表人的年龄、辈分。

第三件则是“德”，德性、修养。“朝廷莫如爵”，在政府公家机构必须尊卑有序，以爵位、官职定先后。几年前，有位同学来对我说，另一位同学升官了，比他的阶级高。我说，好呀！不过你要注意，同学归同学，你们回到我这里来，吵架、打架都可以，但是在外面的公事场合中，你见到他要规规矩矩地敬礼，规规矩矩地跟在后面。这位同学就问，那不是太虚伪了吗？我就说这是国家的体制，友情是私交的事，回到家里再谈友情，在公事场合应该以公论公。年轻同学们将来到社会上做事，要特别注意这一点。尤其现在国际间交往愈来愈发达，同学们出国留学或经商的也很多，和外国人一接触，我们无形中就负有国民外交的使命，如何做到不卑不亢，这是一门学问。

“乡党莫如齿”，回到家乡那就不同了，年纪大、辈分高的最尊贵。尽管你在外面官做得大，回到自己家乡，见到不识字、种田的长辈照样要行礼，哪怕是遇到同辈的学长，而他还是个一品老百姓，你也要请他坐上座。像蒋公中正当年回到浙江家乡，看到老前辈照样行礼，这是中国古礼。又譬如我从前坐船出门念书，经过祖坟的时候，赶紧站起来，拱手作礼。如果骑马，经过祖坟或长辈门前就要下马步行，走过百步才能上马，这些都是中国古礼。有些同学听了就说，这个太形式化了。嘿！形式大有用处，因为习惯形式可提升为精神的实质。现在就是因为没有形式，所以精神也没了，形式和精神是两位一体的。

“辅世长民”，至于说辅助世道，善化民心，对社会国家的这种贡献，那就“莫如德”，没有比道德学问更尊贵的了。爵位再高，辈分再长，都无法与之相比。

后来中国两千多年的法治精神，就是依此而来。在座不知道有没有学法律的，现在法律进一步发展出法理学，就是研究法律的哲学基础。中国以往有汉律、唐律、宋律（刑统）、明律、清律等，各个朝代各有他们自订的法律。我常对法界朋友说我们现在讲法律很有意思，近百年来，我们也跟着那些高鼻子的洋毛子说世界有两大法系，一个是海洋法系（英美的），一个是大陆法系（欧洲大陆的）。而我们呢？几乎大部分是抄袭大陆法系，小部分抄海洋法系，而编成六法全书。为什么不看一看我们中国自己的法律系统呢？为什么不研究汉律、唐律呢？难道中国没有法律吗？中国以往不但有各个朝代不同的法律，而且法理也很高明。现在美国国家的大法官常引用判例，为什么引用判例呢？因为立国纪元太短，依据呆定的条文，有些案子找不出一条适当的条文来判决，于是就引用相似的判例为依据。

前几天有位同学从美国回来，提起一件离奇的谋杀案，传说与念咒子有关。有个会念咒子又懂一点修持方法的人住在山上，自己种田，收了一大堆嬉皮弟子，教他们打坐、念咒子。他教的正是六字大明咒“唵嘛呢叭咪吽”。有一天，一些电影明星在聚会，这些弟子拿着刀，嘴里念着“唵嘛呢叭咪吽”，像疯子一样闯进去杀人。结果被捕后，据传这些弟子说，当时念着咒子就好像吃了迷幻药一样，自己意识中觉得是受了师父的感召，奉行师父的命令，于是拿起刀来杀人。但是这位师父呢？始终在山上，没有下山。现在这位师父也被关了起来。你说他有罪没有罪？美国当局目前对这件案子很头大，还找不出恰当的判例来引用。

我们中国古时候呢？如果找不出法律条文定罪，那么就找法理，到哪里找法理呢？四书五经，这叫作“经义断狱”。照古圣先贤的思想，认为应该宽恕的，就赦免；如果在行为上没有触犯条文，但是就法理观点看有伤天害理的地方，照样判罪，这是中国文化中法律的特有精神。所以我建议学法律的同学要研究一下中国的法律，同时最好再配合佛教的戒律。佛教“律”部里面的东西，和中国《礼记》里面同样的丰富，其中有很多哲理、伦理的规范。我们应该在两大法系之外重新整理一套东方法系，这是有志于复兴中华文化的同学们所应注意的。现在我把这把钥匙交给你们了，希望你们好自为之。

孟子接着说，“恶得有其一，以慢其二哉”，现在宣王是很尊贵的，因为“朝廷莫如爵”，他是一国之君。但是我年纪比他大啊！我学问道德也不差啊！宣王有其爵，而我有其二——齿、德，从这个道理来说，他不是应该来看我吗？

孟子怎么跟人家争这个呢？简直像是饭没吃饱出去跟人家争豆渣吃，真是奇怪了！但是孟子有他的道理。现在让我们继续看下去：

“故将大有为之君，必有所不召之臣，欲有谋焉则就之。其尊德乐道，不如是，不足与有为也。”

注意啊！孟子这里说，一个君临天下的明主，一个真正了不起的领导人，“必有所不召之臣”。中国有句古话，“天子有布衣之友”，像汉光武和严子陵，又如朱元璋和田兴。这些平民老百姓作风特殊，不好功名，不肯做官，皇帝如果愿意和他们做朋友，那可以，但也绝不亲近；如果说要他们做官的话，那他们就会逃跑了。所以一个君主要想真正有所作为，就必须有风格超然的人给他提供远见。而这种人绝不像普通一般世俗之人，不能用爵位、官职加以规范的。即使贵为君王，但是在真理之前，必须要礼贤下士。这类清明的贤者，就是中国文化里所谓的“王者之师”，曾子也曾经说“用师者王，用友者霸”，就是这个道理。

我们不要以为当了帝王是很舒服的事，可以任性地为所欲为。我常说中国文化非常高明，你看，古时候皇帝自称“孤家”“寡人”，真是孤孤单单的。有时偶尔想起一个笑话，刚刚要笑，看到对方严肃地板着面孔，这个笑话也就不好笑了。想找个说知心话的人，没有；想跷跷腿，不好意思，这种味道真难受。所以古时候皇帝时常换上便衣，去找一些“布衣之友”说说笑笑，因为皇帝尽管是皇帝，但毕竟是人，总需有点人的生活情趣。当然那种境界不是我们普通人所可想象的。不过有个位子，中年以上朋友总尝过这个味道，那就是家长。一旦我们年纪大了，做起爸爸、妈妈，下面一群儿女，如果再加上一些孙子，那就成了爷爷、奶奶。这种高高在上的滋味，也不好受。如果老伴不在，连讲话的对象都没了，只好买张公共汽车票，找老朋友去。所以帝王们必须要有“布衣之友”，同时也要有“不召之臣”。

“欲有谋焉，则就之”，有重要决策时，必须请教这些朋友，因为这些人比较超然，比较客观。不但在道德学问方面对他有助益，另一方面也可以谈些知心话。“不如是，不足与有为也”，如果做不到这一步的话，那么好比“有限”公司，会前途“无亮”。

下面孟子列举历史经验：

“故汤之于伊尹，学焉而后臣之，故不劳而王。桓公之于管仲，学焉而后臣之，故不劳而霸。今天下地丑德齐，莫能相尚；无他，好臣其所教，而不好臣其所受教。”

伊尹是汤的宰相，但是私下商汤以伊尹为师，处处向他请教，“故不劳而王”，所以商汤成为千古明王，日理万机而悠然自得。“桓公之于管仲”，齐桓公当初也是向管仲求教，把政事交与管仲，而他自己只喝喝酒，也不管什么事。孟子不说王道，而是霸道，结果齐桓公“九合诸侯”，多威风！后来管仲一死，齐桓公也就垮了。

现在天下局势很糟糕，诸侯各国实力相差不多，作风也差不多，都喜欢用听话的干部，而不愿意用对自己有所建议的人才。这一点不仅是当时诸侯的通病，而且是人类的通病，到现在还是如此。年轻同学们将来如果做了公司老板，或者某个单位主管，对这层修养要特别注意。我们看下面，孟子为了强调这点又引述历史典故。

“汤之于伊尹、桓公之于管仲，则不敢召；管仲且犹不可召，而况不为管仲者乎。”

商汤当时对伊尹、齐桓公当时对管仲，都不敢随便下命令，随便使唤他们；“而况不为管仲者乎”，更何况还有比管仲高明一等的人哩！这个人是谁呢？下面不说了，我们替孟子说：“更何况我呢！”前面已说过，孟子是不屑于做管仲的。

在这一段，孟子说明自己的立身处世，同时代表了儒家的典型，就是一个知识分子“有所为，有所不为”的风格，绝对不是一般世俗功名富贵所能左右的。

受授礼则

上一节，孟子借着和齐宣王拉锯式的外交战，表明自己立身处世的原则，同时说明臣道和君道的精神。现在，又换了一幕。

> 陈臻问曰："前日于齐，王馈兼金一百而不受；于宋，馈七十镒而受；于薛，馈五十镒而受。前日之不受是，则今日之受非也；今日之受是，则前日之不受非也。夫子必居一于此矣。"

这一段文字是古文的叙述体，"馈"是赠送的意思。陈臻是孟子的弟子，他提出一个问题，他说：老师啊！前天，齐王（是齐宣王的儿子齐湣王）送老师兼金一百。什么是"兼金"呢？所谓兼金就是上等的金。据考证，春秋战国一直到汉朝期间，所谓的"金"并不是我们现在所谓的黄金，而是一种高级的铜。所以这里的"兼金"就是指质地纯美而贵重的上等铜，在当时是非常值钱的货币。齐王送孟子一百镒（一镒相当于二十两），结果孟子不肯接受，一毛都不要，把这个大红包退回去了。"于宋，馈七十镒而受"，但是后来路过宋国时，宋国国君送了七十镒，没有齐王那么多，结果孟子接受了。"于薛，馈五十镒而受"，后来在薛国时，薛国国君送了五十镒，孟子也接受了。

这个学生陈臻觉得很奇怪，所以就提出来问，他并不是觉得孟子这位老师贪财，而是不懂为什么多的不接受，少的反倒接受了。这到底是什么道理呢？陈臻说，"前日之不受是"，前几天不肯接受齐王的赠送，如果是对的话，"则今日之受非也"，那么现在接受宋、薛两国的赠送就不对了。“今日之受是”，如果说现在的接受是对的，“则前日之不受非也”，那么从前的不接受就不对了。“夫子必居一于此矣”，所以不管怎么说，老师总有一种处理方式是不对的。

这个学生和老师针锋相对起来。在《论语》中，我们也常看到孔子的学生对孔子紧迫盯人地追问。由此可以看出古时候教育风气的自由、亲切。现在呢？教育普及了，师道尊严没落了，学生们也不提问题了。我在大学上课时，经常请学生们提问题，但是他们总是没问题，为什么呢？事后和他们闲谈才知道，有些老师被问得不高兴，就扣学生的分数。这是站在学生的立场而言。反过来，站在老师的立场来看，学生们的求学热诚实在不够，书本怎么写他们就怎么背，只要能应付考试，就天下无事了。现在让我们看看孟子怎么应付这个学生的问题。

孟子曰：“皆是也。当在宋也，予将有远行，行者必以赆，辞曰‘馈赆’，予何为不受？当在薛也，予有戒心，辞曰‘闻戒，故为兵馈之’，予何为不受？若于齐，则未有处也。无处而馈之，是货之也，焉有君子而可以货取乎？”

孟子回答说：我这两种处理方式都没有错。像我们小时候出门念书，都瞒着亲戚朋友，不让他们知道。因为照中国规矩，出门念书的话，乡里亲朋都要送礼的。有些红包就写着“以壮行色”，如果给年轻人的红包，有时就写“鹏程万里”，或者“前途无量”，等等。这种社会风气就好比现代的奖学金、助学金之类，虽然没有像现在一样制度化，但是在人情的气氛下，不但使受者倍感亲切，同时不会像现在的奖助学金常发送给一些有钱人家的子弟，失去了奖助学金的意义。在过去，一个贫穷家的子弟要出门念书，有钱的人家如果不送一些礼金的话，出门念书的人家虽然不会责怪，但是乡里朋友们都会批评，觉得他太不够意思，一点人情味都没有。这就是“礼”，不是制度，更不是利害关系，也不是希望他将来读好书，做了官，来回报这些送钱的人家。

但是像我们出门念书的，接受了亲友的礼赠，也是一种心理负担，因为礼尚往来，我们回来还要还礼，很麻烦的。譬如我在杭州念书，回家时箱子行李要装一大堆杭州的土产，诸如杭州的扇子啦、剪刀啦，或者女人梳头用的篦子啦。买起来费事，带起来也辛苦。这些中国古礼和现代的红白炸弹不同，当时民风非常淳厚，不像现在，常常有人轰炸得太过分了。

现在我们回到《孟子》原文：“辞曰‘馈赆’，予何为不受？”这个“辞”不是推辞的辞，而是指措辞的辞。宋国送孟子的帖子上写着“馈赆”两个字，等于说，要出门了，送一点路费，送一张飞机票，这是中国古礼，人家依礼给我，我当然要接受啊！

当我到了薛地（当时齐国边境的重禁，孟尝君父子相袭的封地），民风强悍，良莠不齐，“予有戒心”。他们说“闻戒，故为兵馈之”，薛国的当局尊重我是客卿，身居异地，必须加强保护自身的安全设备，诚意送钱给我，这是薛国的一番诚意，我当然接受馈赠。

你刚才问我在齐国为什么不接受齐滑王的馈赠，“则未有处也”，这要注意了，在齐宣王时，孟子起码是一个顾问，还有些顾问费、办事费。现在到了宣王的儿子滑王，他虽然还说不上是个昏君，但也是半个昏君，历史上有名的燕齐之战，后来乐毅率领燕兵反攻，连下齐国七十二城，就是齐滑王时候的事。孟子在这里说“则未有处也”，我当时在那里什么名义都没有，只是一个做客的身份，没有任何立场，我以什么名义接受人家的馈赠呢？“无处而馈之”，没有立场、没有名义，他随便送钱给我，“是货之也”，这个钱就有问题了，好像要收买我一样，大丈夫不受人收买，“焉有君子而可以货取乎”，我不吃这一套，我不接受。所以我说我都对，不接受也对，接受也对。

孟子这段现身说法，就是告诉我们，一个读书人在为人处世之间要有所为，有所不为。合理的、合宜的，则当仁不让；不合理的、不应该的，则丝毫不苟取。孟子这番说辞是正统的儒家风格。如果我们翻开《庄子》看看，在《杂篇》《天下篇》《让王篇》里，也提到很多这类的问题，所不同的，庄子的笔调是嬉笑怒骂，言辞幽默而锋利。在此我们无法列举书中的例子，否则就喧宾夺主了，同时诸位手中也没有《庄子》这部书，所以我们只简单提一下《庄子·让王篇》里面的一小段：“虽富贵，不以养伤身；虽贫贱，不以利累形。”富贵的人，自己太求安逸，保养得太周到了，反而多病，很多人的病就是养尊处优来的富贵病。相反的，一个人贫穷时，要有人穷志不穷的气概，不可以为了利害而动摇自己的品格。《庄子》里面诸如此类的事理很多很多。

又譬如我讲解《论语》时，提到《庄子》里所说的屠羊说，他姓屠羊，名说（音悦）。古人的姓氏，不像我们后代的赵钱孙李等一代传一代。上古时候，姓牛啊、姓马啊通常都是就当时环境而定的，譬如养牛的大户就姓牛，养羊的大户就姓羊。不仅中国，像美国的皮鞋李、日本的犬养毅，前者的祖先是做皮鞋的，后者的祖先是养狗的，也都是这个情形。屠羊说就是以杀羊为职业，专门卖羊肉。

当年伍子胥帮助吴国打垮楚昭王，眼看楚国就要亡国了，屠羊说不肯投降，追随昭王逃亡。后来楚昭王复国了，想起屠羊说，于是派左右高级干部送奖金给屠羊说，屠羊说不肯接受，他说：楚王一逃，我的羊肉生意就不能做了。楚王是为楚国而逃，留有用之身，以便反攻复国；而我是为了羊肉生意而逃，没有一点功劳，怎么可以接受奖赏？大臣们报告楚王以后，楚王更觉得屠羊说了不起，于是再派人去，而屠羊说又说了一番道理，还是不肯接受。楚王因此就越觉得他了不起，派大臣再去，同时要封他官爵，请他为国家做事。这么一来，屠羊说就更不肯接受了，又说出一番理由。总而言之，他是说：楚王为国而逃，他逃他的，我逃我的，巧合的是两个人逃到一路上。当时国家有难，我不能出力，是我做国民的耻辱，如今能够复国，是楚国的福荫，以及楚王的光荣，而我只是享受到恩泽的一个老百姓。我怎么能无功受禄呢？笑话！笑话！

一个小小的生意人，竟然有如此清风亮节，而对权位毫不动心，而且极尽谦虚之德。所以后来楚王特地召见他，他和楚王面对面辩论，说得楚王哑口无言，最后只好放他回去，他还是去卖他的羊肉。

现在话说曾国藩，当年他平定太平天国立下大功以后，同时也遭致很多毁谤，甚至有人著书立说，对他弟兄两人批评得很刻薄，很难听。曾国藩感慨很深，同时怕弟弟曾国荃（排行第九，又称九帅）受不了要发脾气，杀人问罪，于是写一首诗给他：

左列钟铭右谤书　人间随处有乘除
低头一拜屠羊说　万事浮云过太虚

他们弟兄两人平定太平天国后大得皇帝宠信，但却也因此树大招风，所以说“人间随处有乘除”，天下事就是如此，在一方面有所得，则另方面就有所失。因此他奉劝弟弟翻开《庄子》，看看屠羊说的风格，效法他的谦德。人世间的功名利禄、毁谤责难，都如空中浮云，都会过去的，也都不是真实的。

牧民的职责

现在我们再回转来看《孟子》。送礼的一幕收场后，又是另外一段故事开始了。

> 孟子之平陆，谓其大夫曰："子之持戟之士，一日而三失伍，则去之否乎？"曰："不待三。"

这个故事没有完，我们暂且到此停住，先解释一下这前半段的文字。

"孟子之平陆"这个"之"就是"到"。古代的"之乎者也"不一定完全是虚字，譬如现代的"的呢吗呀"也一样，如目"的"、中"的"的"的"（目标）就不是虚字了。孟子有一次到平陆这个地方——齐国边疆的一个小县。他对这个地方的主管邑宰说，你那些拿枪拿刀、负责守卫的部下，"一日而三失伍"，一天当中差不多要三次离开岗位，常常看不到人，不忠于职守。假如有这样的事，你是不是要开革掉他？"曰：不待三"，这位主管说，如果有这种情形的话，不等三次失职，只要有一次出了毛病，后果就不堪设想，马上就要开除的。

孟子实在很会说话，套出了平陆大夫的"不待三"之后，马上就反过来说：

> "然则子之失伍也，亦多矣。凶年饥岁，子之民，老羸转于沟壑，壮者散而之四方者，几千人矣。"曰："此非距

心之所得为也。”

照你这么说的话，你老兄犯的错就多了，“子之失伍也，亦多矣”，你也经常失职，以至于“凶年饥岁”，每逢战乱或者收成不好的荒年，老百姓没有饭吃，于是“老羸转于沟壑”，年纪大的老人们就饿死在路边。现在年轻人们看了这一段话，会有点不可思议的感觉，我们当年的确亲眼看到过这种惨状。抗战刚开始时，四川由于军阀割据，作威作福，民国初年就把后面七十几年的税征收了，弄得民穷财尽，虽然素有“天府之国”的美称，但是冬天一到，经常有人冻死在路边。那个时候，四川人的头上都包一块白布，脚呢？什么也不穿，寒从脚底生，所以也容易冻死。

说到这里，又牵涉到一个民俗学上的问题。印度人还有西亚的伊斯兰教人们也都喜欢头上包一块白布，人类为什么会有这种共通的习俗呢？过去在大陆，女人头上喜欢包一块布，这倒是有道理的，因为在医理上说，女人过了三十岁，头部容易出毛病，需要保暖。现在女人们出外做事，必须打扮，不好意思再包那么一块布，在办公室里也不好戴顶帽子，风气使然，没有办法，很多女人就只好让自己头痛了。其实倒是有一法可以补救的，在晚上睡觉时，最好把头部包起来，平常多注意保养，防患于未然，总是好的。

我们当年初到四川，看到路边冻死的人，不禁就想起孟子这句“老羸转于沟壑”，实在是非常悲惨的一幕。“壮者散而之四方者，几千人矣”，年轻的为求活命，也都逃到外地，另谋发展。孟子的意思是告诉平陆的大夫，你看看，你的地方行政搞成这个样子。古代人口稀少，老的死，少的逃，去掉了几千人，平陆这个地方几乎就没有什么人了，所剩下的就只是些老弱妇孺。

孟子多会说话！先举出一个士兵不守岗位的例子，问这位大夫应该如何处分。这位大夫就说，不等三次就要把他开除掉。孟子抓住机会，就指责这位大夫的失职，言下之意，大有问他是不是该杀头的味道。当然，孟子说话很有分寸，同时也很巧妙，他只点到为止，数说了一些行政上的失职以后，这位大夫怎么办呢？他一定是脸涨得通红地说："此非距心之所得为也。""距心"是这位大夫的名字。他说，唉！孟先生，这件事实在是很抱歉，我虽然有心把地方治好，但是许多地方限于法令，乃至人事上的陋规，相沿已久，以至于弄到这个地步，我一人的力量实在有限，没有办法啊！孟子听了以后怎么说呢？

曰："今有受人之牛羊，而为之牧之者，则必为之求牧与刍矣。求牧与刍而不得，则反诸其人乎？抑亦立而视其死与？"曰："此则距心之罪也。"

孟子说，哪有这个道理！譬如有个老板出钱请人负责照料牛羊，说好了每个月给这个人多少经费。"则必为之求牧与刍矣"，当然，这个人就必须尽心职守，想办法为牛羊找到一块牧地，让牛羊去吃草。如果找不到好的牧地，没有办法让牛羊吃饱，"则反诸其人乎"，是不是应该想想办法、研究一下，怎么样才能达成任务？"抑亦立而视其死与"，难道就站在一边，眼看着这些牛羊饿死吗？

孟子就藉这个例子责备他，身为一国的地方官，负有牧民之责，就必须尽心职守，设法使百姓吃得饱穿得暖，结果却使百姓们落得这样可怜的下场，怎么能推卸得了责任呢？如果说无能为力，没有办法达成任务，就应该辞职才对啊！

天下无处不能吃饭，虽然说吃饭难，其实真肯为吃饭而卖力的话，就不难了。譬如现在这里许多大学生，各个都是公子哥儿、千金小姐似的，四体不勤，五谷不分；但是到了国外，入境随俗，把围裙一穿，去端盘子洗碗了。甚至许多拿了博士学位的，找不到工作，也只好端盘子、洗碗碟。结果克难成家，后来也做了老板。如果拿这种精神在自己国内发展，照样成功。并不是美国好生存，就业机会多，实在是只要肯干、肯努力，吃饭是件很容易的事。但是大家为什么感叹吃饭难呢？原因是“好逸恶劳”的劣根性，谁不喜欢跷起二郎腿坐在那里指挥别人做事呢？

孟子责备孔距心既不能有所作为，却又恋栈，不肯离开官职；既然不肯离开嘛，总应该有所建树才对。孔距心被骂到这里，只好承认“此则距心之罪也”，老师说得对，我是错了，我犯了失职的罪过。

过了几天，孟子在边疆考察完了，回到齐国：

他日见于王曰：“王之为都者，臣知五人焉。知其罪者，惟孔距心。”为王诵之。王曰：“此则寡人之罪也。”

他见到齐王，就对他说，“王之为都者”，派去做地方首长的，我看过了五位，“知其罪者，惟孔距心”，其中只有孔距心这个人他能知道自己的过错，肯认错，这种修养非常难得。后来这位孔先生大概要高升了，因为孟子“为王诵之”，又加油添醋地特别加以赞叹。齐王就顺便问起他们碰面的经过、交谈的内容等，于是孟子又趁机打丫头、骂小姐地刮了齐王的胡子，数说了齐王一番。“王曰：此则寡人之罪也”，齐王修养还不错，同时也很高明，赶紧说这都是我的错。当然在下位的人有错时，居上位的人也推卸不了责任。

我们看孟子，当时以一个老百姓的身份奔走于诸侯之间，一心一意要救世救人。反过来看看很多学佛的朋友们，时常把“度众生”挂在嘴上，结果连自己都度不了，“名”来了开心，“利”来了开心。求不到名利呢？那就吃不到葡萄说葡萄酸，竟然还说什么“弘法利生”，不是“红发（弘法谐音）”，是白发——头发都白了。像孟子这样，才是真正在“弘法利生”，处处教化，虽然没有当权施政，但是却随时随地注意民生疾苦，提出建议。如果当时诸侯乃至其他当政者能够稍稍改正的话，无形中会有多少人受惠啊！能挽救多少生命啊！

这一段又表达了一个知识分子士大夫立身处世的方针。引申而言，国家兴亡，匹夫有责，任何一个人都应该为社会国家、为人类尽自己的力量。至于谈话的艺术，那又是一门学问了，说得不好的话，说不定就把吃饭的家伙给送掉了。像孟子的说话技巧，就是值得我们效法的。目前正逢山河变色，又是一幕“老羸转于沟壑，壮者散而之四方”的历史悲剧，而年轻朋友们从小过着安逸的生活，无法体会其中的凄惨。但是我还是期望你们能本着“自立立人”的精神，担负起文化道统的重任。

职责与言责

孟子谓蚳鼃曰：“子之辞灵丘而请士师，似也，为其可以言也。今既数月矣，未可以言与？”

蚳鼃是齐国的一个官员，本来在灵丘这个地方做官，后来辞职不干“而请士师”，希望能做“士师”，在齐王旁边，能对刑罚方面的事有所建议。孟子说“似也”，你这番用心是很可取的，“为其可以言也”，希望能常和齐王见面，对他有所建议，使他能有好的政绩。“今既数月矣，未可以言与”，现在你就职以后已经有几个月了，怎么没听说你发表过言论，使齐王有所改正呢？“谏”是下位对上位进劝的话。这位先生听了孟子激发的话，于是向齐王提出了建议。

蚳鼃谏于王而不用，致为臣而去。齐人曰：“所以为蚳鼃则善矣，所以自为则吾不知也。”

蚳鼃向齐王提出应该改进的办法，但是齐王没有采用，于是“致为臣而去”，这个“致”就是退还的意思，“致为臣”也就是“致仕”的意思，辞职不干了。这位仁兄实在了不起，被孟子一说，马上从善如流，对齐王提出谏言，想对国家有所贡献，无奈齐王不肯采纳，蚳鼃无法达到自己的理想，只好挂冠而去。齐国人知道了这件事，就说孟夫子这位先生教别人倒是教得蛮好的，但是他自己到底做得怎么样就不知道了。

公都子以告。曰：“吾闻之也，有官守者，不得其职则去；有言责者，不得其言则去。我无官守，我无言责也。则吾进退，岂不绰绰然有余裕哉？”

公都子是孟子的学生，在外面听到这些消息，就回来向老师报告。孟子听了，并不介意，同时说“吾闻之也，有官守者，不得其职则去”，依据中国文化的精神，既然身居官职，不能尽心公务、不能达成任务的话，就应该引咎辞职。因为做官的目的就是贡献自己的力量，为社会国家谋福利，既然达不到目的，再占着这个官位就失去了意义，说句难听的话，何必占着茅坑不拉屎呢！

“有言责者，不得其言则去”，在中国历史上，“言责”是一股无形的力量，相当于现代的监察制度。孙中山先生也深知这种精神的可贵，因此在著作三民主义时，以西方的三权分立为主干，再加入中国原有的考试、监察两种制度，特地编成了五权宪法。

在古代，监察御史专门负责评论，即使对皇帝也不例外，看到皇帝有不对的地方就奏上一本。奏文里面都引经据典，加上一番大道理。但是有时候词句实在太严厉了，皇帝看了真不是味道。所以在中国古代，皇帝实在不是好当的，表面上看起来是专制政体、君主独裁，其实我们中国自古以来就有这种传统的法治精神。为官者经常抱着要对历史、对百姓负责的存心。所以我常说，要懂中国历史，不能只看正面的历史，还必须看反面的历史，就是历代大臣的奏议。皇帝尽管不好，不愿意采纳忠言，但是做臣子的宁愿以身家性命做赌注，冒着生命的危险也要进谏忠言。所以在历史上，有些大臣为了第二天要上奏章，经常连夜不睡，有的甚至棺材都准备好了。他们同时留下一份奏章的副本，因为万一第二天上朝触怒了皇帝，会被杀头；或者是自己甘愿以死尽忠，不惜生命的代价，要对历史文化负责。

像清朝的朝珠就有这种特殊的作用。据说朝珠、马蹄袖都是洪承畴想出的办法，让汉人在受辱之下不要做满人的官；无奈大势所趋，宦场诱人，汉家英才终究还是入其彀中。在清朝，官员们见皇帝时，必须把马蹄袖一甩，同时弯下腰，让朝珠碰到地，象征为皇帝效犬马之忠。大官们的朝珠里有一颗是红色的，据说放有鹤顶红，毒性很大的，舌头一舔就死。好比二次大战时，希特勒率领的纳粹党就在假牙里面装了药，一看情势不对，就拿下牙齿，服毒而死。大臣们“心存君国”，到必要时就以死报效，积极地说，是尽忠报国；消极地说，就是怕死后在历史上留下不直言进谏的污名。现在市面上有一本唐朝的《陆宣公奏议》，大家不妨买来参考参考。

说到这里，顺便插一段题外话。从前当大官实在是不舒服的，每天早上两点钟就得早朝，连觉都睡不好。所以唐朝有两句诗，以一个年轻的官太太身份为此感慨：“无端嫁得金龟婿，辜负香衾事早朝。”做皇帝的也是天不亮就必须起床，通常都是老太监站在门外敲钟，第一次敲过，皇帝未起床，就再敲第二次，再不起床，老太监就不客气了，手上拿条热毛巾，往皇帝脸上一蒙，顺手就把皇帝给拉了起来。皇帝睡眼惺忪的，换好衣服，就连拖带拉地被架上了朝。国家大事讨论两三个钟头以后，早朝结束，皇帝回去吃了早点，又要打瞌睡了，于是再睡上一觉。这就是“回笼觉”这个典故的由来。

同时我们再看看现在的公务员们，以及整个社会的风气，不要说死后不怕人骂，活着的时候也尽管人骂，不在乎，只要他官做得大，钱赚得多，管他别人怎么说！但是国家兴亡，匹夫有责，美国肯尼迪总统有句名言：“不要问国家能为你做什么，而要问你能为国家做什么。”凡是中国人，是不是也都应该自己反省反省呢？

所以孟子说，既然不能报效国家，不能为社会尽力，那么就不应该留在职位上吃闲饭。而我现在呢？是自由之身，在齐国“我无官守，我无言责”，既不是公务员，又不是监察委员，只不过是个外地人，拿个居留权，住在这里。“则吾进退，岂不绰绰然有余裕哉”，所以进也好，退也好，我有充分的自由。孟子这番话说得有道理，那么他到底是进呢，还是退呢？他到底做了些什么呢？这就是歇后语了。孟子在这句话里没有说明，但是我们从《梁惠王》篇一直看下来，他的确是时时以国家天下为念，并不只是发言刺激别人，让别人丢官。他只是苦口婆心地处处说教，但是毕竟不在其位，很多话也就不方便说了。孟子所表露的，就是儒家士大夫“学而优则仕”的精神。

中国文化另一面的道家人物则稍有不同，他们大都采取“进退裕如”的态度。“进退裕如”这句成语，就是从《孟子》这一段话而来。道家人士往往只负言责，而不肯居官。譬如南北朝时期有名的人物陶弘景，据说他后来成仙。梁武帝经常请教他国家大事，封了他高官厚爵，但是他却挂冠而去，隐居到山里，修道去了。不过，梁武帝每逢国家大事决策的时候，还是派人到山里向他请教，所以后世就称他为山中宰相。像这一类就是道家的风格，端上一大桌“满汉全席”，只要别人吃得高兴就好，他退在一边欣赏，还是吃他的青菜豆腐。

这些儒、道的风范都已成为过去了，将来会怎么演变呢？但愿新的生机、新的局面能出现在不久的将来。

疑人不用　用人不疑

下面，《孟子》的原文又换一个话题了，如果用白话文加以改编，《公孙丑》下章可热闹了。用白话文改写古代的历史当然是件好事，但是也不要太离谱。例如有人说伍子胥和西施谈恋爱，就实在是冤枉了古人；又例如说韩昌黎是得风流病（梅毒）死的，也实在是太过分了。

我们以文人或者学者的身份来说，一旦下笔，就必须对文字负责，说清楚点，就是必须对历史文化负责。写上一篇好文章、有价值的文章，流传五百年的话，就好比你活了五百年的寿命，这五百年当中有多少人会看这篇文章？有多少人会受它的影响？所以古人写文章都不轻易下笔的，一旦下笔，一定非常谨慎，因为稍有不慎的话，后果实在不堪设想。

孟子为卿于齐，出吊于滕，王使盖大夫王驩为辅行。王驩朝暮见，反齐滕之路，未尝与之言行事也。

“卿”是古时候的官阶，相当于大夫之职。“孟子为卿于齐，出吊于滕”，齐滑王派孟子代表齐国到当时一个小国滕国去吊丧。大使就代表了一个国家，如果是元首特别信任的大使，就再加两个字，所谓“全权大使”。譬如大使到国外签约，虽然说他出使时就具有了代表权，但是还是要打电报回来请示。如果是全权大使的话，就可以随机制宜，不必再打电报请示了。孟子这次出使，到底是普通大使还是全权大使，我们不得而知，当然应该是取得了齐王的信任。

但是齐王很奇怪的，“王使盖大夫王驩为辅行”，又派了一位亲信的大夫和孟子同行，做副大使，帮忙孟子。这正、副两位大使一路到滕国去，他们两人就天天相处在一起。“反齐滕之路，未尝与之言行事也”，孟子也很奇怪，平常最爱说教的他，这次代表齐王出使滕国，在来回的路上，对此行的任务一句话都不说。一路上大概只有闲话，譬如天气冷了、天气热了等，但是正题却不谈。譬如应该如何安排某某部长的拜见，应该如何做些国民外交，等等，一概不提。于是，那位喜欢发问的公孙丑又问了。

公孙丑曰：“齐卿之位，不为小矣；齐滕之路，不为近矣。反之而未尝与言行事，何也？”曰：“夫既或治之，予何言哉。”

公孙丑问：齐王派老师以卿大夫的身份出使，这个特任官的职位实在是不小了。由齐国到滕国来回的路程也相当远，“反之而未尝与言行事，何也”，但是老师这一路上却绝口不提国家外交与国内行政的事，这是什么道理？

“曰：夫既或治之，予何言哉”，孟子说，反正有那位先生在，他已经全盘筹划好了，还要我多管什么闲事！原来齐王对孟子没有充分的信任，也没有重用他，只不过为了国际的声望，所以请他挂个大使的名义，再派一个亲信跟着他，也等于是监视他。而孟子肚里有数，干脆摆摆样子就算了。这应该说是孟子的错呢，还是齐王的错呢？还是他们都没有错呢？

由此使我们联想到从唐末开始的一种制度，到了明朝更为普遍，那就是“监军”。监军职权很高，通常都由太监担任，因为皇帝不放心重兵在外，于是派太监去监军，结果部队里的总指挥——元帅就无法直接下达命令。因此之故，明朝的军事渐渐一败涂地了，因为大家都抱着“既或治之，予何言哉”的心理，所谓“疑人不用，用人不疑”，既然不相信我，派个人来监督我，那我又何苦卖命呢？由《孟子》这段事，我们读懂了后世的历史；同时我们也由后世的历史，读懂了《孟子》这段事。

所以这些书实在不容易读懂，我们过去考功名，四书五经是必读之书，年纪轻轻的怎么读得懂？常常越读越糊涂，冤枉了圣贤。那么，你说年纪大了，就读懂了吗？也不见得。如果对中国文化的认识不够，人生经验不够，没有做过官，没有带过兵，没有这些人生经验的话，还是不懂；必须要在各行各业打过滚，然后再读这段书，那就要哑然失笑了。到那个时候你会把书一放，“予何言哉”地感叹一番了。此所以圣贤之学的难懂。

这一段一段的故事，都含有人生处世的哲理，我们不要读一段就只懂这一段，必须要运用智慧，触类旁通。书本是古人的经验，目的在启发我们后人的立身处世。年轻同学将来有你们的天下，当然环境、处境有别于古人，但是“人情世故”的大原则却是不变的。如何活用古人的智慧开创你们未来的人生，那就看你们自己了。

下面这一段和丧事有关。

葬礼的演变

> 孟子自齐葬于鲁，反于齐，止于嬴，充虞请曰："前日不知虞之不肖，使虞敦匠事，严，虞不敢请，今愿窃有请也，木若以美然。"

"孟母三迁"是历史上有名的故事，现在孟子的这位伟大的母亲死了，"孟子自齐葬于鲁"，孟子从齐国回到鲁国奔丧。在中国古礼，奔丧是件很隆重的事，一直到六十年前，这种风气还存在着。我们看历史，宋、元、明、清好几位官员因为没有回家奔丧，就被专门骂人的言官提出弹劾，结果皇帝下令"永不起用"，永远不封官职了。这就是中国文化"以孝治天下"的精神。但是如果身为军人在前方打仗怎么办呢？同样地要回家奔丧。除非是特殊情况，这位将军离不开前方，于是由皇帝特别颁布"移孝作忠"的命令，戴孝上阵。

孟子料理完丧事后，"反于齐"，又从鲁国回到齐国，"止于嬴"，半路上走到嬴这个地方的时候，"充虞请曰"，充虞是孟子的学生，他利用休息的时候问孟子，"前日不知虞之不肖"，前几天跟随老师回鲁国，为太师母料理丧事。注意！老师的母亲称太师母，不是师婆，现在很多年轻学生带了孩子来，喊我师公，实在是没有这种称呼法，照《礼记》应该称"太老师"。师公、师婆这些头衔，大概只有在扮演张天师画符念咒时才出场的。

充虞说，承蒙老师看得起我，"使虞敦匠事"，让我负责棺木以及坟地的建造工程，当时“不敢请”，我有问题也不敢问，只是闷着头照老师的意思做。现在看老师心情比较平和一点，不再那么伤心，所以有个问题想请老师指教。什么问题呢？“木若以美然”，棺木似乎太贵了，太浪费了。

过去对丧礼非常重视，一切费用也都很可观，所以人实在是死不起。讲究的棺材往往要好几十万。从前最好的棺木是西康建昌（现在的西昌）的建材。我有位朋友，是个孝子，现在已经过世了。当年他在大陆时，不论到哪里都带着他老太爷的棺木同行，后来到台湾，他老太爷的棺木也运来台湾。这些运费算算，实在相当可观。

孟子对学生的疑问怎么回答呢？

> 曰：“古者棺椁无度。中古棺七寸，椁称之。自天子达于庶人；非直为观美也，然后尽于人心。不得，不可以为悦；无财，不可以为悦；得之为有财，古之人皆用之，吾何为独不然？且比化者，无使土亲肤，于人心独无恔乎？吾闻之也：君子不以天下俭其亲。”

孟子从古代历史文化的演变说起。在上古时候没有葬礼，人死了往旷野里一埋就好了。所以孔子在《易经》上就说过“不封不树”，没有坟地的界限就是“不封”，也不树立墓碑作为标记就是“不树”。后来慢慢发展演变，就有了“土葬”的葬仪制度。

说起葬仪，传说古代的西藏人很妙的，父母死后，儿女把父母抬到山上进行天葬，让秃鹰来吃，吃得越干净，表示儿女越孝顺，父母就可以升天。所以我们在西藏常看到一些鹰鹫。在西藏，买了肉必须盖在碗里端回家，如果像我们这样提在手上，被鹰鹫一口就给叼走了。至于印度，则流行火葬。另外北欧还有些地方流行水葬。而伊斯兰教葬礼也很简朴，他们在人死之后洗干净用白布包起来，装进棺材，不看风水，抬到挖好的坟坑，然后把棺材下层一抽（是活动的），死人就落坑土葬，他们再把棺材抬回家，下次再用。到底哪一种葬法才对？怎么样才合乎孝道？实在很难说。

葬仪发展到孔孟时代，已经很具规模了。因此墨子就提出反对，他主张薄葬，当然也有他的道理。至于道家老庄方面呢？他们不管什么厚葬、薄葬的，反正他们看到为死人哭就觉得好笑，他们认为"生死一条"，生好比白天，死好比晚上，是请假去另外一个地方休息休息，有什么好哭的？总之，中国文化里，诸子百家，花样繁多，如果只读了四书五经就大言孔孟代表了中国文化，那就实在太幼稚了。中国文化包罗万象，孔孟思想虽然伟大，却只是我们文化中的一环而已。

丧礼到了现在，集古今中外之大成，前面古乐、洋乐，再加上军乐队开道；后面则道士、和尚等，来个公开展览。等而下之的，父母一断气，就往殡仪馆一送，早点挂号，生怕去晚没有空位，就必须在家里多搁几天。到了殡仪馆，拿冰块镇住，然后排队，轮到了，就一把火烧掉，我们看了真要捏把冷汗。我在《论语别裁》里也提到过，照中国古礼，人死了在四十八小时内不能随便搬动的。这牵涉到医学。近代医学界许多事例，证明了我们中国这个古礼是非常有道理的。一来为防假死，医学上有一种病无以名之，就叫"假死"，用医学判断，的确是死了，但是过一两天又莫名其妙地活了。二来涉及更深一层的道理，现在医学正朝这方面努力研究。照佛学理论说，人的呼吸停了，心脏脉搏停了，但是这个人还没有完全死，还有一部分知觉是我们旁观者无法体会也看不出来的。如果这个时候就把他拿冰块一冰，再打上几针防腐剂，岂不痛苦万分！临死还要再受一番折磨，这一点的确值得我们注意。

孟子这里说“古者棺椁无度”，古时候没有一定的葬礼，“中古棺七寸，椁称之”，到了中古时候，有了成规，棺木七寸厚，棺材外面的椁也要配合。从皇帝到老百姓，都是这个规矩。“非直为观美也，然后尽于人心”，这样做并不是为了漂亮、美观，才觉得尽到了心意；实在是父母去世，做子女的太伤心了，总要为父母准备一张好床，略尽一点最后的心意，才能心安。如果没有办法、没有财力购置名贵的棺木，就要斟酌情形而定，不可以过分铺张浪费。假如有能力、有财力购置上好的棺木，当然必须尽心竭力把这件事做好。孟子又说，如今，我虽然不是达官显要，但总在外国——齐国当个顾问，经济环境许可，当然必须讲究些。这是自古以来的风俗礼制，我为什么要例外呢？

“且比化者”，“化”就是物化、变化的意思。宇宙万物在道家看来只不过是“物化”的作用，因此他们觉得“死亡”并不可悲，因为“方生方死，方死方生”，万物随时都在变化，“死亡”只是其中的一个现象、一个过程，不是结束。从整体观念来看，人死了，肉体变成泥土，而后土地上长出青菜萝卜，青菜萝卜又维系了人的生命……如此循环不已的物化，就构成了这个大千世界。孟子继续说，“且比化者，无使土亲肤，于人心独无恔乎”，父母死了，如果随便就埋到地下，使得父母的身体和泥土、虫子等混在一起，做子女的内心会像刀割一样的痛。“吾闻之也，君子不以天下俭其亲”，据我所知，一个大丈夫尽管心存君国，志在天下，但却不能为了“天下之事”而忽略了父母。这里又流露出中国文化中“以孝治天下”的精神了。

直道做人难

沈同以其私问曰："燕可伐与？"孟子曰："可。子哙不得与人燕，子之不得受燕于子哙。有仕于此，而子悦之，不告于王，而私与之吾子之禄爵，夫士也，亦无王命，而私受之于子，则可乎？何以异于是。"

沈同是齐国的一个臣子，"以其私问曰"，他私下以个人的想法请问孟子：是不是可以出兵攻打燕国？孟子答复说："可，子哙不得与人燕，子之不得受燕于子哙。"子哙是燕国的君主，读古书读得有点呆了，他看上古时尧舜的禅让政治传为千古美谈，于是起而效法，不当君主，把大位让给一个名叫子之的臣下。子之是燕国的一个高级干部，非常有心，知道燕王这种心理，就故意安排，布置圈套，使得燕王把王位让给他。孟子认为子哙不应该随便把君位让给子之，而子之也不应该接受子哙的君位，孟子举沈同与部下之间的关系为例。

譬如你很欣赏你的某个部下，"不告于王，而私与之吾子之禄爵"，你却不报告你的顶头上司齐王，就私下把你手中的官位封给他。"夫士也，亦无王命，而私受之于子，则可乎"，他本来是齐国的一个官员，如果没有奉齐王的命令就私自从你手中接受官位，你认为这样子可以吗？拿我们现在来说，就是一个公司的高级干部，不向董事长报告就私自任命他喜欢的部下为业务经理，这个样子当然是说不过去了。"何以异于是"，同样的，燕王虽然贵为一国之尊，但是上面还有周天子，如今没有呈报周天子，竟然私下禅让自己的国位，当然是不合理的。这是战国时代有名的史实，结果子哙把国位让给子之以后，一两年就出了毛病，引起战乱。子哙的食古不化，变成了千古的笑柄。

> 齐人伐燕。或问曰：“劝齐伐燕，有诸?”曰：“未也。沈同问：‘燕可伐与?’吾应之曰：‘可。’彼然而伐之也。彼如曰：‘孰可以伐之?’则将应之曰：‘为天吏，则可以伐之。’今有杀人者，或问之曰：‘人可杀与?’则将应之曰：‘可。’彼如曰：‘孰可以杀之?’则将应之曰：‘为士师，则可以杀之。’今以燕伐燕，何为劝之哉!”

沈同问过这个问题以后，很巧的，果然齐国出兵攻打燕国，同时占领了燕国大部分的土地。在战国时候，这种趁火打劫、不仁不义的举动比比皆是。于是有人问孟子说，听说你劝齐国出兵攻打燕国，有这种事吗?孟子这里的回答很妙，既不说“无”，也不说“有”，他回答的是“未也”。是什么意思呢?下面他申述理由，他说：沈同问我，像燕国这种情形，是不是可以出兵攻打他呢?我说可以。谁知道他听了之后，竟然就通过了内阁会议，出兵攻打燕国。他如果再问，谁有资格可以攻打燕国呢?那么我一定说，不是你们这些诸侯国所可以攻打的，你们一出兵，就带有侵略性质，像燕国这种情形，只有周天子下命令，才能出兵讨伐。

孟子继续以比喻说明：如果有人问杀人犯是不是该处死?我们当然予以肯定的回答：“应该。”如果他再问谁可以处死他呢?那么我们一定回答说，只有执法的士师才可以杀他，别人则无权如此做。“今以燕伐燕，何为劝之哉!”如今虽然是齐国出兵侵略燕国，但是齐国的地位与燕国一样，都是诸侯，又不是周天子，有什么权力去伐燕呢?燕国虽不好，齐国与他地位平等，却去侵伐人家，实在是没有道理。所以，我怎么会劝齐国侵略燕国呢？

这一段说到这里，有几点值得研究：

第一点，我们都知道孔子被尊奉为至圣先师，而孟子则为亚圣，比孔子略逊一筹。现在我们看孟子这段答话，此所以亚圣之为亚圣的道理。如果换成孔子，别人问他这个问题，他一定不这么回答。孔子会说，“燕有可伐之罪，然非子之国而能伐之也”，此所以孔子之为至圣。当然，孟子这番辩论很对，但是他当初明明知道问话者的动机，如果直截了当地回答“打是应该打，但却不是你们可以出兵打的”，多好！但是他却偏偏只答了一半，等出了毛病人家来质问，才说自己没有错，然后讲了一大套逻辑。就好比有人头痛，来问我们是不是可以吃药，我们就说“可以”，而没有告诉他应该吃阿司匹林，结果他吃了泻药，泻了肚子。所以孟子到底只是亚圣。

第二点，话又说回来，亚圣自有亚圣的道理，孟子之时是战国时期，不像孔子生在春秋时代。战国时期，学术风气好辩，喜欢斗嘴，这是时代趋势，人难免受其影响。因此孟子也多少带了纵横捭阖的气息。开始只露上一手，如果要再问嘛，就得再磕个头再说。

第三点，使我们联想到黄山谷的一句词——“是非海里，直道做人难”，黄山谷和苏东坡一样，在政坛上因为受政敌的打击非常不得意，因此他感叹直道做人难，说直话、以直心待人，反而受人误解，惹上一身麻烦。所以，有时候做人实在不得不圆滑一点，差不多就算了，当真不得，只要自己问心无愧、存心光明磊落就好。

第四点，告诉我们处世的典型，在某种场合说某种话，要有分寸，不能逾矩，太过分了就不行。接下来，还是前面这段故事的延伸。

燕人畔。王曰："吾甚惭于孟子。"陈贾曰："王无患焉，王自以为与周公，孰仁且智？"王曰："恶！是何言也。"曰："周公使管叔监殷，管叔以殷畔，知而使之，是不仁也；不知而使之，是不智也。仁智，周公未之尽也，而况于王乎？贾请见而解之。"

齐湣王打败了燕国子之以后，统治了燕国两年。"燕人畔"，后来燕人拥立太子平为燕王，起兵抗齐。齐湣王于是说"吾甚惭于孟子"，对于孟子说的那番话，觉得很难为情。他明知孟子不赞成他出兵，但是却一意孤行，结果自食恶果，受到燕国的反击。齐国的一个大夫陈贾就在旁边劝慰齐湣王：大王不要难过，其实这件事不算什么。于是他举出历史经验，"王自以为与周公，孰仁且智"，您与周公相比，您认为谁比较高明、比较仁智呢？齐湣王马上说：怎能这样比较呢？周公在中国文化里也是一位圣人，我对他非常景仰，所以自认比不上。这里又牵涉到人类的普遍心理问题。

人往往"重死轻生"，看古人觉得了不起，看今人却觉得起不了。人又往往"重远轻近"，远来的和尚会念经，也就是所谓"菩萨照远不照近"。人更往往"重难轻易"，对难以到手的，觉得分外珍惜；对容易得到的，往往不知爱惜，这种心理是古今中外一样的。

齐湣王也是如此，所以他说你怎么这么说？周公是古代的圣人，而我，是现在剩下的人，你怎么把"圣人"和"剩人"比到一块儿呢？

我们看陈贾怎么样引经据典来拍这个马屁。

他说："周公使管叔监殷，管叔以殷畔。"周武王灭了商纣，建立周朝以后，周公辅政，把纣王的后代分封在殷，派他的哥哥管叔去监视。结果后来管叔挑唆殷人反叛周朝，于是周公只得派兵镇压，杀了管叔，把殷商后代重新分封，移迁到宋。

“知而使之，是不仁也；不知而使之，是不智也”，如果周公预先就知道管叔会叛变，却仍然派他去殷监督的话，那么周公就是不仁，等于陷兄弟于不义；如果周公原先不知道管叔会造反，所以派他去殷监督，那么周公就是不智。“仁智，周公未之尽也，而况于王乎”，不管怎么说，周公总有一样不对，不是不仁，就是不智。古代圣人尚且如此，不能十全十美，更何况齐王您呢？

年轻朋友们要注意了，有朝一日你们当了老板，这种马屁不知不觉地就会来了。你们看这里马屁拍得多好，不着痕迹，而且引经据典、冠冕堂皇的，替齐湣王排除了内心的愧疚。

“贾请见而解之”，接着第二个马屁又来了，陈贾在齐王面前自告奋勇，表示要去见孟子，为齐湣王解说，更进一步排除齐湣王愧对孟子的心理。陈贾见孟子能否达到解说的目的呢？且看下面事情的发展。

见孟子，问曰：“周公何人也？”曰：“古圣人也。”曰：“使管叔监殷，管叔以殷畔也，有诸？”曰：“然。”曰：“周公知其将畔而使之与？”曰：“不知也。”“然则圣人且有过与？”曰：“周公弟也，管叔兄也，周公之过，不亦宜乎？”

陈贾的确很高明，一点都不含糊。他见到孟子，绝没有说我来是为齐湣王解释，大王心里觉得很抱歉，请你千万别误会……婆婆妈妈地说上一大堆，如果这样就算不上是什么人物了。

他首先就问：周公是什么样的人呢？他明知故问，孟子也就明知故答：“古圣人也。”周公是我们传统文化中的圣人。于是陈贾再问，“使管叔监殷，管叔以殷畔也，有诸”，周公派管叔监督殷商的降民，结果管叔煽动民众起兵造反，历史上是不是有这回事呢？孟子说：是的，是有这回事。陈贾再问：周公是不是知道管叔会造反，而故意派他去然后借刀杀人呢？孟子说，你别乱猜想，周公不会想到自己兄弟竟然会造反。“然则圣人且有过与”，陈贾套出了孟子的话，很高兴地说：那可好了，周公还是智慧不够，认人不清，以致造成历史上的错误。“曰：周公弟也，管叔兄也，周公之过，不亦宜乎。”孟子说，你错了，古代宗法制度下，兄弟间长幼有序，如果父母不在，那么长兄就如父，兄长具有相当的尊严，弟弟对哥哥不应该怀疑的，否则就是不敬、不悌，有亏于礼法。如今周公是弟弟，管叔是哥哥，周公既然派管叔去殷监督，就应该完全信任他，所以周公这个错误估计实在是情有可原的。陈贾不含糊，孟老夫子更厉害，以礼法堵住陈贾还不够，又继续说：

> “且古之君子，过则改之；今之君子，过则顺之。古之君子，其过也，如日月之食，民皆见之；及其更也，民皆仰之。今之君子，岂徒顺之，又从为之辞。”

这段话，无异大大藉题教训了陈贾一顿！

孟子说，古代人一旦错了，马上认错，改过；现在的人呢，犯了错往往将错就错。古代的君子，犯了过错，就好比日蚀、月蚀，大家一看就看到了，他们并不遮掩。但是他们一定马上改过，好比日蚀、月蚀一过，太阳、月亮立刻恢复了原有的光辉。“今之君子，岂徒顺之，又从为之辞”，现在时代不同了，在上位的人犯了错，幕僚人员不但不劝阻，而且还编造些理论顺着拍马屁，支持上面的错误。孟子这就是指陈贾而言，用佛家的话来说，孟子是有他心通啰，不待陈贾说完，就猜中了他的心事，同时很婉转地教训了他一顿。

这一段记载了孟子在齐国的为人处世，对当时政府的负责人身教、言教的要求，一丝不苟。

门阀 财阀 学阀

孟子致为臣而归。王就见孟子曰："前日愿见而不可得，得侍同朝，甚喜。今又弃寡人而归，不识可以继此而得见乎？"对曰："不敢请耳，固所愿也。"他日，王谓时子曰："我欲中国而授孟子室，养弟子以万钟，使诸大夫国人皆有所矜式。子盍为我言之。"

"致为臣"也就是"致仕"的意思，用现代话说就是退休。孟子在齐湣王时期不大得意，于是退休不干了，准备回自己家乡。齐湣王得到这个消息，就亲自御驾来看孟子。"前日愿见而不可得"，上次我想亲自来拜访你，无奈公事太多，抽不出空来。这个外交辞令说得多好！"得侍同朝，甚喜"，我能和你老先生在同一个朝廷做事，实在是件很高兴的事。现在听说你要弃我而去了。这位诸侯说得多客气！但是他下一句并没有说"请你不要走"，他怎么说的呢？他说得很高明，"不识可以继此而得见乎"，不知道你走了以后，是否能再和你见面？这不等于批准孟子退休了吗？他为什么这样说？是真的愿意孟子离开吗？也不见得，看后面就知道。

其实齐湣王是想留住孟子的，他之所以这样说，还是怕碰钉子的成分居多。如果恳请孟子留下而孟子不留，做君王的就太没有面子了。"不敢请耳，固所愿也"，孟子回答说，我实在不敢抱这个奢望，不过，我内心却是非常希望能再和你见面的。似乎两个人在大要外交辞令呢！记得我们小时候到朋友家，朋友招待吃点心，我们也就学这句古话——“不敢请耳，固所愿也”，然后拿起点心来便往嘴里塞。

齐滑王去看了孟子以后，孟子大概还有些事必须料理，所以他并没有马上离开齐国。有一天，齐王对一位亲信的大臣时子说，“我欲中国而授孟子室，养弟子以万钟”，我想在齐国拨出一块地方盖批房子，请孟子到那里主持，教育子弟，不管多少学生，所有的教育经费一概由我供应。“使诸大夫国人皆有所矜式”，让知识分子以及高级官员们能够看看孟子的这种风格和典范，也就达到教育目的了。你姑且去替我转达这个意思，试一试，摸摸底子。

> 时子因陈子而以告孟子。陈子以时子之言告孟子。孟子曰：“然。夫时子恶知其不可也？如使予欲富，辞十万而受万，是为欲富乎？”

孟子当时虽然没有孔子的那种味道，但是威严还是蛮重的，时子并不认识孟子，所以不敢直接来找他，透过他的学生陈子告诉他齐王有这个意思，请陈子转告孟子。陈子将这话报告以后，孟子就说：“然。夫时子恶知其不可也？”这个“然”，并不是答应说可以的意思，而是说反话，等于我们现在笑着说“是吗”的意味。孟子说，时子通过你代表齐王来讲话，难道他已料到我是不会答应的吗？接着他说：“如使予欲富，辞十万而受万，是为欲富乎？”齐王现在等于计划为我办一个大学，给我很多钱。前次他送我的十万块钱俸禄我都不要了，而今难道为这万把块钱我就干吗？我是为了钱吗？

“季孙曰：‘异哉！子叔疑，使己为政，不用则亦已矣，又使其子弟为卿，人亦孰不欲富贵？而独于富贵之中，有私龙断焉。’”

季孙是鲁国大夫。接着孟子引用季孙的话，谈到发生在鲁国的一件事情。季孙说，这事情好奇怪喔！有一个人名叫子叔疑的，他希望自己的政治理想能够发挥，“不用”，结果还是不能达到目的，“则亦已矣”，只好算了，大丈夫合则留，不合则去，虽然想贡献自己，为社会、为国家做点事，既然没有机会，也就算了。但是，他另外要了一个手段，自己不出山，装作高尚，却把他的兄弟子侄布置上来，都在鲁国居上位，当要职，将政权都把持了。

天下人哪个不想大富大贵？“而独于富贵之中，有私龙断焉”，但是为了求富求贵，就制造派系，形成一个小集团，把别人的政治前途都垄断了。现代工商界用的专有名词“垄断”，就是出自《孟子》这里。不准别人上来，这怎么可以呢？接着，孟子就拿市场的贸易行为来作比喻。

“古之为市者，以其所有易其所无者，有司者治之耳。有贱丈夫焉，必求龙断而登之，以左右望而罔市利，人皆以为贱，故从而征之。征商，自此贱丈夫始矣。”

在这里，我们必须先了解一下五千年来的传统商业观念。古时候，市场上的交易行为，就是拿我所有的，换我所没有的。譬如我家生产毛巾，你家生产手表，我们大家隔一阵子集中在市场上做现货交易，这是最原始的商业行为，叫作贸易，后来才慢慢用货币来作为交换媒介。中国古代商业行为很进步，三千多年前就有专人负责市场的管理，有法令、规章，不能乱来的。“贱丈夫”就是大丈夫的相反词，在这里是指专门垄断生意的人，“以左右望而罔市利”，他们多方面观察，知道哪个地方缺什么东西，哪个地方某种东西又太多了，便在中间操纵居奇，赚钱获利。这种人在现代这个社会里，被认为是第一流的商业人才；但是在孟子那个时代，却为社会一般人所不齿，这是古今观念的不同。

“故从而征之。征商，自此贱丈夫始矣。”这里写出中国市场管理的演变，从政的领导者看见商人这种垄断的不良行为，于是开始课税。古时候课税的动机，就在防止商人投机、垄断的恶作风。孟子把这类投机取利的人称为“贱丈夫”，在现在人看来，这类人物却成为“贵丈夫”了。

好了，这一段有几点值得我们注意：

第一点，如果我们写有关中国商业发展史或者赋税发展史之类书籍的话，这一段是个重要的参考资料。

第二点，就是孟子对垄断问题的看法，此所以亚圣之为圣也，而不是亚圣之为亚也。要是换成你我，有钱的老板既出钱，又出房子，又出人，那还不好？真是求之不得。但是孟子却不然，他这种独立不移的精神实在值得我们效法。

我常说在秦汉以后就没有儒家了。秦汉以后，虽然处处标榜孔孟，但是却没有看到真正的孔孟之徒，大部分都是拿孔孟的招牌骗饭吃而已。孟子这里说出的“必求龙断而登之”，不仅是商场上的现象，在科考制度之中以及社会上各行各业都有这种垄断的现象，这就是所谓门阀、门第的观念。往往一代为官，子孙亲朋就逐渐把持了政权，普通人要想在这种情势下跻身其中，那真是谈何容易！

到了唐朝，虽然兴起了考试制度，但是法久弊生，也难免形成门第的垄断。发展到中、晚唐，政坛上因此而有“牛、李”两党之争，各以牛僧孺、李德裕为两大政魁，两派意见之争非常严重。李德裕为宰相李吉甫之子，并非科考出身，因祖荫入仕，专门提拔清寒子弟。牛僧孺则为科考进士出身，属于学阀门派垄断团体。唐武宗时，牛僧孺入相，威权独重。唐宣宗时，李德裕为牛党所陷，贬往崖州。当时有诗云：“八百孤寒齐下泪，一时回首望崖州。”就是以这个历史背景为典故的。崖州是广东边区的一个小县，唐朝时还是没有开发的蛮荒之地。那些清寒子弟眼看恩师为了提拔他们遭人陷害，从宰相之尊被贬到边疆荒区，难免痛心疾首，悲泪纵横。

我们看中国历史，汉、唐、元、明、清一路下来，不仅政治上有门阀，军事上有军阀，经济上有财阀，学术界还有学阀。但是，我们看看孟子这里，他绝对有机会可以形成一股学阀的威势，但他却毫不动心，我们不免再度赞叹亚圣之为圣也！

处世的艺术

> 孟子去齐，宿于昼。有欲为王留行者，坐而言，不应，隐几而卧。客不悦曰：“弟子斋宿而后敢言，夫子卧而不听，请勿复敢见矣。”曰：“坐。我明语子。”

这里就开始讲故事了，也等于是孟子的传记。孟子离开齐国，到了昼这个地方。有一个热心人想替齐王留住孟子，请他不要离开齐国。结果如何呢？“坐而言，不应，隐几而卧。”这人见了孟子，坐下来想和他谈谈，孟子不搭腔，反而躺了下去，不理他。这人很不高兴。当然不高兴，别说是这个人，若换上我们，在这种情况下也会不高兴的。但这个人还是执弟子之礼，很谦虚地说：“弟子斋宿而后敢言，夫子卧而不听，请勿复敢见矣。”我对老师非常诚恳，见面之前先沐浴、烧香，没想到老师根本不理我，从此以后，我不敢再来求见了。言下之意，大有“你孟夫子又算老几呀”的味道。

孟子听了，对他说：来！你请坐，我和你讲老实话。

“昔者鲁缪公，无人乎子思之侧，则不能安子思，泄柳、申详，无人乎缪公之侧，则不能安其身。”

孔子的孙子子思，是曾子的学生、孟子的老师，孔子死后，文化道统传到子思了。鲁国当时的国君缪公对子思非常尊重，他经常派两个最亲信的干部在子思旁边，以便随时传话。鲁缪公为什么要这么做呢？他为什么不干脆把子思请到宫里来住，或者请他住到隔壁，不是更方便吗？这就是年轻同学们要特别注意的地方了。你们自己将来从事外交，或从事工商业，对于人事问题的处理要特别小心。人与人之间相处，尤其是高级干部之间，有些问题要研究、讨论的时候，必须有个转圜的余地，如果不是这样，事情就容易搞砸。比如年轻人谈恋爱，结婚以前都很好，但结了婚以后，太亲近了反而闹别扭。这时，就需要朋友出来说话了。

中国人讲究伦理，也就是伦常。所谓伦常就是社会的次序，人与人之间相处的艺术。君臣、父子、夫妇、兄弟、朋友五伦中，朋友列居其一。大家或许会觉得奇怪，好像朋友一伦不相干，而事实上朋友非常重要。任何一个人，许多心里的痛苦、心里的烦恼，上不可对父母言，下不好对兄弟、妻、子开口，对着好朋友东拉西扯，什么都可以向他发泄。就像中药里的甘草，每一帖药都用得着它，离不开它，因为它的性质是中和的。人生不能没有朋友，否则会很痛苦。

所以不要以为鲁缪公的这种做法是手段，他确实是深懂人与人之间相处的艺术。做人实在难，往往不能走直路，如果坚持要走直路，一定会碰壁，稍微一转弯，事情就好办了。《孟子》这里的重点是告诉我们，鲁缪公以至礼对待子思，但中间如果没有人来缓和缓和，就无法安顿子思。这是事实，但这一则史实在一般历史资料中没有记载，读了《孟子》才知道有这回事。

孟子提到泄柳、申详这两个人，他们都是鲁国当时的贤人，也很了不起，尤其是申详，是孔子有名的弟子子张的儿子。虽然他们不如子思在鲁缪公心目中的分量，但是鲁缪公也很器重他们。当时他们两人也都有缪公的人在身边，替他们传话转圜。

孟子讲这些话究竟什么意思呢？他是说，我与齐王之间的关系也同样需要有人在中间做转圜。

“子为长者虑，而不及子思。子绝长者乎？长者绝子乎？”

孟子对这个客人说，你很恭敬我，待我以长者，希望改善我和齐王的关系。你有这个理想，但是你有这个本事吗？为人处世的艺术是很不简单的，你想撮合齐王和我的关系，那么你是不是能做得像鲁缪公与子思之间那么的圆满呢？

年轻的同学们想想看，孟子为什么这么讲？道理在哪里？孟子这些话，等于是在骂他“狗拿耗子多管闲事”。你自作主张，很热心地跑来留我，如果我真答应留下来了，难道你做得了主吗？齐王并没有托你呀！“子绝长者乎，长者绝子乎”，所以，你说我是不是不该理你？是你不了解我呢？还是我不了解你？

所以读古书要用脑子去读，用智慧去读，否则字义虽看懂了，却仍旧不知道讲的是什么意思，读不通。我们前面曾说过孟子这个亚圣的称号，说过他之所以为亚、所以为圣的地方，现在看了这一段，简直会认为他既不亚也不圣了。他到底是什么意思呢？脾气那么大！话也不说一句，就跑去睡觉了。其实他是有道理的，这就要靠你自己去深入体会了。

这个人冒冒失失地，谁的命令也没奉就热心跑来，莫名其妙地参与其间。等于人家夫妇吵架，邻居突然有个人莫名其妙地跑去劝架，本来只是小小地拌个嘴，被他这么一热心调和，东说说、西说说，害得人家越吵越厉害，无法收场！这不是多事吗？就是这个道理。

> 孟子去齐，尹士语人曰："不识王之不可以为汤武，则是不明也。识其不可，然且至，则是干泽也。千里而见王，不遇故去，三宿而后出昼，是何濡滞也！士则兹不悦。"

孟子很不得已地离开齐国，因为齐王不采纳他的意见，等于现在特地跑一趟美国，希望对美国政府有所贡献，但是人家根本不理睬，所以只好买张机票又回来了。

为了这件事，背后就有一个齐国人叫尹士的，批评孟子说"不识王之不可以为汤武"，我们这位了不起的孟夫子，如此跑了一趟齐国，结果毫无所成地回来了！如果说是他事先不知道齐王不像汤武那般英明，是无法扶助的，却热心地跑去找他，"则是不明也"，可见是他孟夫子自己的头脑不清，看不准。"识其不可，然且至"，如果说孟子明知齐王不行、不能扶助，只因人家是当权的，就非去看人家不可，"则是干泽也"，无非是想要得到一点好处罢了，那就更不值钱了。"干"是"干禄"的意思，指希求而言，"泽"可引申为利益好处。

“千里而见王”，千里迢迢地跑来见齐王，“不遇故去”，“不遇”，不是指碰不到，而是际遇不佳的意思。孟子和齐王父子——齐宣王与齐湣王都很好，只是和他们的政治意见不同，“故去”，因此他离开了。

“三宿而后出昼”，孟子想要离开齐国，走就走吧，买张飞机票不就马上可以离开了吗？但是，他却在那边徘徊了三天，还故意留住，大有回首依依之感。“是何濡滞也”，他这样拖拖拉拉的是干什么？他是希望齐王留住他吗？“士则兹不悦”，他的这种行为很叫我看不惯。这个人说：老实讲，我因此很看不起他，大丈夫和人主搞不好，说走便走，他却光是嘴上叫，而又留恋着不肯走。既说走，又希望人主能回心转意留住他。好比两个人吵架闹翻了，挟着一个皮包要走，走到门口，又回过头来问说：“你看怎么样？”那不是太没骨气了吗？

且看孟子对尹士怎样反应的。

> 高子以告。曰：“夫尹士恶知予哉！千里而见王，是予所欲也。不遇故去，岂予所欲哉？予不得已也。予三宿而出昼，于予心犹以为速。王庶几改之。王如改诸，则必反予。夫出昼而王不予追也，予然后浩然有归志。予虽然，岂舍王哉！王由足用为善；王如用予，则岂徒齐民安，天下之民举安。王庶几改之，予日望之。予岂若是小丈夫然哉！谏于其君而不受，则怒，悻悻然见于其面，去则穷日之力而后宿哉？”尹士闻之曰：“士诚小人也。”

高子是齐人，是孟子的弟子，他把尹士的这些话报告了孟子。孟子讲：“夫尹士恶知予哉！千里而见王，是予所欲也。”老实说，尹士怎么能够了解我的苦衷？我千里迢迢地跑去找齐王，是希望帮忙他、辅助他。当今社会一两百年的战乱，民生如此痛苦，而齐国是当今第三个霸主，我当然希望能辅助他安定民生，使天下太平。“不遇故去，岂予所欲哉？予不得已也。”结果我与齐王意见不同，政治观点不同，我不得不走，这难道是我所希望的吗？我是不得已的。

我要离开齐国时，在“昼”这个地方一连住了三晚，我为什么说去，偏偏又留恋着，不忍心离开呢？老实说，我现在虽然离开齐国了，“于予心犹以为速”，内心还正后悔走得太快呢！“王如改诸，则必反予”，如果齐王改变态度，就一定会追我回去。

孟子继续说：但是直到我抵达齐国的边境“昼”这个地方，回头一看，齐王并没有派人来追我回去，我才死了这条心，等于佛家讲的毅然决然地把心放下了。“予虽然，岂舍王哉！”我虽然死了这条心，不过话说回来，悲天悯人的心理还是没有放下，我并没有完全放弃齐王呀！难道除了齐国外，我不爱去别的国家吗？只是当时的情势“王由足用为善”，只有齐国才可能辅助天子实行王道呀！假如齐王肯实行我的计划和理想，则不只是富强了齐国，从此天下人也都得以太平了。所以我心里还是希望能改变他的观念，希望他能回心转意，我天天都还在盼望着。

“予岂若是小丈夫然哉”，齐王不了解我，别人又如此地批评我，难道我是气量如此狭窄的小人吗？如果君王不接受自己的意见，我就发脾气，悻悻然满肚子不高兴，并且一怒绝裾而去，这算是大丈夫应有的气度吗？

高子把孟子的这些话回头转告尹士。尹士听了说：“士诚小人也。”哎呀！孟老师说得对，我错了，我完全把观念搞错了，我真是以小人之心度君子之腹！

我们看这一段故事，如果只照字面解释，孟夫子可真是亚也不亚、圣也不圣，连冷猪头也不让他吃了，牌位也不替他立了。其实孟子完全是悲天悯人的胸怀，绝不是为自己的功名、富贵着想；他要救社会、救国家，只有靠权势才有办法。那时候的第一强国是秦，第二强国是南方的楚。秦国是绝不可能行王道的，而楚国又是个新兴的国家，思想、文化各方面不同，也不可能。于是只有靠第三位的齐国了。当时齐国的经济力量绝对可以和秦、楚相抗衡，所以孟子想使这个国家富强起来，天下就可以太平了。他的用心在此，而并不是贪图高位。以前许多高位给他他都不要，宁可带便当吃冷饭。所以不要随便冤枉古人，不要错怪了他。

五四运动时要打倒孔家店，孔家店的大老板是孔子，二老板是孟子。孟子的这些地方，都是他们所要打倒的罪状。所以我们读书要像庙里塑的菩萨一样，顶门上必须另具一只眼睛，好好地思考，把道理点出来。这只眼睛就代表慧眼，并不是顶门上真的又长出一只眼睛来了，那样就不是智慧，而是妖怪了。

五百年必有王者兴

孟子去齐。充虞路问曰：“夫子若有不豫色然。前日，虞闻诸夫子曰：‘君子不怨天，不尤人。’”曰：“彼一时，此一时也。五百年必有王者兴，其间必有名世者。”

孟子离开齐国了，在路上，就有一个名叫充虞的学生问孟子说：老师，我看你的气色不好，好像心里很烦、很舍不得离开的样子。还记得老师以前教导我们要不怨天、不尤人。但看老师今天这样子，好像又怨天、又尤人似的。这个学生一定很年轻，所以问起话来这么直爽。

孟子被他这么一问，就答道：“彼一时，此一时也。”唉！孩子，你知道我教你们不怨天、不尤人的时候，当时的环境、心情跟现在完全不同，所以不能一概而论。你说得不错，我心里确实很难过。

孟子接着说，“五百年必有王者兴”。这句话，已成为历史命运的名言。我在两三年前算历史命运时，更肯定了孟子“五百年必有王者兴”的预言。自周公以下，五百年有孔子；孔子以后五百年有汉武帝、董仲舒等；又过了五百年，出了梁武帝和达摩；再五百年后，就是宋明理学家王阳明等；之后五百年就是现代，是中国文化自周公以来的第七个五百年。我们已经老了，不行了，年轻的同学们赶紧努力，以后就看你们的啦！

中国历史上五百年出个英雄，我说三百年出个戏子。这不是开玩笑的，我所谓的戏子并不是现在的所谓电影明星，而是指真正唱得好的戏子，唱得神化了的，这是不可多得的。一个伟大的艺术家，诗人也好、画家也好，都须经过民族历史文化长期的培养。尤其是一个划时代的人物，更非经过几百年的培养不可。历史、文化造就人才有如此的困难！绝不是目前这种速成班、专修班所能造就出来的。所以说五百年出个英雄、三百年出个戏子，可也真不容易啊！

下面这句话值得注意。“其间必有名世者”，在这五百年中间，一定有“名世者”。什么是名世者呢？就是一个大人物。这个大人物一出现，他的声名、威望就震撼全世界。所以清朝的一位历史学家赵翼写了一首讲历史哲学的诗，他说：

李杜诗篇万口传　至今已觉不新鲜

江山代有才人出　各领风骚数百年

气魄好大！年轻人要有他的这种气魄才行。你们年轻的一代都喜欢创新，我认为不管哪一方面，要创新都必须有学问基础，没有基础能创个什么新？现代人动不动就出书，新书出得汗牛充栋，但是这七十年来所出版的书却很难找到一本值得流传的。“江山代有才人出，各领风骚数百年”，大丈夫必须有这种把握才下笔，一下笔就须得有流传数百年的价值才行，绝不轻率！现在报章杂志上的文章只有五分钟寿命，如果能有一个月的寿命，已经是了不起的作品了。通常是看完了就丢，所以只有五分钟的寿命。

下面，孟子继续他的话。

> “由周而来，七百有余岁矣。以其数，则过矣；以其时考之，则可矣。”

自周公开始到孟子的时代，有七百年历史。周朝开国三四百年就已经开始乱了，到了孔子的时候更乱，所以孔子非常忧心。今天下午，有个朋友介绍一位医生来看我，他说世界上所有的宗教都教人为善，而依他行医数十年的经验观察所得，人心是越来越坏了。医生只能治疗生理上的疾病，却没办法医治人的心理疾病。这是什么道理呢？他的这番话很值得注意。我们自称是有五千年文化的民族，但是我们的教育并未能挽救人心的恶化，人真的是越来越坏了。孔子、孟子处在那么乱的时代，一直希望有“王者兴”，所以孟子说“以其数，则过矣；以其时考之，则可矣”，盼望着，就快到了吧！孟子不像孔子那样有神通、能前知，所以他把时间估计差了几百年，一直到汉高祖以后，天下才近似太平，民生才安定下来；到汉武帝时，才重新奠定了中国文化的基础。

“夫天未欲平治天下也，如欲平治天下，当今之世，舍我其谁也？吾何为不豫哉！”

孟子这句话，牛可吹大了。他感叹说：唉！上天不希望天下太平，假如上天希望天下太平的话，除了我以外，谁还有这个抱负啊！年轻的同学们，包括当年的我们，每一个人都喜欢这句话——“舍我其谁”，好大的口气！现在我们老了，最好就是你们年轻同学了，可是你们要有准备，要有学问、有修养，到时候才能担当大任。

“吾何为不豫哉”，我是心里很难过，我为什么难过呢？因为这个世界的人类太悲惨了，而我却始终还没能施展我的抱负，我怎能不难过呢？谁来救这个世界呢？

好了！孟子的传记到此告一个段落，以后的故事且听下回分解了。

孟子去齐，居休。公孙丑问曰：“仕而不受禄，古之道乎？”曰：“非也。于崇，吾得见王，退而有去志；不欲变，故不受也。继而有师命，不可以请；久于齐，非我志也。”

孟子离开齐国，到了“休”这个地方。公孙丑说：老师呀，我有一个问题，在肚子里憋了好久，现在我们回到自己国家了，我想请教老师，您在别人的国家替人做事，退休金、待遇也不拿，这难道是“古之道乎”？这是传统的文化观念吗？应该这样做才对吗？

孟子答说：不是的。在齐国，虽然齐王对我那么好，很客气，但他不是真心的，所以我不能接受他的待遇。吃人家的饭，就得替人家做事。“于崇，吾得见王，退而有去志；不欲变，故不受也。”当年我在崇这个地方头一次和齐王见面，一见面我就看出来他不会走我这条路线，他只要霸权，只想侵略人家，所以我就准备离开了，当然不能接受他的待遇。但是，虽然如此，我还是希望他会改变主意，听我的劝导。

“继而有师命，不可以请”，我已经决定要走的时候，齐国与燕国打起仗来，国与国之间打仗，各方面的事务都比较忙乱，在这个时候提出辞呈，太对不起人。再则，因齐国有军事行动，为了避免间谍的嫌疑，更不能在这个时候离开，所以只好留下来。

“久于齐，非我志也”，现在齐国总算安定了，像齐王这样把我冷藏在冰箱里，这样不上不下的，我留在齐国不能对他们有所帮助，这不是我的愿望，所以当然要离开。

孟子最后还是离开了齐国，回到鲁国去了。

尽心篇

出版说明

《孟子》的《尽心》篇，是全书的最后一篇，也是全部《孟子》的结论，更是《孟子》的重要中心思想。

孟子认为，仁道就是人道，而人道是以心为中心的，所以尽其心就是这个道。

孟子讲到性与命的问题，命功是由修养可得；而性功则要识见透彻，属于智慧方面的成就。

孟子将性与命双修的道理，解释得十分具体，十分透彻；更将内圣外王之学，表达得充分无遗。

在这一篇中，孟子更说到民主的问题，所谓的“民为贵”，并不是民为主；孟子的思想，是以民主为基础，而以君主制度，实施民主精神的管理。孟子这种想法，似乎是以民为本的，可以称为民本制度。

孟子也感叹专才多，通才少的问题，专才与专才之间，沟通不易，管理需要的不是专才，而是善于沟通意见，协调各方的通才。

二〇一一年的春季，在《孟子》的七篇之中，有尚未出版的三篇（《滕文公》《告子》《尽心》），已全部整理完毕，等待南师怀瑾先生的审阅。但那时先生已眼力欠佳，阅读不太可能，无奈之下，即由宏忍师于每日中午时分，给先生念《尽心》篇整理文稿数页，先生则随时订正，连续两月始告完毕。

之后，先生稍有空闲，再由牟炼代念《告子》篇的整理文稿，本拟仍按《孟子》原书次序《滕文公》《告子》《尽心》，陆续出版。无奈先生忽于二〇一二年九月辞世，环境人事接连大变，只能望洋兴叹。

现先生辞世已过一年，此篇先行面世，其余两篇，亦将接续印行出版，以圆满先生讲解《孟子》之深意。

刘雨虹　记

二〇一四年三月庙港

尽心章句上

十六字心传

现在我们讨论《孟子》最后一章《尽心》，这是孟子整个学术思想的中心，也就是后世所谓的孔孟心传，是构成中国文化中心思想之一。这一贯的中心思想，绝对是中国的，是远从五千年前，一直流传到现在的，没有丝毫外来的学说思想成分。所以后世特别提出，中国圣人之道就是“内圣外王”之道的心传。历史上有根据的记载，是在《尚书·大禹谟》上，其中有帝舜传给大禹的十六个字：“人心惟危，道心惟微，惟精惟一，允执厥中。”在一两千年之后，到了唐宋的阶段，就有所谓的“传心法要”；这是佛学进入中国之前的一千多年，儒道两家还没有分开时的思想。当时圣人之所以为圣人，就是因为得道；那时所谓道的中心，就是“心法”。

这十六字的心传，含义非常广泛。我国的文字，在古代非常简练，一个字一个音就是一个句子，代表了一个观念。外国文字，则往往是用好几个音拼成一个字或一个词句，表达一个观念。这只是语言、文字的表达方式不同，而不是好坏优劣的差异。

中国古代人读书，八岁开始读书识字，这样叫作“小学”，就是认字。例如“人”字，古文中怎样写？为什么要这样写？代表什么观念？如何读音？有时候，一个字代表了几种观念，也有几种不同的读音。所以中国的文字，任何学者、文豪，能认识二三千字以上的，已经是不得了啦！普通认得一两千字就够用了。外国文字则不然，每一新的事物，必须创造一个音、形皆不同的新字，所以现在外文的单字，以数十万计。过去“小学”的基本功课，是先认识单字的内涵，其中有所谓“六书”的意义。什么叫六书呢？就是“象形、指事、形声、会意、转注、假借”，这六种是中国传统文字内涵的重点。现在读书，已经不先研读“小学”六书了，不从文字所代表的思想、观念的含义打基础，对于小学的教学，完全不再下基本功夫了。

“人心惟危”的“惟”字，在这里是一个介词，它的作用，只是把“人心”与“危”上下两个词连接起来，而本身这个“惟”字，并不含其他意义。例如我们平时说话：“青的嗯……山脉”，这个拖长的“嗯……”并不具意义。至于下面的“危”字，是“危险”的意思，也有“正”的意思，如常说的“正襟危坐”的“危”，意思就是端正。而危险与端正，看起来好像相反，其实是一样的，端端正正地站在高处，是相当危险的。也因为如此，外国人认起中国字来，会觉得麻烦，但真正依六书的方法，以“小学”功夫去研究中国字的人，越研究越有趣。如上一代章太炎这类的大师们，就具备了这种基础功夫，钻进去就不肯退出来。现代人写的文章，不通的很多，连多音字都不懂，都用错了。

《尚书》里说“人心惟危”，就是说人的心思变化多端，往往恶念多于善念，非常可怕。那么如何把恶念变成善念，把邪念转成正念，把坏的念头转成好的念头呢？怎么样使“人心”变成“道心”呢？这一步学问的功夫是很微妙的，一般人很难自我反省观察清楚。如果能够观察清楚，就是圣贤学问之道，也就是真正够得上人之所以为人之道。所以道家称这种人为真人，《庄子》里经常用到真人这个名词；换言之，未得道的人，只是一个人的空架子而已。

人心转过来就是“道心”。“道心”又是什么样子呢?“道心惟微”,微妙得很,看不见,摸不着,无形象,在在处处都是。舜传给大禹修养道心的方法,就是“惟精惟一”,只有专精。舜所说的这个心法,一直流传下来,但并不像现在人说的要打坐,或佛家说修戒、定、慧,以及道家说炼气、炼丹修道那个样子。

什么叫作“惟精惟一”?发挥起来就够多了。古人为了解释这几个字,就有十几万字的一本著作。简单说来,就是专一,也就是佛家所说的“制心一处,无事不办”或“一心不乱”,乃至所说的戒、定、慧。这些都是专一来的,也都是修养的基本功夫。后来道家常用“精”“一”两个字,不带宗教的色彩。“精”“一”就是修道的境界,把自己的思想、情感这种“人心”,转化为“道心”;达到了精一的极点时,就可以体会到“道心”是什么,也就是天人合一之道。而这个“天”,是指形而上的本体与形而下的万有本能。

得了道以后,不能没有“用”。倘使得了道,只是两腿一盘,坐在那里打坐,纹风不动,那就是“惟坐惟腿”了。所以得道以后,还要起用,能够做人做事,而在做人做事上,就要“允执厥中”,取其中道。怎么样才算是“中道”呢?就是不着空不着有。这是一个大问题,在这里无法详细说明,只能做一个初步的简略介绍。

中国流传的道统文化,就是这十六字心传,尧传给舜,舜传给禹。后世所说的,尧、舜、禹、汤、文、武、周公、孔子,一直到孔子的学生曾子、孔子的孙子子思,再到孟子,都是走这个道统的路线。以后讲思想学说,也都是这一方面。但不要忘记,这个道统路线,与世界其他各国民族文化是不同的。中国道统,是人道与形而上的天道合一,叫作天人合一,是入世与出世的合一，政教的合一，不能分开。出世是内圣之道，入世是外用，能正心、诚意、修身、齐家、治国、平天下，有具体的事功贡献于社会人类，这就是圣人之用。所以上古的圣人伏羲、神农、黄帝，都是我们中华民族的共祖，他们一路下来，都是走的“内圣外王”之道。

到了周文王、武王以后，“内圣外王”分开了，内圣之道就是师道，是传道的人，外用之道走入了君道。其实中国政治哲学思想，君道应该是“作之君，作之师，作之亲”的；等于说君王同时是全民的领导人、也是教化之主，更是全民的大家长，所以说是政教合一的。

孟子曰：“尽其心者，知其性也。知其性，则知天矣。存其心，养其性，所以事天也。殀寿不贰，修身以俟之，所以立命也。”

尽心　动心　知性　忍性

《孟子》全书快研究完了，从前面各章的记载中，我们可以看得出来，孟子始终没有出来做官，没有担任职务；他是以师道自居，指导当时的诸侯们走上王道的政教合一之路，以达到人文文化的最高点。由于历史的演变，人心的堕落，无可奈何，使他的这个愿望落空了。不过他个人并没有落空，他的光芒永存于千秋万代，和其他的教主一样，永不衰竭。

现在最后一章，是他在讲完外用之道以后，讲传心的心法。孟子之所以成为圣人，因为他有传心的心法，因此，《尽心》这一章书，非常重要。这一章以《尽心》为篇名，是以全章第一句话作题目，正是扼要点明重点之所在。

他一开头就说：“尽其心者，知其性也。知其性，则知天矣。”这几句话，就非常重要了，认真研究起来，十几年也不能研究完，也许一辈子都钻在其中了。

我们先从文字上研究，什么叫作“尽心”？大家平常都会讲的一句话，对这件事已“尽心”了；就是说，一件事情做完以后，成败是另一问题，而去做的人，心总算尽到了。也就是用了所有的精神、心思去做，“尽”就是到底了、到尽头了。依这个观念来解释孟子的话，就是我们把自心的作用，已反省观察到底，然后可以发现人性是什么了。

后来佛学进到中国，禅宗提倡的“明心见性”，也同这里的“尽心知性”的观念有关。佛学的《楞严经》所说的“七处征心”“八还辨见”，把明心与见性，分为两个层次来解说。乃至玄奘法师所弘扬的唯识法相的最高成就“遣相证性”，也是把心与性分做两个层次。孟子生活的时代，佛法还没有进到中国，佛法正式进入中国，是在孟子之后八九百年到千年之间。所以孟子是在佛法进来以前，就已经提出来先要“尽其心”，把自己心的根源找出来，然后才可以“知其性”。这是“明心见性”这个词句的根源，能够“尽其心”“知其性”，就可以“知天”。“天”，不是老太太们说“上天保佑”的天，也不是太空科学所研究的那个天象的天，而是包括了形而上的本体与形而下的万有作用；也等于佛法所说整体法界的代号，学问之道就在这里。

在儒家的“尽心知性”学说中，孟子的修养工夫是“动心忍性”，这就是做人做事的修养。“尽心知性”也可以说是静定的境界，是整个修行的原则与工夫。例如遭受打击时，在修养中的人，能把受打击的痛苦和烦恼的心理摒除，这只是有一点修养，一点学问而已，还不算数；要把烦恼的心理净化了，不相干了，才算有一点修行工夫。在儒家来说，才算有一点学问修养的境界了。

什么是“动心”？遇到事故时，在动心起念之间所具有的定力、智慧，所到达的程度；“忍性”则是绝对的大定，借用佛学一个名词来说，就是“如来大定”。例如有一件事，碰到一个人太过分要求，自己恨不得一刀把他杀了，但该不该杀？可不可杀？能不能杀？这之间就看动心忍性的工夫了。他的行为该杀，但在我这方面，不该去杀他，他虽对我不起，但我要对他仁慈、要感化他；可是自己又无法感化他，这些都是动心忍性的真实工夫，并不只是空洞的理论而已。

所以前面孟子就说：“故天将降大任于斯人也，必先苦其心志，劳其筋骨，饿其体肤，空乏其身，行拂乱其所为，所以动心忍性，增益其所不能。”一个人要想修养到动心忍性，如果没有经过种种苦难的磨练，是做不到的。所以圣贤之学，不是轻易可以得来的。

青年人学佛修道，就想盘腿打坐，以为便能成道当圣人；那不是圣人而是“剩人”，剩下来多余的人，从人类中拣出来不要的人。连做一个普通的正人都很难够标准，何况成为那个“圣人”！因为我们在动心忍性之间，对于推己及人，仁民爱物，就像佛家所说的慈、悲、喜、舍，等等，而且不但要“仁民”——爱人、对人慈悲，还要爱一切万物，就像佛家的慈爱众生一样，是真正难做到的事。

动心忍性是道的用，道的体是“尽心知性”。后来佛法进入中国，叫作“明心见性”；到了汉朝以后儒道分家了，道家叫作“修心炼性”。性要锻炼，等于佛家禅宗所说的“就是这个”，得道是“这个”，跌倒是“这个”，爬起来也是“这个”。“这个”是什么？说是悟了，就像一块石头里面含有金子，也就是从金矿里挖出来的石头，里面可能有金子。可是几千亿万年，无数劫以来，金子被泥土裹住了，黄金和泥土混在一起，必须经过一番烈火的锻炼，才能把光亮的黄金从中取出来，而将泥土——这些习气，化为灰烬。所以道家说要“修心炼性”，先要修炼，在动心忍性或明心见性之间，不经过修炼是不行的。

儒家的修炼为“存心养性”，孟子这里说：“存其心，养其性，所以事天也。”存的是什么心？存一个仁心、善良之心，一个纯净无瑕，犹如万里青天无片云的天理之心。而养性，把人性原来善良的一面，加以培养、扩大、成长。所以后世儒家阐述，在起心动用上，要做到“亲亲，仁民，爱物”，这是儒家和佛家各自表述不同的要点。

佛法儒化　儒学佛化

儒家和佛家，在这方面，曾经发生过有趣的辩论。佛家指儒家这样行仁道是不错的，不过如果说想要成佛成道，还差一大截路。

可是儒家不接受这个说法，主张圣人做到了就是佛，佛也不过是圣人。双方遂发生了辩论，实际上只是着手的工夫不同。儒家说，你们佛家，动辄讲空，空到没有捉摸处，下不了手，用不上力，只知道空；又没有办法使人类世界达到空，于是丢下这个世界不管，出家去了。这种只为一己修道，六亲不认的做法，是不对的。

儒家又说，你们虽然讲究慈悲，可是实施慈悲的下手方法也错误了。我们儒家则不然，我们讲究仁，我们的慈悲有三部曲，是以“亲亲”为先，首先对自己的父母尽到了孝道，对自己的儿女慈悲。这些都做到了，再慈悲朋友的父母子女，“老吾老以及人之老，幼吾幼以及人之幼”。将慈悲的对象范围逐渐扩大到爱天下人，而成为“仁民”，视天下人都是自己的兄弟，都是同胞。这样推己及人的工夫都做到了，于是“民胞物与”。最后是“爱物”，爱世界一切万物，一步一步来。像你们这种慈悲，试问：假如释迦牟尼佛站在河边，孔子的母亲与他的母亲同时掉到河里去了，请问释迦牟尼先救谁？如果先将孔子的母亲救起来，那是不孝；如果先把自己的母亲救起来，照你们的说法，又是太不慈悲了，孔子的母亲也是母亲啊！

我们儒家的做法很简单，假如站在河边的是孔子，一定跳到河中，先救起自己的母亲，然后再返身跳下去，救起释迦牟尼的母亲。这是非常简单明了的事，也就是亲吾亲以及人之亲。

这一套理论，佛家就很难置辩了。除非说，佛有神通，不必自己跳下水去，两手向空中一抓，就同时把两个母亲救上来了。但是在儒家，先爱自己的父母，然后爱你的父母，你也爱我的父母，两人共同爱两人的父母，然后又共同爱第三人的父母，将这种爱，扩大、扩大、再扩大，于是扩大到仁民。所有人类都相亲相爱，最后爱物，不但爱一切动物，甚至草木土石都爱。像你们佛家所说的，是无比的大，一上来就是一个空，反而落空了。

不知道谁的道理对，所以我不喜欢高谈法理，如果做了法官，听听原告说的对，再听被告说的也不错，永远也判决不了，这就是各说各有理。但是我们要注意，在中国的历史上，历代的高僧，都是先走儒家的路子，然后在佛法方面才能够有所成就。即如近代的高僧印光法师，他的著作摆在我们眼前，文句多半出于儒家的精神，但他的教化则是佛家的，可以称之为“佛法儒化，儒学佛化”了。虚云老和尚也是如此，有儒道的底子，对儒家的学问也很透彻。再看明末佛家的四位大师：憨山、紫柏、莲池、藕益，他们对儒家的学说，也是很深入的。

现在回转来讨论孟子的原意。

孟子说的“尽其心者，知其性也”，“尽”是穷的意思，到头了，到了极点。佛法中有句诗：“色穷穷尽尽穷穷，穷到源头穷也空。”这是我的老师袁焕仙先生所作的诗，色相是空的，对它研究再研究，穷究再穷究，参空了，色相都是空的。空了也不对，“穷到源头穷也空”，最后连空也丢掉了，说它空也好，不空也好，那就是真空妙有，妙有真空。这就说明了“尽其心”就是穷其心，自己思惟、思惟、再思惟，正思惟到极点，心相的本体穷到了尽头，就进到了空，然后见到了自性。见到了人性的自性以后，才见到了天性，就明白了形而上的性之体、形而下之用的本性。

这是孟子学问的中心。可见孔孟之道，不是随便的，因为中国文化，古代文字的表达，喜欢简练；外国的文字，喜欢分析、精详，一个字，一个意义，在事理的表达上、处理上，也是演绎的。中华民族有一个奇特的民族性，对于太繁细的文字，不大喜欢看，越简单越好，所以中国文字，在简练中有深意。前面孟子所说的“尽其心者，知其性也。知其性，则知天矣”，短短的十几个字，就包涵了许多重要的人生修养的最高原则。

他又说：“存其心，养其性，所以事天也。”这两句话是讲修养工夫的作用。

“尽其心”，“知其性”，然后“知天”；而“存其心，养其性”是方法。要存什么心？儒家的方法是随时要存善念，所以后世的儒家说“去人欲，存天理”，这就是至善之念。在古代，读书人怎样去具体实施呢？从前有一种“功过格”，在一张纸上画许多格子，有的是三百六十格，一年用的，每天一格；也有一种是三十格，每月一张，一天一格；更有的是每天一张，上面有十二格，每个时辰一格。每天读完书以后，要静坐思过，有做错的事，用墨笔在格中点一个黑点；如果做了好事、善事，则用朱笔在格中点一个红点，这样天天反省。也有的是在口袋里放了红豆和黑豆，另外挂一个袋子，在书桌的旁边，如果做了一件坏事，或者动了一个坏念头，就投一颗黑豆子下去；如果做了一件好事，就投一颗红色豆子。这样一直反省到夏历十二月二十三，灶君上天向玉皇大帝报告这家人的善恶前夕，就要自己去数红黑点子或豆子。如果一年来，黑的多于红的，就要在灶君面前跪下来，自己照数责打自己，而且第二年将是良心上不安的一年。这种反省工夫，做得非常严格，绝对不敢欺人或自欺，更不敢欺骗上天的神明。

所以“存其心”，就是每在起心动念、动心忍性之间，慢慢要做到善念的存心多。所谓“善则养心”，因为人在做了一件好事以后，心里会很快乐，比做坏事害别人痛快得多，这就是“善则养心”的道理。“养其性”这个“性”，是习气之性，养性就是把坏的习气，慢慢变过来，变好了，变净洁了。这种学问之道的修养，是“事天”的，侍奉天的。这个“天”是内在的天性，如信佛的人，也可以说是事佛天；信道教的人，可以说事道天，或者上天也可以，反正有这样一个代名词，代表一个看不见的无形力量。

现在讲“心性”是两层东西，还有一样是“命”，这就厉害了，孟子说“殀寿不贰，修身以俟之，所以立命也”。

“殀”是短命而死，“寿”是活得长命。后世有一个界限，凡是未满六十岁而死的，都称“殀”，在讣文上，说到他的年龄时，只能说享“年”若干；满了六十岁以后死亡，才能称寿，说享“寿”多少年。

孟子这里是说，一个人生下来，要想成为一个真正完整的人，在人生的学问修养上，随时都要存心养性，而对寿命的长或短，应无所喜恶。纵然今日修这个道，做这种修养，明天就会死亡，也照样继续修下去，对生死问题，毫不考虑。正如孔子说的“朝闻道，夕死可矣”，今天早晨懂了这个道，晚上死掉也可以；假如说修道而长寿，修养越高，寿命越长，也可以。所以，“殀”也好，“寿”也好，要能生死无忧，就了却了生死。这是惟一的不二法门，人生只有一条道路，生死不要被“殀”“寿”的观念所困，非常豁达。真正的寿命，不是这个血肉之躯活得长短的问题，是有没有明心见性的问题。明心见性了，就算明日死亡，也是不朽的；不明心见性，活千年也是白活。有人信其他宗教，或者信佛念佛几十年，当他躺在病床上快死的时候，叫他放心抛开生死，安心祈祷或念佛，他却说现在祈祷上帝也不灵了，佛也念不起来了。这就是因为没有明心见性，弄错了信仰上帝、信佛菩萨的真理。信上帝、信佛，并不是求此一血肉之躯的不死，而是要“修身以俟之”，是在明心见性以后，临终放弃此血肉之躯，安然而去，这就是“立命”。

孟子教修身

以上三段，“尽心”“知性”“知天”是见地；“存心”“养性”“事天”是工夫；最后的“殀寿不贰，修身以俟之，所以立命也”则是行愿。工夫达到了，生死已了，对于是殀是寿都无所谓了。

但是要注意，想要存心养性，必须“修身”。要注意这个“身”字；换言之，所谓“身”，就是由这个身体、五官、四肢、意识所表达出来的思想观念与言语行为。至于怎样“修身”，这里他说“修身以俟之”，俟就是等待。等待什么？等待那个命数，长寿也好，短寿也好，生也无所谓，死也无所谓。了知生死不相关，我只是把我自己的言语举止，思想行为，时时处处事事都在道中，这样建立了正命，等待自己命数尽头的日子随时到来。

如果把道家、佛家的见地、工夫、行愿等修养方法，套上孟子上面这一段话，是可以写一部专书的。

至于“命”，佛家不大管“命”的问题，佛家只管“正命”而活，不准自杀；自杀是非正命而亡，为戒律所不许，所以要正命而死。这和儒家一样，要自然地命尽而死，自杀是犯戒的，也是罪过的。如何去修养正命呢？后世道家就有性命双修之说，到了宋代以后，道家与佛家，就因此而在修持方法上起了争论。道家讲“性命双修”一派的人，认为中国唐朝以后信其他宗教的人，只修性不修命，因此说：“只修命，不修性，此是修行第一病；但修祖性不修丹，万劫阴灵难入圣。”这就是说，只修命不修性是不能成功的，但是只修性不修命的话，即使修亿万年，也不能得正果，所以性与命双修才行。

佛家不承认这个说法，因为成道以后，证得菩提，是不生不灭，此命长存。这个命不是肉体的命，比肉体的命更伟大，那是儒家道家所说的“天命”，也就是两家所共同承认，不生不灭的本体之性，所以叫作命。而所说性命双修的这个命，就是这个又称作“丹”的命，是肉体之命，乃孟子所说的“修身以俟之”的“身”，为“身命”，后世又称为“生命”。你这个身，是肉身，可以“殀寿不贰”，而我们不生不死的身，为变化身，因此有法身、化身、报身的三身之说。

严格地说，形而上的最高哲学的性命之理，儒、道两家是无法与佛家争辩的，佛家分析精详，归纳的结论也绝对是对的。而形而下的“修身以俟之”，乃至于起用，入世与出世的大乘精神，佛家不一定可以与儒、道两家比。因为佛家空旷、空阔，看起来吓人得大，盖下来昏头昏脑，行起来不着边际，真是法海无边，回头是岸。岸在哪里？照儒家的说法，法海无边，回头即在最近处，抓住一块木板，慢慢漂流，终必靠岸的。所以他先抓住这个命，再找回到大命，那就不是这个肉体了。后世的道家与佛家的密宗修法，都是以这个肉体去修的。在这方面讨论起来，又是一本大著作了。

孟子曰："莫非命也，顺受其正。是故，知命者不立乎岩墙之下。尽其道而死者，正命也；桎梏死者，非正命也。"

这里孟子所说的"正命"，又与后世道家所说"性命双修"的"命"有所不同，而接近佛家大乘菩萨道的戒律。他说："莫非命也，顺受其正。"这是孟子在说明一切人的生命存在，生来自有固定的因缘。这也是大家困惑所要追问的问题。既然现有的生命，早已是命中注定，那又何必需要努力修为呢？这不是宿命论吗？其实一般人所谓的宿命论，是认为自己的命运，被另外有个主宰已经定好了，无法改变。其实，这里孟子所说的命，不是他力所定的宿命论。《诗经·大雅·文王》早有"永言配命，自求多福"的古训，由此可见我们的传统文化，素来都不是迷信宿命论的，而是要人人自求多福的。

这恰恰如同佛家所说的命，并非另外有个主宰，早早为你定构一生命运的模式。佛家所谓现有的命与过去、未来的因果关系，都是唯心自造，既非因缘也非自然，其中奥妙，一般人实在很难理解。所以佛家有几句名言：

欲知前生事　今生受者是

欲知来生事　今生作者是

今生我们所受到的一切，都是前生的业力习性带来，很难改变；若问来生如何，就看今生做了些什么。在佛家的唯识学中，生命中带来的过去的业力，名为种子，“种子起现行”，由种子发起现在的行为；“现行熏种子”，由现在一生行为的结果，又成了未来的种子。所谓“种瓜得瓜，种豆得豆”，这就是三世因缘生法的道理，是佛法的透彻之处，真是天衣无缝。我的理解也许还不到家，但我研究各宗教的哲学，都没有办法超越因缘所生法的原则。

但是，孟子所说的，只是现行的命，想要将我们这个现行的命改变，是可以做到的，不过必须行大善、至善，做到去恶为善，止于至善。这谈何容易啊？有的人在某件事情上，虽然出了钱或出了力，但那是做给别人看的，不是真正行善；真正的行善，是不为人知的，也不一定能得到别人的了解，可能还被他人毁谤辱骂。对于这种情况，学佛的人就会想到《金刚经》上的话：“是人先世罪业，应堕恶道，以今世人轻贱故，先世罪业，即为消灭。”就是说自我反省观察过去生所造的恶业，到这生余业未了，虽做好事，仍然得不到别人的首肯与赞赏。所以反而要感谢那些责骂、毁谤自己的人，因为他们的责骂与毁谤，使你的余业果报早些消除了断。

另有人怀疑，一件好事未做的人，还做了若干坏事，却生活得那么富裕康乐，这又是什么道理？司马迁在《伯夷列传》中，也曾提出一个疑点：“天之报施善人，其何如哉？”又说：“余甚惑焉，傥所谓天道，是邪？非邪？”不过他写这篇文章，对这类的困惑不作答案，只提一个问题，让读他文章的人自己去思索。

佛家的答复很简单：某人现世是坏人，但他之所以有如此好的境遇，是因为他前生善业所得的善报还没有完；他现生所做的坏事，等到恶贯满盈时自会结算。在我个人的人生经验，佛法说的是对的，我看到许多人一生的经历，报应非常快，好像比计算机计算还要快。其实许多人就是现世报，但是受报的人自己并不明白。所以中国社会，普通流行的有四句话：“善有善报，恶有恶报，不是不报，日子未到。”这是大家都爱说的。

什么是正命

孟子这里所讲的是现世之命，一切都是命定，但我们要不怨天不尤人，“顺受其正”，就是正命地活着。世界上每个人对现实的人生，都是不满意的，当遭遇不好时，或者怨天或者尤人。孔子曾说过，人应该不怨天不尤人，这是最难做到的学问修养，有时明明自己错了而不知道，或反省不出来，于是就怨天尤人。信宗教的人也会说，我再也不信上帝，或者不信菩萨了。其实讲这样的话，已经是最大的怨天尤人了，因为在他心理上是认为自己没有错，错在上帝、菩萨或他人。再不然，正如现在报纸上说的，我没有错，这是社会问题，是社会的错。试问社会是谁的？社会只是一个名词，是人群结合在一起的大众，叫作社会。换言之，社会即是人群，自己也是社会的一份子呀！明明是自己个人的错，为什么推过给社会人群呢？

再说，怨天尤人就是迁怒。孔子说颜回的修养最高，“不迁怒，不二过”，他错了没有怪到别人身上。有人只是小的迁怒，例如有人正在生气的时候，别人有事找他，他就骂这人一顿，这也是很明显迁怒的一种形态。可是一般人反省不到，迁怒的结果往往会坏了大事，害己害人。有的夫妇之间，并无大的纠葛，然因迁怒而闹成反目成仇，竟而成为生离死别的悲剧。

其实人性都是善良的，做错了事，立刻会脸红一下，但不到两秒钟，就认为不是自己的错，错的都归之于他人。认为如果不是别人如何如何，自己就不会这样错，归根结底，总认为是别人的错。人就是这样既不会反省，又常会迁怒他人。真正的修养，在动心忍性之间，能够确实检查出自己的错误，然后“顺受其正”，所受的一切遭遇，不怨天不尤人，不迁怒不二过，这就是正命地活着，也就是佛法所说的八正道（正见、正思惟、正语、正业、正命、正精进、正念、正定）中的正命。

讲到这里，我忽然想到宋代名儒朱敦儒这两首《西江月》的词，非常豁达，非常自在，和孟子“莫非命也，顺受其正”，很有关联。这是文学中的哲学，大家不妨记住，碰到烦恼的时候，朗诵一番，比求神拜佛的祈祷，或道家、密宗的符咒，更有妙处。

世事短如春梦　人情薄似秋云
不须计较苦劳心　万事原来有命
幸遇三杯酒好　况逢一朵花新
片时欢笑且相亲　明日阴晴未定

日日深杯酒满　朝朝小圃花开
自歌自舞自开怀　且喜无拘无碍
青史几番春梦　红尘多少奇才
不须计较苦安排　领取而今现在

孟子说：“是故知命者，不立乎岩墙之下。”真知道正命而活的人，不会站在岩墙下面。这句话的意思，扩而大之是说明，知道是过分危险的地方，尽可能不去；过分危险的事情，尽可能不做；绝不故意斗狠逞强，去冒可能有意外丧命的风险。

但有一点，当国家民族有难，如果自己的牺牲，可以挽救国家民族的危亡，拯救许多生灵，那就毫不犹豫毅然而去牺牲。这也是正命，是圣贤菩萨的用心，如文天祥、岳飞就是。但是不必要的危险，则不必去冒。年轻人喜欢做不必要的冒险性嬉游，就是“非正命而玩”。有一个人在花莲奇莱山堕岩死了，另有一人很不服气，说那个人差劲没出息，他也逞能去爬，结果也爬得不见踪影了。这种非正命而玩，就成了非正命而亡。

所以“尽其道而死者，正命也”，人生的责任尽到了，做完了，一切尽心了，寿命到了，顺其自然就去了，这是“正命”。因好勇、斗狠、赌气而死的，就是非“正命”而死。所以为国家民族而死于战场的，是“正命”，在中国历史上认为，那是为正义而亡。聪明正直者死而为神，这神并不是由什么皇帝封的，而是当时以及后世千秋万代，共同所敬仰的。

中华民族对于“正命”而亡者，有如此尊重！所以信奉宗教的人可以注意。“正命”也就是在儒家的《孝经》中引用孔子说的话：“身体发肤，受之父母，不可损伤。”其实，儒、佛两家的精神是一样的，佛家说，人若无故损伤自己的身体，在自己身上割一刀，那就如同出佛身上的血一样，就是犯了菩萨戒。因为每人都是佛的身体，如果有一天悟道了，就成肉身佛，所以不可以随便糟蹋自己的身体。宋儒陆象山曾说过几句话，大意是“东方有圣人，西方有圣人，此心同，此理同”。真理只有一个，中国是这样说，印度是那样说，大家都是父母所生的血肉之躯，只是言语文字表达的不同而已。

孟子的性命之说，暂时到此为止，和佛家性命之说的思想，非常接近，几乎是一样；如果认为和道家所说的不同，那可并不尽然。下面再看。

你想得乐吗

孟子曰：“求则得之，舍则失之，是求有益于得也，求在我者也。求之有道，得之有命，是求无益于得也，求在外者也。”

孟子曰：“万物皆备于我矣。反身而诚，乐莫大焉。强恕而行，求仁莫近焉。”

这一段是孟子对于“穷理尽性以至于命”的性命之理，所作的阐释。这是真学问、真修养，讲如何做工夫。

“求则得之”，当然最初要自己立志（发心）求道，道就在自己本身，诚心去求，就可以成道。“舍则失之”，如果不立志发心去求，就无道可得了。“求在我者也”，因为道是向自己内求的，只要活着就有命，有命当然就有灵性的存在，会思想，有感觉，就有心。有心、有性、又有命在，那么一切性命之理的大道就在自己这里，不必外求。

佛家主张无我，是不要另起一个妄心之我，而求真我。所以小乘的基本理论，讲的是苦、空、无常、无我；而释迦牟尼佛涅槃的时候，又翻转来讲了四个字：“常乐我净。”他刚生下来时，一手指天，一手指地说：“天上天下，唯我独尊。”这就指明了人人自性本来有个天真的我，但这个我，不是另起妄念的我。佛在人世间几十年，在他将涅槃的时候，问他证得了什么，他说我已经证得本自寂灭“常乐我净”，那个天真的自我找到了。所以孟子也说“求在我者也”，等于同一道理。

孟子又说：“求之有道，得之有命。”求道是有方法的，但是想要得到这个道，则“有命”，要有正命，非正命不行。有的人修道，拼命注重任督二脉、奇经八脉的打通，结果往往不是高血压而死，就是得了或轻或重的神经分裂症。因为“是求无益于得也，求在外者也”，像这样的“向外驰求”，是没有益处的，不是穷理尽性的“内明”，只是把生理反应的境界、工夫，当作是道，没有找到真我，所以不能成道。其实那些感受并非坏事，那只是身体气脉变化的境界而已，境界是会变化的，是无常的。

所以孟子告诉我们“万物皆备于我矣”，人现在活着的自身，就和宇宙的功能一样，没有一点缺损。活着性命的本身，具备了下地狱的种性，也具备了上天堂的种性，更具备了成佛成圣人的本性，当然也具备了成畜牲的性能。孟子“万物皆备于我”这句话，相当严重，佛法也如此说，只是将“我”字换成“如来藏”，含藏了一切种性的功能，别名“真如自性”。

现在孟子告诉我们，求道怎么求，“万物皆备于我”，一切都在我自己这里，所以要向内自求。庄子也有“与天地同根，万物一体”的概念，如何求法呢？只要“反身而诚”就到了。不过要注意，他不是说反心，不是佛法中说的观心，也不是看念头。“反身”，反哪一个身？怎么反？瑜珈术有倒立莲，头顶在地面，脚向上直伸，这不是孟子说的反身，那还是向外求；所谓“反身”，是要找出自己的真身本体来。孟子“万物皆备于我”这句话，在佛家的《心经》也说了，就是“不生不灭，不垢不净，不增不减”的道理。平常我们把这个肉体的现存之身，看得很重要，因为它是表达生命存在的一个重要工具；如果没有这个工具，则在世间的应用上，这个存在的生命，是无法表达出来的。

但是我们仍然要去找到那个真身本体，那个永远存在的生命，把那个重要的东西找到而常存不变，这就是孔孟之道所讲的“诚”，那就“乐莫大焉”了，身心内外，充满了快乐。我们看到许多修道的人，面有菜色，或愁容满面，或一脸怨恨，或神秘兮兮，这都是非道。如果是“反身而诚”的，绝不是这种样子，而是慈、悲、喜、舍的形象，就像是“弥勒佛”一样，笑口常开，充满了喜乐，逗人们开心。他笑些什么？有一副对联说得好，“大肚能容，容天下难容之事；开口常笑，笑世间可笑之人”，这就是“乐莫大焉”的样子。

从前大寺庙的建筑，就是一个话头，具有深奥的含义。一到山门口，就看到哼、哈二将，一左一右，一个是鼻子哼气，一个是张嘴哈气，表示进入此门是呼吸间的事，要注意，呼吸是很重要的。再进内是四天王殿，两边是四大天王，又称四大金刚，一个手中弹琵琶，听声音，就是声闻；一个手执雨伞，发慈悲心，遮覆天下人；一个手拿宝剑，斩断一切情丝烦恼；一个用手执蛇（绳索），降伏群魔。这四大金刚的形象，就是告诉人们修养身心的方法，同时也代表了见、闻、觉、知的作用，所以着手用功的人，都没有离开见、闻、觉、知四个重点的转化。

天王殿中央供奉的是中国式的弥勒佛，转过来背面供着的是韦驮菩萨。这位护法天神站在那里，端庄、正直，手持降魔杵，有英雄大丈夫的气魄。如果是双手“合十”，作问讯状，降魔杵横搁在两手的臂弯处，这个寺庙便是“十方大丛林”，游方和尚可以在那里挂单；如果两掌压住降魔杵头，植地而立，则是“子孙丛林”，不大接待外来的游方和尚。据说韦驮菩萨本来是站在山门外的，因为他的职责是护法，出家和尚或在家学佛的人，有犯戒不对的，他看不下去，举起棍子就把人打死了。由于佛慈悲不忍，故而叫他对面而立，这叫作“不看僧面，看佛面”，所以后来韦驮菩萨是面对着佛。

再进去到了大雄宝殿，就是佛祖释迦牟尼的三身——法身、报身、化身，左边是迦叶，右面是阿难，两旁有十八罗汉。有的大丛林专门供有罗汉堂，五百尊罗汉形貌完全不同。大殿后面是大慈大悲观音菩萨，就是入世行善，救苦救难，不求人知。这样的寺庙，就等于说明了全部的佛法。

这些道理，都在“反身而诚”一句语义之中，做到“反身而诚”，就发乐了。例如修止、修观、修定、修慧，都要“反身而诚”。又如修不净观、白骨观，以及安那般那（观出入息），也都是“反身而诚”的修法，工夫到了“乐莫大焉”，可以发暖得乐。读了孟子的这些话，也可见儒家亚圣的孟子，的确不同凡响，是有实际修养工夫的。

讲到行为，做工夫，行慈悲，要“强恕而行，求仁莫近焉”，就是要勉强自己去做。人最会原谅自己，例如说修止静（打坐）的工夫，一天最好多坐几次，自己却会说忙得很，没有时间。所谓忙，只是这么说说而已，并不是真忙；其实是怕坐久了一身酸痛。这就要“强”迫一下，勉强自己去修正，对待自己不好的习性，不可太过放任，要带一点强迫性来自我转变。“恕”就是做人做事的时候，对别人要仁慈、宽大，饶恕别人，这是行愿的基本。换言之，“强恕”的两个要点，就是“严以律己，宽以待人”。

如果这样做去，“求仁莫近焉”，仁的境界就来了。仁是儒家所用的一个代名词，也就是佛家所说的“此心活泼泼的，空灵的，本来无一物的”那种境界。

谁有惭愧心

孟子曰：“行之而不着焉，习矣而不察焉，终身由之而不知其道者，众也。”

孟子曰：“人不可以无耻；无耻之耻，无耻矣。”

孟子曰："耻之于人大矣。为机变之巧者，无所用耻焉。不耻不若人，何若人有？"

孟子又说，"行之而不着焉"，大家的生命，本来都在道中，"习矣而不察焉"，因为被行为习惯所蒙蔽了，自己不知道，也就是《周易》所说的"百姓日用而不知"，我们天天在道中行，不知"道"在哪里。试想想看，我们能不能知道，早晨一醒来的第一个念头是什么？无从自知。念头从哪里来？往哪里去？都不知道。可是每天的言行举止，念头都在喜、怒、哀、乐的情绪中搅扰，所以就不知道自己"心性"本来清净的真相了。大家被无始以来的习气所左右，烦恼就来了，可怜得很。因此"终身由之而不知，众也"，所以一个人的生命本身有道，但没有反省自修，反而迷心逐物，向外驰求，这样就叫作平常人，也叫作凡夫、众生。

从这里我们看到，如果不这样深入去研究，而又随意批评孔孟只是教条，那只能说是自己没有彻底了解其中的内涵罢了。

上面这几段，如引各家的学说，来做详细的阐述，可以写成一部有关性命之学几百万言的专书了。但"记问之学，不足为人师"，因为记问不是学问，只是知识的传播而已。例如韩愈所说的师道，是"传道、授业、解惑"，那就比较接近人师的榜样了。所谓"授业"，也不是传授技艺之业，而是立德、立命的基业。《孟子》中的这一段，内容广泛得很，为真学问之所在，我只是扼要地提出来一点点，大家须要再做深入的研究。

孟子接着说的，还是修养的道理。

孟子说"人不可以无耻"，这"无耻"两个字，在现代人的观念中，好像变成一句骂人的话，不大好听，不容易被人们接受。所谓"耻"，换一个名词来说，就是惭愧心。我们常常会对人说：惭愧！惭愧！这就是“耻”，就是知耻；那件使你惭愧的事，往往是无耻之事。如果做人做事，不知随时随地反省检查自己过错的话，德行是不会有所进步的。如果能时时自我反省，发现自己的过错，那么这一天活着的生命，就是有耻，就是有惭愧心。假使犯了过错，不但不自我反省，反而自我辩护认为没有错，甚至推过于别人，那是“无耻之耻”，那就真正叫作“无耻矣”，也就是根本无惭无愧了。

孟子再说：“耻之于人大矣。”有惭有愧之心，是平常进德修业最大的关键。佛家学说也是如此，认为惭与愧，是人生修养非常重要的善行。“为机变之巧者，无所用耻焉”，有些人，非常聪明伶俐，做错了事，自己运用机心，很巧妙地为自己辩护，肯定自己没有错，这一类“机变之巧”的人，就是用心极不诚实，非常狡滑的人。“惭愧”两个字，对这种人根本用不上了。

孟子又说：“不耻不若人，何若人有。”简单地来解释这句话，就是当你不如人的时候，假如自己还没有惭愧心，那你怎么能够做到和人家一样呢？人都有好胜上进的心理，看见别人比自己好，却困于自己的坏习惯，只是自卑，不肯自求进步。其实，不必怕不如人，只要发一个惭愧、有耻之心，自己努力，别人也许十天就能做到，自己百日、千日总可到达与别人同样的程度吧，甚至超越。可是一般人，往往不会自我承认无耻，反而容易犯一个自卑感的毛病。例如看见同学有很高的成就，就不敢去看这个同学。其实深刻进一步来说，能够有自卑感，已经是有知耻的动机，但是必须要拿出勇气，不要被自己的自卑感淹没，更要奋发向上进德修业。所谓“知耻近乎勇”，“过而能改，善莫大焉”，做人做事要这样，修养心性更要如此。

孟子曰：“古之贤王，好善而忘势；古之贤士，何独不然！乐其道而忘人之势。故王公不致敬尽礼，则不得亟见之；见且由不得亟，而况得而臣之乎！”

贤君贤士最平凡

孟子说，古代的贤王、圣明之君，都是好善的，对于国家的决策，只注意如何有利于国家、天下、社会、人民；自己虽为一国的领袖，且有绝对的权力，可是他忘记自己的权力。换言之，他只着眼于社会大众的利益，不去考虑如何增加自己的权力。在制定政策时，只要是对国家社会，对老百姓有利益的，就下定决心去做，并不考虑这个决策是否损害自己的权势，更不是以增加自己的权力为出发点。同样地，一个领导人，甚至一个普通人，也都应该有这种精神。但是，人很难做到这一点。

例如一个人很有学问，但往往会自认是饱学之士，看不起别人。其实应该忘了自己“有学问”这回事，在街上看见一个推车的、挑菜的，也要谦虚，想到自己还有向他们学习的地方。可是，一般人连穿一件新衣服都忘不了，走在街上，要多拉几次衣服，似乎怕别人不知道；如果有人赞美他的衣服，他更会沾沾自喜。所以忘了自己所拥有的，是很难做到的。如果有权力而能够忘掉，就是保持了一分天真、善良与仁慈的童心。这是古代内圣外王的基础，是中国文化个人基本修养的本分。

所以大家要特别注意，这句话听起来容易，做起来很难。乃至于出家当和尚的，本来很平凡，慢慢被人尊称“师父”，再被尊称“大法师”或“上师”，这样对他三叫两叫，他便自以为是活佛了。一般人除夕过年的时候，口袋里多了一些钱，自己就会“抖擞”——炫耀、自满、自傲——起来，这就是不能“忘钱”。在古代的圣王之中，能有“好善而忘势”的精神，是值得后人效法的。

孟子说，上古有德行的读书人，也能做到这样，自己有权势，忘记自己的权势；自己没有权势，则忘记别人的权势，这也不容易。但是，忘记别人的权势，并不是傲慢的态度。如果心中有傲慢，认为你越有钱有势，我越不睬你，这非但不是忘记，反而表示注重对方的权势。这就是我慢，觉得自己比那些有钱有权势的人更伟大。如果此心平等，安贫乐道，就会把一切人都看得平常，不论别人有钱有势或无钱无势，总归都是人，以平等心对待，既不傲慢，也不特别轻视或尊重，人与人之间，应该有的礼貌，应如何便如何。如果认为对方有权势地位财富，自己故意"以贫贱骄人"，不予理睬，而表示自己清高、了不起，这就已经错了，"起不了"啦！这只是自卑感在作祟而已。

孟子说："古之贤士，何独不然。"古代有修养的知识分子也是一样，只问人家有没有道德，不问人家有没有地位、权势，忘记了对方的权势。所以古代称赞高士们"天子不能臣，诸侯不能友"的美德，因为他心境平淡，忘记了这些权势地位。例如宋朝的杨朴，始终不肯出来做官，宋真宗仰慕他的名，几次要他出来，他都不肯。最后宋真宗派人到他家里坐候，他没有办法，只好到京城里去见皇帝。宋真宗对他说：现在终于把你请来了，你是喜欢作诗的，而且诗作得很好，一路上一定有不少好诗了。杨朴说：我在路上没有作诗。宋真宗说：那么你离家的时候，你的朋友们一定作了许多好诗，为你送行吧！他说：朋友们也没有诗，只有我内人（太太）作了一首诗送我。宋真宗说：那你太太的诗怎么说呢？杨朴就念出来他太太的诗：

更休落魄耽杯酒　且莫猖狂爱咏诗
今日捉将官里去　这回断送老头皮

宋真宗听了这首诗，哈哈大笑，因此送了他很多礼物，放他回去，表示再不叫他做官了。实际上，谁知道他是不是假太太之名，表明自己的态度呢？宋代历史上，这类的高士也不少。

再说孟子说的这类高士，并不是傲慢，也不是看不起政府，他只是不需要攀附权贵而已。例如宋代的邵康节，上通天文，下知地理，像他这样有大学问的人，欧阳修、司马光这帮好友，曾多次请他出来做官；他说，在政治上有你们出来，就已经很好了，我的身体又弱，不要为我添麻烦，让我在家里安享余年，能活几岁，就活几年吧。老朋友无论怎样邀请，他都不肯出来。

所以孟子说："故王公不致敬尽礼，则不得亟见之。"因此诸侯、大臣，地位最高的人，如果对于一个有修养的知识分子，没有恭敬心，礼貌上稍有不周，不能完全尽到礼的话，纵然想马上见他，也是无法见到的。"见且由不得亟，而况得而臣之乎"，连见一面也办不到，何况想请他来做僚属！更做不到了。

这一段放在"知耻"之后，有它的道理在。因为这一段所说的，也就是人格修养上的"知耻"，一个人要知道自己在时代环境中的分量。有时候，学问固然好，才能固然强，但自己要知道，自己的学问本事，其实只有一二两重。就像俗话所说的"贵州驴子三脚踢"——贵州的驴子容易发怒，但等它踢了三脚以后，就没有其他本事了，所以成语说"黔驴技穷"，只有三拳两脚的本事。

又如现在年轻人看别人的文章，认为也没有什么了不起，事实上也真没有什么了不起；可是由自己来写，苦写三天也写不出来。有些人看似满肚子学问，办个刊物，写上一年，学问也就写完了。要知道，学问的补充很难，成本很大，说不定读了一年书，两篇文章就写光了。不要以为自己本事大，所以人要能知耻。"知耻"不一定要含羞，而是要知道自己的分量，不要做出超越自己分量的事来；假如自己做了超越分量的事，就必定招来耻辱。例如举重的选手，自己只能举起九十公斤，偏要去参加举一百公斤的比赛，结果不但得不到冠军的荣誉，反而招来失败的耻辱。这种太过超越自己能力的行为，就是不知耻的结果。有时候，人狂起来就忘了自己在哪里，像一些学佛的青年，“未得谓得，未悟言悟”，自认为开悟了，就了不起了，那是“开误”了。一个真正开悟的人，多么平淡！多么谦虚！开悟并没有什么了不起，可是有人恨不得在头上写个“悟”字，那是迷之又迷了。

因此孟子在这里说到，古代的贤君、贤士，始终觉得自己很平凡，所以面对势利，不感到势利；面对贫贱，不感到贫贱，因此能够独立而不倚。

孟子谓宋勾践曰：“子好游乎？吾语子游。人知之亦嚣嚣，人不知亦嚣嚣。”

曰：“何如斯可以嚣嚣矣？”

曰：“尊德乐义，则可以嚣嚣矣。故士穷不失义，达不离道。穷不失义，故士得己焉；达不离道，故民不失望焉。古之人，得志，泽加于民；不得志，修身见于世。穷则独善其身，达则兼善天下。”

先穷后达的那个人

“宋勾践”这个人，姓宋名勾践，与越王勾践同名。

孟子对他说“子好游乎”，等于庄子所说的“逍遥游”，也就是说“游戏人间”的意思。人生本来是一场戏，世界是一个大舞台，看谁唱得好。但千万不要忘记，自己终究是一个演员，唱完退到后台，我还是我。这个原则，一定要把握住，在演的时候，哭要真哭，与剧中人合而为一，进入状态；演张三时自己就是张三，演李四时自己就是李四，人生本来就是戏。孟子提出的“好游”，就是如此而已。

“嚣”字常常被连在“张”字上面，成为“嚣张”一词，就是哗啦哗啦的意思。但是“嚣嚣”二字叠用，就变成了潇洒，是文雅的，但比潇洒的态度，稍稍粗一点，有少许兴奋的意味，海阔天空，满不在乎的。但满不在乎，不是乱来，也不是麻木。

孟子对宋勾践说：你好玩，我告诉你关于玩的道理。有人了解你，你要满不在乎；没有人了解你，也要满不在乎，你还是你，那就是你的本色。

宋勾践听后问道：你这个道理讲得对，但要怎样才可以“嚣嚣”——满不在乎呢？

孟子说，一个人活在这世间，如果自己身心不健全，“百年三万六千日，不在愁中即病中”，叫他“嚣嚣”，也潇洒不起来。再说真有德性修养的人，自有高尚品德的自尊心，能“尊德”，所作所为，都能够好善、反省，能“心不负人，面无惭色”，胸襟开朗，对得起天地鬼神。这就是“尊德乐义”，这样才可以“嚣嚣矣”，才可以真的逍遥自在了！

因此孟子说了两个要点：“穷不失义，达不离道。”一个真正有学养的人，尽管一辈子不得意，但不离开自己的人生本位，义理所当为则为，就是所谓的“穷不失义”。

宋朝了不起的名儒范仲淹，在他《岳阳楼记》中说：“先天下之忧而忧，后天下之乐而乐。”这是脍炙人口的名句，流传万古。后世青年，有人把这两句作为读书做人的目的，且以济世救人为己任。就他的这两句话而言，已经属于“立言”的大事了。

大家都知道，范仲淹出将入相，不过宋代儒家的理学，可以说都是由他一手振兴起来的，许多大儒，也是由他敬重培养成就的。他当年在西北镇守边疆，张载（横渠）年轻时，去西北投军。范仲淹看见他一表人才，相貌堂堂，对他说：你前来投军，报效国家，这是对的；在我，有你这样的青年来投效，我当然欢迎，不过报国的途径很多，你有更好的前途，可以去努力，何必应募来当兵呢？张横渠还是一腔热血，慷慨激昂，说了一番道理。范仲淹说：年轻人先沉住气，我送你一点路费、一本《中庸》，回去把这本书读好以后，再来找我吧。张横渠听了他的话，就回去读书，后来果然成为一代大儒。

张横渠读书成就以后，有四句名言说："为天地立心，为生民立命，为往圣继绝学，为万世开太平。"这是自宋代以来，为历代读书做学问的知识分子所备加尊奉的。其实张载这四句名言，与范仲淹所说的"先天下之忧而忧，后天下之乐而乐"，互相呼应，相得益彰。也可以说，他之所以读书成就，成为名震一时的关西大儒，其中受范仲淹的影响，最为深远。

除张载之外，当时由范仲淹培养出来的人才不少，如宋代名相寇准、文彦博等人的成就，都与他有密切关联。再如宋初山东的名儒孙复，也是范仲淹无意中推崇出来的。

范仲淹初期，是任知府，拿现在体制来比较，是省之下、县之上，相当于抗战前后的行政督察专员。当时孙复非常穷困，带了一封介绍信去见他。范仲淹见他是一个有品德的读书人，问起他有什么事需要帮忙，孙复说起生活困难，范仲淹即送他一年的生活费用和回家的旅费。

范仲淹这类的事做得很多，做过了也就不会计较于心。第二年孙复又去找他，范仲淹想起他曾经来过，觉得这个人，怎么老远地来打秋风，就对他说：你怎么不在家好好读书？他说生活没办法，而且还欠了债。范仲淹说：你这么遥远地跑来跑去也不是办法，这样好了，我写封信给你家乡的县长，请他帮忙你，我也负担一部分。这样才彻底解决他的问题。

不到十年，全国传闻，泰山下有一个姓孙的学者，学问道德非常之好。范仲淹听到这个传闻，就找他来见面，发现原来是自己帮忙过的那个读书人。后来范仲淹在笔记中感叹地写道：人最怕的是穷，当处身于极度穷困之中时，如果没有人伸手扶一下，就要过不去了；如果有人在此时，纵然是无意中伸出援手扶他一把，让他渡过难关，他就可能成为英雄、豪杰乃至圣贤。他说，平心而论，对孙复的帮忙，只是无意间的事，不像是对张横渠有心培养，但却培养了这样一个大儒，所以心里非常高兴。

其实，范仲淹自己就是孤儿出身，幼年时父亲去世，母亲被贫穷所逼，只好带了他改嫁朱家。他也改姓朱，单名叫说。当然，这种日子不好过，他在稍稍长大后，就拜别母亲和朱家，住到庙里读书。每天煮稀饭后再让稀饭结冻，划成三块，度过一天三餐的日子，勉强解饥。考中功名以后，才复姓归宗，最后出将入相。因为他知道民间的疾苦，生活的艰难，所以我们现代的助学制度，他在那个时候已经创办了。他当了大官以后，赚的钱，买了许多田地，收入所得，自己完全不要，用来兴办义学，帮助清寒子弟读书。并在每个县里，兴办义仓，积存余粮，遇到荒年，开仓放赈。这些社会福利的善举，都是他创导的。

他一生为官，从来不摆官架子，后来并把母亲接回来奉养。他的四个儿子纯佑、纯仁、纯礼、纯粹和侄子纯诚，后来都做了大官，都是名臣，对国家有相当贡献。他在边陲带兵的时候，叫他的次子回家收租，一次收了四大船的租谷回家，在路上看到范仲淹的朋友石曼卿（延年），上前问候。石曼卿流泪告诉他，母亲死了，连棺材都没有钱买。范纯仁即将收来的租谷，全部赠送给石曼卿。范仲淹正在书房读书，见儿子空手而回，就问路上发生了什么事，范纯仁将经过说明，范仲淹听了，非常高兴，对儿子大为嘉许。

我们看范仲淹的一生，就是“穷不失义，达不离道”这两句话的最好说明。这也就是孟子在这里所讲的“穷则独善其身，达则兼善天下”。不过就文章说，“千古文章一大偷”，这句话也是脱胎于老子的“后其身而身先”一语。三个人的话，是同一个观念。不过，孟子的变化说法，比老子那句话达畅多了。《老子》是春秋时代的文体，简练又简练；孟子与范仲淹写的，就是白话文了。

有我　无我

孟子接着说：“穷不失义，故士得己焉；达不离道，故民不失望焉。”一个人的学问修养做到了，虽然一辈子倒霉，人格始终不褪色。不要因为自己没有钱，而将自己的人格打折扣，那就整个失败了。“士得己”就是有我，“己”就是我，“得己”就是保得住我自己。

我刚才说人格的保持，年轻人要特别注意。若干年前，两三个大学的佛学社团联合邀我做一次演讲，可是我听见是佛学社团就头大，讲佛讲得不好会讲“糊”，讲得糊里糊涂的。我当时对他们讲的题目是“有我与无我之间”。学佛要无我，形而上道——自己讲修养，要到达“无我”之境，才可以入门，但还不是最高。做人做事，一定要“有我”，才能够立大功成大业。一般学佛的人，拿了这个“无我”的名词，就把鸡毛当令箭，到处“无我”一番，结果佛既学不成，人也做不好，这是学佛的人最容易犯的毛病。

做人一定要“有我”。例如写一篇文章，如果其中“无我”，则不值一读，不会有内容，老师就会批“不知所云”四个字；画家画一幅画，“无我”就没有东西。做人“无我”则怎么做人？是谁在做人？我就是我，不能变成你。更不能今天变成张先生，穿上西装；明天又变成李小姐，抹上口红。那成什么话？所以做人要有我，每人有自己的人格，自己的品德，自己的风格。至于风格对与不对，在于前面说的“尊德乐义”这个范围。各人在这个范围之内，建立各自的品格，老实人是老实的风格，慷慨的人是慷慨的风格，这就是“我”。

所以“穷不失义，故士得己焉”，穷了还有我，如果穷到了无我，那就是孔子说的，“小人穷斯滥矣”。得志了，则“达不离道，故民不失望焉”，得志以后并不忘形，不离开“尊德乐义”之道，更要好善。得志以后，到了上位，就要记住是上天给自己的机会，去为大家做事。在我个人的体验，不想运气好，更不想得志。所谓运气好，只是一个字“忙”，连吃饭的时间都没有；倒霉的结果则是“闲”。如果“忙”与“闲”可自己选择，我宁可选择倒霉，太忙了吃不消。

而且更讨厌的，是脸上的皮肉也要忙，见人就得笑，不想笑也得笑。如果没有地位，不笑就不笑！别人也不在乎我笑不笑。有了地位，只好对人笑，不笑就被指为傲慢、官腔；有时会笑到脸上的肉发酸，也很可怜。“达”就要“不离道”，能这样的话，一般人才不对他失望，那就是众望所归了。现在选举胜利的人，就有人送一块匾额，上题四个字“众望所归”。当然，现代的选举，当选的人是否真是众望所归，那又是另一个问题了。

孟子继续说：“古之人，得志，泽加于民；不得志，修身见于世。”古代的人，读书求学问，是为了增进自己的修养。得志的时候，是上天所给的权位，不过是一种工具而已，目的在用这工具做好事，给社会大众谋福利。如果不得志，也没有关系，不过，也要对社会有贡献，不能蹲在城隍庙的角落躲起来。这样是自卑，是没有修养的，应该“修身见于世”——修身养性，端正自己，给世人看见，做个好的榜样。

“穷则独善其身，达则兼善天下”，这两句是孟子流传千古的名言。凡是中华民族的青年，都应该牢牢记住，这是人生的价值观，和人生的目的。如果对于自己人生的价值和目的都搞不清楚，那简直是糊里糊涂地过了一生。

凡民与豪杰的区别

孟子曰：“待文王而后兴者，凡民也；若夫豪杰之士，虽无文王犹兴。”

孟子曰：“附之以韩、魏之家，如其自视欿然，则过人远矣。”

孟子说，周文王是历史上的贤君，也是历史上的明王。文王、武王父子两代，在当时十位贤臣的辅助下，以他们的智慧共同努力，确实做到齐家、治国、平天下的局面，而使周朝延续了八百年。这十个大臣，就是历史上所称的贤臣，其中一人是文王的太太。一般的人才，要靠好的领导人，才能有机会站出来；这类人还是普通人才，非靠背景，靠别人提拔不行。而真正的英雄豪杰，无论在任何环境之下，都站得起来。

关于这个观念，历史上有一个例证。大家都知道，韩信在年轻倒霉的时候，受过“胯下之辱”。因为他身上佩了一把剑，在街上遇到几个小流氓，拦住他说：“你这小子，有什么了不起？居然还敢神气活现地佩剑，有种的咱们比划比划，没种就爬过去。”他们叫韩信从他们的胯下爬过去。韩信气得将剑拔出了一截，可是一转念间，还剑入鞘，照他们的话，爬了过去。这班小流氓哈哈大笑，非常看不起他。

他当时没饭吃，有个洗衣服的老太太，起了同情之心，就把自己的饭包送给他吃了。后来韩信做了三齐王，得志后回到故乡，找到了当年那几个流氓，那些人吓得脸也白了。韩信却说：你们不要怕，当年如果不是你们那样刺激我，我可能不会努力，更不会有今天。老实说，当时我要杀掉你们，是轻而易举的事，可是我划不来，而且要犯罪坐牢，因此我忍了。现在，我给你们事情做，去当个低级军官，可不要再骄横了，好好地干，要做出一番事业来。

这就是韩信。所以他当了三齐王以后，汉高祖和他闲谈，问起他能带多少兵，他说："多多益善。"汉高祖再问他：像我刘邦能带多少兵？他说：最多十万。汉高祖说：可是你为什么为我所用呢？韩信说：你虽然不能带兵，可是能够"将将"。

有一次韩信与带兵的同僚们谈话，就笑他们，虽然你们功成名就，不过是一般平凡的角色，你们是靠运气，靠别人给你们机会才有成就，并不是你们本身真有了不起的才能，所以值不得骄傲。他引用了一句古人的名言——"公等碌碌因人成事"。事实上也真的如此，人多半是靠运气和别人给的机会，才能站起来，这就是孟子说的"凡民也"。

这一段，孟子是告诉我们，如果一个人有志气、有才能，不管任何环境，自己都会站起来的。也就是说一个大丈夫，不依附任何人都能够站起来，只是遭遇各有不同而已。

所以，孟子又说，假定有一个人，有好的背景，和韩家、魏家有很密切的关系（韩家与魏家，是孟子当时的大家族、大财阀，也是特权分子），可是这个人并不引以为荣，这样的人就是了不起的人。所以一个青年，家庭良好，社会背景良好，而有高度修养，但做人很平凡，做事很踏实，自然前途无量。

台湾二三十年来，像这样自己起来的青年有很多，他们把自己的家世，看得很平凡，做人规规矩矩，骑脚踏车去上学，这就是了不起。这种人，就是有过人之长，将来有前途，一定有他的成就。

这里两节书，说了正反两面的情形。第一点说到“若夫豪杰之士，虽无文王犹兴”，一个大丈夫，没有地位，没有背景，自己终于站了起来。所谓站起来，不是发大财、做大官，而是对社会人类有所贡献。第二点是说，有社会地位，良好家庭，背景很硬的人，而自己能看得非常平淡，并不骄傲于人，并且不依赖家世背景，而自己能够站起来的，也是超越了一般平凡的人，将来会有伟大的成就。

谁是好领导

孟子曰：“以佚道使民，虽劳不怨；以生道杀民，虽死不怨杀者。”

孟子曰：“霸者之民，驩虞如也。王者之民，皞皞如也。杀之而不怨，利之而不庸，民日迁善而不知为之者。夫君子，所过者化，所存者神，上下与天地同流，岂曰小补之哉？”

孟子曰：“仁言，不如仁声之入人深也；善政，不如善教之得民也。善政，民畏之；善教，民爱之。善政，得民财；善教，得民心。”

孟子又由做人的道理，扩而充之，讲到为政。人生的个人修养，到达了不依赖身世、背景、环境而能够自己站起来，进而能够领导社会、领导政治，然后能够做到“以佚道使民”。“佚”就是安逸，“佚道”就有很多内涵了，发挥起来，可以写一本专书。简单来说，所谓“佚道”，就是看不出来有所作为，很安详，就是老子说的无为之道，无为而无不为。

一般所谓很能干的人，他有作为，别人看起来，他很忙，指挥这人往东，又命令那人往西，大家也就跟着他团团转，忙得很。如果是一个真正懂得“佚道”的人，作一个领袖或领导一个公司，看来好像大家没有事，其实人和事什么都安排好了。以现代的名词来说，就是最高明的科学管理、企业管理、人事管理；在政治上是平静，社会没有事，经常很太平。因为社会本来不乱，就不需要做事；社会乱了，警察就忙了。

所以“佚道使民，虽劳不怨”，老百姓在“佚道”的治理下，虽然劳苦一点，但对上面不怨。我几十年的见闻和人生经验，发现不管当小主管大主管，上面很少不被下面埋怨的；即令最好的领导人，下面虽当面恭维，背后却在埋怨。而且有时的埋怨，并不一定是领导人不对，所以尽管是“佚道使民”，想达到“虽劳不怨”，也是非常难的。譬如要求大家遵守交通规则，是为了行人车辆的安全，也可以说是“佚道使民”；可是要他过一个地下道，或者天桥，这种不算劳苦的小事，也还是有人要埋怨的。

其次“以生道杀民”，上天有好生之德，处处在爱护人，不希望老百姓犯法，尽可能使他免蹈法网，可是仍然有人不畏死而犯法。为了大家的安全生活，逼不得已而杀掉为害大众的人。像这样最后受刑被杀的人，虽死但不怨恨杀他的人。

这种死而不怨杀者的史料，上古很多，中古以后历史记载的，则偶然有之，并不多。在历史上，成功的大臣做得到，如上古舜时的鲧，不但不怨，而且他的儿子禹，更继承父业，终于治水成功，这是最显著的史例。

孟子进一步对历史做了评论。因为孟子生于战国群雄专讲霸术的时代，故而为历史政治哲学，对王道、霸道下了定义。在孟子所说的霸道中，如果是一个真正的霸主时代，人民还是“驩虞如也”，大家的生活还是比较平安康乐的，如齐桓公、晋文公时代，这是真正的霸主时代。至于“王者之民”，就是三代以下，乃至周朝的初期，生活在王道政治下的人民，就是“皞皞如也”，大家都是自由自在地生活着。在这种王道政治的社会，“杀之而不怨”，人民犯罪，虽被杀也不怨恨。“利之而不庸”，在真正王道的社会，虽有发财的机会，人人生活安定优裕，但并不贪图过分的利益。

这是孟子为王道政治的思想绘出的蓝图，也就是大同思想。以现代的民主自由政治思想而言，真正民主自由的社会，就是王道社会。

“民日迁善，而不知为之者”，在这个王道社会中，人民的个人道德与治国的政治道德，以及文化，是在不着痕迹之中进步发展。而真正的道德，是“不知为之者”，不知道是什么在促使这个社会进步，而社会自然默默地在进步，这一种社会现象，就是在真正的王道政治下，才能达到的。

“夫君子，所过者化，所存者神，上下与天地同流，岂曰小补之哉。”这一段话，要特别注意，尤其是青年朋友们，是挑起民族承先启后责任的人，凡是中华民族的子孙，都要挑起这个责任。

一个知识分子，担负有国家民族文化的责任，对于道德的修养，人文修养，要做到“所过者化”，才合于继祖承宗的标准，也就是要做到内圣外王。真正的圣人，大家就自然受他的影响，受他的感召和教化；口头的教化是言教，更重要的是身教。身教是以自己的行为影响别人，超过了言教，但还是不够，要能够做到“所过者化”。可是如何化呢？“所存者神”，到达神化的境界，就是由精神的感召，改变了别人的心理与行为，只要他人在那里，一般人就会对他肃然兴起恭敬，就像对庙宇中的菩萨，或供奉的神明，或教堂中的十字架一样，戒慎之诚。

一个人学问道德修养的目标，如果不能达到这个程度，那是可耻的。前面孟子曾说人贵知耻，假如做到了“所过者化，所存者神”，他的成就能“上下与天地同流”了。说到“同流”，使人容易想起一句成语“同流合污”，那是狭义的看法，是一个坏的状况；但从广义着眼，天地生长一切万物，有好的，有坏的，的确是“同流合污”的。但天地并没有对万物分好坏，毒药可以致人以死，但有时也可以治病。万物因时间、空间、对象、环境的不同，使用的动机方法不同，才有是非善恶好坏的差别。“同流”就是像海洋一样，充满了生机；学问道德修养的目标，就是要达到这样的境界，向这一目标努力。所以孟子最后说，“岂曰小补之哉”，人不要轻视自己，尤其一个知识分子，不要轻视了自己的责任，要立志对社会有贡献，对宇宙有贡献，有天地一样的胸襟。

前面提到过，张载（横渠）有四句话：“为天地立心，为生民立命，为往圣继绝学，为万世开太平。”凡是知识分子，应该有这样的志向和抱负。出世修道，也同样是“为天地立心”。因为维持文化精神的人，虽寂寞穷苦，但是他们是“为天地立心”；而那些延续人类文化于不坠的人，就是“为生民立命”，在佛学上讲，就是延续“慧命”。

“为往圣继绝学”，就是今日我们所说的孔孟之道，这是我们中国的文化。说来非常可悲，已经是命如悬丝了。这一民族文化的命运，如千钧的重量，只有一根丝在吊住，连我们这些不成器的人，也被称作学人。而我们自己反省，并没有把文化工作做好，而且白发苍苍，垂垂老矣。再往后看，还未曾发现挑起“为往圣继绝学”责任的人，所以青年人要立志承先启后，而且能继往才能开来。

与这四句话有同样精神的，是佛家《六祖坛经》中的——“众生无边誓愿度，烦恼无尽誓愿断”，二者虽儒佛不同，但意义相同，不要有门户之见。

孟子在这里，为中国文化思想哲学，立下一个千古不移的原则。他说，“仁言”不如“仁声”那样能够深入人心，产生较大的作用。也就是说一切言语文字的教化，比不上声望的影响。“善政，不如善教”，好的政治，不如良好教育对人的影响，因为受教者是终身获益的。“善政，民畏之”，一个好的政治方案，好的法令，可以应付现实的问题，但其利益、效果，到底有时间、空间上的限度；时过境迁，则当别论，不能对永恒的未来，有所改善。教化则不然。“善教，民爱之”，如孔孟之道，千秋万代，永远有益人类，太阳没有毁灭以前，他的价值永远存在。所以“善政不如善教之得民也”，这句话对于低吟“命薄不如趁早死，家贫无奈作先生”的教师们，是一种鼓励，可以写来贴在案头，自我安慰一番了，因为教育家负担的是善教之责。

孟子申述，良善的政治，固然得人民的爱戴，“善政，得民财”，一个方案下来，可以立即得到利益。但施政必依法令，法令对人总有所限制，老百姓遵行法令，多出于怕犯法的心理。“善教，得民心”，对于善的教化，老百姓就以欢喜的心情，爱好的心情而接受。所以善政就得民财，善教就得民心。

中国上古的政治哲学，是“作之君、作之师、作之亲”三者并重的，也是相互兼施的。为政者是作之君，是领导人；同时也是作之师，兼负了教化的责任；也是作之亲，像大家长一样，养育百姓。后来，君道与师道分途，两者始终不能合一，这是人文历史的演变。

下面，大问题来了，这是孟子学说的中心问题。

人性的良知良能

> 孟子曰："人之所不学而能者，其良能也；所不虑而知者，其良知也。孩提之童，无不知爱其亲者；及其长也，无不知敬其兄也。亲亲，仁也；敬长，义也。无他，达之天下也。"

孟子提出来的"良知""良能"，成为不得了的重大问题。这两个名词，影响了整个亚洲各民族的哲学思想，约有八百多年到一千多年之久。

王阳明的哲学，影响了日本文化，成为日本明治维新的真正文化中心，也就是王阳明所阐述的良知、良能之学。这个学说，在国内自明朝到清朝的六七百年之间，也产生非常大的影响。尤其在佛教禅宗方面来说，王阳明的学说一出来，就掐住了禅宗的喉咙，需要抽痰开刀了；但也有许多禅师，是在王阳明的学术影响之下而悟道的。

王阳明悟的是什么？就是孟子说的"良知"；而佛说的"般若"也是"良知"。"佛即自心，能生万法"就是"良能"，神通妙用也就是"良能"。王阳明曾学过道家，也学过佛家；后因被谪到贵州龙场，自己在山洞里闭关打坐，工夫已做到有神通，能够先知了。有一个朋友去看他，在三天前他就预知了。王阳明悟道以后，采用了孟子的"良知""良能"，提出所谓的四句教：

无善无恶心之体　有善有恶意之动

知善知恶是良知　为善去恶是格物

王阳明的功业文章，很了不起，但是对于他的四句教，我也曾在一九五五年出版的《禅海蠡测》中评论过他，现在不再多说。

至于孟子的这两句话，也是很值得讨论的。他说“人之所不学而能者，其良能也”，不学就会做的，就是“良能”。那么小孩子偷糖果吃，也是“良能”吗？“不虑而知者，其良知也”，不经过考虑而知道的就是“良知”。像有的人，天生有偷窃癖，有家有当，丰衣足食，可是看见穷人家两只鸡，他还是会不加考虑地偷来，这种不虑而知道去偷的知，也是“良知”吗？所以孟子这两句话，哲学的道理完全对，用的文字有问题。同样的，“不学而能者，其良能也”，也有问题。小孩子“不学而能”的事多得很，孩子的破坏性很大，见到东西，尤其是新奇的东西，喜欢拆解破坏；对于一些小动物，喜欢弄死，这也算是“良能”吗？所以这一段，是孟子学说的中心所在，可是值得讨论的地方，实在太多了。

他又说：“孩提之童，无不知爱其亲者；及其长也，无不知敬其兄也。”我不完全同意孟子这几句话，说得未免太笼统了。他说“孩提”，这已经不是婴儿，是由大人牵着手走的四五岁上下的孩子了。他说这样的孩子，统统爱父母。这可是不一定，学过儿童心理学的就知道，有太多的孩子，天生不喜欢自己的父母。严格说来，婴儿喜欢母亲，也并不是由于孝心，只是他需要吃母亲的奶水，是利害关系。一般说这就是孝，就是爱，那是知识分子加上去的。人类的本性究竟是善是恶，是否可爱，是一个大问题。孟子强调“孩提之童”，个个都知道“爱其亲”；等他长大了，个个都知道“敬其兄”，也是有问题的语句，因为兄弟姊妹间成冤家的多得很。人性是很可怕的，究竟是否像基督教说的，吃苹果变坏了或被蛇诱惑，真是一个大问题。

再看他下面的结论。“亲亲，仁也”，亲爱自己的亲人，是对人类同情；“敬长，义也”，爱自己的兄长，同时也爱别人的兄长。“无他，达之天下也”，孟子说，这没有其他理由，这是人类的真理。孟子这些话大有问题，需作彻底的讨论。

王阳明的学说思想，就采用孟子的这两个名词，“良知”与“良能”。阳明先生特别注重于“良知”，认为“良知”是人的天性之知，等于佛法所说的觉性。而阳明学说的重点，在“起用”——即知即行。

孟子对于“良知”“良能”的观念，在原文中他下的定义是：“人之所不学而能者，其良能也；所不虑而知者，其良知也。”这是两个大原则，这是讲心性的“知”与“能”。他认为“能”与“知”是不学而会的，例如小孩子不学就会做的，就是“良能”；不经过思想考虑而知道的，就是“良知”。

有人做哲学的比对，认为孟子的“良知”，就是西方哲学中，法国人博格森所称的“直觉”。现在更有人认为，禅宗的悟道，是一种“直觉”的作用。至于博格森所说的“直觉”，与孟子所提出的“良知良能”，是否相同，是一个值得研究的问题。但是，以一个翻译的名词，任意用来凑上做研究比对，这是很危险的事。研究学说，应该持“知之为知之，不知为不知”的态度，看见一个名词，不可任意拿来引用作比喻，必先探究来源，了解它的含义，然后方可引用。

再看孟子对“良知良能”所引申的理由，他说一个小孩子就自然爱他的父母，这就是“良知”。可是相反的一派，主张人性本恶的法家，观点就不同了，认为小孩子的爱父母，不是本于人性的善良，而是为了利害的需要，有奶便是娘。假如一个婴儿生下后，抱离父母，由另外一位母亲养育，喂他奶吃而真爱他，这孩子也一定爱这个母亲。如以现代心理学来分析，也是如此。而孟子认为小孩子爱父母是天性，长大了就爱兄弟姊妹，这是不一定的，意见相反的非常多。

缩小范围来研究，孟子所说的“良知良能”，究竟是什么？这个“知”，这个“能”，到底是什么？

孟子在这里所说的话，和告子所说的一样，他们几位所辩论的人性，都是指后天的性，是父母生下来以后的，不能代表形而上的本性。所谓父母未生以前的本性，究竟是善良，还是不善良，这是一个大问题。

因此联想到老子所说的“天地不仁，以万物为刍狗”，一般人向来歪曲了老子的意思，说老子认为天地无所谓仁爱，只是在玩弄万物；而所谓天心仁慈，只是人类的一种观念而已。如果天地真的由于仁慈生了万物和人，为什么又让他们生病、烦恼、死亡？这不是天地自找麻烦吗？如果天地生人，都不老不死，该有多好！太阳永挂中天，连电灯也不必有了；大地自然会冒水，也不必下雨了。可是天地偏要制造许多矛盾，这就是“天地不仁，以万物为刍狗”。

一般人这样解释，可以说是歪曲，是诬蔑了老子。我认为这两句话是说：天地无所谓仁或不仁，无所谓善，无所谓恶，天地生长万物，都是看作刍狗一样，完全平等。古代的祭品中有狗，后因不愿杀生，便以刍草做成狗来代替，名为刍狗。在祭祀以后，就抛弃了。所以天地生长万物，是任万物自然而生，自然而灭，无所谓仁与不仁，更不是玩弄。所以老子这两句话，只是说明自然的道理，不能往坏的方面去解释。

由于老子这两句话的说明，依据逻辑，可以引证，对于形而上的本体而言，可以称为良知或不知，或良能，或无能，或能而不能，或知而不知，均可，并不必要强调一定就是“良知良能”。

再向好的方面看，良知与良能这两个名词，孟子所说的是对的。“良知”是人性的好知，但有时候是邪知、歪知，那个知就不大好了。孟子所以说“良知”，是因为他的思想始终站在人性本善的观点上说话，凡是善的事情，自然都是“良知良能”。但这项学说有一个漏洞，就是邪知、歪知，以及坏的行动，是不是“良知良能”？如果说坏的行动，是后天的习气而来，在理论上就有了问题。

良知良能经孟子提出后，影响了中国文化思想达一两千年之久。这个问题，西方有些哲学家，在唯心道德理论上，与孟子的这一理论是相合的。另有一派非道德的学派，则认为孟子这一说法不够哲学，甚至说中国人没有哲学。其实人伦道德本来是以行为作基础的，硬套上一个哲学的帽子，谈到形而上的本体，就不通了。例如孟子所提的，小孩子天生有善良的本性，但他引用的例证，则不足采取。

再回溯看孟子的老师子思，在《中庸》中所说的话——虽然有人说，孟子并未跟子思学过，子思死的时候，孟子只有十几岁，但是子思很器重孟子，曾说这个孩子将来会成圣人。这些考据的事，这里不去讨论，但看子思著的《中庸》，其中也没有提到“良知良能”，只说“天命之谓性”，对于心性，一如佛家说的“一切众生皆是佛”，只是自己没悟，所以不知自己是佛。《周易·系传》上的“百姓日用而不知”，也是这个意思，自己不知道自己就是圣人。

但《中庸》中还有一句话——“君子之道，费而隐，夫妇之愚，可以与知焉，及其至也，虽圣人亦有所不知焉”。这是说一个人真正悟到了“天命之谓性”，就达到了圣人的境界，但圣人不知道自己是圣人，如果知道了，那就不是圣人了。所谓“夫妇之愚，可以与知焉”，就是说，在男女饮食之中，也可以悟道，虽达到了极点，圣人也不知道。这几句话很妙。

《中庸》一开头就说：“天命之谓性，率性之谓道，修道之谓教。道也者，不可须臾离也，可离，非道也。”像这一类古书，希望今日的知识青年，能够熟读背诵，了解它的意义，才不愧是中华民族的子孙。四十多年前，有一位留德的著名黄医师，她是江苏的世家子弟，对国学有相当造诣。她说在德国时，有一次去跳舞，召来一名舞男，她最初还不大看得起这个以伴舞谋生的德国青年，但那个舞男说是大学毕业，而且读过《老子》，并且立即用中国话背诵：“道可道，非常道，名可名，非常名。无，名天地之始，有，名万物之母……”不但背得滚瓜烂熟，而且解释得也很有一套。所以这位留德的女医生就说，将来中国文化，必有流行于世界的一天，凡我国青年，千万不要忘了自己的文化，否则到了国外，反不及外国人了解得深切，那就太惭愧了。

现在回到本题上来。《中庸》既说“天命之谓性，率性之谓道”，本性是永远存在的，悟道的时候怎么悟？前面说到《中庸》：“夫妇之愚，可以与知焉，及其至也，虽圣人亦有所不知焉。”意思是夫妇之愚都可以知“道”，可以悟“道”，可是“及其至也，虽圣人亦有所不知焉”，照文字去解释，是说连圣人都不清楚，这还算是悟道吗？这又成为一个大问题了。

到了明朝理学鼎盛的时代，有一位读书人，去向密云圆悟禅师请教。这个禅师是明代一位不得了的大禅师，但是他和六祖惠能一样，也是贫苦出身的，没有读过多少书；可是他悟道以后，豁然开朗，什么都会了。这个读书人问他：“虽圣人亦有所不知焉”这句话是什么意思？这和佛说到菩提道“不可说，不可知”一样吗？密云圆悟禅师说，你读了一辈子书，这个道理也不懂么？“具足凡夫法，凡夫不知；具足圣人法，圣人不会；圣人若会即同凡夫，凡夫若知即同圣人。”这位读书人一听这几句话，佩服得五体投地。

他这四句话就是说，本性这样东西，人人都有，也就是“一切众生皆是佛”，人人具足天性，所以人人也都是圣人。凡夫不知，因为没有悟，不知道自己就是佛；凡夫一悟了道，见到本性，就成佛了。可是，成佛以后，一天到晚心想“我成佛了，你们大家都是迷的”，这就是“圣人若会”。圣人悟后，如果还抱着这个道不放的话，那么“即同凡夫”，还是个普通人，等于没有悟。这就是《中庸》为什么没有说到“知”的原故。

我们又回溯上去，看子思的老师曾子，是怎样说“知”的道理。曾子所著的《大学》一书中说：“知止而后有定，定而后能静，静而后能安，安而后能虑，虑而后能得。”又说“致知在格物”，将“知”字提出来了；接着又说：“物格而后知至，知至而后意诚，意诚而后心正，心正而后身修，身修而后家齐，家齐而后国治，国治而后天下平。”

他这里“致知”与“格物”相对，其中的道理，后世没有很好的阐述，只有以禅宗的道理来解释，才比较切题。“致知”就是“顿悟”，“格物”就是“渐修”，“致知在格物，物格而后知至”就是说，欲想顿悟，非渐修不能顿悟；渐修欲有成就，非顿悟不能有渐修的成果。

但是要注意，《大学》的“知止而后有定”，与《中庸》里的“夫妇之愚，可以与知焉”，其中的“知”，都是讲知的用，也就是心性的作用。心性的第一个作用是“知”。

再回溯上去找祖师爷，就是曾子的老师孔子，他提出来：

“知、仁、勇，三者天下之达德也。”这也是讲用，没有提到本性。而到了孟子，则讲“良知良能”，好像是悟到人性的本来，尤其到了宋明理学家们，强调“良知良能”就是本体的作用。因此宋明理学家，非常反对佛，反对禅，也反对老庄，反对道。因为佛与道两家的人，在王阳明认为，知而不能起行，是落空的，光在那里关门打坐，得了道有什么用？这个道不能起用，不能行，不能救天下、国家、社会、众生，所以没有用。因此他主张“知行合一”。

他们这样一来，就犯了一个错误，把形而上本性的体，与形而下行为的用，混为一谈，成了体、用不分。他们之所以犯这样的错误，是根据《孟子》这里的“良知良能”而来的。可是这并不是孟子的学说不对，而是他在这里所说的话，交待不清；在措辞举例上，把“良知良能”，说得“很像”是道的本性，以致宋明理学家们，就把体和用混淆在一起了。

再回头看看佛家，在经典上提到“知”，是用“智慧”的“智”这个字。中文的“智”这个字，还不够表达那个见到本性的“智”，所以多直接译音为“般若”。勉强用中文来解释，般若就是最高最大的智慧。《圆觉经》上曾说“知幻即离，不作方便，离幻即觉，亦无渐次”，大家要做工夫修道的话，不论哪一宗派，这几句话好得很，都是做工夫最切要的。

“知幻即离”，知道自己的妄念只是妄想、幻想，大家闭起眼睛打坐，实际上在打妄想。明知妄想是虚幻的，可是除不掉，觉得两腿有工夫，就是妄念除不了，都在为此而困扰。

而佛告诉你，当你知道这个念头是妄念时，那个妄念早已经跑掉了，“不作方便”，不须用方法去除掉它。可是大家犯了一个错误，总认为妄念来了，怎样才可以除掉呢？而实际上你刚刚的妄念，已经绕地球一圈到了外层空间，早已无影无踪了；而你想除掉的念头，岂不又成为另一个妄念了吗？所以“知幻即离”，知道它是妄念的时候，妄念已经走了，它不会停留的，不必用什么方法去除掉它。

“离幻即觉，亦无渐次”，离开妄念以后，很清净的一刹那，就是觉性，没有什么小乘、大乘、初地、二地等等的分别。

在理论上，大家懂了这四句话，好像喝了咖啡，吃了冰淇淋一样，心里非常舒服清凉，认为佛到底是很高明的。问题在于佛高明，我们并不高明，因为“离幻即觉”的这一“觉”，留不住，刚刚有一觉，又变成了妄想；刚说“不作方便”，只要把这一觉保住就好了，现在这一觉又睡觉去了。所以不是醒觉之觉，而成了睡觉之觉，又糊涂了。大家修道的痛苦就在这里，这是用功方面。

在理论方面，《圆觉经》上这句“知幻即离”的方法，也是用，并没有说到体。后来有一位禅师说过：“知之一字，众妙之门。”众妙之门这句话，出于《老子》，禅师是借来用的。这是说“知”有如此重要，我们的犯错、犯戒、犯罪，就是因为不知，所以糊里糊涂犯了错。据说，如果能知的话，就不会犯错。这是“据说”，以我个人研究人类的心理，有许多人明明知道别人的东西不可拿，拿了则不道德；同时又知道这个东西很可爱，于是理智上的道德观，与情感上的爱欲，发生了战争，结果情感战胜了理智，不管道德不道德，拿了再说。这两个“知”，不知道谁是哥哥，谁是弟弟，往往如此矛盾。所以“知之一字，众妙之门”，如果认为这个“知”就是修道、悟道最重要的东西，则是错误的。

如果有这一“知”存在，永远不能成功；认为这一“知”——灵明觉知，就是道，也是错误的。因为这一知还是意识，是第六意识的妄想境界，所以修道不能成功。

例如唐代的香严禅师，他从学的是天下第一明师百丈禅师。对于禅理，香严非常高明，可以一问千答；对于一个问题，他可以做十面的答复，可是他还是没有开悟。百丈死后，他只好去找师兄沩山禅师。沩山对他说，你的道理都对，就是没有实际开悟，你在这里少讲道理。又过了很久，香严就是悟不进去。有一天自觉悟不了，不修行了，就跑到南阳忠国师那里去种菜，心想如此过一生算了。有一次在种菜时，地上有一块瓦片，他拾起来一丢，刚好落在竹子上，“砰”的一声，他开悟了。这叫作“有意栽花花不发，无心插柳柳成荫”。于是作了一个偈子：

一击忘所知　更不假修持
动容扬古路　不堕悄然机
处处无踪迹　声色外威仪
诸方达道者　咸言上上机

悟了以后，要忘“所知”，连悟的这一知都是多余。再回到《孟子》这里，把他的“良知良能”拿出来看看，到底是怎么个东西。

我们以现代知识来研究，婴儿刚生下来，是有知或是无知呢？他“哇”的一声哭了，但那是哭或是唱歌，谁也不敢肯定，可惜我们自己也忘了。今天的禅宗和今天的儒家，已与往古不同，就要问这个问题了。如果说婴儿无知，他确有一个知，就是孟子所说的，“不虑而知”的知，也有“不学而能”的能。婴儿饿了一定会哭，可见他“不虑而知”，这是天生的。如果站在医学、生理学或唯物哲学的立场来研究，认为这是唯心的理论，那是错误的，因为肚子饿了会哭，不是知不知的问题，是生理上脑神经的自然反应。

婴儿会抓东西，欢喜踢脚玩，长大一点又喜欢跑路；中年手动得多，玩手；年老手脚都不大愿动了，只好坐在那里回想，玩头脑，头脑玩完就走了。这是人生的历程。可是婴儿抓住一件东西，这是不是良能？在现代医学上则叫作人的本能，是神经的反应，这与道德的良与不良无关。“良”是哲学家加上的一个字，加的对与不对，科学家不置可否，你爱加就去加吧。

我们如果列举古今中外，各种不同的意见来对比，那就太多了。现在只从大的纲领上，扼要说到这里。

现在，我们将《孟子》本身的学说，把他前后所说过有关的话，连接起来做研究，应该说，孟子所说的良知、良能并没有错，问题在于他文字的说明运用不太清楚。孟子对于人性，不论是先天的、后天的，都是从“性本善”的哲学主张而来，如佛家所说“无始以来自性本来是光明”。人从娘胎中生下来开始，就属于后天，后天所染的习气，就是“习相远”。把这种习气的动作，当作了自性光明善良的一面来看，是孟子以后一般人的错误解释。

孟子提出来的良知、良能，重点在“良”字上。是善良的知，善良的能，也就是《大学》上“止于至善”的那个“至善”的境界。他如果说，有些孩子天性笃厚，坏习气沾染得比较少的，所以“无不知爱其亲者，无不知敬其兄也”，那就清楚了。所以为了说明他这一段书，要把古今中外与他相反的理论都列举出来，然后，只有借用佛家的理论，来为他做解释，才能了解他所说的真意。至于后世的理学家如王阳明先生，囫囵吞枣，一股脑儿没头没尾地引用，对孟子的学说做不清楚地界说，反而搞得更加纷乱了。

现在，我们再看下去，孟子自己在后面的解释，就更清楚了。

人的等别

孟子曰："舜之居深山之中，与木石居，与鹿豕游，其所以异于深山之野人者几希；及其闻一善言，见一善行，若决江河，沛然莫之能御也。"

孟子曰："无为其所不为，无欲其所不欲，如此而已矣。"

孟子曰："人之有德慧术知者，恒存乎疢疾。独孤臣孽子，其操心也危，其虑患也深，故达。"

《孟子》这几行书，阐述了良知、良能的道理，这是最好的说明，也是对他的说明最好的批注。这并不是说孟子的文章写得不好，而是上古时代的文章，力求简练，后人看来易生误解。孟子接连不断地发挥，有时拿事情来举例，有时用比喻来解释，实际上，上下文的义理、思想是一贯的。可是宋儒（朱熹）这一系统，偏偏自作聪明，认为"四书"不合文章体裁的逻辑，把它切断分割，分章分句，叫作"四书章句"。这样的自以为是，反而变成断章取义，把重要的文句变成一个章节段落，使原本整体连贯的思想原则，变得支离破碎。从南宋以后，历经元、明、清六七百年之间的政权，遵循"四书章句"，以此取士考取功名，使孔孟圣人之道困于章句之学，导致儒家伟大的学术思想，被后人唾骂为"吃人的礼教"的教条，因此便要打倒孔家店。

孟子说，人性天生是良善的，提出大舜作一证明。他说："舜之居深山之中，与木石居，与鹿豕游，其所以异于深山之野人者几希。"舜出身的家庭，是所谓"父顽母嚚弟傲"，父亲愚顽不化，母亲泼辣不讲理，弟弟又桀骜不驯。舜受父母弟弟的迫害，被撵出家门，流落在历山的深山中耕种，和野生动物为伍，在林木山石中生活，当然无法接受教育和道德的培养。可是他没有变成野人，不但有学问，还有很高的修养，乃至成为历史上的圣王。这就是因为他发挥天性中善良的德性，不像我们凡夫，听到一件不对的事就发怒、批评；听到一件好事，就怀疑或者妒嫉。舜天性善良的品德,“及其闻一善言，见一善行，若决江河，沛然莫之能御也”，他听到善言，看到善事，他里面善的情绪，就像水库放水一样，滔滔而来，立刻接受，又感谢又恭敬。

孟子跟着说出舜发展善良德性的道理：“无为其所不为，无欲其所不欲，如此而已矣。”人性有善有恶，因为无始以来，人性原本是善良的，然而经过人生习气的染污，于是人性就有了善恶之分。但是一个人如果天性善良，在他处境最恶劣时，也会表现出善的一面。就像一个杀人不眨眼的人，面对自己的儿女，和所爱的人时，仍会流露出他的慈爱心。或者一个疯子，当看见他心爱的人时，也会有慈爱的面容。所以人要修养，佛家说修行，不应该做的事，就绝对不要去做；在先天本性上，所不希求的，所不必要的，就不要去扭曲自己的良知之性，如此而已。修行就是去恶为善，把理智的力量增强，把后天的欲望减少，直到完全去掉，渐次就可以达到圣人的境界。

因此，孟子说：“人之有德慧术知者，恒存乎疢疾。”一个做大事业的圣人、英雄，在人生的路途上，都曾遭受过很多重大的挫折，所以才会有大的成就。一个人道德修养的完成，或者知识的渊博，或者技能、艺术、学术、文章方面等等的成就，乃至彻悟心性最高的智慧，常常在心理上，有无法告人的隐痛，以及负担、烦恼等等的逼迫，或者身体上有疾病的痛苦。如果能突破这些障碍站起来，就有所成就。

为什么身心上困顿痛苦的人，成就会大呢？“独孤臣孽子，其操心也危，其虑患也深，故达。”因为是“孤臣”，是“孽子”。像舜的一生，他在生命的路途上，一开始受到的困难坎坷，就是“孤臣孽子”的心情，所以他对一切事情“其操心也危”。危字有双重意义，一是危险之危，就是看每件事情，都隐伏危机，不像没有吃过苦的人那样，把事情看得很容易；另一个意思是，危者正也，居心纯正，随时怕自己犯错误，如临深履薄，不敢乱来。“其虑患也深”，所考虑的问题，所顾虑的后果，都非常深刻、深远，使反对的人没有意见。因此比一个在顺心环境中成长的人，看得更为深远通达，所以后人有“世事洞明皆学问，人情练达即文章”的名言。

孟子在前面举出，历史上公认舜是一个大孝子，但了解舜的一生，才知道舜所受父母家庭种种折磨煎熬，得不到谅解的心情，非常困苦。可是他无怨无悔，积极修养自己的道德以达到最高的成就，成为一代圣君。他是一个真正大孝于父母、大孝于天下百姓的大孝子。记得前人有一名联：“世事都从忙里错，好人半是苦中来。”此言的确不虚。

舜的一生，是在这样恶劣的环境中，逆来顺受，转逆为顺，发挥了孟子所谓良知良能之本性。读到这里，自然就贯通孟子上面所提出良知良能的涵意，并可以解释为人性光明善良的一面了。

接着由个人修养，人性的善良面，再说到做人处事：

孟子曰：“有事君人者，事是君则为容悦者也；有安社稷臣者，以安社稷为悦者也；有天民者，达可行于天下而后行之者也；有大人者，正己而物正者也。”

孟子又做了一次人格、人品的分类。由人性的光明善良面，再讲到一个人的成就，这是从“人之有德慧术知者，恒存乎疢疾”一段连接下来的。他说从政的人，有不同的几类，我们要先把人生观确定，准备将来做一个什么样子的人。这和将来赚多少钱、有多少资产，或子孙满堂等等，都不相干，因为这种种的情况，都不过是做人的一番景象而已。当院长、部长、大将军、大元帅，也是做人；做老百姓，也是做人。不管你是怎么穷通富贵，但个人自己的人生观首先要确定，知道自己要做哪一种人。

孟子说，有一种人去做人家的部下，或为升官发财，或为获得领导人的信任而为社会做一番事情，所以伺候主管，并且要迎合主管的心意。例如为了找工作，要去见一位总经理，就要先打听一下，他是喜欢长头发或短发型，喜欢青年装或西装，然后顺着他的意思穿着，再去见他，这就是“为容悦者也”，要合于他的意思。

第二种人出来做事，目的是不同的，他是为了社会、国家、天下而出来从政的，那么他的快乐，建筑在事业的成就、抱负的施展上，如果达不到这个目的，他绝对不干。

第三种人就很高了，叫作“天民”，是替天行道。这一种人是自己先行估计，能替社会做几分贡献，能有贡献才会出来做事。

最后一种是圣人，在儒家叫作大人，是“正己而物正者也”，这种人无所谓权力与地位，也无所谓站出来或不站出来，他是真正的天下之大人，无论当皇帝、当官、卖菜，都一样。大人就是大人，是正己而后正人的人；不但自己是正人，又是使天下万物，皆得其正的人。等于佛家所说的菩萨道，自利利他，度尽一切众生；也等于其他宗教所说的博爱世人，此之谓大人。以儒家的立场，所谓成佛升天，不过是成为一个大人而已。

孟子从人性的良知、良能，说明人性的用，而说到了做人做事，他把人格做了分类以后，下面再讲另一方面的人与事。

君子有三乐

孟子曰："君子有三乐，而王天下不与存焉。父母俱存，兄弟无故，一乐也；仰不愧于天，俯不怍于人，二乐也；得天下英才而教育之，三乐也。君子有三乐，而王天下不与存焉。"

古代称君子，是指有道德、有学问、有修养的人。

孟子说，一个君子，有三样事情是他人生真正的快乐，就算拿皇帝之位来交换这三种快乐，他也不干。第一是有圆满的家庭，父母都快乐安详健在，兄弟姊妹之间和睦，没有人当太保，也不会出意外，无灾无病。

第二，随时随地，上对得起天，下对得起一切，到城隍庙烧香，面对阎罗王都不怕，因为没有犯过罪，没有做过亏心事，所以看见人，心不跳，脸不红。"怍"就是在测谎机上显示的不正常跳动频率，一个人光明磊落，没有任何事对不起天地鬼神及人类的，这是第二件快乐事。

第三，"得天下英才而教育之"，这是第三件大快乐，但它的构成条件是要有"英才"，如果"得天下笨才而教育之"，就"苦"也。当然"英才"是很难得的，有些人教也教不好，说他好并不好，说他坏又并不顶坏，而是一种"阴"才，这就在不苦不乐之间了（众笑）。

最后他又把开头的一句话重复一次："君子有三乐，而王天下不与存焉。"这是他的感叹！

这三乐，孟子有了一乐半，因为他的父亲已不在了。孔子则没有第一乐。孔子的一生很苦，他的哥哥姐姐，从小都靠他养，而且孔子奉养的母亲是后娘。第二乐，他们两位都做到了。第三乐，孟子大概不胜感慨之至，孔子也没有完全做到，因为孔门七十二贤人，贤到什么程度就不知道了。至于说教育出来能够齐家、治国、平天下的“英才”，孔子门下没有，孟子门下也没有。

有人说，还有一个人，也只做到一半，那是隋末的王通，他自比尼山，儒、释、道三家都通的，也是大彻大悟的人。最初他也有志出来统一天下，后来和隋炀帝见面谈话后，看到国家天下的形势，并不如他想象中那样，便立即回家讲学河西，培养青年人才。后来唐太宗手下成名的将相，大多是他的门人，王通可以说是“得天下英才而教育之”。所以王通死后，他的学生们，私谥他为文中子。为什么由门人私谥而政府没有赠谥？在唐朝的历史中，连他的传记也没有，据说由于其弟王凝任监察御史时，劾奏唐太宗的舅子长孙无忌的友人，所以隋唐史中，没有他的传记。但满朝文武百官，他的门人们，私谥他为文中子，等于是当代孔子。

这里看到，孟子在人生的目标上，订立得如此远大，而孟子自己也没有做到，可见人生事业的难为。

孟子曰：“广土众民，君子欲之，所乐不存焉。中天下而立，定四海之民；君子乐之，所性不存焉。君子所性，虽大行不加焉，虽穷居不损焉，分定故也。君子所性，仁义礼智根于心；其生色也，睟然见于面，盎于背，施于四体，四体不言而喻。”

这是孟子再三说明君子有三乐之外的修学境界，因此而说，即使贵为天子，也是平常的事，不算什么。

孟子首先说，一个人当了皇帝，领土大，人民多，为世界大国，哪一个人不希望这样？但是一个人纵使当了帝王，也不见得能有君子的三乐。

研究古今中外的帝王，可怜的太多了。了不起的帝王如汉高祖、唐太宗、西方的拿破仑，等等，他们也只统治短短一段时间就过去了。只有自称十全老人的乾隆，当了六十年的皇帝，老了交给儿子，自己当太上皇，在宫中静修，念密宗的咒语，偶尔管管闲事，真是十全。但是他乐不乐？一点也不乐，烦恼事情很多。所以当了皇帝，虽然“广土众民”，但并不乐。这就是为什么孟子教年轻人，先建立自己的人生观，认清楚人生的目标，不要去盲目瞎闯；没有确定目标，没有建立人生观，皇帝可以做，宰相可以当，可是，那也只算是人生生命经历的一场闹剧，“你方唱罢我登场，却认他乡作故乡”。

其次说到做圣人，“中天下而立”，是志愿在乱世中，做中流砥柱；换言之，是顶天立地，独立而不倚，不亢不卑，为万世人格的修养标的。“定四海之民”，做到齐家、治国、平天下，如周文王一样。多了不起啊！但是，这只能说是立功，谈不到立德，所以有人不走这个路子，孔子、释迦牟尼，就不走这个路子。像释迦牟尼佛，他天生可以当皇帝，本来就是太子的身份，可是他不愿意，虽然“中天下而立，定四海之民”，然而“所性不存焉”，不能成道，不能超凡入圣，只能成一世的功业，不能成千秋万古不朽的德业。

“君子所性，虽大行不加焉，虽穷居不损焉，分定故也”，那么君子学什么？学大英雄吗？虽然做到了尧舜的境界，也并不觉得有什么了不起。另一种形态，或者去过穷困的生活，虽三餐不继，也不觉得有什么损害，这都是本分上的事。能够安本分的人，就是天下大英雄，英雄可以当帝王，亦可以当乞丐。当帝王对他不会增加一点点什么，当乞丐也丝毫损害不了他什么，该如何处便如何。

接着孟子继续讲到修行，这里从养身开始，前面从尽心而后知性，知性以后修命，修命以后，到这里是修身。儒家与佛家不同，完全在入世的做人做事上，把道修成，然后可以“大行不加”，“穷居不损”。

他说真正的修行，是从心理行为修起，动心忍性，起心动念之间，都合于“仁、义、礼、智”，就是至善。那么“根于心”，内心的修行够了，“其生色也”，然后奇经八脉、十二经脉都通了。“睟然见于面，盎于背，施于四体”，然后脸上的气色也不同，有光华了，气很充盈畅达四肢，形体端正，不弯腰驼背，身心舒畅、轻灵、怡悦。“四体不言而喻”，一个有道之士，一眼望去，身影自然与众不同，精神灌透，气沉丹田，含胸拔背，有一种慈和祥瑞，潇洒飘逸的丰采气质，像是神仙中人。

这是孟子一生修养的经验之谈，也是他学问修养实践的自白，照一般世俗的观念，就是他修道的真工夫。孟子从动心忍性开始，然后说到性善，讲到做人做事行为。不过儒家和佛家不同，儒家动辄就与实际的从政连起来，因为古代的知识分子，出来第一步自然就与政治产生关连，所以是由行为，再讲到修行的成就。

因此孟子说修行成功了，有定力，便“君子所性，仁义礼智根于心；其生色也，睟然见于面，盎于背，施于四体，四体不言而喻”。其实不管佛家或儒家，都是如此，所以青年人要想学道，求得气脉通的，先要做到“尽其心者，知其性也”。明心见性以后修持，气脉自然通，否则，要从心理行为上，改进自己，在起心动念间，念念都在至善，气脉也自然就通了。这是孟子实际的经验，他不会欺骗我们的。

孟子有关心性、体用的修养，至此大致已告一段落，他由基本原则，谈到实际工夫。所谓仁、义、礼、智是根于心，由心理行为开始，修养到“睟然见于面，盎于背，施于四体，四体不言而喻”的境界。这也是先“穷理、尽性以至于命”，检查心理行为的修养，工夫到家时，生理自然有了转变，同时也能彻底明了心性体用的道理。

然后讲到起心动念，做人做事的道理，见之于外的行为，成为道德的准则，也成为社会群体的政治伦理。于是孟子举出伯夷的一段事。

养老与全民福利

孟子曰：“伯夷辟纣，居北海之滨，闻文王作兴。曰：‘盍归乎来，吾闻西伯善养老者。’太公辟纣，居东海之滨，闻文王作兴。曰：‘盍归乎来，吾闻西伯善养老者。’天下有善养老，则仁人以为己归矣。五亩之宅，树墙下以桑，匹妇蚕之，则老者足以衣帛矣。五母鸡，二母彘，无失其时，老者足以无失肉矣。百亩之田，匹夫耕之，八口之家足以无饥矣。所谓西伯善养老者，制其田里，教之树畜；导其妻子，使养其老。五十非帛不暖，七十非肉不饱；不暖不饱，谓之冻馁。文王之民，无冻馁之老者，此之谓也。”

伯夷是殷商朝代的宗亲，当时对于诸侯们反对纣王暴戾政治之事，伯夷也没有办法，只好避世，退避到现在辽东地区。后来听说文王在岐山实行仁政，很高兴，兴奋地说：应该回去了，因为听见西伯“善养老者”。在伯夷那个时候，文王的爵位还是伯，分封在西岐的，所以伯夷称他为“西伯”。而孟子是战国时代的人，周朝立国已经几百年了，文王的谥号也已经尊称几百年了，所以孟子的口中，尊称当时的西伯为“文王”。

伯夷为什么听见文王“善养老者”，就会想来归呢？其实，在古文所谓“养老”这个名词的内涵，代表了当时农业经济社会的稳固，把“幼有所养，老有所归”的社会福利事业，做得都很完备。中国传统素来对于人民的养生送死，看得很重要，这也是我们中国政治思想上的一个重要特点。养老该怎么养？例如现在台湾，老人福利机构的设立，对于老人的生活，都有照顾，重阳有敬老的活动，老人疾病免费优待治疗，公交车免费，以及鳏寡孤独的老人都有所赡养，这是现代社会福利思想的进步措施。

古人所谓的老，并不一定专指年龄高的老人，有时候是代表学问、道德、修养高的人。如国之大老、老臣、老师等等，不一定是年龄很高，这是“老”字的另一意义。

“善养老”则代表了社会经济的富庶、安定，因为一个时代的变乱，首先遭难的就是老、弱、妇、孺。所以当社会安定了，依据我们中国文化的传统精神，大同思想的“老吾老，以及人之老；幼吾幼，以及人之幼”的原则，首先应该照顾的，也就是老、弱、妇、孺。所以“善养老”这三个字的意义，包括了现代所谓富强康乐的太平社会。当我们读到这里的“善养老”时，不要以为只是好好地养老人，这个观念必须要弄清楚。

因为文王当时在西岐，能够做到国泰民安，所以伯夷这些人，都愿意来归附他了。

孟子提出来第二个人太公，就是吕望。因为他姓姜，在助武王伐纣成功后，封为太公，后世便尊称他为姜太公。前面说过他的故事，他遇见文王以前，也是反对纣王暴政的，所以避到东海边上去住。

“太公辟纣”，“辟”字与开辟的“辟”字同音义；在《孟子》这里，则是“避”的意思。有时“辟”字单独用，如《易经》中有十二个卦合起来，名为“十二辟卦”，代表了十二地支，一日的十二个时辰，一年十二个月的阴阳气候。“辟”为君卦，又有统率的含义。孟子说伯夷和太公“辟纣”，就是孔子在《论语》中说的“贤者辟世，其次辟地”。古代遇上动乱苦难的时代，很多人“辟世”，就是隐避的意思。在印度的习惯，就是出家入山；在中国的习惯，就是当隐士，脱离这个尘世的社会；再其次不能出世的，就只好“辟地”，避开这个动乱的地区。这里孟子提出来，在殷商纣王的时代，这两位高士贤人，都“辟地”去了。后来因为文王兴起了善政、仁政，所以他们二人都回到文王这里来了。

孟子举了这两个人的例子后，结论说：任何一个时代、社会、地区、国家，在行仁政的时候，国泰民安，所以人心归向，仁人、圣人也都来了。

孟子在他的七章书中，经常说到这些人，说到这些事。现在的这一段话，是孟子在晚年时候说的，也代表了他晚年的一种政治哲学的心理。

他又说：一个人家，有五亩的土地种植，在房屋的外面种些桑树，主妇用桑叶来养蚕、缫丝、织布，这样生产下来，家里的老年人，就可以有丝棉袄穿了。当然，现代人只要拿几百块钱，就可以买一件假皮衣来穿，也很暖和，可以过冬，不需要自己栽桑养蚕。可是，在那个时代不可能如此。在农业社会，只有用棉花，或丝棉做的冬衣，穿了才不会冻死。

他又说，一个家庭中，只要有五只母鸡、两只小猪，每天按时按量去饲养，注意生蛋、孵小鸡的时间，就可以有肉吃了，营养也够了。假定有百亩之田耕种，那么八口之家，人人都可以吃饱了。

我们读战国时代的古书，有两个要点。第一是，如果以现代人的立场去了解古代，那是大错。第二，我常说，以台北市民的立场去了解天下大事，全错。假如我们以现代台北市的立场，去看孟子所说千百年以前的社会，那就错上加错，错得一塌糊涂了。

我们不要忘记，从春秋到战国这一段时间，三百多年都在战乱中。虽然周朝之初，表面是统一了，实际上是地方分治的状态。在这种情势下，言语、文字、交通、经济都没有统一；分封的几百个大小诸侯，相互侵占吞并，以大吃小。到了孟子的时代，只剩了七个大国，所谓战国七雄，也都是以非法手段，强权战胜公理而形成的。结果民穷财尽，不但经济崩溃，人口稀少，做父母的，费了几十年的心血，培养出来的子弟，一次战役就牺牲了。说不定一批优秀的人才，在一次战争中，几分钟就报销了，再培养一批人才，又要百年的时间。接连的战争，造成人口稀少，土地荒芜，农业衰落，工业当然不发达，商业更谈不上。再看历史上其他的动乱时期，如南北朝的战争，五胡乱华，五代十国的战争，结果像理发一样，大地剃光了头，战争之后的悲惨情况，是一片荒凉，惨不忍睹。

有了这个了解，才知道孟子不是小器，把五只母鸡，两只小猪，都看作宝贝一样成了财产；实在因为在战乱之中，想吃一个鸡蛋，也不容易，不像现在，我们可以尽量挥霍、浪费。

孟子说，文王当年，也是经过那样一个乱世，民穷财尽，命不如鸡犬。像我也曾亲身经历过这种战乱，深深体会到古人所说“宁作太平鸡犬，勿作乱世人民”这句话的况味，真是做人不如做鸡犬来得舒服自在。这是现在青年做梦也想象不到的。到了这种时候，正如苏东坡坐牢时的诗“魂惊汤火命如鸡”。

可是在西伯（文王）这里，却能善于养老，怎样养老呢？“制其田里”，就是平均地权。这也是周朝以后，好几代历史都想做好的。如汉王莽、宋王安石以及明朝张居正当政的一代，都想做到而都告失败。在文王当时做到了，而且教导每一个国民，发展农牧，在家庭中教导妻子和子女，能够孝养父母老人。

关于孝养父母，那是中华文化几千年来的特点，但也不要以为西方人绝对不管父母，只是中西制度两样。西方人的父母，想到儿女家去，要先得到儿女的同意；做儿女的，于方便时接待，接待多久，也诚恳地告诉父母。这在我们中国人看来，很不以为然。西方的文化基础是建立在个人主义上，父母在年轻时，对上一代也是如此，成了习惯，大家都能坦诚相处。中国的情形，如果兄弟多人已经分家，父母要到某儿子家去，儿子媳妇表面热烈欢迎，心里却在嘀咕。所以中西两种形态，各有长短利弊。尤其是养老问题，儿女孝养本是应该，但很难做好。尤其现代工商社会下的小家庭制度，儿子结婚以后，等于“嫁”出去一个儿子，孝养他的岳父岳母去了。所以文王是教全体国民，要“导其妻子，使养其老”。透过这一句话，我们可以了解一个家庭问题，要孝养父母的话，夫妻之间的教育和沟通，是一个严重的大问题，不要轻易放过。另一面也可看到文王当时，对于社会教育、家庭教育，都做得很成功。

所以我深深感觉到，长久以来大家所讨论的所谓青少年问题，并不是问题，我们在青少年时，也是一样。青少年就是这个样子，硬把他们看成一个问题，而为社会、学校加上一个责任，这是不对的。青少年如果有些行为不大正常，那是家庭教育问题，而家庭教育如果说有问题，那是家长需要再教育。我觉得老年人倒是有问题，对这一代青少年，我们老一代的人应该挑起责任来，不要完全责备年轻人。

不过年轻人听了我这个意见，也不可自以为一切责任都在上一代，自己一点问题都没有了。站在做子弟的立场，问题大得很，至少不听长辈的指导，不接受父母师长的教训，轻视上一代的经验等等，这许许多多，都还是青少年的责任。如何继往开来，发展新的文化，开创新的历史，这些都是青少年的大问题。现在所担心的，并不是过去，而是未来的文化教育。实在讲，目前这一代青少年，文化无根，自己没有建立好文化的基础，将来如何去开创？万一根都留不住，中间断了线，那就惨了，这就是今日青少年的责任。

“五十非帛不暖，七十非肉不饱”，这是孟子说有关生命温饱的两句话，一直到民国初年都还很流行。这是根据中原一带的气候环境来说的。人到了五十岁以后，冬天不穿棉衣，身上就不会暖和。到了黄河以北，冬天非穿皮衣不可，没有羊皮，也要穿猫皮，否则冷得受不了。再往北到了东北，那就更冷了。在南方像云南、广东、台湾等地，气候容易适应，尤其云南“四季无寒暑，一雨便成秋”，一年四季都是如此。昆明的青年到北方读书深造，往往读了一学期又回到老家，原因是气候没有昆明舒服，他们受不了。不过，孟子说的，好的社会，好的食物，好的气候，会养成“子弟多赖”。

“七十非肉不饱”这句话，在现代来说，似乎也不适用了。医生劝年纪大的人少吃肉，担心胆固醇增加，会引起血管硬化。可是现代医学所说的话，不必太迷信，因为自然科学是天天在推翻旧理论的，是不定的。所以孟子告诉我们，人老了，还是需要足够的营养，足够的温暖。

他说，假如一个社会中的人穿不暖，吃不饱，生活在饥寒困苦中，那么这个社会就不成其为社会，不成其为国家了。而西伯（文王）所治理的地区，可以做到“无冻馁之老者”，就是说，他治理下的社会是安定的，因为他的政治、教育、内政、经济等等，制度都很健全。

由此我们也可以看出，中国的文化，自大禹王治水以后，几千年来，一直是农业社会的文化。农业社会是爱好自然的，喜欢歌颂田园之乐，任何时代，任何角落，都充满这种思想观念与文学作品。很多做官的人，到了相当时期，请求退休回家，享受所谓“归田之乐”，可见中国这个民族，非常欣赏自然。

其实也不尽然。假使做一次民意调查，青年们如果要享受田园之乐，那是偶然到乡下玩玩而已。如果真的长住下去，除非是乡村都市化，水电俱全，有一切的设备。古人说“穷居乡，富居市”，穷了住到乡下去，有钱就要住到城市去。不过，现代工商业社会，物质文明发达，就反过来了，变成“富居乡，穷居市”。美国就是如此，像纽约市的大老板们，下班就开车到乡下别墅去了，离都市很远很远。晚上留在纽约市的穷人较多，楼梯下，亭子间，都可以住。工业社会与农业社会是相反的，所以孟子描写的，是当时文王治理下的农村安乐境界。

孟子这里所说“五鸡二彘”的境界，今日在台湾长大的青年，因为没有经历过动乱苦难的时代，就看不出《孟子》这段文章背面的意义，历史变化的背景是非常悲惨的，此其一。

其次要了解，当时连五只母鸡、两只小猪的享受都没有，那种贫穷落后、痛苦生活的煎熬，真是有难言之痛。所以圣人们要出来救世、救人，就在这个时候发愿；并不是打坐、念佛可以解决问题，这是要起而行之的。但历史上也有鼎盛的时代，像宋代的《清明上河图》所描写的，就是那种富强康乐的社会；清代小说《红楼梦》，描写清初社会的太平景象，吃喝玩乐、打牙牌等等。现在赌场中用来巨赌的牌九，就是以前闺房中玩乐的牙牌发展出来的。至于现在流行到西方的麻将牌，传说就是宋代的女词人李清照发明的。

太平盛世的人心、思想与这种生活态度与方式，慢慢影响社会人心，道德渐趋堕落，社会逐渐混乱，最后发生战争，造成社会的贫穷。不但中国历史如此，世界人类也是如此，一般人称之为循环，佛学上就称之为轮回。

战国时，老百姓都在“望治”，希望社会的安定、行政的治平，人民能安乐，国家能富强。但富强康乐久了，人心就思变，变久则乱，乱久就惨了。惨痛以后，再回复到望治，而后得太平，人类社会就是永远这样轮回。在政治哲学上看，孔孟所希望的安定，应该是大同思想那样；如果以历史哲学来看，人类的历史苦难，可以说是活该。所以仅仅靠外在的社会、政治、经济制度，使天下一切众生得太平，是做不到的，因人心不能平静。一个有钱的家庭，在夫妇、婆媳、兄弟之间，都会闹出纠纷，这是社会上常看到的。最大的毛病是有钱，被钱害了；如果没有钱也就无事可闹了，可见金钱为害之大。家庭如此，社会也是这样，所以孟子说“富岁子弟多赖，凶岁子弟多暴”，我们透过这段书，就可以了解历史哲学的一个道理。

西方文化有一项专门的学问，叫作历史哲学，大家认为这门学问极为深奥，能到外国读一个历史哲学的博士学位，那是不得了的事。但我常劝青年们不必去学这门课程，因为《三国演义》上的“话说天下大势，合久必分，分久必合”这两句话，把人类的历史哲学说尽了。在外国研究的话，扯上一大堆苏格拉底怎么说，孔子怎么说，啰啰唆唆，抄上许多参考书，结果，还是超越不了“合久必分，分久必合”的范围。其实，逻辑、辩证，都在这两句话中了。

传统农业税的问题

孟子曰："易其田畴，薄其税敛，民可使富也。食之以时，用之以礼，财不可胜用也。民非水火不生活，昏暮叩人之门户，求水火，无弗与者；至足矣。圣人治天下，使有菽粟如水火；菽粟如水火，而民焉有不仁者乎！"

孟子这一段话，让我们知道战国时代的社会经济背景，尤其是内政与财经上的问题。

春秋战国的时候，诸侯分治，各据一方，土地都没有规划清楚。孟子一直主张，应该把土地丈量规划清楚，并做公平的分配，所以说"易其田畴"。

那时，诸侯各国的财政，甚至于战争的军费，都是靠农田赋税的收入，由于大量的征收，使得老百姓饭都吃不上了，所以孟子一直主张"薄其税敛"。事实上，中国历代，对这个问题都很重视。在一部二十四史中，大臣们提出来的，几乎全部都是有关田赋税捐的问题，有时候与皇帝诤议得非常激烈。因为以农立国，没有经济生产事业，没有大规模的民营工业生产与商业，政府一切财政上的收入，全靠田赋的征收。所以孟子说，划分土地，减少田赋的征收，就可以使每个家庭富裕起来。

透过这几句话，就可以看到两千多年前，尤其在孟子这个时代，家家都穷，那是一个民穷财尽的时代。所以孟子说，只要减少赋税，老百姓就会富裕起来。

他主张，在财政上，对于老百姓，要让他们吃得饱，过得去。"食之以时"，农业社会，将近半年时间，没有收成，到了冬季，要给百姓粮食，直到新谷收割为止。如果只知在他们生产的时候去征赋税，而在青黄不接的时候一概不理，还要百姓去服劳役，服兵役，那怎么可以呢？所以使用民力，也要合于礼制，合乎道理，这样国家的财经，就不会有问题了。

孟子的意思是说，国家的财政，并不是很难处理，只要有长远的眼光，照这个原则去做，没有处理不好的，只是当政的人没有用心去做罢了。用现代术语来说，就是当政者只知道“杀鸡取卵”，不知道“藏富于民”，培养财源。他举例说，人的生活需要阳光、空气、水，当时的阳光、空气两样，也是形而下的“百姓日用而不知”，所以孟子举出形相上可见的水火两样，是老百姓每日不可少的必需品。

关于水与火，在中国的原始文化中，没有文字之前，是用坎☵、离☲这两个卦来表征。坎卦代表水，离卦代表火；坎也表征了月亮、阴，离卦也表征了太阳、阳。佛家的四大——地、水、火、风，其中地即地球，也包括了一切固体的矿物质。风即是空气，流动得快速时则成风。其实我们说“今日一点风也没有”这句话，不是绝对的，只不过空气流动得极其缓慢而已，所以风就是气流。地与风是片刻不会离开人类的，至少在非常长远的时间内不会片刻断绝，可是人类生活最需要的，却是随时会断绝的水火。无火种的日子就不易取火，在沙漠地方就缺水；而《易经》的道理，万物生于水火，亦毁于水火。例如盖了一幢房子，尽管不曾经过丝毫人力的破坏，但在三五十年以后，经过太阳的曝晒、湿气的霉腐，就逐渐朽坏了。所以研究哲学与科学，坎离两卦，就是一个大问题。

在古代，水火是人类生存的基本条件。孟子说，尽管在半夜去叫开别人的门，要求借一点水或火，被叫醒的人也一定会很同情，很慷慨，毫不考虑地会将水、火给人。这是因为水、火这两样东西，是家家都不可缺少的。

他说，人吃得饱，穿得暖，就和水火充足一样，那就是《易经》的水火既济卦了。仁政的第一步，是自己经常都有多余的，如水火一样充足，自然愿意分润给别人，这样就没有不仁的百姓了。

孟子这一段，都是讲外用，就是心性的修养与表现于外用的道理相配合。

孔子登山　孟子观水

孟子曰："孔子登东山而小鲁，登泰山而小天下。故观于海者难为水，游于圣人之门者难为言。观水有术，必观其澜；日月有明，容光必照焉。流水之为物也，不盈科不行；君子之志于道也，不成章不达。"

孟子最后表达他自己的意思，这些都是他议论的文章。

他说：孔子当年出了鲁国的东门，登上一座小山，在山顶上回头看鲁国的首都，不过如此。等于我们现在坐在房屋里面，觉得自己很伟大，但爬到观音山顶，回头一看台北，一片乌烟瘴气，高楼大厦如火柴盒，小得如模型，儿童玩具一样。如果到高空一看，天下都小了；升到太空，地球也小了。所以孔子再登泰山，就把天地也看小了。因此看过大海的人，对于小的水，也觉得没有什么了不起。

上面的东山、泰山、海，都是陪衬的话，重点在于"游于圣人之门者难为言"，这里的圣人是指尧、舜、禹、汤、文、武、周公、孔子等历代的圣人。在圣人的门下，真正能学而有成的，就很难讲了。"难为言"就等于佛家的"不可思议"，就是太伟大了，无法表达。这和学佛一样，先要有正见，正确的见解，才能够修行，科学也是要先把理论弄清楚，才做实验。学问、做人也是如此，眼光不够远大，做起来会错的。

他继续说到观水之术，在一个参究性命心性之学的人看起来，好像没有什么味道，因为讲的是入世之道；实际上他讲的是“大行”，是与入世法、出世法都有关的。

他说我们游山玩水，看水是有方法的，这个方法，不经孟子说出，我们都不会仔细留意。他说观水“必观其澜”，要看它的波澜起伏，有时是波涛汹涌的大浪，有时是水波荡漾的小浪，尤其在阳光、月光下观看起伏的波浪，七彩的光色反映眼前，把水的美丽容光都照出来了。

看了孟子的话，如果就到碧潭边上，或打一盆水在阳光下，用风扇吹起微波，看到水面的七彩映光，就以为懂得了孟子的看水，那也是错了。他的意思是说，看水要懂得水是永远活泼泼的，我们人的心性修养，也不是呆板的，如果修得楞眉楞眼死板板的，就算是修道，也是错的。因为此心是活泼泼的，天机也是活泼泼的。

我记得年轻时，与一位有道的老前辈，在西湖边上漫步，一路上柳绿花红，非常美丽，一边观赏风景，一边请他传一点道。他说：你这年轻人，怎么问这些？你不正忙着看花么？你懂得看花吗？我说懂呀！这是桃花，这是杨柳，这是杜鹃……他却说：年轻人就是年轻人，你根本不会看花，这样把眼睛都给看坏了。我问他看花还有秘诀吗？他说有啊！一听到秘诀，我精神来了，就追问下去。他说：看花要看花的精神，是看一株一株的花，开得多活泼！你们看花，精神都被花吸走了；有道的人看花，把花的精神吸收来了，心目中就充满神光了。所以我听了这个话，几十年来，看花、看书，始终记着老前辈说的，把书的言语文字的精义融会于心。大家看书，都把精神付出在纸面文字上，看风景，看流水，都是如此这般。现在大家都看电视，我告诉年轻人，要半闭着眼看，放松心情，如在梦中一样看，把影像吸过来，才不害眼伤神。一般人看电视，把全副精神都投射到那块玻璃上，瞪大了眼睛，神光暴露，自己的思想情绪，被那假的影像所转移，有时还不知不觉地大喊大叫，拍案捶胸，又哭又笑。

孟子告诉我们看水，要看波澜，看那个活泼泼的精神，把它吸收过来，体会于心，也是活泼泼的。其次他告诉我们水性是“不盈科不行”，上游流下来的水，流到堤防前停下来了，一定要等到“盈科”——满了，高出了堤面，才又流了出去。这是孟子告诉我们修养的秘诀，“不盈科不行”。要想学道，则“不成章不达”，自己不参透学理，永远不会通达。有的人学道，做了几天静坐的工夫，就想开悟，那是死水一潭，理事不能融通；做人做事也是这样，不充实、不圆满不行，要充实、圆满以后，才能得成果。

孟子前面说天下大事，怎么突然又说到个人修养上来了？他这是告诉我们，当官也好，教书也好，经商也好，做人也好，先求充实自己，“不盈科不行”“不成章不达”，天下事没便宜好占的。人都是偷心不死，爱占便宜，尤其学佛学道的人，希望老师传一个秘诀，明天就得神通，天下哪有这样的事！所以要“盈科而行，成章而达”，这是不可磨灭的真理，自己不充实而想成功，那是不可能的。

王与贼　自利与利他

孟子曰：“鸡鸣而起，孳孳为善者，舜之徒也；鸡鸣而起，孳孳为利者，跖之徒也。欲知舜与跖之分，无他，利与善之间也。”

全部《孟子》，始终在辩的，无非是义利之间。利并不完全代表金钱，利就是自私，人人都在追求有益于自己的，现实可见的好处，那就是利。这是孟子说明人的心理。

天还没有亮，听到鸡叫就起床了，自己第一念就想今天要做什么善事，有利于人，这种人就是尧舜一流的人物，属于走圣人路线的。例如信宗教的人，一醒来起床就在祈祷，准备一日的行善。另一种人，也是鸡鸣即起，但他们所注意的，是“为利”的，专想去赚钱，其实也很辛苦。孟子说，这种“孳孳为利”的是“跖之徒”。“跖”是古代一个盗帅，他是柳下惠的弟弟，但是连柳下惠、孔子对他都没有办法。孔子劝告他，他和孔子辩论说盗亦有道，说出一大堆仁、义、礼、智、信的最高道德哲学，这典故出在《庄子》的杂篇。其实孟子指出人性都有良知良能的善心，同时也有盗心，为了求利，都在设法圈套人，要把别人口袋里的钱，哄到自己的口袋里来，而且使别人很高兴地自动把钱送来，这就是“商道”。其实真正的商道，也就是大盗的大学问、大道理，也就是孟子所说的“跖之徒”。那种硬将别人的钱赚到自己口袋中的，已经很低了，已经是不入流的小盗了，是被盗跖淘汰下来的无道之盗。所以在孟子、庄子的眼中看来，全世界大多数的人，都是盗跖的行为。

他说圣人与强盗的分别，一个是“为善”，一个是“为利”。强盗哲学就是自私，只有为己、占有，这就是强盗心理；圣人则所作所为，都是为利他而付出，差别就在这里。理论上说起来很容易，可是行为上做起来非常难。佛学上“盗”是五大根本戒律之一，不可以犯盗戒。佛学上真正的戒律，凡是“不与取”就是盗。也就是说，没有得到别人同意给你的，都是盗窃的行为。依照佛家这个戒律，我们天天都在犯盗戒。例如路上一个遗失物，守佛家盗戒的人，连看也不看一眼，这东西属于路，不属于我，如果看一眼，心念一动："谁遗失的?"这就已经犯了戒，动了贪心。如果要拾起来，最好交到公家招领，超过了法定期限没有人领，那就归于公有。依照此理严格地检讨，人生随时都可能犯盗戒，惟有享受"江上之清风，山间之明月"，才不算犯戒。

孟子这里所讲的"跖之徒"，虽然没有像佛家说得那么明显和详细，但含义与佛家所说行为上的盗，与内在意识的贪是同一个作用，只是表达的方式不同。他主张走圣人之道，告诫我们要"鸡鸣而起，孳孳为善"，自己的思想、心理行为，念念在做好人、做善事，才可以够得上读圣人书，学圣人之道，走圣人之路。如果"鸡鸣而起，孳孳为利"，也可以，不过孟子的定义则是"跖之徒也"，那就是大盗之道了。圣人与大盗的差别，就在义利之间。

他从人生修养，说到义利之间，然后在下面做了结论。

> 孟子曰："杨子取为我，拔一毛而利天下，不为也。墨子兼爱，摩顶放踵利天下，为之。子莫执中，执中为近之；执中无权，犹执一也。所恶执一者，为其贼道也，举一而废百也。"

《孟子》在上篇中已经说过，他举出大家讨论的杨朱与墨翟这两家的思想理论。杨朱的哲学思想，古人说是为己的，是绝对的个人自由主义，天下人人都为自己，每人都为自己好好生活，好好生存。但是"拔一毛而利天下，不为也"这句话，是反对杨朱观点的人所说的，是指摘他而说的话。其实杨朱自己的理论是不是这样？也许差不多是这样，不过孟子引用这句话，加重了语气。我们突然一听，觉得这个学说理论很糟糕，可是要知道，西方哲学的自由主义，也是很容易走上杨朱的思想路线，所谓“拔一毛而利天下，不为也”的偏差，个个为我。例如现在的美国人，父母到儿子那里，也要事先得到儿子与媳妇的同意，不扰乱他们的生活规律，各人有各人的自由。杨朱的思想是：你的是你的，我的是我的，彼此互相尊重，互不妨碍。我不愿拔一毛而利天下，同时也不要你及他人拔一毛而利我，各人管好自己的生存与生活。但是现在大家把西方的自由主义，误解为杨朱的“拔一毛而利天下，不为也”，实际上并不是如此。

事实上，西方的自由，是个人绝对的自由，个人自由发展的结果，就产生了政治制度的民主。一件事情，各人提出为己的主张，经过讨论，就有了少数服从多数的民主精神。

所以讲到中国哲学史，翻开春秋战国时代诸子百家的学说加以研究，今日西方的任何新思想，在几千年前，我们的老祖宗早已经提出过了。只可惜大家不读自己的书，所以就不知道了。假使有人，化妆一双蓝眼睛，装一个高鼻子，头发染黄，把这些话告诉大家，大家就都相信了。

此外与杨朱相反的是墨子一派的思想，主张“兼爱”天下人，个人的生活简朴清苦，不奢侈豪华，安贫乐道，一生从事利他活动，为弱小穷苦的人群服务。我有一位老友曾说过：“忘身为人谋，有危即奔赴，爱人如爱己，有力即相助。”墨子本人，经常光着头赤着脚，都在为他人的利益辛勤奔走，很像后世佛教的苦行僧。例如有一次楚国与宋国要打仗，墨子就跑去劝两边人不可打，终于把一场大战消弭于无形，使人免遭伤亡于战火之中。

墨子的精神，是专门把人家的棺材抬到自己家里来哭的，我爱自己的亲人，亦爱天下人。天下人的父母，也就是我的父母，天下人的儿女，也就是我的儿女。墨子的“兼爱”，等于佛家大乘的菩萨道的思想，是以无我的精神，积极行布施，做利己利人的事业；杨朱的思想等于佛家的小乘思想，看起来是自利的，实际上，佛家的小乘道也是以慈悲喜舍为前提的。

在孟子以前，因为时代的动乱，社会的贫困，人们的精神痛苦极了，于是这两家的思想，就被当时一般社会欢迎接受了。所以孟子曾感慨地说：“天下之言，不归于杨，即归于墨。”

关于墨子学术的内涵很多，除了“兼爱”，还有“尚同、尚贤”，主张平等，起用贤人为政；以及“薄葬”。墨子严重反对传统注重的厚葬之礼，这也是非常有道理的。因为中国上古传统注重厚葬，所以造成几千年来盗墓的流弊。而且墨家在战国时，就有类似后世社会群众的组织，各国修奉墨子之道的分支组织头目，就叫作“巨子”，为中下社会的中坚份子，影响很大。因此自战国以后，成为中国学术儒、墨、道三大主流之一。这些内容讲起来很多，现在不是专门讲述墨家思想，到此暂告一段落。

关于“子莫执中”

讲到这里，孟子在原文里提出来“子莫执中”一句话，非常含糊，我觉得是很有问题的。不过据古人的注释，子莫是个人名，另有其人，他主张“执中”。古人虽是这样注释，在杨朱、墨翟两派严峙的矛盾之间，好像另有一派，就是子莫，主张调和论，提出一个“执中”，处理这两派之间的问题。这段话，现在姑且照古人相传的注释，先做原文的解说，不另作讨论，以后有机会专门讨论“子莫执中”这个问题。

当时另外这个名叫子莫的学者，他的主张是“执中”，执中是儒家的思想，认为人是天生的自私。但是也绝对有慈悲善良的一面。例如《易经》的道理，太极分阴阳两面，人有阴暗的一面，也有光明的一面，姑且把阳作为善的代号，阴作为恶的代号；人性也俱有兽性的内涵。他这一家的思想要“执中”，两个极端要调和，所以要给人保持部分的自私。因为叫人毫无自私，要天下为公，是做不到的，只可以有限度地为公。同样绝对的自私也是做不到的，不可能的，因此他主张“执中”，要调和、均衡。

以前关于做人的修养、学问的道理、政治的策划、社会的制度，都讲究“执中”；“执中为近之”，就是接近“道”了。但是“执中无权，犹执一也”，所以“执中”要有“权”，就是权衡、权变，像一个天秤一样，一定要秤锤，没有秤锤，就分不出轻重，就无法平衡。所以处理事务，要随着时间、空间机动地变更，否则等于秤锤挂在固定的位置，不随秤钩上东西的增减而移动，那就是执着，执着就成为偏见，就是“执一”。

所以说“恶执一者，为其贼道也，举一而废百也”，这是孟子最后的结论。孟子从“仁义礼智根于心”的道德修养，心理行为，而讲到政治、经济、社会、个人修养。他最反对的是执着，一执着就妨碍道了。所以，如果读“四书”，认为孔孟之学，不通于形而上道，那是大错而特错的，因为孔孟走的是入世道。他在这里就指出，“恶执一者，为其贼道也”，执一就成了贼道，所以不要有任何执着，有执着就妨碍了道。为什么执着会妨碍道业？“举一而废百也”，一有执着就犯了逻辑上以偏概全的过失，死抓住一点，其他都看不见，结果都成为偏见了。

成功与成名不同

孟子曰：“饥者甘食，渴者甘饮；是未得饮食之正也，饥渴害之也。岂惟口腹有饥渴之害，人心亦皆有害。人能无以饥渴之害为心害，则不及人不为忧矣。”

孟子曰：“柳下惠不以三公易其介。”

孟子曰：“有为者，辟若掘井。掘井九轫而不及泉，犹为弃井也。”

孟子这里说“饥者甘食，渴者甘饮”，人在肚子饿的时候，任何东西都觉得好吃；口干极了，喝什么都好喝。也就是孟子曾对公孙丑说过的“饥者易为食，渴者易为饮”，这些话已经变成平常惯用的成语了，大家都有这个经验。

唐代有一个故事，当时高丽有一个高僧，到中国来学禅，乘船到中国上岸后，天黑进入山中，迷了路，就在山中随便找一个地方坐下。半夜口渴得很，顺手摸到身旁有个碗之类的东西，其中有水，就端起来一口气喝了下去。心中想，这真是菩萨保佑，赐给我这样好的甘露。天亮后回头一看，原来是一个死人的天灵盖骨，仰放在那里，不知经过了多少时间，存积了雨水，被他喝下去了。他越想越难过，肚子越觉得不舒服，突然“哇”一声，就呕吐出来了。可是当他恶心呕吐的时候，忽然大彻大悟了，悟到“一切惟心造”。昨夜喝来有如甘露的污水，经过了几个小时，本来无事，但一经发觉是死人髑髅贮水，心里生起极为厌恶之心，竟然还是吐出许多苦水来。当黑夜中喝时之喜爱、满足、赞美，与吐出时之厌恶与痛苦，两种绝对不同之感受，都是一念唯心所造，自性本空，了不可得。

孟子在这里说，“饥者甘食，渴者甘饮”，人在极度饥渴时，吃喝什么都好，但这并不是“饮食之正”，不是饮食的正味，因为有许多心理上的反应，是自我主观慰藉自己的情绪加上去，才会造成味觉的不同。而所吃所喝的东西，本身的味道，并无意识，味道的好坏是个人唯心的感受，所以是饥渴妨害了“饮食之正”，造成了这个假象。

但孟子这个比喻，值得考虑了。假如说一定要怎样的味才算是“正”的，就碰到一个问题，等于人类的善恶是非的绝对标准，下不了定论。同样一个菜，喜欢吃咸的人觉得太淡了；喜欢吃淡的人，觉得太咸了。共同吃这个菜的人们，以谁的口味为标准算是“正”味呢？并无标准。本来饮食的感受，就没有绝对的；气候冷暖的感受也是如此，没有绝对的标准。如果在医学、哲学、自然科学来讨论，孟子这个比喻，又在许多方面有值得研究的问题了。但是他的重点不在这里，不必从这上面“鸡蛋里挑骨头”地挑剔。

孟子是以“饥渴之害”为例，说到我们人的心理，不要像饥渴影响我们口腹那样，妨害我们的正知。“岂惟口腹有饥渴之害，人心亦皆有害。”他进一步说，何止口腹有饥渴的害处，人的心中也随时都有为害的东西；“人能无以饥渴之害为心害，则不及人不为忧矣”，一个人的心性，能够不受饥与渴的妨害，不受生理的、情绪的、主观的影响，而对一切事情有特别的正知，那么即使生活条件不如人，也可以高枕无忧，心理既没有烦恼，也比较平和。

孟子这段话，实际上是接着上文杨、墨两家的思想所说的，是指出这些思想，不是绝对的不对，都有他们的偏执与理论根据，但却不是全面的。任何西方的、东方的，世界上任何学说，都有他主观的道理，但只是一面的偏见，就是执一。执着了一面，便认为是真理，而否定了其他，这就是以偏概全。

还有，就是听别人的学说，或听别人的话，觉得很对，其实不一定是对的。只因为别人这个思想，刚好合于自己的需要或意见，于是就认为是对的。其实，这还是由于自己主观的原故。

所以这里一方面指出，对于学说思想，应该具有公正客观的态度；另一方面也指出，当时人们接受杨、墨等的思想，犹如“饥者甘食，渴者甘饮”似的，那也是一种“心害”。

接着孟子又借古圣先贤来说明，他说柳下惠这个人，非常狷介，“不以三公易其介”。绝不因任何功名、富贵、官位、环境的影响而动摇，这就是“介”。这种人坐而论道，可以指点最高政治层面的国策问题，无论处在哪种地位与立场，他的人品，始终不变；认为对的就是对的，不对就是不对，绝不随便有所将就。

孟子在这里，引用柳下惠以独立不倚超然的人品处世，是说明一个人的为人处事，必须要有自己的抱负、目的、人生观，而且坚定不移，始终不变。孟子又说：“有为者，辟若掘井。掘井九轫而不及泉，犹为弃井也。”一个有作为的人，一生做人处世，建立了正确的人生观，就要坚持到底，一以贯之，不可以见异思迁。犹如挖井一般，不可以挖了九成，因为还没有见到水，就中止不挖了，这样就前功尽弃。所以古人有两句诗说：“天意怜幽草，人间重晚晴。”这是说人最怕的，就是一生坚持修养，到晚年变节，那是非常可惜的。

前清的名臣曾国藩，引用孟子这段名言，训诫他的子弟说，做人做事，如同挖井，只要是挖井，就要挖到出水为止。如果这里挖一口，没有出水，又到别处去挖，挖了一半，又不挖了，再往他处挖第三口，如此挖法，纵然挖上一百口井而挖不出水，也等于没有挖井一样。假如没有锲而不舍的精神，学问也好，修养也好，事业也好，没有一样能够成功的。

但是要知道，成功并不是成名，成功与成名，是截然不同的两件事。成名只是一时的浮面现象，成功则对后世有所贡献，永远存在。现在有一种社会现象，如果要找人做一件事，先问这人的知名度怎样，名气响不响亮。尤其找演员拍电影，要先考虑知名度高不高，可是不到几年，知名度成了“名知度”——早成过去了。

我经常引用庄子的观点对人说，一个人到了中年，哀乐的情绪已经混淆朦胧了，对事情可以看得含糊了。可是现在许多四十岁左右的中年人，连自己要做一个什么样子的人都还没有确定，这是头脑不清，并不是庄子所说中年哀乐朦胧的境界。一个人能确定了人生观，才能介然独立，有为有守，有所为，有所不为。认为该做则做，不应该则不做；可要则要，不可要则不要，这就是“有为者”。现在有些人所说的立志，常引用佛学上的语言说是“发愿”，发什么愿？自己要清楚明白，不可糊里糊涂的。

王道与霸道

孟子曰：“尧、舜，性之也；汤、武，身之也；五霸，假之也。久假而不归，恶知其非有也。”

这是孟子所说政治哲学、历史哲学中心的精神。孟子本章，从内圣之道，说到外王，都是连贯的。然后说到王道与霸道的不同，文章波澜起伏，到这里，是一个阶段。

孔子整理历史，以尧、舜、禹为圣君作起点；接着孟子以及后来的儒者，也多引述尧舜，却很少提到大禹，因为到了大禹的时候，历史有很大的变化。大禹平治洪水，把上古以来的大水灾变成大水利，建立了华夏以农立国的基础，其功不可没。但是在政治文化上，孔、孟两位夫子，对禹本身没有意见，只因禹的儿子启，立国以后，由公天下变为家天下，所以就不大提及大禹了。现在站在圣君之道，公天下的立场，则只说尧舜。圣君将政治与教化合于一身，是“政教合一”，尧、舜是以这样的精神治天下的。

因此孟子说：尧舜之所以成为圣人，是“性之也”，是合于天然自性与人性自然本有的理念，本性自然是那样的大公无私、高明、敦厚，并非是故意造作的。至于商汤与周武王，孟子认为那就不同了，是“身之也”，这是说他们是以修身立功，勉强做到了近似先圣的境界。而周文王，因为是在“性之也”与“身之也”之间，所以这里撇开了，很少提到，不过，他自然也归于圣人之列。

按照中国上古传统自然之道的历史政治哲学的看法，尧舜做到了如老子所说的立德、立功、立言，三不朽的事业。孔孟在人伦的教化上，并未切实做到立德、立功的事实，但在立言的教化方面，也可以说有其伟大的立德、立功的成就。所以中国政治哲学上说，尧、舜的政治是道德的政治，到了启建立夏朝以后就不同了，开启了法治的先机。所以从司法史的观点看，中国的刑法，最早是从“象刑”开始，仍属于道德层面。

至于所谓汤、武的革命，就更不同了，他们都是以身家世系，联系天下的安危为目的，并非如尧舜一样具有真正天下为公的精神。到了东周以后的政权，诸侯中霸权风气勃起，所谓春秋五霸如齐桓公、晋文公等次，都是如孟子所说“假之也”。所谓“假”是假借的意思，假借仁义之道，挟天子以令诸侯，达成个人与家国的霸业。

孟子又说：“久假而不归，恶知其非有也。”这真是两句很有趣的谶语。为什么说它是谶语呢？因为我们的历史，在春秋战国五霸七雄以后，虽然有了秦、汉、唐、宋、元、明、清，所谓的统一的朝代，皇帝自称天子，其实都是假借仁义的霸术，号称以传统仁义之道来统治国家，这就是孟子所感叹的“久假而不归”啊！因此从秦汉以后，历代的学者，自称为孔孟儒家忠实信徒的，都想“致尊尧舜”，都想影响每代的皇帝，希望改变他们成为尧舜一样，能有“逊国让位”的公天下的作为。正如孟子在这里所说的“恶知其非有也”，岂非是几千年来一个春秋大梦！

由此，我们看一些研究中国文化史的，经常把儒家与道家，分成两条路线。认为如老子所说的“智慧出有大伪”，又说“圣人不死，大盗不止”，说人一有了智慧，就更会作假，这些圣人不死光，那些抢天下的大盗，就会越来越多了。从表面上看起来，这好像在反对儒家所标榜圣人所说的仁义，实际上并不如此。老子是说，仁义道德是对的，可是后世的人，假借来用，并没有真心实行，就变成了历史的罪人。现在看了《孟子》这一段，则和道家老子的观念的确是相通的。

下面是关于政治哲学的问题。

历史记录的果报

公孙丑曰：“伊尹曰：‘予不狎于不顺。’放太甲于桐，民大悦。太甲贤，又反之，民大悦。贤者之为人臣也，其君不贤，则固可放与？”

孟子曰：“有伊尹之志则可，无伊尹之志则篡也。”

前面已经介绍过，伊尹是商汤的贤相，他本来是一位贤士，在夏桀当政，暴虐天下的时候，隐居不出。因见民不聊生而出，后来帮助商汤起来革命，推翻了夏朝。他是建立商朝的一个贤相，也是内圣外王一流的人物。但是汤死以后，他的儿子太甲不行，这时伊尹还在当宰相，就把这位小“皇帝”太甲，放到首都外桐这个地方，不许太甲乱跑，要他好好读书、学习、反省。这时伊尹自己就代为管理国家的事。这在政治上，有篡位的大嫌疑，但是全国人民很高兴他这样的做法。三年后太甲改过迁善，于是伊尹又把太甲接回来执行君王的任务，自己则再退位称臣，全国人民也很高兴。

后世的周公，也与伊尹有相似的做法。武王统一天下，弟弟周公为相；武王死后，依古代制度，由武王的长子成王接位。因成王接位后不肖，周公也仿伊尹的做法，把成王移地读书、学习、反省，周公自己摄政了七年。但是周公却不如伊尹那样，能得大家谅解，当时天下就有了流言，都怀疑他准备废掉这个侄子成王，而想篡位当“皇帝”，所以唐代白居易有诗说：

赠君一法决狐疑　不用钻龟与祝蓍
试玉要烧三日满　辨材须待七年期
周公恐惧流言日　王莽谦恭未篡时
向使当初身便死　一生真伪复谁知

这首诗也是感叹人生一切的作为，须要等到最后的结果才能论定，因此古人有“盖棺论定”的说法。其实历史上有许多人许多事，我认为即使盖棺，其中的是非善恶也很难论定，只好把冤枉带进棺材里去。

现在再回转来说。孟子讲了历史哲学的一些道理之后，他的学生公孙丑，就提出伊尹放太甲这件事，来问老师说：以前太甲“不顺”，伊尹说“予不狎于不顺”，自己不能跟着这个小“皇帝”混，于是就把小“皇帝”放出去，软禁起来读书、学习、反省。当时天下人民，并不认为是伊尹不对，反而非常高兴；等到太甲改过迁善，伊尹又把他接回来当“皇帝”，天下人民，又很高兴。公孙丑说，请问一个做宰相的人，“其君不贤”，看见小“皇帝”不对，可以把他放逐出去、软禁起来吗？孟子回答说：“有伊尹之志则可，无伊尹之志则篡也。”如果有伊尹这样的胸襟，可以这样做，因为他无私，不算窃位；假定没有伊尹之志，就算篡位。孟子这两句话，成了中国政治哲学上的名言。虽没有在字面上说对与不对，可是已经说了对与不对，就是要有像伊尹一样动机与存心才可以，否则就不可以。

从这里我们想到《三国演义》中一个大家都很熟悉的故事，就是前面已经介绍过的刘备白帝城托孤的事。他对诸葛亮说：“君才十倍曹丕，必能安邦定国，终定大事。若嗣子可辅，则辅之；如其不才，君可自为成都之主。”诸葛亮听了这样的话，立即跪拜叩头，表示绝对不会这样做。后来果如他呈给刘禅的《后出师表》中所说的“鞠躬尽瘁，死而后已”，真是至死忠贞不二。

历史上的伊尹、周公、诸葛亮，都是临危受命的托孤之臣。所谓托孤，就是父亲临终前，将儿子委托别人代为监护教养。商汤将太甲托给伊尹，武王将成王托给周公，刘备将刘禅托给诸葛亮，这都是历史上托孤之臣的故事。而这种托孤，又与一般平民、朋友之间的托孤大不相同，因为所托的孤儿是担当一国的君主，受托的人是臣子。臣子见了君上，不管君上的年龄大小与好坏，依礼还是要听从君王的命令，跪下来称臣的，这就很难办了。所以刘备在托孤时，就有了“君可自取”的话，暴露出对人并非绝对信任与完全放心的潜在意识。幸亏诸葛亮有他的智慧，以及有与伊尹一样的胸襟，故能立刻表明心迹，也获得千秋万代的称赞。而商汤之于伊尹，武王之于周公，托孤之际，君臣之间的情形，就大不相同了，彼此都有高度的修养，高度的道德，都能诚信，都能推心置腹。如果以现代民主思想的政治观念来衡量，加以评论，都有隔靴搔痒的嫌疑，因为不合上古时代的环境，也与社会意识形态的观念不同。

虽然如此，可是伊尹放太甲于桐时，老百姓大悦；而周公摄政辅成王时，却是流言四起。因为周公时的社会人心，以现代名词来说，已经大大地改变了；尽管周公是个贤者，但一般人的心理反应，却是两样。到了汉末诸葛亮时，连君臣之间的互信，也蒙上一层薄薄的阴影。

再往下看，宋朝的得天下，赵匡胤陈桥驿兵变，黄袍加身，不说别的，一夜之间，哪里来的这么一件龙袍？难道真的是天上掉下来的不成？那时候，正是后周柴家的天下，周世宗柴荣和赵匡胤两人，本是五代末年乱世中，同样来自民间的人物。后来柴荣当了皇帝，赵匡胤便成为一位最亲近的将领，等于现代的首都卫戍司令，全国警备司令又兼宪兵司令。

柴荣死后不久，边疆有事，赵匡胤带兵出征打仗，就在离京城不远的陈桥驿兵变，不去打仗，当上了皇帝。这是欺负柴家孤儿寡妇而得的天下。在开封的皇宫里，有一房间，这是赵匡胤封闭，不许打开的，因为里面立了一块不许用南方人当宰相的碑，如用南人为相就是不肖子。后来赵光义的后代神宗，用了南人王安石为相，宋朝的政治就开始走下坡路了，所以有人说，赵匡胤有先见之明。但是他吩咐子孙，对柴氏的子孙，绝对不能无礼。而他取天下于孤儿寡妇，依中国古代政治哲学而言，宋朝的天下，是篡位而来的。这就是说，赵匡胤“无伊尹之志”了。到了蒙古人进来，元朝接手的时候，宋朝的末代皇帝，也正是孤儿寡妇。所以有人作一首咏史诗说：

忆昔陈桥兵变时　欺他寡妇与孤儿
谁知二百余年后　寡妇孤儿又被欺

如果研究历史哲学，以政治的伦理，看历史的因果，就看出人生的因果报应，是非常严重的。赵匡胤虽然取天下于孤儿寡妇之手，不守“伊尹之志”而篡位，但对柴家的子孙，不像魏晋各代的赶尽杀绝。南北朝、五代十国，每一朝代都是篡位，都把前朝皇帝的子孙，斩草除根。赵匡胤能够厚道，对柴家的子孙并没有残杀，所以元朝对赵家的子孙也一样。而元朝最后的果报也很好，元朝坐了八十年天下，如果严格地研究，有学者认为，最后一代元顺帝，并不是真正的蒙古人，而是赵匡胤的后裔。朱元璋推翻了元朝，元顺帝逃向蒙古，朱元璋派徐达追到了内蒙古边境，就不再追了。副将常遇春问他为什么不追？徐达说，人家也坐了八十年的江山，现在大明王朝已经建立，把他抓回来，当今的皇帝也很难处理，既然逃远了，就算了吧！实际上徐达和朱元璋都知道，元顺帝是汉人，让他到边疆称王，统率蒙古人也很好。

研究历史上的因果循环，也就懂了人生，知道为什么做人要有道德。因果律是宇宙间的自然规律，人不可以违反这一自然规律的力量。所以孟子说的这个“伊尹之志”，包含了中国三千年来的政治伦理的哲学思想，也就是为私则是篡位，为公则是可以的观点。

尸位素餐

公孙丑曰：“《诗》曰：‘不素餐兮。’君子之不耕而食，何也？”

孟子曰：“君子居是国也，其君用之，则安富尊荣；其子弟从之，则孝悌忠信。‘不素餐兮’，孰大于是？”

公孙丑继续提出“素餐”的问题。中国文学上有一句“尸位素餐”的成语，是形容居高位而不做事的人。“尸位”，古人祭祀的时候，杀了牛羊猪禽兽这些“牺牲”，或者用米面杂粮做成这些生物的形像祭拜，并不是凭空祭祀。同时在祭坛上位，必须有一个像活着的偶像，来接受祭拜，后世叫作“傀儡”；再演变到后代就用木主牌位来替代，这种情形，总的名称叫“尸位”。所以发展到后世，民间所信奉的神明，不管是天神、菩萨，乃至儒家的圣贤，也都要塑成形像。“素餐”就是万事不做，既不劳动，也不工作，白吃干饭，有如坐在上位受人祭拜的偶像，所以叫作“尸位素餐”。例如尧在一百二十岁去世，是舜接位以后三年，要祭尧的时候，就由尧的儿子丹朱，穿了尧的衣服，坐在上面不动，代表尧，接受舜的祭拜。

那么公孙丑问孟子：《诗经》上说，“不素餐兮”，一个人活在世上，不能光吃白饭，游手好闲，要将自己的才能奉献出来，才可以享有酬劳；如果没有奉献，光享有君王、国家的优厚禄位，就是“尸位素餐”。人生在世，随时都在麻烦别人，近自父母，远至陌生人，都为我们的活着而付出，于我都有恩；所以同样要对别人有所贡献，回馈社会大众的恩惠，这就与“不素餐兮”的精神相同。

公孙丑又问：“君子之不耕而食，何也?”公孙丑这一问，像是给孟子一记少林拳。等于说，老师，你一天到晚，坐在那里讲学问，谈道德，还要学生供养束脩（学费）给你生活，难道说，一个君子既不种田，也不做工，就可以“不耕而食”吗?

孟子回答说：一个有道德、学问的人，假使国君用了这个人，有相当尊贵的待遇，他已经在“安富尊荣”了，那是他应该得的报酬。如果没有担任公职，而在社会中从事教化（教育）的工作，“其子弟从之”，有很多的学生跟他学习，无形中将孝、悌、忠、信等等德性，影响了社会，形成良好的社会风气，对社会安定，都有了贡献，所以弟子们送了束脩供养，也是理所当然的回报。而且，一个君子在社会中的贡献有多大，是无法比拟的。孟子这句话，也等于要他的学生们尽管放心，我们师生并没有白吃社会的干饭，已经在尽自己应尽的义务了。

居仁由义之道

> 王子垫问曰：“士何事？”孟子曰：“尚志。”曰：“何谓尚志？”曰：“仁义而已矣。杀一无罪，非仁也；非其有而取之，非义也。居恶在？仁是也。路恶在？义是也。居仁由义，大人之事备矣。”

接着公孙丑的提问之后，又有齐国王子垫提出一个问题：“士何事？”一个学者、知识分子，活在世界上，应该做些什么事，有些什么责任？这与公孙丑所提的问题，几乎是有相同的意义，但有不同的指标。

孟子的答案是说，一个学者、知识分子首先就要“尚志”。所谓“尚志”就是重视自己的立志，也就是要确定人生的目标，要走一个什么路线。

王子垫又进一步地问，什么叫作“尚志”？孟子说，“仁义而已”，只有终身致志于宣扬人伦道德，弘扬伦理教育的本分。教育的目的，是改正人性的恶习，令人向善，对社会传播传统道德哲学思想。假使从事政治的人，只为私利，是非不辨，善恶不分，“杀一无罪，非仁也”，无辜杀害一个无罪的人，甚至随便做有害于他人的事，都属于不仁的行为。无故危害他人生命，当然是不仁。

“非其有而取之”，取得任何不属于自己的东西，而占为己有，就是“非义也”。不问劳心或劳身，付出一分劳力，才能获得一分代价，这才是义。“居恶在？仁是也”，一个知识分子，只有立身于仁的立场，应该取的才取，应该付出的就要付出，这才是合于义。

孟子这两句话，后来成为一句成语“居仁由义”，平常立足点站在仁上，而行为要合于义，这样“尚志”就对了。做到了以后，在儒家叫作“大人”，在道家称为“真人”。因此孟子在下面举出一个历史故事，说明儒家所认为的士大夫的人格标准。

孟子曰：“仲子不义与之齐国而弗受，人皆信之。是舍箪食豆羹之义也。人莫大焉亡亲戚君臣上下。以其小者，信其大者，奚可哉？”

陈仲子这个人，是孟子之前的齐国贵族后代，他看不惯齐国当时那些贵族的腐败与贪污的风气，于是避开母亲、兄长，舍弃权位富贵，离世隐居，终生清廉。有关他的故事，在此就不多说了。孟子说，他这种行为，在儒家看来，是属于不义的。因为他虽然“自处廉洁淡泊”，被大家称赞人格清高，但他这种清高于世何益？“是舍箪食豆羹之义也”，只不过是不接受他人的羹饭恩赐，洁身自好而已。

真正的人格是要有见地，人生的价值要从大处着眼，这是建立人生观的基本要点。陈仲子不顾国家社会大众的利益，舍弃君臣之义，亲属之情，离群索居，那只是完成个人清高的品行，并不能救时救人，器量未免狭小，并非仁义之大道。

于是，又讨论到另一个类型：

桃应问曰："舜为天子，皋陶为士；瞽瞍杀人，则如之何？"孟子曰："执之而已矣！""然则舜不禁与？"曰："夫舜恶得而禁之？夫有所受之也。""然则舜如之何？"

曰："舜视弃天下犹弃敝蹝也。窃负而逃，遵海滨而处，终身䜣然，乐而忘天下。"

孟子另一个学生桃应，也提出一个假设性的问题，他想得很妙。前面说过舜的父亲瞽瞍，是一个很莫名其妙的人。当舜为帝以后，用了一个执法廉明清正的人皋陶，他是上古历史最有名的清官。桃应问孟子：在舜当了天子以后，假设瞽瞍犯了杀人的罪，皋陶这个时候执法，该怎么办？

孟子说：这还不简单，把瞽瞍抓起来责罪就是了。

桃应说：那么舜怎么办？难道他不会下命令给皋陶说，这是我的父亲，你不许抓。或者叫皋陶把这个案子搁起来，表示抓不到人，不了了之。这样可以吧？

孟子说：舜不会这样做，如果这样做，就不是圣君了。而且他决不肯做违法的事，更不会为私情废弃法治的尊严，禁止皋陶去抓瞽瞍。这就是中国自古以来的法治精神，几千年来一直有一句话，叫作"王子犯法与庶民同罪"，这与西方真正民主政治的法治精神是一样的。前面提到过的小说故事，包公打龙袍，就是这一法治精神的榜样。所以假使舜的父亲犯了法，也一样要办，皋陶执法，是舜代表国家授命他执法，他就要公正廉明。

桃应挖根挖底地问：那么，瞽瞍被抓以后，舜是天下大孝，他既不能禁止皋陶处罚他的父亲，难道等皋陶的报告上来了，批一个依法办理，执行死刑吗？否则的话，舜该怎么办呢？

孟子说：这很简单，像舜这样的圣人，把"皇帝"的权位，看得并不重要，假如他真的遇到这种事，他就不当"皇帝"了。

他丢掉一个“皇帝”的地位，比丢掉一双破鞋子还要快，半夜背着他父亲逃走，逃远到海疆化外之地，奉养父亲终身。

这段是孟子与学生之间讨论学问的问答，是辨别中国儒家的思想，属于处理公与私、是与非、善与恶之间的道理。瞽瞍、舜、皋陶，各人的个性，天生如此，而天理、国法、人情，也就是法治、礼（理）治与人之常情。天子犯法与庶民同罪，这是法治；但天子的父亲犯罪，儿子治父亲的罪，在天理上又讲不过去；如果不治罪，又为法所不许，这是理与法产生了矛盾。舜在人情上，必须救自己的父亲，但在公理上必须维持法治的尊严，于是他只有放弃“皇帝”的权位，背了父亲，逃离国境，奉养父亲。那么情、礼（理）、法三方面，比较都可以交待得过去了。

环境的影响　君子的爱心

孟子自范之齐，望见齐王之子，喟然叹曰：“居移气，养移体；大哉居乎！夫非尽人之子与？”

孟子曰：“王子宫室、车马、衣服多与人同，而王子若彼者，其居使之然也；况居天下之广居者乎？鲁君之宋，呼于垤泽之门。守者曰：‘此非吾君也，何其声之似我君也？’此无他，居相似也。”

孟子有一次从范地去齐国，在路上看见齐国诸侯的世子，那种轩昂骄贵的气象，于是就非常感慨地说了“居移气，养移体”两句名言。这是说居住的环境对一个人影响很大，例如这位世子住惯宫廷的大房子，饮食好，穿着讲究，养成生活骄贵的习气，这对血肉之躯的影响使气质发生变化，气象、仪态、精神，自然别有与众不同之处。所以说“大哉居乎”，物质生活环境影响人的力量，就有这样的严重。

然后，孟子看看跟着他为仁义道德而奔走的学生们，接着又感叹一声，“夫”，长长吐出了一口气，然后说：“非尽人之子与？”每个人不都是父母所生、所育、所养的孩子吗？只因为生活环境不同，就养成言语、态度、思想、作为的差异。

接着孟子的教育来了，这等于当年抗战时期，许多学校的校长或老师，带了自己的学生集体逃亡，奔向大后方。一路上虽受磨难，但教育不停，露天上课，席地而坐，大地就是教室，一块小木板就是课桌。下了课，又翻山越岭，奔向大后方。

孟子看了弟子们这个景象，就上课了。他说：你们看，一个王子，他居住的宫室，也是房子；交通工具虽华丽，也不外车马；穿的也不过是衣服，和一般人一样。但是，齐国的世子走出来，所以会有那种骄贵气，就因为“其居使之然也”。这个“居”，不只是指房屋，实际上是指整个大环境，它对人的影响力量太大了。这个大的环境，就是学问、思想；有真学问、真修养，就是“居天下之广居”。宇宙在我，万化由心，人生顶天立地，还受什么外在物质居住环境的拘束！也就是说，真正有了学问、修养，就不受任何环境、物质的影响，这就是大丈夫。

孟子教育学生们，了解一切物质环境影响人的力量，而大丈夫绝对不受物质环境的影响。环境可以影响人的心理，转变人的意识思想，但是一个真正的学者，学问会养成自己的天地，就是后世讲的“性天自有风月”。也就是自己精神领域扩大，顶天立地，自有一番伟大的景象，哪里再看得上物质有形的环境呢？

于是孟子又举一个例子说，有一次鲁国的君主到宋国去，刚好宋国的城门关了，鲁国的君主就大声叫门，用命令式的喝声叫道：“开门！”那个守城门的人听了就说：这个人并不是我们的君王，可是叫门的神气，为什么和我们国家的君王一模一样？孟子说，这并没有其他的理由，“居相似也”，是环境养成的。这说明环境可以改变人的种种行为，除非真有学问、高深的修养，“心能转物”，有超然物外的器度，自然与众不同。

孟子曰：“食而弗爱，豕交之也；爱而不敬，兽畜之也。恭敬者，币之未将者也；恭敬而无实，君子不可虚拘。”

孟子曰：“形色，天性也；惟圣人然后可以践形。”

这里孟子就讲到待人接物方面的修养了。

孟子说：对人如果没有真正的爱心，只是把东西给人吃，那就和养猪一样，只是为了把猪喂大，好杀了卖肉赚钱。

孔子也说过类似的话。子游问孝，孔子说：现在讲孝道的人，认为能养父母，就是孝道。可是养一只狗、一匹马，也同样是养，如果没有恭敬仁爱之心，那和养犬马有什么两样？子贡也提出这个问题，孔子就说“色难”，孝养父母以及对人对事，要有真正诚敬的心态，才是真爱。

所以孟子也说：“爱而不敬，兽畜之也。”对人要有爱心，但有爱心还不够，要是没有恭敬仁爱的心理，那还是没有把人当人看，就像饲养动物一样，虽然买很好的东西给它们吃，但是归根结底，下意识里是为了好玩、为了兴趣。甚至还有人说，孩子大了，还没有孙子，家里没有小孩不好玩。讲这种话的，真该打手心，孩子岂是给大人玩的呢？不但对小孩不能有这种心态，对长辈老人，更要注意，如没有恭敬仁爱之心，只是形式上的孝、形式上的爱养，那是大有问题的。

对于恭敬，孟子说：“恭敬者，币之未将者也。”有钱买东西送礼，也是为了表示恭敬，但是有时这种用金钱、物质表达的恭敬，容易变成形式，乃至成为虚伪不实的作为。“恭敬而无实，君子不可虚拘”，如果仅注重虚伪恭敬的外表，而没有实际真诚的恭敬心，那是君子所不取的。这就说明每个人做人待人，人品的修养，内在要有诚敬之心，光注重外表的形式是不行的。

因此孟子为人生修养作结论说：“形色，天性也。”“形”就是人的身体外形，举手投足，动作的形态。“色”，凡是人就有色相、表情、嬉笑怒骂等等态色。人死了，脸上肌肉僵硬发青，那也是人最后的色——死色。所以可不要看不起这个血肉之躯的身体面貌，心物是一元的，这也是先天本性的功能所显现的。在一般修道人来说，看不起这个身体，因为是地水火风四大因缘假合的；而大乘道，则指出四大的“色”，也是由自性生命本元功能而来的。所以“形色”是本元的功能而来的外表，先天本元的功能，形成了身心，所以说“形色”也是“天性也”。因此说从形相、态度，可以观察到一个人的心性诚伪、善恶。

但是一般普通人，对于身心是弄不清楚的，有时候，心理上并没有什么不愉快，可是生理上有问题，或者有病，或者周期性的生理变化，导致心情郁闷。虽然心理上想何必如此不高兴，何必烦恼，可是仍然会沉闷，这就是生理左右了情绪，想高兴也高兴不起来。另一个相反的情形是身体疲劳了，可是情绪很高，想看书，精力也不能集中，头脑昏昏地，可是心中在想，只有一点点时间了，很要紧，还是看了下去，这就是心理支持了生理。所以生理影响心理，心理左右生理，两样分开活着，不能合一。合一了就是“践形”，就是修养到家了，心理年轻，生理也返老还童，这是做得到的。长生不死固不可能，至少可以迟一点死，慢一点老，乃至有一些病痛，用精神的力量，转变得过来，不药而愈。如果是年轻人，随生理的需要而行，克制不了生理上的变化，就是不能“践形”。

所谓“践形”，也就是佛道两家所讲的修行，名称不同，道理一样，也就是孟子前面所说的，“其生色也，睟然见于面，盎于背，施于四体”，所以形色也是天性之一。“惟圣人然后可以践形”，只有学问、修养、实践，才能真正改变自己生命，变化气质，达到圣人的境界，做到心物合一。换言之，能够做到了心物合一的圣人境界，才能够“践形”，居天下之广居了，也就是顶天立地的大丈夫，也就是道家所说“宇宙在手，万化由心”的真人境界。佛家也说过同样的话，修成了的人，看三千大千世界，“如观掌中庵摩罗果”，像看手上的一个橄榄一样，清清楚楚，一切的变化，可以由自己的意志控制、转移。

两个故事　三个论点

齐宣王欲短丧。公孙丑曰：“为朞之丧，犹愈于已乎？”

孟子曰：“是犹或紾其兄之臂，子谓之姑徐徐云尔。亦教之孝悌而已矣。”

王子有其母死者，其傅为之请数月之丧。公孙丑曰：“若此者何如也？”

曰：“是欲终之而不可得也，虽加一日愈于已。谓夫莫之禁而弗为者也。”

这里开始说的，是孟子关于教化的观点。

首先提出的一个问题，就是“齐宣王欲短丧”，齐宣王准备发布命令，改变全国一个自古以来的风俗，就是父母死后，把守丧的时间缩短，不要那么长了。

中国几千年的古礼传统下来，父母死后要守丧三年。我们现代人守丧，最多一百天就很长了，也许只守三天。过去非守三年不可，这是上古中华民族文化上的一个大礼节，也等于是上古的大宪章，非常重大，历代都很重视。以前家中有父母之丧，不论官多大，地位多高，都要立刻请假回家守制，否则就犯大不孝之罪行。在历史上曾经有皇帝下令永不录用的纪录。像明清两朝就曾经发生过几件大案，都是大官们于父母死后，没有回家奔丧守制，于是监察御史就奏章弹劾，连皇帝都无法为他庇护，甚至会激起全国读书人的公愤。

至于一般平民，父母死后，也要守三年之孝，纵然为了生活，不能不谋生，至少百日之内也不能理发剃胡须。现在有的人守古礼的，也起码在一百天内，守在灵位面前，足不出户，当然也不理发、不剃须。最近，这里有位同学，政大毕业的硕士，年龄不过三十多岁，父亲死了，他就是如此守制的，一切都能做到尽礼。有同学去探望慰问他，看见他的胡须已经长了三四寸长，因为他在台的族人有很多，是一个守礼的家庭。

可是我们现在社会上，对于这些礼仪，是相当紊乱的。旧的文化礼仪被打倒，新的一直没有建立。有的人父母死了，尸骨未寒，手臂缠了黑纱，女人的头发用粗麻扎了蝴蝶结子，表示戴孝守制；可是又跑到舞厅跳舞，跑到酒家去买醉，看电影、听歌的，更不在话下。

依古礼，订定三年之丧，因为人出生后，从吃奶到离开父母的怀抱，总得两三年，父母在这三年中，是最辛苦的，所以服三年之丧，就是略表对父母的一点还报。这个道理，孔子曾经说过，在《论语·阳货》篇，宰予拿出一大堆理由来，认为三年之丧为期太长，主张缩短。孔子说，你如果心安，你就去缩短吧。等宰予出去后，孔子说："予（宰予）之不仁也。子生三年，然后免于父母之怀。夫三年之丧，天下之通丧也，予也，有三年之爱于其父母乎？”

在上古的时候，皇帝遇到父母之丧，也要退居，另住别殿，停止朝觐的事，政事要靠宰相；遇到重大的事情，才提出报告。这是上古的制度。到了后来的宗法社会，就更严重了。

根据这一事件的演变来看，可见人与人之间的情感，是随社会生活形态的转变而转变。过去农业社会，安土重迁，不肯离开自己家乡与祖宗的庐墓；即使自己的家乡最古老，最贫瘠，但到老来还是怀念自己的家乡。所以安于本土，重视迁居是一件不得了的大事，因为不肯流离失所。但是到了工商业的社会，这种观念有所改变，好像四海都可以为家了。

可是，要注意的是，一个人出生成长的地方，长期生活在那里，一切养成了习惯，到了临终之前，会反映出来。那时所见的是故乡的情况，所说的也是儿时所说的乡音。这在心理学上、灵魂学上、宗教学上、医学上，都是有待研究而且是非常重大的问题。

历史上这种情形很多。如明末的一位大儒朱舜水，在清兵入关以后，不愿意投降，到日本去，传了许多中华文化学说给日本，对于日本的文化，有非常大的影响。他的坟墓，现在还在日本。当他临终的时候，有许多日本的学生，围在他的病榻前，如子女之对父亲，问他最后有什么吩咐。可是他所说的话，统统是故乡的方言，学生们都听不懂。现在推行“国语”，许多人自小就说“国语”的，那就好办了。但是，不要轻视这个问题，这对于人类精神、心理的作用，是很奇怪奥妙，值得研究的。

就我个人的体验，曾在中国西南的边疆，罹患疟疾，白昼发病，夜间还要批阅公文，处理公务。当时没有医药，缠绵半载，辛苦非常，如果没有意志支持，随时可能就死了。有一次我在高烧时，所见到的幻境，都是家乡的景象；旁人说话，听来都似乡音。当时感到或将死亡，想到“埋首何须桑梓地，人间到处有青山”，以及“老死何妨死路旁”这些诗，便吩咐部下如何为我料理后事。实际上，当时旁人说的并不是我故乡的口音。这就令我深深体会，人到了生命的最后时间时，在精神、心理上的状态，都与故乡有关。

平常和老年人聊天，他所讲的，都是“从前如何如何”的老话，而且重重复复，千遍万遍，所说的都是“从前”，不厌其烦，在他则永远是新的话题；而对于新近的经历，却又立即忘记。人到老死阶段的精神，大多有这种情形。

历史上从子路、阳货以下，曾经多次地有人想缩短丧期，但未成功。现在这里是讲齐宣王要想改变这个礼仪。他要“短丧”，不要浪费那么多的时间守丧，要缩短多少，这里没有说。但是，当时孟子的学生公孙丑，听到这个消息，回来对孟子谈到这件事。公孙丑说：“为朞之丧，犹愈于已乎？”如果把古礼的三年之丧，减缩得太短了也不成话，如果齐宣王能够听其他的一些意见，改成一年丧，比半年、一百天，还好一点，还保持了传统文化的精神。

孟子听了不同意，他训示公孙丑说，“是犹或紾其兄之臂”，你这样的主张，等于是要把你哥哥的膀子扭断，反而对哥哥说，你别怕痛，我不会用力太猛，只是慢慢给你扭断。猛力一扭是扭断，慢慢扭也是断，都是一项破坏中国传统文化的事情。这不是说减为一年、半年，或一百天的问题，这是不通的。在你公孙丑的立场，不应该这样主张，你只要把订定三年之丧的孝道，与父子兄弟的友爱的原理告诉齐宣王就对了。你作为一个大臣，不应该因为上面的权势而不敢讲话，应该以正道告诉他，不能将就。一个大臣，遇到如此重大的事情，如果迁就君王，就是“逢君之恶”，那是最大的错误。这是一件事情。

第二件事情，是说齐宣王的一个儿子，他的生母死后所发生的事。

过去的皇帝，除了一个皇后外，还有很多妃子；民间的人士，除了一个妻子外，还有许多小妾。在中国过去的宗法社会里，凡是姬妾，尽管是她所生的孩子，还是以父亲的原配为嫡母，而对自己亲生的母亲，礼仪上的名称还是庶母，即使后来有了很高的地位，但在家谱上的记载，仍为"庶出"，他的母亲仍为"姬妾之辈"，这是几千年以来的习惯。

如民国初年，国民政府主席谭延闿，在前清是进士出身，学问好，望重当时，为了国家民族，参与革命，推翻清廷后，一度被选为国民政府主席。那时他的生母逝世，因为是一个妾氏，出殡时，宗族间不许将灵柩由谭府的中门抬出去。他奔丧回家，在出殡的时候，匍匐在母亲的棺材上痛哭，不肯下来。因为他已经是一国之元首，族长们便不得不开了中门，将他母亲的棺材连同匍匐在上面的谭主席，一同从中门抬出去。

从这件事看到，中国古代的礼仪，有些地方不能与现代的生活形态吻合，而是有其时代性的。所以在民国初年五四运动阶段，有些文人专门将过去宗法社会制度中的这类繁文缛节的毛病挑出来，一概推到"孔家店"的身上，攻讦宗法社会的这些弊病与阴暗面。

由这里介绍的历史故事，大家就可以了解，齐宣王的儿子，在其生母死后，为什么要请丧。他的母亲，只是一个姬妾，即使她所亲生的是位王子，也不能为她守三年的丧，只能为皇后守三年的丧。所以在古代的宫廷之中，常因这种问题，遭受痛苦乃至发生变乱。

当时，这个王子心里，非常难过，要为母亲守丧。过去的王子，都有一个老师辅导，叫作"傅"，就是师傅。"其傅为之请数月之丧”，这位王子的老师，为他去向齐宣王请求守制的期限，他说既然王子有这一片孝心，要以特别的例子来办理，让他守半年或几个月的丧期。

公孙丑为了这件事，来和孟子讨论，问老师这样变通，在礼仪上不必守丧的而给他守丧，合不合于礼？

孟子对于这件事，讲得非常合理。所以孟子的思想，有时候是革命的思想，对文化也有革命的主张。他说：“是欲终之而不可得也。”这当然应该，如果阻止王子不为母亲守丧，这只是表面上的行为，而在内心上他还是痛苦的，这是人之常情，想去阻止他，也是做不到的。社会的习惯，帝王的权威，固然可以阻止他那样做，但到底是他亲生的母亲，不要说给他加半年或三个月，即使给他加一天也是好的，他的心也可以安一点。这种事是禁止不了的，并不是完全靠法令和礼仪规定的问题，而是人性的真情流露。一切的制度与法律，离不开三个原则——合情、合理、合法。孟子对这件事，是主张要以人性、人道的自然流露来决定。

这里是两个故事，三个论点，都是关于孝道、守制的问题。为什么插在本章中间呢？我们研究文章的作法，可以说全部《孟子》的文义连贯，接合得天衣无缝。上面说到“惟圣人然后可以践形”，“形”就是一个人行为的表态，社会制度、政治制度、人的生活习惯，这些都是形态。本来礼法、是非、善恶，也是后天人为设定的标准；对于形而上的本元来说，是非、善恶、礼法等等，都是假设的。

例如现在女性的服装，不但光着两只手臂，露出两条大腿，乃至袒胸露背；而在古代，连手臂也不能外露，如果露出手腕来被一个陌生人看见，有的人就羞死了。假如现在有女性为了被人看见肉体而羞死，不被人骂为神经病才怪。这说明是非、善恶的标准是人为的，因时间、地区（空间）、风俗习惯而变动不同的。如果不通古今的变化，执着于传统形式的道德标准，泥古不化，是行不通的。可是，现在人不鉴古通今，误解自由意识，爱怎么做就怎么做，而不管他人，也不管社会中的互动关系，这也是不了解“践形”的道理。所以“惟圣人然后可以践形”，在某一种情况，某一时代，某一地区，要守其习惯成俗的规范。因此将讨论丧制问题的文章，紧接着“惟圣人然后可以践形”之后，放在这里，无形中做了一个巧妙的论议。

接着，是叙述孟子对教育践形的主张，也同样是教化的道理。

孟子的教学方法

> 孟子曰：“君子之所以教者五：有如时雨化之者，有成德者，有达财者，有答问者，有私淑艾者。此五者，君子之所以教也。”
>
> 公孙丑曰：“道则高矣，美矣，宜若登天然，似不可及也；何不使彼为可几及，而日孳孳也？”
>
> 孟子曰：“大匠不为拙工改废绳墨，羿不为拙射变其彀率。君子引而不发，跃如也。中道而立，能者从之。”

这里孟子说到教学方法的五个重点。

第一种“有如时雨化之者”。所谓“时雨”不是时时下雨，而是天旱久了，田里的禾苗就快要全部枯死，在这重要的关头，突然来一场大雨，把禾苗全部救活了，这场雨就是“时雨”；适时而至的雨，一般人的口语叫作“及时雨”。“有如时雨化之者”，或是当人在疑难未决的关键时候，应机施教，这时等于机锋相对，豁然开朗，心开意解。这种情形，有如古人说的一句成语“如沐春风”；或是扬眉瞬目，领会于心，这是属于有形、无形中受感染而来，并不是后世带有强制性教育管理的内涵。这种诱导式的，比较自然的影响，就像古诗所说“细雨湿衣看不见，好花落地听无声”，是不着痕迹地产生影响，改变了一切，这真是“时雨化之”的最高境界了。

第二种“有成德者”。以中国教育状况而言，孔子的教化，就是造就了一生德业的成就，所谓三千弟子，七十二门人，都得其“时雨之化”。另举一例来做比较以说明。

隋末有位学者王通，造就了一个时代，在他死后，他的弟子门人私谥他为“文中子”。他生逢隋末的乱世，为了中国历史的继往开来，他本想自己出来有所作为，后来与隋炀帝见面一谈，知道时机未到，于是立即回到河西，教化子弟。三十年后，大唐开国的文臣武将，如房玄龄、杜如晦、魏征等人，大多是他的学生。可以说在他的教化之下，开创了历史上一个新的时代，这正是“有成德者”的说明。可惜一般研究历史文化的学者，很多人都忽略了他。

第三种“有达财者”。是去教人发财吗？当然不是，在古代“财”与“才”两个字有时候简化，可以通用的，就是造就智慧、学问非常通达的人才。教化出一个“究天人之际，通古今之变”的达才，是很不容易的。明清两代五六百年间，是以八股文体为标准考试取士，限于宋儒四书章句范围，这种作风，实际上扼杀了天下英雄气。

清末变法时，有两句话说：“消磨天下英雄气，八股文章台阁书。”因此大家纷纷要推翻科举制度的框框，希望学术教育开放自由发展。但清末民初之间，在极力推翻八股取士制度以后，近百年来的现代教育，又限于当局自定的思想意识形态之中，学术科目形成新“八股”，比之旧八股更拘束困扰人才。如此过犹不及，要想造就通达之才，更不可能。在我“顽固、落伍”的思想中，看到现代的教育，则有无限的悲凉、哀伤。尤其现代教育造就出来的人才，通才越来越少，专才越来越多。专才固然不错，但是一般人意识都落在框框条条款款之中，很难跳脱。再看未来时势的演变，是趋向专才专政，彼此各执己见，沟通大大不易，因此处处事事都是障碍丛生，这都是更加严重的问题。

能够明道而又通达的人士，愈来愈少，社会也愈将演变得僵化。在这些问题还未表面化的时候，这个道理，大家不会有深刻的了解，我在这里先做预言（编者按：讲此课是一九七六至一九七七年之间），在今后的五十年到一百年之间，全世界即将遭遇到这种痛苦。虽然我这个预言，似乎言之过早，而言之过早的人，往往会像耶稣那样，被钉上十字架。但是言之过迟，则于世无益；如果不早不迟地说出，则恐怕来不及了，所以只好在此自我批判，有如痴人说梦，不知所云了。

第四种“有答问者”。有问必答，无问不答。可是有的人，只是听老师讲而不问；去看老师，也不是质疑，只是想听老师讲课，却不知道问题在哪里，因此找到老师也提不出问题来。这是最近几十年来的现象。以前的学生，很会提问题，老师也会答。例如禅宗的教育，有人问宋朝的大慧宗杲禅师：“眉间挂剑时如何？”他立即答道：“血溅梵天。”同时又连下几十个转语，这就是会问会答。现代的人，既不会问，给他说了答案也没有用，也听不懂。

第五种“有私淑艾者”。现在一般人所称的“私淑弟子”，就是根据孟子这句话来的。有时觉得中华民族很妙，我们每感叹今日青年，不懂自己的文化，但也常接到陌生青年的来信，下面署名“私淑弟子”，意思就是并没有直接听过课，也没有见过面，只是读了著作，而对作者非常敬佩，感到从著作中学到了学问，受益良多，便认作者为师，而自称“私淑弟子”。

孟子提出了这五种教化方式。孔孟的教化，因古代文字简化，从他们教学的经验，确定有一个范围，但这个范围，也可以融会贯通古今中外的教育思想与原理。又例如印度释迦牟尼佛的教育方法，也和孟子这里所说的差不多。在他的教育方法中，关于“答问者”的方式，就有四种答法：

一、决了答。这近似于现代考试的是非题，为提问题的人作一个肯定的答复。例如问：明天我可不可以来听课？答复：可以。凡是肯定性的、否定性的，以及对事物有决定性的答复就是决了答。

二、解义答。这是解释性的答复。例如问：为什么明天我不可以来听课？答：明天是假日，这里不上课。孟子对于学生们的问题，许多都是用“解义答”的方式作答。

三、反问答。就是以问题来答复问题。例如问：停电了，电梯不能动，怎样下楼呢？答复说：你不能用脚走楼梯下去吗？这种答复的方式，除了答复问题外，还可以在无形中训练受教者的思考能力。

四、置答。所谓置答，就是把问题搁置，默然不语，不作口头答复，实际上，是逼他启发本有的智慧。但是这种不作答复，有时正是答复，因为有许多问题是无从答、无法答、不该答或不便答的。所以圣人亦有所不答。孔子、孟子都碰到过这种情形，释迦牟尼佛对于这些问难也是置而不答。假如我们问先有鸡或先有蛋？置答。问先有男的或先有女的？也置答。因为这些问题讨论下去，争辩将无止境，这不是人类的一般世俗知识所能了解的事，因此默然不语而置答。

古今中外，人心到底是相同的，公孙丑问孟子“道”，也和现在有许多同学向我问禅和佛法一样。公孙丑问孟子："道则高矣，美矣，宜若登天然，似不可及也；何不使彼为可几及，而日孳孳也?"公孙丑说，道真是好极了，可是太玄妙、太难了，像登天那样难，就是学不会，达不到。为什么不设法使人容易学呢？这就像有人说，我们中国文化不科学，何不用西方的科学方法，把它一条一条列出来，或者编成一个公式，大家照着公式天天去做，不就可以学到了吗?

例如有一个青年同学说，看不懂《易经》，现在看了英文本的《易经》，一看就懂了，因为英文的《易经》，上面清楚列出来了。我反问他说，真的吗?可是我读了几十年的《易经》，也还不敢说完全懂得；你花三五天时间，看了英文翻译的《易经》，就说懂了，你既然懂了，为什么又来问我呢?

然后我告诉他，外国人多半只知道一点皮毛，就立刻翻译，立刻发表，自以为已经精通了。一个教育家，谁不想把这"道"传给别人呢?但有时候正如佛所说的"不可说""不可思议"。但"不可说"并不是"不能说"，"不可思议"并不是"不能思议"，而是对于至高无上的"道"，只可以意会，不可以言传，因为没有办法用言语文字表达清楚。所以公孙丑对于"道"很困惑，也希望编纲列目画成框框，像现代的统计表一样，一看就懂。

于是孟子告诉他："大匠不为拙工改废绳墨。""绳墨"就是木工用来划直线与方格的工具，叫作墨斗。一个好的木匠，不会为了徒弟太笨，而去改变原来已定的标准；因为一加一必定是二，一加二必定是三，没有办法改变。羿教人射箭，也有一定的标准，不能因射不好而改标准。发射人造卫星，也是不能违反大自然的规律。

这便是"君子引而不发"，所以教化最高的道理，是引发人性中本自具有的智慧，“无师自通”，并不是有个东西灌注进去使你明白。这种启发式的教育，活活泼泼的，如孟子所描写的“跃如也”，因此可以不偏不倚，“中道而立”。如果老师呆板地告诉学生，填鸭式的教育，那就钉在一个死角，钻到牛角尖里去，就不是“中道而立”了。

如果老师呆板地告诉学生，学生虽然懂了，但已经落后了几十年，等到学生赶上老师，老师又往前去了。而教育的目的，是希望后一代超越前一代。如果引用禅宗的教育方法，来发挥孟子的教育思想，可举出很多很多的例子。禅宗的大师们，经常用这种“引而不发”的教育手法，对于聪明、伶俐、有智慧的人，轻轻点拨一下，使人自肯自悟，不然就是“误”了。现在这里只做一个概略的介绍。

宋代有一位大禅师，遇到一位学问好、官位高的人，很恭敬地向他问道说：“何谓黑风吹堕罗刹鬼国土？”意思是，什么是突然一阵黑风，把人吹到恶鬼的国度里去？这位大禅师，本来是一脸的慈祥，听了他的问题，突然变得一脸怒容，一拍桌子，瞪眼看着他，大声斥骂道：“你哪有资格来问这句话！”那位大官，原来很恭敬地请教，当场无缘无故挨了顿痛骂，火可大了，回骂道：“你这个和尚，混蛋！我客客气气问你……”还不等他说完话，这位大禅师立刻笑着说，你现在正是被“黑风吹堕罗刹鬼国土”了。这位大官忽然大悟，马上跪拜礼谢。

这就是“君子引而不发，跃如也。中道而立，能者从之”。禅宗的教育往往是这样。这还是容易了解的，有时被大师们蒙了一辈子。曾经有人写一部小说，描写有一个人武功最好，人也聪明，自认为天下第一。可是，另有一个人对他说，只要你能答复我一个问题，我就承认你是天下第一。这人问：什么问题？那人就问：你是谁？于是这个武功高的人自问：我是谁？可是答不出来，便一天到晚自问我是谁？就此疯了。

这个“我是谁”的话头，也正是孟子“君子引而不发”的教育原理，必须要“能者从之”。如果不是“能者”，是会发疯的。懂了这种道理，再去参禅宗“我是谁”的话头，也可恍然而悟了。

何谓尊师重道

孟子曰：“天下有道，以道殉身；天下无道，以身殉道；未闻以道殉乎人者也。”

公都子曰：“滕更之在门也，若在所礼；而不答，何也？”

孟子曰：“挟贵而问，挟贤而问，挟长而问，挟有勋劳而问，挟故而问，皆所不答也。滕更有二焉。”

孟子所说的“天下有道，以道殉身；天下无道，以身殉道；未闻以道殉乎人者也”，是中国文化中一项很重要的师道精神。

“中国文化”这个名词，是现代人提出来的，以前没有这个名词，只是叫人读书明“道”，而且要读通。要注意的是“读通明道”，不是只读“懂”而已。读一本书，懂得它的文字，懂得它的含义，这不难；可是读书要“通”可就难了。依古人的目标看来，许多人读书并没有读通，而是读“塞”了，那是不通的。所谓通，就是所作的学问，经也好，史也好，包括农工科技等各种学术都能相互通达，融会贯通；而且做人处世之间，也能明白畅通，这就太不容易了。

孟子说：“天下有道，以道殉身。”这个“殉”字，有自然顺从的意思，可不要看成是“殉葬”或“殉情”。当天下有最高度文化的时候，就是我们人类完全自然生活在“道”的文化中，一辈子都活在道的自然德性中。

其次是“以身殉道”，不是“以道殉身”。当时代社会处在变乱中，道德沦丧，文化堕落，一般人生活在这样的时代，为生存而不择手段，互相争斗，唯利是图，只顾个人生命需要而自私自利，没有时间管什么道啊、德啊。在这种情况之下，就是古人所谓的“覆巢之下，安有完卵”，一个有道德的人，想做“中流砥柱”绝不可能。所以自古以来，道家或儒家的有道之士，就采取避世、避地、避人，隐遁山林，以待时机再出山弘道。

这种时势，在我们五千年的历史上，有很多次的惨痛经历，大家只要一读历史就可以明白了。再说老子、孔子、孟子等这些圣贤，也都生在时代离乱的环境中，他们无可奈何，只好讲学传道。他们在滔滔浊世中，做一盏暗路的明灯留给后世，薪火相传，不断道统，这就是“以身殉道”的精神。

以孟子所说，自古传承道统的圣贤只有两条路：一、在太平盛世，天下有道的时候，“以道殉身”；二、在天下变乱的时候，“以身殉道”。至于“未闻以道殉乎人者也”，是说不论人类社会的思想、教育、物质文明如何演变，“道”的文化精神，虽然看不见、摸不着，可是却万古长存，变动不居。所以不管贫穷低贱、富贵通达，都要安于这个“道”，独立而不移，不要因为时代的变乱，各种学术的混杂而改变自己，对别人的盲目学说，随声附和。如果歪曲自己的正见，而讨好时代的偏好，就叫作“曲学阿世”。

“公都子曰：滕更之在门也，若在所礼；而不答，何也?”这是孟子所说五个教育方法中的“答问”问题。孟子的学生公都子提出来问，有一个名叫滕更的人，是一个小诸侯的弟弟，也就是后世所说的亲王——高干子弟之类。大概他有什么问题，孟子没有答复他，所以公都子问老师说，滕更也是你的学生，至少他也算是及门的弟子，他问你，你不答复他，这是为什么呢?

孟子说，一个人“挟贵而问”——就像孟子见梁惠王，梁惠王那种口气——“叟，不远千里而来，亦将有以利吾国乎?”老头儿，你那么远跑来，对我国有什么好处?这就是“挟贵而问”。孟子一听，就给梁惠王过不去，说：“王何必曰利?”给梁惠王碰一个橡皮钉子。

有人是“挟贤而问”，这在社会上常常看到。有人自己觉得修为了几十年，自认为有道，对于不知道的问题，向人求教，学来以后，装成一副自我高明的样子说：“你说的和我的意见差不多。”

还有人是“挟长而问”，自认为年高，总以为自己是对的。他不懂的问题，向人请教以后，大摇大摆捋捋胡子说：“可以，可以。”好像说，你这小子还不错，这是“挟长而问”的神态。

“挟有勋劳而问”，这是说有的人有身份、有地位，高官厚禄的人，被恭维惯了的，他有问题问你，他的心中已经觉得是看得起你，这样的情形是“挟有勋劳而问”，你可以笑而不答，或婉转推开了事。

还有的是“挟故而问”的，因为有其他的原因，故而假借一个什么问题来接近质问你，那也可以置而不答。

孟子说，对于这五种情形来问的人，都是有问题的。而滕更来问，占了其中的两样：第一，他是高干子弟，“挟贵而问”；第二，他是另有目的，“挟故而问”，所以我不答复他。

从这里，我们看到了孟子的人格，表现出师道的尊严，而且比孔子看得还更严重。孔子是有教无类的，孟子则是有所斟选的。

孟子讲教育、文化思想，以及态度方面的问题，到此告一段落。接着是另一高潮，讲到个人的修养。

进步快　退步更快

孟子曰："于不可已而已者，无所不已；于所厚者薄，无所不薄也。其进锐者，其退速。"

孟子这一类的文字，年轻人看来，会感到头痛。"不可已""而已""不已"，已来已去，两句话中三个已，其他多是虚字，不知他说了些什么。他这两句话如果翻译成白话，就是说："有些人，对于明知做不到的事，偏要去做，做得乱七八糟。这种作风发展下去，就没有他不敢做的事了。"这就是说，个性僵化的人，对于一切事，都僵到底。

这种倔强的个性，有时候是很可爱的，但是犯了一个"于所厚者薄，无所不薄也"的毛病，对轻重厚薄分不清楚。这类个性并不是坏事，一个人除了缺点以外没有长处，任何一个人都有他的缺点，但是他的长处亦就在他的缺点上。例如老实是长处，老实人就笨，笨即缺点，但人不笨就不老实了。长处也是一样，太过分就是缺点，人若聪明过分，就会滑头。所以人要能认清自己的长处与缺点，轻重厚薄也能分得清楚，那么缺点就会变成长处了。该厚的时候厚，该薄的时候薄，该轻的时候轻，该重的时候重，对自己处理得恰到好处。所以僵化的个性，不是不可以，但是也要做到适当的程度才好。

因此孟子下一个结论，也是千古不易的铁则："其进锐者，其退速。"进步得太快，退下来一定也很快。就教育而言，有些父母，如果自己的子女聪明过度，不能再把他当作聪明去培养，不能使他做超越年龄的进步；宁可培养他的厚重，让他在知识上的进步慢一点，向下扎根基深厚一点，培养健壮的身体。否则的话，把他当“天才”去教育，到最后会把孩子弄到岔路上，这就是进步得太快，退步得更快。做事业如此，做学问如此，做工夫谈修养也是如此，不要求急进，太快了不是好事。急进容易落于侥幸，侥幸得来的，就不能长远保存，一定要工夫到了才行。凡事要慢慢来，这就要记住孟子这两句名言“其进锐者，其退速”。现代青年，往往犯了“喜欢快速成就”的毛病，结果基础不稳固。就像写毛笔书法，只求快意，草书不像草书，简直是鬼画桃符，他自己却说是创新的书法。假如古代有草圣之誉的米南宫（米芾）见到，恐怕也要跪下来投降了。

孟子曰：“君子之于物也，爱之而弗仁；于民也，仁之而弗亲。亲亲而仁民，仁民而爱物。”

这是中国文化的中心思想：“亲亲”“仁民”“爱物”三个阶段。

美国以前的总统卡特，一上台就大谈人道主义，于是人道主义的口号，在美国盛行起来，西方一些国家也跟着喊。但是做了多少？做了没有？越南难民漂流在海上，外国轮船望望然而去之，虽见而不理不睬。我们的轮船、渔船把他们救回来，一批又一批，安顿在澎湖好好生活。我们如果到了外国，或者遇到外国人，可以告诉他们，中国几千年以来“仁”的文化，早已经是“超人道”的了。卡特的人道只是以人为本位，是自由主义的个人立场，是人与人之间的；中华传统的仁道是“亲亲”“仁民”“爱物”。现在美国人所号称的人道主义，是以个人立场争取自由，只是“亲亲”之后“仁民”阶段中的一个小节而已。

至于孟子说的“爱物”是什么内容呢？这是说人对于万物，

包括动物、植物、矿物也都须要对它们有爱心，这是仁义之仁的“仁道”，不同于现代西方人所说的“人道主义”。虽然爱心也由仁心而来，但到底不像对人那样仁慈，所以孟子说“爱之而弗仁”。他进一步说，对于人类，“仁之而弗亲”，人与人之间是相爱的，是仁慈的，但是不如对自己亲密的人那么亲切。这也就是前面所引述过的，假若孔子与释迦牟尼，救两人溺水的母亲，谁先谁后的道理。“亲亲而仁民”，儒家的仁是个人先亲自己的亲人，然后再推而广之，以及于整个人类，所谓“老吾老，以及人之老；幼吾幼，以及人之幼”，这就是“仁民”，然后进一步“爱物”。所以修养是以自己为基础，然后扩充范围，及于天下，次序是慢慢来的。

> 孟子曰：“知者无不知也，当务之为急；仁者无不爱也，急亲贤之为务。尧舜之知而不偏物，急先务也；尧舜之仁不徧爱人，急亲贤也。”

孟子说：“知者无不知也，当务之为急。”“务”就是当前必须做、应该做的，也就是“时务”。大智慧的智者，对万法的根源，没有不知道的。所以“知者”在运用智能处理许多事务时，就看哪一件事在时间、空间上最为紧要，要先做紧要的，这就是“当务之为急”。

例如在一个废墟上开始建设，若想三个月内，把一切都同时完成，那是一样也做不好的。一定要先开道路、接电源，一步一步来。“仁者无不爱也，急亲贤之为务”，一个仁者，心怀仁慈，对万物都慈悲，对所有的人都爱，这也是一下子所难做到的。第一步要亲近有道之士，之后有了仁心，才能救天下。“尧舜之知而不徧物”，尧舜是圣人，他们的智能，也不可能一下子把天下治好；圣人要“急先务也”，也是要先看清楚，什么是最重要的，应该先做的先做。“尧舜之仁不偏爱人，急亲贤也”，尧舜是圣人，极仁爱，爱天下之人，他们也不可能一下子就平均普遍地爱尽天下人，所以他先要找好的人来治理并教化老百姓。

“不能三年之丧，而缌、小功之察；放饭流歠，而问无齿决；是之谓不知务。”

这里是从孝道的礼节上，来做一个结论。

孟子说：在孝道上，为人子女的，对生身父母不能够服三年之丧，以反报父母三年怀抱的爱心，反而要求晚了好几辈的孙子、曾孙、玄孙们守孝，责备他们为什么不哭。事实上隔了几代的人，时光又差这么远，实在没有情感，哭不出来，父母却一定要他们哭。

孟子又引用《礼记·曲礼》所说进食之礼的道理说：“放饭流歠，而问无齿决。”用手抓饭抓菜送到口里，喝汤的时候，发出“呼噜呼噜”的声音，对于这样有失饮食礼仪的，不加过问；而对于别人咬肉干时，牙齿响了一下，却去注意有没有掉牙齿，这就是只注意不相干的事。世界上有许多人都是如此，当注意的不注意，不当注意的去注意，都是不急之务。现代许多青年，最应该关心的是自己的学业前途，但他不去关心，却去关心一些不相干的事。

刚才孟子举出的“缌”“小功”“三年之丧”，是有关丧祭的礼节，在中国文化中，占了很重要的分量。不但孟子屡次提到，在《论语》中，孔子也多次提到。孔子在整理礼乐的时候，在《礼记》中，除了有《丧服小记》一章专门记载这个问题以外，在《曲礼》《檀弓》等等篇章中，也有所记述。对于丧事的礼节，规定得非常详细，连一根丧杖的粗细，束头发的绳子或簪子的质料形状，也都有记载，可知古代对于丧事的安排和礼节，是非常严谨而郑重的。

这些记载，读起来似乎很繁琐，但做起来并不麻烦，可以恰当地表达后人的伤痛情感和尊敬；在形态上也很能表现出家庭亲族，以及社会伦常，对一个生命消失的悼念。只是后世的人，有些在“做给别人看”的目的下，增加了许多铺张，甚至把丧事几乎变成了喜事，吊丧有如参加酒会，藉此交际应酬，在经济上更形成一种无谓的浪费，而为大家所诟病。

尤其近二三十年来，丧礼的仪式与精神，几乎完全没有了，而美其名为简化，但所做的，则正是那些不应该有的铺张浪费。这种情形，不但在殡仪馆中可以见到，在马路上的出殡行列，也每使人有不知所云之感。即以报丧一事来说，应由丧主亲往有限的亲族家中报丧，才是尽礼，不该报的则不可去报。现在却不行登门报丧的礼仪，而浪费上千上万的金钱，在报纸上大登其讣告，而所有刊出的讣闻，连辈分、丧服都错误百出。这里顺便做一介绍。

关于服丧

丧服只有五种，称作“五服”，其等次如下。

一、斩衰（音斩摧）：守丧时间为三年，所穿丧服用最粗劣的麻布制作，不缝下边及旁边。

二、齐衰（音资摧）：守丧时间，杖期的一年或五月，不杖期的六月，丧服用稍粗麻布制作，缝边。

三、大功：守丧时间九个月，丧服用粗的熟麻布制作（即经漂白后的粗麻布）。

四、小功：守丧时间五个月，丧服用稍粗的熟麻布制作。

五、缌麻：守丧时间三个月，丧服用细的熟麻布制作。

这里有“杖期”与“不杖期”，就是“执丧杖”或“不执丧杖”。丧杖粗为一搤，就是大拇指与食指，绕成一圈那么粗；长不过膝，就是和下腿一样长；外面裹以刺状的白纸，但所用的质料，因死者的性别而不同。男性用的名苴杖，用竹制成，以其圆形象天，性贞，四时不凋谢，表明子为父礼中痛极，自然圆足，有终身之痛。女性用的名削杖，用桐树削成四方形的杖，以象地，表示桐随时间的转变到秋天即凋落。母丧外虽削杀，服也从时除，而桐心是实的，终身之孝心，当和对父亲相同（桐）。由此可知在礼仪上的每一细小事物，都不是随便规定，而有其深刻的含义，一定的表征。

另外还有一种杖，俗称齐眉杖，是妻子死了，丈夫服亡妻之丧而用的，也是用桐制作，但杖的长度，高与眉齐。不过这是东汉时，梁鸿、孟光夫妇举案齐眉的故事发生以后，才有的礼仪。因为齐眉杖，就是象征夫妻相敬的意义。在讣文中，看到自称“杖期生”的，就表示丈夫为亡妻执这种“齐眉杖”。不过，如果父母尚在，则不可以执这种杖，所以凡在讣文上看见有“不杖期生”的，就知道死者的公公婆婆或其中之一尚健在的。

另外还有两种特殊的服丧，一种名“降服”，一种名“反服”。所谓“降服”，如兄弟二人，弟弟无子，哥哥将一个儿子过继给弟弟继承宗祧，成为弟弟的儿子。但当这孩子的生父死了以后，还是要服丧，只是不必服三年的斩衰之丧，可以降低服一年的齐衰之丧，在讣文上称“降服子”。女儿出嫁也降服。至于反服，则是尊长执卑晚的丧，如父亲执长子期年的丧，或执众子五月之丧，名为反服，讣文上称“反服父”。

关于丧服的体制，大约分为六大类：一、本宗九族五服；

二、妻为夫族丧服；三、出嫁女为本宗亲属降服；四、为本生亲属降服；五、妾为家长族内服；六、外亲服等。关于丧服的详细规定，可参考《幼学琼林》。

尽心章句下

圣贤事业

孟子曰：“不仁哉，梁惠王也！仁者以其所爱，及其所不爱；不仁者以其所不爱，及其所爱。”

公孙丑问曰：“何谓也？”

“梁惠王以土地之故，糜烂其民而战之，大败；将复之，恐不能胜，故驱其所爱子弟以殉之。是之谓以其所不爱，及其所爱也。”

孟子曰：“春秋无义战；彼善于此，则有之矣。征者，上伐下也；敌国不相征也。”

《尽心》下篇一开始，就讨论中国的政治思想和军事思想在仁（人）道哲学上的大问题。

第一句“不仁哉，梁惠王也”这句话，就等于是后面几段文章的标题。

孟子这是批判梁惠王与齐国的战争，那一次的结果，是梁惠王大败。这次战役大家都知道的，是齐国的名将孙膑，和他的同学庞涓之间的故事。当时梁惠王还是魏惠王，他用庞涓当元帅，兴兵去攻击齐国；齐国则用孙膑为帅抵御，最后齐国打败了魏国。因为庞涓被诱进一个峡谷之中，两边万弩齐发，他无处可逃自杀而死，连梁惠王的太子也被俘虏了。在这次战役以后，魏国迫不得已，迁到大梁，所以魏惠王才改称为梁惠王。《孟子》这本书，一开始是孟子见梁惠王，那是魏国这次战役大败之后。至于这里一段话是什么时候说的，则很难确定，但他是和学生公孙丑说的，应该是公孙丑在齐国任仕的时候。

孟子批评梁惠王太不“仁道”。他说一个实行仁道的人，是“以其所爱，及其所不爱”，就是有大仁慈之心，平等对待所爱与不爱的人。人都有私心，比较偏爱自己的人，人性本来就是如此，虽是缺点，并不算什么过错。但是一个人若要学圣人的王道，就应该了解人性的缺点，更要修正自己性格上的缺点，把爱自己人的心理推己及人，这就是圣人的仁慈之道。

他说，不仁的人则相反，是“以其所不爱，及其所爱”，一件事本来不应做的，但为了满足个人的欲望，发动了侵略，结果给亲近的人带来大大的不幸，所以是不仁。

公孙丑问孟子：你说梁惠王最不仁，这话怎么讲？

孟子说：梁惠王发动战争的结果，军事、外交都失败，因此而生气，为了争取土地，而“糜烂其民而战”。“糜烂”一词，就是不明智地牺牲自己国民的生命财产。

一九六九年，我在日本东京时，曾应邀演讲，我告诉百位在座的日本大学校长、教授们，世界上最可怕的有两件事，一是刀，一是钱。你们日本人，过去做了一次梦，以为武力可以征服世界，所以发动侵略战争，犯了这样大的错误，结果无条件投降，几至灭国。大战结束后，二十多年来，日本能繁荣建设，正是中国人所给予的。因为中国三千多万军人流血牺牲，不向日本复仇，不要日本赔偿，日本才能在这二十多年中重建，繁荣起来。可是现在日本又做一个梦，想成为经济大国，用钱买通全世界。这一个做法，将来所得的果报祸害，比第二次大战的果报祸害会更可怕。无论个人还是家族，权太大了，钱太多了，都将成为自己的祸害。

同样的，梁惠王当时也是这样，战败了就想报复，用各种手段发动战争，又恐怕不能打胜，竟然不惜将自己最亲爱的儿子，送到战场上作统帅，结果被俘而全军覆没。这是孟子亲眼所见，是最不值得的一次战争。等于第二次世界大战，日本侵略中国，不但害了中国，还害了日本自己，甚至影响了全世界，造成今日处处变乱的局面。所以日本的军阀，也是最不仁的。

孟子在评判了梁惠王与齐国的战役后，提出了一个军事的哲学观点。

他说："春秋无义战；彼善于此，则有之矣。"在春秋五霸以来，直到战国时代，各诸侯国之间的战争，都没有"义战"。春秋二百四十年间，"弑君三十六，亡国五十二"，没有为公道正义而战。中国上古正统的军事思想，反对随便发动战争，只有为正义而不得已启动战争。所以中国的"武"字，是止戈两字合成的，所谓"止戈为武"，意思是以威武遏阻滥用武力者。这就是黄帝子孙军事思想的基本精神。老子说："以正治国，以奇用兵，以无事取天下。"又说："兵者不祥之器，非君子之器，不得已而用之。"这都是"止戈为武"的精神。

孟子接着说："彼善于此，则有之矣。"这句话像禅宗的话头，"如珠之走盘"不落边际，随便怎样解释，都不对也都对。且不去管古人是怎么解释的，我们从多方面去看看。

"春秋无义战"，这句话是点题，反正三代以下的战争，几乎没有一次是为正义而战的。但是有些人懂了历史，擅于运用，天下好话说完，坏事做尽，发动了战争，却口称为仁义而战。就如当年日本侵略中国时，提出"大东亚共荣圈""大东亚民族主义""同文同种"等口号，事实上都是假的，只是说很好听的理论。其实就是侵略。

"春秋无义战"，也可以另外解释为：本来义战就很少。对于我们的老祖宗黄帝征蚩尤，建立民族国家基础的战争，后世学者也有怀疑。且不管怀疑如何，哪个历史上的战争，真正是为天下公义而战？“彼善于此”，如果两方面都能运用得好，正反善恶都会用的话，或者勉强可以打一次战争。

无论就上面哪一种解释来批评，梁惠王的这次战争，都是无道的侵略。

孟子提出“春秋无义战”，但并不是绝对反战。如果是为正义而战，为仁义而战，那是“不得已而用之”，是应该的战。但是为私欲，为兼并侵略别人而发动战争，这是无义之战，战得没有道理，就应该反对。

他又说：“征者，上伐下也；敌国不相征也。”这是以春秋笔法，讲到“征”的问题。所谓“征”，孟子了解中国文化的传统定义，是“上伐下也”，上面打下面叫作“征”。譬如说，中央政府看见某一地方有盗匪，或者地方上两边发生了战斗，于是出兵去消灭盗匪，干预阻止地方的战斗，这是“征”。如果上面发现下面做得不对，出兵以武力去纠正，干预、阻止，或用武力去解决地方的纷争与错误，也是“征”。这是“征”的第一个原则。

第二个原则，“敌国不相征也”，这个“敌国”的“敌”，不是仇敌，而是平等相对立的意思。譬如古文中称“夫妇为敌体”，并不是说一对夫妇成了仇敌闹离婚，而是说夫妇是平等相对的两方。齐国与鲁国，都是受周天子分封的诸侯，地位相等，爵位相等，都一样是“公爵”；而且人口相当，领土幅员也相当，那就是平等的兄弟之邦，就称为“敌国”。这样的两个国家，是不可以“相征”的，应和平相处。对方如果没有对不起我方，没有侵害我方，就不应该出兵去攻击对方。像梁惠王出兵打齐国，是没有理由的，因为当时齐、魏两国，是两个独立国家，小怨或者有之，但绝无大怨，梁惠王（当时是魏惠王），怎么可以出兵去打齐国呢？假如是齐国犯了大错，除非中央周天子发布命令，号召各路诸侯联盟，才可以征伐。现在齐魏是“敌体”之国，魏并未奉到中央政府的命令，怎么可以擅自出兵去攻击齐国呢？

事实上，从春秋到战国，各国诸侯，根本就没有把中央周天子放在眼里。春秋之五霸，战国的七雄，诸侯各国之间的互相攻击，都自称“出征”，是歪曲了“征”的传统文化定义。后世也这样说，错用“征”的名义，产生了错误的观念，而形成一个思想问题。例如后世的国际战争，在战斗之前，先要通知对方，犯了什么错误，限期改善，否则将要以武力对付；现代叫作“最后通牒”，音译为“哀的美敦”书，如仍不改，于是宣战。我国古代名为下战书，然后展开战斗。到了第二次世界大战，日本侵略中国的战争，是不宣而战。而在第二次世界大战以后，在亚洲，在中东，在非洲等地区发生的国际性战争，都是不宣而战。

讲到战争的道理，这种侵略战争的发动者，不论当时如何强盛，最后在历史的纪录上，总是没有好结果的。可是这一个道理，还是有问题，也许是因为有人发问，所以孟子答复如下。

历史难读

孟子曰：“尽信书，则不如无书。吾于《武成》，取二三策而已矣。仁人无敌于天下；以至仁伐至不仁，而何其血之流杵也！”

孟子说，历史的记载并不一定全部可靠。我常说，历史的记载，人名、地名、时间都是真的，很多事实却走了样；而小说的叙述，人名、地名、时间都是虚构的，而故事却常为事实，这是历史与小说的不同之处。正史有时候记的是历史的另一面，所以历史是很难读的。例如读《春秋》，非要把全部《春秋》读完，反复研究，才可找出孔子写《春秋》的精神及历史的背景。又如司马迁仿《春秋》笔法而写的《史记》，也是很难读的，其中汉高祖、项羽的传记，写他们两人好的一面，写得真好，只稍带一点点瑕疵；而真正不好的一面，却写在另外一些人的传记中。所以要看完全部的《史记》，才能懂得《史记》，只看一篇，或若干篇，是无法读懂《史记》的，当然也就不会真懂历史了。

后世的历史，都是如此。例如大家都说，在汉高祖之后，唐太宗是最英明的皇帝。我们读了《贞观政要》，感觉唐太宗的确很好，可是另举一个小小的例子，来看看唐太宗好不好吧！有一个人，追随唐太宗很久，也很有功劳，但唐太宗硬是不喜欢他。这个人有一天说："人是要靠命运，不知道哪一天，我的运气才会好起来。"唐太宗对他说了两句名言："待予心肯日，是汝运通时。"等老子哪一天高兴的时候，你的运气就来了。这居然是当皇帝的人说的话！十足反映有钱有势的人的心理状态。透过这两句话，所有唐太宗的一切好，是否须重新判断呢？

再看唐太宗建立了考试制度，在第一次考试后，他站在高台上，接受考取的士子们朝见。士子们山呼万岁，他高兴地说："天下英雄尽入吾彀中。"意思是说，我设了一个圈套，天下英雄都投到我的圈套里来了，被我笼络住了，听我摆布了。从他的这句话中，就觉得他并没有什么可爱，只能成就一个霸业而已，没有圣君道德，不像尧舜那样的味道。看通了历史的这一点，哪一个帝王不是如此啊？这就叫作"尽信书，则不如无书"。

孟子为什么在这里插进来讲这个道理呢？他上面说到"春

秋无义战”，跟着说到“征伐”，说“征”只是“上伐下”的战争，而不能随便用“征”的。当时战国的诸侯之间，随便出兵侵略，还要说是“征伐”，这是不应该的。

此时也许有一个人问孟子：商汤攻击夏桀，周武王出兵打殷纣，不都是以下攻上的部下叛变吗？为什么历史上却称他们是征伐，说是汤伐桀，武征纣呢？纣王虽坏，也轮不到做部下的去推翻他。而且历史上记载，周武王打纣王的时候，血流漂杵——所流的血，可以把舂米的木杵都漂起来。血流成河，可见杀了太多人，居然还说周武王是仁者之师！

这一问，大概问得孟子也没有办法，只好自己捋捋胡子说：“尽信书，则不如无书。”有时候历史的记载对一件事难免有过分渲染之处。可是回转来，读了《孟子》这部书，也可以对孟子说：“尽信你，则不如不信你。”所以历史是很难说的。

关于这方面，我们有几个史例可以提出来研究。

第一个例子是司马迁的《史记》，写到周武王出兵打纣王的时候，周文王找到姜太公商量这件事，司马迁用了“阴谋修德”四个字，做了定论，说文王与姜太公这两个老头子在一起阴谋，然后才由武王出来起兵，所以武王之伐纣，是预先有布置的，并不是那么简单的。这“阴谋”两个字，就是春秋笔法，微言大义，要读完了《史记》，而且要仔细地读，才可以发现，这两个字就是对文王、武王、姜太公的一个定评。

后来到了明朝，有一个和尚，就是禅宗的莲池大师，写了一首歌，题名“七笔勾”。因为他读了全部《史记》，读到“阴谋修德”这里，对于文王、武王、姜太公等等一笔勾，把圣也者，贤也者，都勾掉了。所以司马迁写完了《史记》，吹个大牛说：“藏之于名山，传之于其人。”意思说，我写的文章，你们都看不懂，将来终会有人读懂。这是他轻视同时代的那些人，认为那些人都看不出他在文章中所涵蕴的历史哲学。

另外有一个人，就是上通天文，下通地理的邵康节，一生不出来做官，他有两句名诗："唐虞揖让三杯酒，汤武征诛一局棋。"这是说，尧老了把皇帝的位置交给舜，舜老了把皇帝的位置交给禹，推位让国，是和谐的交待；而商、周的征伐是和下棋一样。他看历史如此，觉得人生过去了就过去了，所以始终不出来做官。可是他这两句诗，我们不要会错了意，那并不是洒脱，而是含有无限的血泪。简单地说，"唐虞揖让三杯酒"就是恭敬退让；"汤武征诛一局棋"就是有布置的，预谋的。这是邵康节明显而真正的意思。这并不是我故意鸡蛋里挑骨头，而是告诉大家，读书要读得多，而且要相互贯通，才可以看出其中的道理。否则就被邵康节美妙的文字骗过去了，还真以为他好洒脱，把历史上人物个个赞好，如此轰轰烈烈的大事，写成了"三杯酒""一局棋"。如果真认为如此，那邵康节在棺材里都会笑了起来。

邵康节是北宋末期的人，无所不知，他在洛水桥上听到杜鹃鸟啼，就说天下将大乱，吩咐儿子搬迁，从洛阳远迁到四川。他指出地气——宇宙之间有一股气势，这股气势，如果由南向北行，天下必乱；反过来由北向南行，则天下必治。所以南人为相天下必乱。自古以来，山东出相，山西出将，都与地气有关。宋朝后来不久，王安石以南人当宰相，果然就开始启动了天下的乱局。而洛阳在那个时候有杜鹃啼，正是地气由南而北的兆头。

邵康节曾经推算过这个国家民族未来的演变情势，一直预言到今日以后的时代。而在今日以前的历史变迁，他的预言都已经应验了。当时曾有好朋友问他，宋朝今后的情势如何，他一句话也不作答，回到家里，寄了一部《晋书》给这位朋友。我们知道，晋分东晋西晋，宋朝后来也分北宋、南宋，而且南北宋半个天下的国势，几乎和东西晋的国势完全一样。可是，他是宋朝时代的人，不能明白地说出来，如果说出来要杀头的，只好用这部《晋书》，作为强烈的暗示，看得懂的就心里有数，看不懂只有自认蠢才了。

所以我对他的那两句诗，各下一个脚注：“唐虞揖让三杯酒”——恭敬谦让的，“汤武征诛一局棋”——有预谋布置的。

有学生问孟子，既然“上伐下”才是“征”，汤武之推翻桀纣，明明是以下去叛变上，历史上怎么可以说是“汤武征诛”？孟子对于这个问题，只好用这个“尽信书，则不如无书”辩解了。假如我是孟子，站在教育的立场，也不能不想办法辩解一下，这就是一个宗教家、教育家的苦心，明知道有坏的一面，也不好揭穿；被人家揭穿以后，也必须要去把它扳正。

“汤武征诛”这四个字的历史记载，后世用惯了，便认为汤武革命是征诛，忘记了古人用这两个字的本意，是对汤武的这个举措，含有谴责的意义。这正是春秋的笔法，有如“郑伯克段于鄢”，用“克”字以谴责郑庄公，是同样的道理。

但是，在中国文化中有两句话：“三代以上，惟恐其好名；三代以下，惟恐其不好名。”三代以上的人，若好名则无所不为；三代以下的人，假如好名，就努力去做一个好人，做一个好官，希望在历史上留名。向这个目标走的话，社会就比较安定。同一个理由，在三代以上，对于“征诛”的看法是对的，而在三代以下，则是靠武功治天下，以成盛德。

从这个道理，想到清朝的龚定盦。他这个人很怪，康有为、梁启超，乃至于现代许多人，都在思想学说上受他的影响。他的儿子也怪，诗也怪，他有一首有关历史哲学的诗：

少年虽亦薄汤武　不薄秦皇与武皇
设想英雄垂暮日　温柔不住住何乡

诗的意思是，向来就看不起商汤和周武王这两个人，专门说假话，真抢了别人的天下。对于秦始皇与汉武帝，则不会看不起，因为在三代以下，为什么不可以有这样的雄才？中华民族的英雄，就应该有这样的雄才大略。大家批评秦始皇养了许多宫女，汉武帝到晚年也有很多妃子，其实这有什么稀奇？一个大英雄到了晚年，事业成功了，无事可做，不到温柔乡里睡睡觉，叫他到哪里去消磨呢？

至于他们两人，到晚年想求丹药，当神仙，后世也有人说他们错，可是世界上谁不想多活几年，谁想早死呢？而且这求丹药只有他们做得到，一般人也是做不到的。因为“英雄退路作神仙”，英雄不当了，退休当神仙，也是应该的啊。

这许许多多奇奇怪怪的历史观念，也等于是对历史的评论，对于圣人的怀疑。

所以回过头来看，治平天下，无一不是阴谋。因此孟子在这里，也只好救周武王一把，说“尽信书，则不如无书”，对于《周书·武成》这一篇所记载的事，有些是过分的，其中只有“二三策”是可靠的，其他都不可靠（“策”是上古竹简书本的名称，与“册”字通）。像“会于牧野，罔有敌于我师，前徒倒戈，攻于后以北，血流漂杵，一戎衣天下大定”这段话，其中就有问题。因为一个仁人，自然“无敌于天下”，武王当时出兵打纣王，完全是大慈大悲为了救人救世而战争，是“以至仁伐至不仁”的，怎么会流血成河，把木杵都漂起来呢？

其实一次战争打下来，流这许多血，也是平常的事，而孟老夫子说，不会有这样的事，是《武成》这篇书太夸张的描写。我们只好说，孟老夫子这位圣人，也算是用心良苦了。

由孟子“吾于《武成》，取二三策而已矣”这句话，使我们想起近代史上的一件事，可以说明这个道理。

当太平天国之役，曾国藩、曾国荃练兵为清廷出力，作战九年。曾国荃攻下太平天国的首都南京以后，曾国藩的好友故旧王闿运（湘绮），回到湖南家乡，写了一部《湘军志》。这部书里面记载的，有许多是使曾国藩兄弟颇为难堪的事，而这些事，也并不是虚构的。例如其中有一条说，曾国荃回到湖南以后，有一个人生病，药方里需要几钱人参，可是跑遍了偌大一个长沙省城都买不到，打听一下缺货的原因，原来是曾国荃的府中需用，一夜之间，把整个长沙城的人参全部都收购去了。那种富贵鼎盛时候的气象，各种各样的事情都会出来。王闿运虽然与曾家是友好故旧，仍然将这一类事，用中国史家的精神，毫不客气地一股脑儿写了进去。所以曾国藩写给他弟弟的信中，有一首诗说：

左列钟铭右谤书　人间随处有乘除
低头一拜屠羊说　万事浮云过太虚

劝他弟弟不要计较，实际上也不敢计较，历史家这支笔，是无法抗拒的。所以要想做大事，在历史上标榜一个正义之声，也是可尊敬的。

且看剃头者　人亦剃其头

孟子曰：“有人曰：‘我善为陈，我善为战。’大罪也。国君好仁，天下无敌焉。南面而征，北狄怨；东面而征，西夷怨；曰：‘奚为后我？’武王之伐殷也，革车三百两，虎贲三千人，王曰：‘无畏，宁尔也，非敌百姓也。’若崩厥角稽首。征之为言，正也，各欲正己也，焉用战？”

因为谈到军事哲学的问题，可能有人问孟子：假使有人，认为自己擅长于军事——这是指春秋战国时人，如孟子之前的孙武，他曾写《孙子兵法》十三篇。对这种自认为只要依照我的意见，就可一战而称霸的人，孟子都反对，认为都是大罪人。他站在圣人之道的立场看战争，认为那是悲惨的，要死人的。如果一个国君好仁，自然天下无敌，何必以战争取胜呢？

假如有人根据孟子这一思想，把春秋战国三四百年间，好讲军事理论，好发动战争的人，做一个总评，一定是非常有道理的。如白起在一夜之间，活埋赵国的俘虏四十万人，这些事都是历史所痛恨的。一直到清朝，都常有记载说，发现猪的身上有"白起"或"秦桧"的字样。中国几千年文化传统中，民间老百姓，对于这种残酷战争和忠奸之人的因果报应的传说和故事，屡见不鲜，这不也正是符合历史记载的精神吗！所以用孟子这几句话，作为对好战者的总评是对的。

可是站在另一方面看，春秋战国时代的战乱，如果没有秦始皇统一全国的一战，则全国的战乱，可能还要延长很多年，死的人会更多，苦难会更久。所以从纯军事哲学的立场看，有战争才能使天下太平。现在时代进步了，甚至可以写一篇歌颂战争的文章。

我认为战争与不战争，很难说该与不该。战争犹如一把刀，操在医生的手里可以救人，操在奸恶之人的手里则会杀人。刀刃的本身无善恶，战争的本身也未必绝对是罪恶。

但是孟子接着引用上古尧舜的历史，说他们南征而使北狄怨，东征而使西夷怨。这些夷、狄，都是边疆地区的落后民族，抱怨尧舜为什么不早来统治，也就是表示希望获得文化的孕育，能过文明的生活。本来由上伐下为征，为什么对他们也叫作征？那是在文化上的一种看法，认为文化落后的野蛮地区，就算是下。

接着他说“武王之伐殷”——注意，这是孟子自己说的话，对于武王革命，孟子没有用“征”字，只有用“伐”字。其实认真研究起来，这个“伐”字用得也很勉强。当时武王用的战车是三百辆，部队三千人，而且向老百姓宣布：大家不要怕，这次战争是为了使天下老百姓得到安宁，不是和老百姓敌对的，只要将暴虐老百姓的纣王处决就好了。因此老百姓们看见武王的部队到来，高兴得跪在地上磕头，五体投地，额角触地发出响声来，这就是“若崩厥角稽首”，俗话叫“磕响头”，是一种至诚恭敬感激之情的自然流露。不过古书上的记载，是一种表现于外的态度，而有人则说，在内心上，他们也许并不是高兴得“磕响头”，而是害怕得磕头如捣蒜。当然，这又是另一种说法。事实上，这两种不同心理的人都有，战争本来就是这么一回事。

孟子又为军事哲学下了一个定义：“征之为言，正也。”“征”就是“正”，要治国平天下，必须先诚意、正心、修身，道理是一样的。就是用武力，逼迫不正的人，非走向正道不可。孟子认为，战国当时所有的战争，都是为争夺而战，为争私利而战，所以战争就是争战，不是诛，也不是“伐”，更不是“征”，如果为了匡正人家，则不必用战。

孟子曰：“梓匠轮舆，能与人规矩，不能使人巧。”

孟子曰：“舜之饭糗茹草也，若将终身焉。及其为天子也，被袗衣，鼓琴，二女果，若固有之。”

孟子说：一个制造车轮的好木匠，在一根木头上取方取圆，技术很高明，但他教别人时，只能教制造的原理与规矩，没有办法使人的头脑变灵巧。就像现在的学校教育一样，只能教学生各种知识，至于如何去运用这些知识，以及能不能成为一个大家，则不是老师可以教成的，还是要各人自己努力才行。

他又说：舜当帝王之前，在外面流浪了五十多年，那时，吃的只是糙米干饭团和野菜，好像将来就是这样平凡地生活下去，不怨天，不尤人。晚年当了帝王，“被袗衣”，就是穿得好了。穿好衣服是自舜开始的，因为有别的国家送了很好的蚕丝来，舜还说不要，他的两个太太，就是尧的女儿劝他收下，用来织了一件衣服给他穿。舜于是穿上了好的衣服，自己也爱好音乐，经常弹弹琴，又有两个太太服侍，但他也不觉得自己享受，似乎本来就如此，和平常也没有什么两样。他穷也穷得，富也富得，他的人生就是如此平静地生活下去。

这两方面连在一起，就是说，对于一个人，传给他知识，没有办法使他有智慧。读了书，应该明白道德的规范，知道怎样做人，但如果呆板地守道德，就变成书呆子，被书困住了，也很糟糕。所以再说到舜，能贫贱，能富贵。舜的榜样，就是贫贱不能移，富贵不能淫，永远显得平凡。这就是人生的巧妙运用，处什么环境，站什么立场，就采取什么态度。以过去的俗语来说，就是“到了哪一个坡，就唱哪一支歌”。

孟子曰：“吾今而后知杀人亲之重也。杀人之父，人亦杀其父；杀人之兄，人亦杀其兄。然则非自杀之也，一间耳！”

孟子说：由春秋战国的历史果报、社会果报看来，我知道了，凡是杀别人父兄的人，自己的父兄也会被别人杀。所以好杀人，好发动战争的，结果等于自杀。

这是孟子早在几千年以前说的话，后世到了明朝，有人作了一首剃头诗，因为民国初年，剃头才叫作理发，以前杀头也叫作剃头。这首诗很妙。

闻道头可剃　人人都剃头
有头皆可剃　不剃不成头
剃自由他剃　头还是我头
且看剃头者　人亦剃其头

这首白话诗，也可以用来说明孟子这段话的真意。

孟子曰："古之为关也，将以御暴；今之为关也，将以为暴。"

孟子曰："身不行道，不行于妻子；使人不以道，不能行于妻子。"

孟子曰："周于利者，凶年不能杀；周于德者，邪世不能乱。"

这个思想，不但孟子在这里说到，更早以前，孔子在《易经·系辞传》里，就已经说过了。

他说，古代在国境边界上筑一道城墙，目的在防御暴力的侵略；现在不同了，建筑军事工程，设立基地，是为了攻击别人的。这是孟子对人类文化、道德堕落的感叹。

他接着说：人要行仁义道德之道，自己本身如果不能有高度的修养，那么在家庭中亲如夫妻之间，彼此都会有戒心，要防备一手；兄弟姊妹，更是如此。如果自己没有高度的修养，不以仁义道德处事，不能让人感动信任或敬佩，在指挥别人的时候，连妻子也指挥不动了。

他又说：人人都想求利，但是个人求利时，如果能让天下的人也得到利益的话，即使遇到凶年，也没有关系。因为平日给别人方便，自己也一定得到他人给的方便。如果更进一步，把道德的思想行为，扩充到整个社会，遇到变乱动荡的时代，也就不会受害了。

这几段是讨论道德修养与自守的重要，下面就说到社会风气的变坏与道德的衰败。

孟子曰：“好名之人，能让千乘之国；苟非其人，箪食豆羹见于色。”

孟子曰：“不信仁贤，则国空虚；无礼义，则上下乱；无政事，则财用不足。”

孟子曰：“不仁而得国者，有之矣；不仁而得天下者，未之有也。”

孟子说：后世有人的心理是好利，有人的心理是好名，为了好名而做高人。历史上有好几个这样的人，如齐愍王，为了历史上能够写他公天下、做尧舜，为了好这个名，盲目地把国家让给一个最差劲的宰相，好名竟然好到这个程度，结果出了大乱子，几乎亡国。所以孟子说：好名的人可以“让千乘之国”，可是这种让国，不是道德的，而是满足自己好名的欲望，这不像圣君的让国，是为了天下人的利益。人都是生活在名利之中的，如果一旦侵害了他名利上的需要，纵然是一碗豆浆，一个糯米饭团，也会跟人动刀的。

孟子对于人性坏的一面，看得很清楚，所以他做一个结论，提出政治上的大原则。

他说：领导一国大政治，首先要相信仁者、贤者；能够相信

“仁贤”的人来治国，来指导，国家的文化才能充实，才有正确的思想观念。否则，国家尽管富强，如果在文化上没有正确的思想与观念，则只是一个好看的空壳子。这也就是说，精神生活的重要，超越了物质享受。所以礼义很重要，如果没有礼义，则天下要大乱。除此之外，还要有真正好的政策，没有好的政策，国家的财政就要崩溃。所以正确的思想、良好的文化以及经济基础，这三大原则是三个重点。

他最后的结论，仍然指出仁道、仁政的重要，因此说“不仁而得国者，有之矣”，抢来、偷来、骗来，用种种不道德、不正当的手段得来领土、权力、地位的人，在这个时代，有的是。像老一代的人看了《三国演义》说：曹操的天下偷来的，孙权的天下抢来的，刘备的天下哭来的。小说上说刘备借荆州，借了不还，后来孙权派人去讨，刘备急了，不知如何应付。诸葛亮告诉他：债主来了你不必说话，只管哭就好了，由我来谈判。果然诸葛亮利用刘备的眼泪，把这笔债赖了，刘备由此而起家。这都是“不仁而得国”，占据一个地区称王、称霸的情形是有的。至于说以这一类的手段而统一天下，又得到天下老百姓的拥护，却没有看到过。

民为贵的真义

孟子曰：“民为贵，社稷次之，君为轻。是故，得乎丘民而为天子，得乎天子为诸侯，得乎诸侯为大夫。诸侯危社稷，则变置。牺牲既成，粢盛既洁，祭祀以时；然而旱干水溢，则变置社稷。”

讨论这段之前，我们先清理一下几个概念。

上古发洪水，共工氏的儿子句龙，让人民住到高地和土丘上，每丘住二十几户人家，这是最早的社。后来句龙被奉为土神，也叫作社神，也叫作后土。稷呢，有不同的传说，但都是指主管农业的人，被奉为农神，也叫五谷神，也叫后稷。因此，上古以农业安身的农耕文化中，社是社，稷是稷。

社稷的概念，是从夏朝家天下以后才有的。一个宗姓家族聚居在一起，慢慢发展，从小的社变成大的社。那么，一个宗族有族人，有土地，以农业为主，共同祭天、祭地、祭祖、祭神，就形成了宗庙社稷。因为宗族社会是以家天下为基础，宗法社稷是连在一起的，所以社稷引申为江山天下，引申为国家，也是从夏朝家天下开始的。上古尧舜禹三代是公天下，还没有社稷的概念。

一个朝代有一个朝代的社稷。譬如，唐朝是唐朝的社稷，唐朝皇帝姓李，由他李家做主。宋朝是宋朝的社稷，皇帝姓赵，赵家做主。朝代更替，但各家的宗社还是自己家的，只是由不同的宗社为社稷的代表，谁上台成为天子，代表国家，就以谁家的社稷为主。中华民国推翻清廷之后，有没有社稷呢？有，国民党建立的忠烈祠相当于社稷。所以说，人民、社稷、诸侯天子，都是不同的概念。

中国这方面的文化，大家很少搞清楚。譬如封建是什么？封建是分封诸侯建立各自的诸侯国，人民拥戴各个诸侯的政权，所有诸侯的中心共主叫作天子。天子代表国家，分封那些有功劳的为诸侯，到各自的地方去自治，文化精神归到中央，这个叫封建。诸侯有诸侯的社稷坛，天子的社稷坛则代表全国；天子是代表诸侯共主的文化精神；而诸侯有诸侯的政权范围，天子有天子的政权范围。所以，诸侯、天子、社稷、政权，不能混同在一起。

大家先要把这些内涵搞清楚，再来继续研究孟子的这段内容。

大家都知道，“民为贵，社稷次之，君为轻”这句话，是孟子所提的一个政治哲学上的大原则。

在孙中山领导国民革命，推翻清朝君主制度，倡建民主政体的时候，一般的政论和宣传文字，经常引用孟子这几句话，指称我国古代固有的政治思想，就是民主的。这种说法，当时产生了很大的影响。

其实孟子这几句话，是中国固有的文化思想，如果一定以西方的民主文化来比拟，说这就是民主，我觉得大有商榷之处。孟子说的“民为贵”，并不是“民为主”，所以应该说，这不是西方的民主，因为它在精神和形态上，都与西方的民主不同。西方的民主思想是包含在“民为贵”的原则里，但不能因此就说“民为贵”等同于西方的民主思想。实际上，孟子这一政治哲学思想，是以民主为基础，而以君主制度，为实施民主精神的政治机构。所以也可以说是一种民本制度，我们只要看孟子在后面所做的解释，就很清楚了。

国家政府的建立，是属于全国国民的；民权的执行，是属于中央政府的。至于中央政府的制度，是帝王，是总统，或其他的名称，则无严格的限制。但必须“得乎丘民”，要获得全国国民内心以及行为上的拥护。

所以，我们翻开七八十年前鼓吹革命的文章来看，有些人对孟子这几句话，所做的任意解释，产生了很大的流弊。在将来，也许不出一百年，中国的文化史、政治史上，对于有关这方面的文化思想，一定会有所争论的。

孟子的这一政治哲学原则，有三个层次，刚才简要提出，现在继续研究：

第一，“民为贵”。“贵”的意义，在这里是“重要”，人民是最重要，最基本的；好比是水，水能载舟亦能覆舟，孟子在后面有所解释。孙中山先生所主张的三民主义思想，便和这个原则，有非常密切的关系。

第二，“社稷次之”。“社稷”是什么呢？这是一个抽象的名词，是国家的象征。上古尧舜禹是公天下，从夏商周的家天下起，中国古代政治就是君主制度，君权至高。但是在帝王之上，还有一个精神的制约，可以叫作天，也可以叫作道，可以叫作神，也可以叫作祖宗，是宗法社会的中心精神。而所有这些，统称之为“社稷”。这一个抽象的名词，也有实物作为表征，在北京则有社稷坛，人们对这个坛非常重视崇敬，连皇帝都要来跪拜，它代表了国家。

在帝王时代，外国的元首或使臣来访，除了晋谒国家的元首外，还要拜宗庙，因为是家天下。例如宋朝的皇帝姓赵，那么宋朝的宗庙，则供奉着赵家已故的祖先。社稷则同样是象征性的。换句话，社稷的观念是宗法社会精神的民族主义，代表国家的观念，一个国家之所以成立，有三个条件：人民、土地、政权。政权是虚构的，靠前两个捧起来的。

再如我们旅居国外，看到自己的国旗，就有无限的崇敬和情感，因为国旗代表了自己的祖国，也代替了古代社稷的精神。但这也只是勉强地比拟，因为很难用现代事物或名称，来作完全符合社稷的解释。假如说“社稷即国家”，也不符合社稷的原意，因为国家也不能“次之”。抗战时期，中央政府所在地的陪都重庆，设有“精神堡垒”，就有相似的含义，但胜利后，又无形中废除了，且从未订为制度。所以实在没有一个现代名词，可以来解释社稷的准确含义。

第三，“君为轻”。这里要特别注意这个“君”字，并不一定代表中央政府的天子或帝王。在中国文化的古意中，“君”就是“长老”，年高德劭可以领导群伦的人，则称“君”。在帝王制度中，帝王为大家长，自然也称“君”。例如称自己的父亲为“家君”，等于现在的“家长”“户长”等，称已去世的父亲则为“先君”。

大家一定读过王勃作的《滕王阁序》，其中有两句“家君作宰，路出名区”，是说我的父亲在某地做县长，我去看他老人家，路过你们这个著名的地方。

王勃写这篇序时，只有二十几岁。原来并不打算去南昌的，不料路上遇风，航行不便，才将船改泊南昌避风。靠岸以后，看到江边新盖的一座楼阁，嵯峨瑰丽，非常漂亮，就信步前往参观。进去以后，发现江西的都督，正在大宴宾客。原来这座楼阁，正是这位都督所盖，刚好这天落成，命名为滕王阁，所以大宴宾客，并且准备要他的乘龙快婿，席上作序，以便在文武僚属的面前，出出锋头，露一手文才。

王勃在里面看到满阁冠带，都是各地衙门的首长；他出身世家，当然也满不在乎，看到一个空位就坐下来，却不料一下就坐在那位都督女婿的席位上。当主人与他的女婿来到时，就有人告诉王勃，坐这个位置的人，是要即席写序的，本意是希望他知难而退。可是王勃说，写序就写序，这有什么难处。于是提起笔来，就“南昌故郡，洪都新府……”一篇《滕王阁序》，一挥而就。在座的文武百僚，读了这篇序后，无不赞好。这位都督见王勃年纪轻轻，居然一下子写出这样好的文章来，心里也不禁佩服，知道自己的女婿，绝不可能作得更好。而王勃也由此一举成名。

且不去管王勃的文章好坏，我们随意举出这一篇大家都知道的文章中“家君作宰，路出名区”两句话来，说明“君”字的意义。

至于孟子这里所说“君为轻”的“君”，是指各国的诸侯。因为春秋战国时，各国诸侯也称“国君”“君主”，为一国之君。只是那时的“国”，在政治体制上，还是中央政府天子的臣，是由天子册封的，仍受天子的管束监督，相近于现代美国的州。

三个观念　三个层次

他这三个观念，有三个层次，认为一个诸侯国家的领袖，是第三等重要，而以老百姓为最大。一个国家的构成，最重要的是人民与土地，没有人民、没有土地，就无从去建立一个国家；光有土地没有人民，也不行，所以人民最重要。其次是“社稷”，就是国家的区域范围，这是次要的；至于领导的人，则是第三重要。所谓“轻”，是与前两者比较起来，较轻而已，并不是不重要。“民”“社稷”“君”，这个顺序有逻辑性。所以古文看起来简单，其实有深刻的逻辑内涵。

于是孟子按照这三个层次，依秩序解释说，“得乎丘民而为天子”，获得山泽丘林间人民的拥戴，即可为天子。“丘民”就是一般从事农林畜牧等业的老百姓，也就是全国人民。其次，一个知识分子读书人，得到了天子的欣赏，就可由天子封他做诸侯，只要这一个人同意就可成王。正如前面所引唐太宗的话，“待予心肯日，是汝运通时”。这是家天下的制度，天子就有如此之大的权力。

一个人得到天子的欣赏，就可以为诸侯；反之不得天子的欣赏，则没有办法。例如唐朝，可以说是诗的朝代，不但唐朝历代皇帝的诗都作得不错，国内诗作得好的，也很多很多。这些诗人中，有幸有不幸，而他们的幸与不幸，有形无形之间，主观或客观上取决于皇帝。像前面所说李白，由于皇帝的高兴，写四首《清平调》，可以叫贵妃磨墨，近臣脱靴。而孟浩然，也是因诗名动天子，却因为“不才明主弃，多病故人疏”两句诗，失去唐明皇的欢心，而坎坷一生。唐朝也有一位名士，被宰相推荐到朝廷时，为了“长日惟消一局棋”这句诗，皇帝认为他太懒，不能用，几乎断送了仕途。这些故事，都足以证明过去帝王政治，“家天下”的时代，“得乎天子为诸侯”，只要皇帝高兴，封王都容易的真实情形。

“得乎诸侯为大夫”，次一等的，遇不到天子，如果能够遇到诸侯或后世的巡抚、御史等，获得他们的欣赏，则可做他们的清客、秘书等，也可以度过一生。

这三个层次比较起来，最难的，成就最大的，是获得全国人民的拥戴，则可以为天子；讨一个人的好感，只能得诸侯；再下一等，讨长官的好，只能做一个秘书、科长，当伙计。这三个层次，也说明人心向背的重要性。孟子说这些话，正是因为他看到战国当时那些诸侯们，对上目无天子；诸侯之间，谁也管不了谁，谁也不理谁；对下面的部属百姓，生杀予夺，全凭个人的喜怒，并无法制，偶然对谁不悦，就是烹，把所不高兴的人，投下油锅。孟子讲这些话，居然不怕被烹，可见他有多大的勇气，多丰富的正义感。

另一面，也由于孟子的学说和道德的修养，到了晚年，声望太高了，诸侯中谁也不敢烹他；假如早几十年，声望还没有建立起来时，也可能被烹的。在那个时代，没有什么叫作法律，只有权力，权力就是法律，只要有权力说烹谁就烹谁，要剐谁就剐谁，让谁做官谁就做官，想如何便如何。而孟子处于这样的时代，敢于说这些话，所以今日配祀在孔庙，的确是有他的理由和价值的。

孟子接着说："诸侯危社稷，则变置。"一个诸侯如果政治行为、政治道德不够，使全国不能安定，老百姓吃苦，乃至社稷倾危，有亡国的危险时，那当然会变乱，老百姓要革命了。像今日有些集权国家，人民生活如同处身地狱之中，自然要起革命，处处有反抗事件。这是说领导天下的问题，读中外历史，都不能违反这个原则。这是天道，也是人道，一个国家如此，一个机构也是如此。所以大家读书，看到政治上的事，不要以为只是政府机关、政治机构的事，因为个人的做人处事，就是政治的基础。开公司、设工厂、办学校，不论从事任何行业，都是在政治原理之中。所以不要向外要求，先要求自己的思想、人格达到君子的修养，再谈事业。

他又说："牺牲既成，粢盛既洁，祭祀以时；然而旱干水溢，则变置社稷。"上古的政治，皇帝还怕天管，也怕阎王，怕社稷坛的神。回到内宫，还怕太上皇和皇太后，见到父母仍然依家法，跪下来称儿臣。有小说上描述，唐太宗那么狠的人，生病看到鬼，要叫四位将领为他夜里站岗才能入睡。梦里见到阎王，也害怕得很。也许这位阎王是大政治家，对他还是平起平坐，蛮客气的，而且阎王也无权审问人间帝王，要送到天上由玉皇大帝开庭，阎王只可以像检察官一样，坐在一边当面对质。这位阎王和唐太宗交际了半天，还以筵席款待。唐太宗发现地狱里没有南瓜，拍阎王马屁，答应送一个南瓜去。他醒来以后，南瓜易找，可无法找到一个脚夫去送，于是下令全国，找一个下阴间送南瓜的人。结果有一个名叫刘全的老百姓，愿意担任这份工作，于是"刘全进瓜"，将一个大南瓜顶在头上死掉了。据说现在阴间已有了南瓜，那是刘全送下去的南瓜子做的种。

当然这是小说中杜撰好玩的故事，但是透过小说看到背面，就反映出民族的文化思想，知道中国的帝王，在神权的面前，他还是老百姓。神权为什么有这么可怕的威力？在西方文化里讲是上帝统治一切的宗教观念，在东方和中国那是因果的原故，虽为帝王，也逃不出因果报应的规律。阎王、玉皇大帝、上帝本身，也一样逃不出因果的规律。因果并不只是佛教的教理，在佛教未进入中国以前，中国的《易经》，全部都是讲因果的道理。佛教进入中国之后，因果之说就更加重了分量，而且更普遍了。所以刘全进瓜以及后来的唐僧取经，这一连串的描述，都是基于因果的观念所发展出来的。

《孟子》这里的一段也是基于这种观念而来的。如果不懂得这一哲学，就看不出孟子这里讲些什么，也许会说他是“迷信”祭祀，其实不然。

他说：古代祭祀，作为祭品的五谷和牲口，如粮食、猪、羊、牛之类，已经准备得完全整齐了。“粢”是用四五月间第一季的新稻米所煮的饭。现在殡仪馆中行祭礼，献花、献爵以后就不再献什么了，过去至少要献三次爵，还要献三牲或五牲。更盛大的还要献十大碗菜，而茶、饭、羹汤、财帛也是必献的。在献饭的时候，赞礼的礼生（现代的司仪）就高唱“献粢盛”。“粢盛既洁”是说祭祀的饭也准备得很洁净，可是祭拜尽管祭拜，拜了半天，田里正需水的时候偏偏干旱，禾苗枯死；正要太阳晒稻谷的时候，偏偏大台风，接连霪雨，收来的谷子发了芽。证明神不管事了，那就把原来的社稷神请下来，换换位置。由此就看到人权有多大，尽管社稷重于君，而生民——老百姓的生活生命更重要，所以“民为贵”。老百姓是最重要的，为了生民，也可以变置社稷。所以讲到这一段，一开始我就告诉大家，“民为贵”的“贵”字，是“重要”的意思，不是说老百姓很“珍贵”，要像珠宝一样藏到保险箱中，或卖个高价钱。

再从“变置社稷”上看，中国的文化，神权超越了人主之权，大家都恭敬祭拜，可是拜了不灵的话，照样请下来，变更位置。中国人的玉皇大帝，高在三十三天之上，等于西方人的上帝，我们不知道大帝和上帝，有没有在天上见面打过交道。这位玉皇大帝，是姜太公封神时候封的，本来姓张。最近不知道谁接到三十三天的电报，说玉皇大帝已经换了人，大概是忘了放什么文曲星、武曲星下凡来管事，或者不小心让天罡地煞者流到凡尘来捣蛋，把全世界搅得乱糟糟，有亏职守，只好下台，由姓关的关羽接了帝位。所以现在是“玉皇大帝关”，关大帝吃香了。

如果研究中国的宗教，固然不像西方人说的中国无宗教，但也不一定是多神教或一神教，中国可以说是民主的宗教或宗教民主，对哪一个神都好。耶稣来了，请上坐！释迦牟尼来了，请上坐！穆罕默德来了，也请上坐！谁来了都好，都请上坐。结果大家“团团坐，吃果果”，五教合一，都好。凡是做好人做好事，都值得恭敬，都值得拜的。如果做了坏事，就使用民权，把你换掉，就再也不拜你了，这是中国文化中宗教的特征。从这一方面去研究，就知道中国的政治哲学是人道第一。

西方的宗教，上帝永远是上帝，也讲长生不老的。所谓永生，是人死了以后，等到世界末日，这些灵魂都复活了，接受神的审判。但是，人永远不能做上帝。中国与西方不同，玉皇大帝如果犯错而堕落，一样下地狱；人的道德够了，也可以成佛，也可以做玉皇大帝。如果研究比较宗教，那是一大学问，妙不可言。

孟子这段话是说，神有无上权威，如果道德不够，一样要请他下来。菩萨是人造的，人不拜他，他成什么菩萨！至于说上帝，不去信他，你上你的帝，我下我的帝，也无不可，这是人道的重要。那么儒家的人道，是以什么为中心呢？以“心性德行”为中心，一个人的心地不好，一切都完了。

回头再看“民为贵”三个字，民就是人或人们，以人的意志决定一切。意志的进一层，就是“心性德行”决定一切，这是中国固有文化中，一个很深奥的政治哲学思想。我们看下面一段，更可明白这个道理。

百世之师——圣人

孟子曰：“圣人，百世之师也；伯夷、柳下惠是也。故闻伯夷之风者，顽夫廉，懦夫有立志；闻柳下惠之风者，薄夫敦，鄙夫宽。奋乎百世之上，百世之下。闻者莫不兴起也。非圣人而能若是乎？而况于亲炙之者乎！”

孟子曰：“仁也者，人也。合而言之，道也。”

孟子曰：“孔子之去鲁，曰：‘迟迟吾行也！’去父母国之道也。去齐，接淅而行。去他国之道也。”

孟子这是讲人道，也是讲人文文化修养的重要。在人文文化方面，成就最大的人，中国人称之为圣人，就是“有道之士”。但并不是专指尧、舜、禹、汤、文、武、周公、孔子诸圣人中的某一人。圣人多得很，有道之士都可以称圣人，也就是道家庄子所称的真人。

圣人是千秋万代的师表，如释迦牟尼，在宗教的立场他是“教主”。这“教主”一词，是西方文化的名词，表示其权威性。不过东方的宗教，没有这种君权的权威性，所以释迦牟尼被尊称为“本师”，就是师道的意思。他是人天之师，一切众生的大老师，所以佛教到了中国以后，与重视师道的中国文化，一拍即合。中国文化的“君道”尚在“师道”之下。过去在帝王制度时代，皇帝请大臣教皇太子读书，皇帝照样要敬礼老师，然后把皇太子交给老师去教育。老师教皇太子也不简单，先向皇帝拜一拜，然后坐下来；皇帝或皇太子再向老师拜一拜，然后开始讲书。如果这个皇太子学生不对，当老师的仍然可以训斥的。

宋朝和清朝，都曾经有过这样的故事。小太子读书不用功，太傅很严厉地训斥他，而且要处罚。这个小太子回到后宫后，向皇太后哭诉，皇太后听了不高兴说："算了，不要他教也可以，为什么要挨他的骂？这老头真讨厌。"第二天，太子不到上书房读书了，这位太傅跑去问皇太后，皇太后说："反正我家的孩子读书也做皇帝，不读书也做皇帝。"这位太傅毫不客气地说："皇太后你说的话固然不错，可是读书是能做圣君，不读书是做昏君。"皇太后一听，赶快说："对对，太傅说得对，我错了。"于是仍然把小太子送去上学，听老师的教诲。这就是师道的尊严。

说到师道尊严，有一位同学说起，好几年以来，每逢孔子圣诞这一天，报章、杂志、电视，都说要"尊师重道"，可是所谈的只是如何尊师，却没有说如何"重道"。况且师都尊不了，重的又是什么道？连什么是道，都讲不出一个所以然来。这位同学所讲的这些话，不能说不是事实，也不能说没有道理。

孟子说圣人是"百世之师"，意思就是讲人道的精神。他并且举出例子，所谓古圣先贤，历史上多得是，所以人要多读历史，但并不是现在大学里读历史的态度与方法。现在大学历史系读历史，是用西方教学的方式，所谓"客观"的习惯，研究某一段历史经济对不对，或教育对不对等等，自己已经先有个主观的观念去研究，瞎批评，好像自己的学问比历史还伟大。一个人除非自己已经"通古今之变，究天人之际"，才能批评历史。再说什么叫客观？人本来就在历史中，是历史的一分子，又如何能客观？所以，读历史不是为了做一个历史学者，是要懂得历史，吸取做人做事的经验，使自己做人做事更圆满。

孟子这里举出伯夷、柳下惠两个圣人为例，伯夷薄帝王而不为，为了挑起文化的担子，可以当帝王而不去做；柳下惠也有他独立的人格与抱负。这两个人，前面已经多次提到，他们的文化精神，在人品上为后世树立了一个做人做事的榜样。伯夷叔齐两兄弟，硬是饿死在山中。所以孟子说，伯夷的一生，他这种风气的影响，可以使“顽夫廉”，使那些冥顽不灵、头脑不清楚的人，变成“廉”，就是头脑清楚，人格升华绝俗的人；使“懦夫有立志”，使那种懦弱的，站不起来、生活散漫怠惰的人，也能够立志，顶天立地地站起来。

伯夷的风范，是岩岩独立的，以禅宗的话来说，他是“高高山顶立”；而柳下惠的风范，则是“深深海底行”。柳下惠一切随和，但自己人格不受影响，站在师道的立场，开展风气。所以孟子说他“不羞污君”，跟随任何一个领导人都可以。换言之，伯夷是罗汉道，柳下惠是菩萨道，他可以使“薄夫”“鄙夫”，粗浅轻薄的人，文化、教育、思想没有深度的人，变得宽厚。柳下惠生活在滔滔乱世之中，本身无懈可击，他高尚的道德，可以感化人，受他影响的“鄙夫”，都会变成胸襟宽宏的人。

所谓“鄙夫”之“鄙”，前天有一位老朋友谈起，一位有钱的年轻太太，驾了自用汽车，在街上和摩托车相撞了，双方互相指责。在争执激烈的时候，这位年轻的太太，将手一伸，露出她手上戴的大钻戒，向对方吼道：“你睁开眼睛看看，我有这个身价，还会撞你的车子吗！”真不知道她哪里来的逻辑，人格可以用钻石来计算吗？这样的人就是“鄙夫”，鄙俗不堪。财富并不足以表现人格，人格是无价之宝，即使穷到衣食俱无，而有顶天立地精神的人，就值得钦佩，不然就是“鄙夫”。“鄙”也常与吝字连在一起，所谓鄙吝，心地很窄，度量很小，眼光很短，但受了柳下惠那种风范的影响，心胸也能宽宏开阔起来，从钱眼中退出来，看得见广大的天地。

孟子举的这两个例子，包括四种人：“顽夫”“懦夫”“薄夫”“鄙夫”，都是普遍存在于社会中的人；而教育的目的，是使这类人改变过来，也就是学问之道在变化气质的道理。修行是修正心理行为，然后就可更进一步，向成为圣人的路上迈进。所以“廉”“立志”敦厚宽宏，也就是圣人之道，人的修养应该如此。

诚意正心，修身养性，本是建立高尚人格最初步的修养，是基础；初步基础打好以后，才谈得到修行。至于圣人境界，还要在修行以后，经历很长的一段路程，才能够达到。例如一般人讲“修行”，这个行字就是随时随地反观自照，修正自己生理和心理的行为，行就是功德，大乘菩萨就是走这个路子。

儒家、佛家都要如此，便是“奋乎百世之上，百世之下，闻者莫不兴起也”。这两句话，只有世界上的几位教主们、大圣人们才可以当得起。如孔子、老子、释迦牟尼都当得起，奋然而顶天立地站起来，前无古人，而且没有时间、空间的限制，其精神志业，充沛于宇宙，万古常新。如佛法所说的“无见顶相”，就是“奋乎百世之上”的精神，太高太高了，看不到顶，人格就要修养到这样高。于是，千秋万代，接受这种文化的洗礼，人格的熏陶，每个人都闻风而起，站起来去学做圣人。

孟子说，如果不是圣人，能够做得到这个境界吗？那些受了圣人教化影响的人，百年以后，人人都能奋发向上。“而况于亲炙之者乎”，何况曾经亲自受圣人的熏陶、教育的人呢。孟子这句话很妙，似乎隐约间是指他自己。孟子虽然没有“亲炙”过孔子，可也是子思的学生，等于是再传的弟子。

孟子“而况于亲炙之者乎”这句话，连着上文看，就是说，在圣人风范的影响之下，远在百世以后的人，尚且没有不站起来的；更何况亲自受过这种教育的人，一定有他独立不移的超越人格，可以站起来。

因此，他为圣人之道的“仁”下定义说：“仁也者，人也。合而言之，道也。”

什么是仁？从孔子的学生开始，大家找了半天，后世的人，大都根据韩愈“博爱之谓仁”那句话，以为仁就是博爱，这是误解。韩愈是研究墨子的专家，墨子主张“兼爱”，所以韩愈袭用墨子“兼爱”变成“博爱之谓仁”，其实这并不是孔子的本意。孟子这里解释得很清楚，仁道就是人道，合而言之就是道。人道以心为中心，孟子本篇“尽心”就是道，就是佛家说的明心见性，这就是道。尽其心，就是道，仁就是这个道。

所谓道，也就是行，仁道就是仁见诸行为。于是孟子说到孔子的行为：“孔子之去鲁，曰：‘迟迟吾行也！’去父母国之道也。去齐，接淅而行。去他国之道也。”孔子去周游列国，要离开父母之国，是不得已，当然很难，天天说要走，却迟迟地没有走，拖延了很久才走成。因为对自己的国家，自己的文化风尚，有无限的感情，人的感情自然是如此。孔子离开齐国，是离开别人的国家，一不对就即刻走，甚至米洗好要煮饭了，不但不等到吃了饭走，甚至捞起了洗湿的米就走，不做片刻逗留，这是离开他国之道。在人家的国土上，合则留，不合则去，这种精神是应该崇敬和效法的。尤其现代青年，出国的时候，如果对自己文化有了深刻的了解，碰到于国家民族有关的问题，乃至人家的政策有不合理处，就要秉持此一精神。所以无论如何，还是自己祖宗之国、父母之邦好，不能忘记。

这一段话前面已经讲过，现在又放在这里，一则是孟子将要离开齐国了；其次也是告诉我们圣人的风范，对自己祖宗之国、父母之邦的崇高情感，可示范于天下后人。于是他再说孔子的一段故事。

孟子曰："君子之戹于陈、蔡之间，无上下之交也。"

他说，孔子当年离开卫国以后，在陈蔡之间，带了一批学生，几天没有饭吃，外面还有一些人包围，要打算杀他。孔子这时又穷又危险，可是他还在那里弹琴。这时子路受不了啦，跑去问孔子说，圣人也会饿饭吗？孔子告诉他"君子固穷，小人穷斯滥矣"，开导他一番。这里孟子说，孔子周游列国，都受到尊敬，为什么在陈蔡这个三不管的地带，会遭遇这种困难呢？因为在这两国政府的上层，孔子没有朋友；在这两国的社会中，孔子也没有朋友。

孟子的"无上下之交"这句话，说明两种事：一是做人之道，人处身社会之中，要交朋友，没有朋友，孤立无援不行。孟子要离开齐国时，也有这样处境，非走不可；第二，欲行其道，要上下都有交往才行，这就是外务的重要。一个人成功一件事业，对于上下左右建立关系相当重要。

青年人要知道，一生的处境必须要有"上下之交"。但如何交？交朋友有道，这在四书里说得很多，要建立自己的人格，了解友道的精神，才可以做事业。

谁人背后无人说

貉稽曰："稽大不理于口。"

孟子曰：“无伤也，士憎兹多口。《诗》云：‘忧心悄悄，愠于群小。’孔子也。‘肆不殄厥愠，亦不陨厥问。’文王也。”

孟子曰：“贤者以其昭昭，使人昭昭；今以其昏昏，使人昭昭。”

貉稽对孟子说，“稽大不理于口”，这个“理”字，古人认为是“赖”字，好像现在的青年人，常说某事不“赖”，这个“赖”字，也许是从这句话来的，在我们的语言文化中，已经有几千年历史，后来可能在唐朝宋朝，被人改作“理”字。貉稽是齐国人，人品很好，官也做得很好，只是攻讦他的人太多了。

孟子说：没有关系，“士憎兹多口”。“憎”就是憎恨，但古人考据，古书上是“增”字，后来也是在唐宋之间，有人觉得增字很难解释，改成“憎”字，而意思也就是“憎”。这句话是说，一个读书人在社会上，没有不被批评的。作为一个人，不要怕人批评。一般惹人厌的是一张嘴，吃饱饭专门挑人家的是非。中国人讲修养，在儿童课外读物中，有一本《昔时贤文》，这本书把许多诗句、格言编成韵文读本，其中就有两句说：“谁人背后无人说，哪个人前不说人。”人与人相遇，一定说到第三人，说到别人对或不对，这就有是非了。只有两个人没有人背后批评，一个是已经死了的无名古人，一个是还没有生出来的人。孟子回答貉稽的话，虽不是如此说，但含有这个意思。也等于说，你做你的官，你自有你的人格，社会上的是非随时都有。古人说：“是非终日有，不听自然无。”你不要去理它，自然就没有了。

孟子进一步再解释说：“‘忧心悄悄，愠于群小。’孔子也。”孔子晚年，也有一些对他不满的人，几千年来都有人骂孔子，直到前几年，毛泽东还大力提倡批孔扬秦。孔子当年周游列国，并不像我们现在出国观光这样舒服，他到每一个国家，都被那里的小人骂。孔子一辈子都遭小人的嫉妒，倒霉透顶，只是比耶稣好命，因为耶稣还被钉死在十字架上。当然，最高明的，还是释迦牟尼佛，两手一摊开，人家就跪下来。孔子当时的情况，就好比《诗经·邶风·柏舟》所咏叹的，“忧心悄悄”，心里担忧天下国家事，但这种忧虑，只能悄悄摆在心里，讲不出来，没有办法可对人坦言。不但如此，并且还经常碰到一般的小人反对他，从各种角度来批评他，这就是“愠于群小”。

前人有两句感叹人生的名言说：“人历长途倦老眼，事多失意怕深谈。”一个人几十年生活下来，的确是一个长途，做人做事的经历，在人生这条路上看多了，也走怕了。过去的事，多半是失意的，朋友谈起，也不愿深谈，因为越谈越烦越痛苦。这两句诗深刻得很，是用几十年人生经验写出来的，也就是孔子当年“忧心悄悄，愠于群小”的况味。一个人对国家天下大事，虽然看清楚了，可是却无法讲，又能向谁讲，向谁建议进言呢？孔子尚且遭遇如此，你貉稽受人攻讦，又有什么稀奇？又有什么可怕？

还有《诗经·大雅·緜》篇说的：“肆不殄厥愠，亦不陨厥问。”这是文王的遭遇，当年文王兴起的时候，那些边疆的民族，对他这样一个了不起的圣人，道德又非常好的人，仍不满意，不过不敢动，只有在心里反感。可是文王也不以为意，这些人虽然不满意，还是要来听他的教化，而文王照样的教育他们，这就是文王。

这些就说明了人生在世，受批评没有什么不得了；如果对人家的批评过分认真，那一天也活不下去。但是要注意批评，“有则改之”，如果人家的批评是对的，就要改过来；“无则加勉”，自己如果没有错误，就勉励自己，不要去犯这个错误就好了。

这一段是孟子答复别人，谈人生修养的话。青年人听了会有小感触，可能不会有大感想，要等年纪大了，才会知道“谤随名高”的道理。一个人名气越大，被骂的机会越多，骂你的人也越多。有些人为了想出锋头，专挑有名气的人横加攻讦。这时候，有名气的人，一定要学会容忍，否则回他一句，他就达到了目的，到处宣扬“某某人和我辩论，如何如何……”这是一种很鄙俗卑下的手段。

但既然听到了反面的诽谤，也不要掉以轻心，要反省自己，严格检查，在自己的心理、行为、道德上如有过错，立刻要改，因为别人的话，有时并不一定是讪谤。假使自己问心无愧，仰不愧于天，俯不怍于人，则心不负人，面无惭色，听到了谤言，也没有关系，只要学佛家的“忍辱”就是了。

永嘉大师的《证道歌》说：“从他谤，任他诽，把火烧天徒自疲，我闻恰似饮甘露，销融顿入不思议。”人就要做到这样。一个人的名位高了，所受到的反对与攻击会更激烈。后世所崇敬的圣人，在当时的遭遇却是非常痛苦的。从历史上我们得了一个教训，要想做圣人，一定要从极痛苦中站起来，问题在于受不受得了这种痛苦。

一个知识分子，做人、做事、做官，基本上都要有这样的修养，受得起批评，痛切反省，修正自己，这是儒家，也就是佛家，也就是修道。不要以为打坐做工夫才是修道，打坐有工夫的人，如果给他两个耳光，骂他一顿，看他的工夫还有没有？本来打坐清净为“梵行”，这时他就变成了“焚行”，一下子把他自己所有的工夫都烧光了。这是由于受刺激之故，还不算数；如果好话来了，恭维的来了，那比打两个耳光还厉害，那可会把你深深地活埋了。所以不要怕批评，更可怕的是恭维，接受恭维，就是心中想超人一等。说得好听是自尊心，实际上就是我慢，是我相的一种表现，所以每一面都要注意到，才是修行。

孟子做结论说："贤者"，高明的人，就是佛家开悟的人。"昭昭"是自己明明白白，使他人也明白，也就是自觉觉他。而现在的人，自己还是"昏昏"的，还去教人跟着他的样子去开悟，以此"误"而教人"悟"，那可能吗？被教的人也误以为误即是悟，那真是误上加误了。

在几千年前孟子的时代，人们就是如此，几千年后的今天，人们仍是如此。所以我说，不论古今中外，人类就只是这样一种生态，没有高明到哪去，时代也没有什么大的改变。

这种"今以其昏昏，使人昭昭"的典型，在《西游记》里有，就是孙悟空的结拜哥哥，外号牛魔王的。孙悟空是代表心，有一个糊涂的、动感情的心，就是他哥哥牛魔王，自己"昏昏"而想"使人昭昭"；再加上牛魔王的太太铁扇公主，拿了一把大芭蕉扇，在旁边一扇火——欲火，这个世界，当然非乱不可了。

路是走出来的

孟子谓高子曰："山径之蹊间，介然用之而成路；为间不用，则茅塞之矣。今茅塞子之心矣。"

高子曰："禹之声，尚文王之声。"

孟子曰："何以言之？"

曰："以追蠡。"

曰："是奚足哉！城门之轨，两马之力与？"

这是很有趣的对话，也是关于心的应用的重要问题。

孟子对高子说，“山径之蹊间”，那些山上只堪容脚的小路，最初是一个人，为了割草或者砍柴，在一个本来无路的荒山上，慢慢选择好下脚、更近便的地方走过去；第二个人也跟着他的脚迹走，然后慢慢其他的人也跟着走，于是就走出一条小路来了。我们在抗战时期，大家投奔大后方，避开日本人的封锁线，越岭翻山时，前面没有路了，就自己找路；找不到路时，就看清楚方向，这样一个人一个人走过去，终于走出一条路来。所以当时流行一句话：“路是人走出来的。”后来更将这句话，扩大应用到生活上、工作上、事业上。每当遇到困难，乃至走投无路的时候，就用这句话来鼓励自己或别人，要勇往直前，克服难关。这就是“介然用之而成路”。

可是，这条路，只要间隔一些时候没人去走，就又长出茅草把路埋住，连看也看不见了。孟子对高子说：现在你既未明心，又未见性，就因为你心里长了一堆茅草，思想被茅草塞住，没有出路。

庄子跟人辩论，也说过这样一句话：“夫子犹有蓬之心也夫。”古代说圣人心有九窍，非常灵通。普通人只有七窍，更愚痴的人连七窍也不灵通，像是被茅草塞住了。后世骂人不通世事为“草包”或“不开窍”，就是从孟子、庄子这些典故来的。由于听了别人的一番话而懂了这桩事，每每说“茅塞顿开”，这句话，也是从《孟子》这里脱胎而来的，表示接受了你的教导，塞在我心里的一堆茅草，一下子就消失了，此心豁然开朗，灵通起来了。

孟子在这里是说，心是要用的，心不用就会塞住；近人曾国藩也说，头脑越用越灵光，不用就闭塞了。很多人学佛、学打坐，拼命“除妄念”，学到后来，不去用心，心都不想动了。不但做不到不动心，坐在那里内在妄念，意识心动得更厉害，比在运动场上还辛苦，刚按下这个念头，又上来那一个念头，这个下，那个上，七上八下，上上下下，最后神经都烦乱了，这是心中在开“水上按葫芦”的运动会。现在一般学心性修养的，先求“不起妄念”，以为没有思想就是禅，那糟糕得很，不但不是禅，连蝉都学不成。

照佛法而言，如果修到一个念头也不起来，是大昏沉、大无明，所得的果报，相同于畜生道。畜生道的代表就是猪，一天到晚吃饱了没有事，昏昏迷迷的。实际上这是冤枉了猪。据生物学家研究，猪绝顶聪明，而且最爱干净，因为他看到脏的地方，就用嘴去擦干净。在我们古代也有类似说法。《西游记》里说，唐僧取经，走到一条稀柿衕，几百里地，又脏又臭，通不过。唐僧找孙悟空也没有办法，就找猪八戒，猪八戒要求饱餐一顿以后，摇身一变，恢复猪的原形，终于把这条路搞通了。

这个故事，包含了很多意义，也有修道工夫的道理。修道的人，消化不良，肠胃不清，因此会造成上面打嗝，下面放屁的情况，就相当于猪八戒在打通这条稀柿衕。人的肠胃要完全清理通畅，气脉才能够打通。另一方面，这部小说是明朝人写的，我们从而知道，中国古代的人，早已经认为猪是爱干净的。

禅宗教我们修的八正道，其中就有“正思”，禅宗的“参”就是正思惟——正思，如止观，定中起观，就是正思惟，所以不用心不行。许多人盘起腿，以为心里一点意识的清静就是道，如果这样下去不用心，就是“茅塞子之心矣”，心就不起作用，不能用了。

所以儒家的道理，和佛家的大乘道，以及佛家的戒律，都是一样的，先在行为上注意，就是在智慧上着手。如果向修养的路上走，而没有得到禅定的话，就要改为用心正思惟。

有一本明朝人写的《笑禅录》，这本书并不是攻讦或讥笑学禅的人，而是叙说一些学禅的人，走错了路，修得不正确的一些笑话。其中有一则故事说，一位斋公学禅打坐，一次坐到五更天，忽然想到某人某天借了一斗大麦未还，于是叫醒老婆说，打坐真好，否则大麦就被骗去了。

《笑禅录》上还有一则笑话，说有一个和尚出去化缘，到了天黑，还没有找到庙宇挂单。那乡下仅有一幢独立房屋，他只好去敲门请求借宿。应门的是一个女人。和尚说明来意，这位妇人说："我家里没有人。"和尚说："有你。"意思是你不是人吗。妇人又说："我家里没有男人。"和尚说："有我。"意思是我不是男人吗。

这两个笑话，固然令人发噱，但在笑后再思考一下，是含有深意的。简单地说，这样就是人，人还只是人。深一层的道理，就是讲学禅的用心，没有达到禅定的境界，没有达到"悟"的境界，光是用心去做，也就会变成《笑禅录》中的情形，也是不正确的。

接着高子又请教孟子一个问题。

我国上古时代，音乐最发达，水平最高，那是舜的时代，当时非常注重音乐。后来舜传位给禹，禹也很注重音乐。到了后世的音乐，一代不如一代了。所以孔子很感叹，他在齐国时，听到了舜时的韶乐，三月内，忘了肉味的鲜美。他推崇说："不图为乐之至于斯也。"孟子晚孔子百余年，距离文王已是六七百年了。

高子问孟子说，"禹之声，尚文王之声"，据我研究传统文化的历史，禹王时代的音乐，可能非常非常发达，比周文王时代更重视，也更发达。

孟子说：你这句话，是根据什么来说的？高子说"以追蠡"，以他的考据，发现一件禹王时代的乐器"蠡"，就是钟纽，悬挂那个钟顶的纽子，因为敲钟时，钟纽摇摆太多，而磨损得只剩了一点点，可见当时天天都在演奏音乐。

孟子说："是奚足哉！城门之轨，两马之力与?"你这样研究，提出来的理由并不充分。你看那城门口的车道，难道是两匹马拖的马车，所辗出这样深的车道吗？这是经过长时间，经过许多马车的辗压，才能形成这样深的车道。这就是说，大禹时代的那口钟，钟纽所以会磨损到那个程度，也正像城门口的车轨一样，是经过了很长的时间，多人的敲打，无数次的摇摆，才形成的，并不是短时间内敲击而成的。

这里为什么插上这一段讨论乐器和车轨的事呢？好像毫不相干。我们可不能照宋儒那样圈断了去看，现在连着上文看，就很明白。

上面说心不能不用，这一段，也正是说用心之道。一个人的学问，不用心去研究，是不会有成就的。今天刚学，明天就想会，是做不到的。尤其学佛打坐的人，每天盘了几个小时的腿，守心一处，而不作正思惟，等于自己拿茅草塞住心，然后又想开悟，可能吗？这就是"城门之轨，两马之力与"，不是短时间的功夫所能造成的。

冯妇的遭遇

齐饥，陈臻曰："国人皆以夫子将复为发棠，殆不可复?"

孟子曰："是为冯妇也。晋人有冯妇者，善搏虎；卒为善士。则之野，有众逐虎，虎负嵎，莫之敢撄。望见冯妇，趋而迎之。冯妇攘臂下车，众皆悦之。其为士者笑之。"

这里先要解决文字上的几个问题。第一、"冯妇"是个人名，今人乃至有些古人，往往解释为一个姓冯的妇人，而“重作冯妇”这句成语，有人解释为“姓冯的妇人再嫁”。这种解释是误解的笑话了。因为冯妇是一个男子的姓名，他姓冯名妇。在古代常有人以“妇”字命名的。第二、“卒为善，士则之野”，是有问题的，古人的断句是“卒为善士。则之野”。第三、“众皆悦之。其为，士者笑之”，这样断句也有问题，古人的句读是“众皆悦之。其为士者笑之”。这两处古今标点不同。我的意见认为今人错了，最初以为是我的“专利”，不久前读到明朝人的一本书，里面的看法和我的一样。从这点看，一个人不可以轻视天下的人和事，前人也有过同样的主张，由此也证明应该多读书。

齐国有一年发生大饥荒，老百姓有饿死的。当时孟子在齐国为客卿，齐宣王还会听听孟子的话，所以孟子看到这种情形，认为如果继续下去的话，将会不得了。于是劝齐宣王，把“棠”这个地方的国家仓库打开，放粮救饥度荒年。因孟子的一句话，救活了齐国无数的老百姓。

后来大概孟子要离开齐国的时候，齐国又遭大饥荒，孟子的学生陈臻对老师说：我们齐国的老百姓，心里都在想，孟老夫子还在我们齐国，或者会再劝齐王开仓救灾吧！不过，您现在只是齐国的客人，恐怕不愿意再说话了吧！

孟子说：“是为冯妇也。”假使我再去说，那就同“冯妇”一样了。晋国有一个名叫冯妇的人，“善搏虎”，很会打老虎。冯妇也像历史上晋朝有名的周处一样，最后洗手不干了。冯妇与几个弱不禁风的人，到野外去郊游，遇到一大批人，追逐一只老虎。这只老虎，最后跑到一个山角里，就是现代战术上所称的死角，采取“负嵎”抵抗的形势。所有追逐的人，都不敢逼近去捉。这时突然看到已经改过迁善的冯妇和几个读书人来了，就赶上去欢迎。“冯妇攘臂下车”，冯妇一看到老虎，又有这么多人前来欢迎他去打虎，于是手臂一张，下车打老虎去了，大家都鼓掌欢呼。

可是他的这个行为，后来被一般人知道了，都笑他的习气还是不改。等于一个爱打牌的人，宣布戒赌以后，又偷偷去打牌，被人家讪笑一样。

孟子讲这个冯妇的故事，就是对陈臻说：我再也不会做这个傻事了，我不会像冯妇那样。

看来，孟子这样的做法，似乎有问题，让人很难理解。陈臻说大家饿得快要死了，你去跟齐王讲一句话，也许有效。但是孟子知道，这时的齐王，不会再听他的劝告了，如果他再伸手出去，也许这“老虎”要咬他一口，现在的“冯妇”已经老矣，不能再做了。

从这件事情，可以看到孟子处世的许多道理。第一个道理：一个人说话，要看时间、空间。孟子深知道“时”（时间）与“位”（立场）的重要。就像法家韩非子的文章“说难”，具有两个意义：一是说话很难，孔子说过，不该说的时候而说是失言，该说的时候不说就会失人；另一意义是“质难”，就是质问很不容易，也就是问难的意思。

第二个道理：冯妇这个人，虽然好勇斗狠，但有侠义精神。就好像司马迁写《史记》，特别写了《游侠列传》中的人一样。不过要注意，游侠和刺客不可以混为一谈。司马迁也写了《刺客列传》。游侠是云游四海，好侠仗义型的人物，有他的精神；刺客是专事行刺的人物，刺客有他的动机。若干武侠小说，将游侠与刺客混为一谈，这是错误的。游侠精神，是中华民族特有的，并不坏，而是“路见不平，拔刀相助，见义勇为”的。这种精神，在中华民族社会，是被大家喜爱、崇拜、尊敬的。但是，只喜欢别人有这种精神，而自己则躲避，不去做这种事情。这是人性的一个弱点，值得研究。

再看冯妇，原来是个侠客，刚才说了侠客并不坏，但侠得太过分，则成为好勇斗狠了。所以韩非子以法家的精神看他们，就觉得侠客这种人物很难办。他认为“侠以武犯禁”，社会上拳头硬，力气大的人，脑子里根本没有法令，自认我的拳头就是法令，我力气大你就得听我的，所以武人犯法的就多，就很难办。对于儒家，读书人，韩非子也认为很难办，所以韩非子同时说“儒以文乱法”，知识分子，书读得太多了，脑子灵活得很，一条法令到了读书人的面前，用自己的一套理解来辩论解释，他都有理，所以也很难办。在韩非子的心目中，“侠”与“儒”都是一样的难办，是推行法治的最大障碍，都要排除掉。

当然，这个“儒”不是指学孔孟之道的儒，而是指一般过分爱好思辩的读书人，所以秦始皇就把这样一批人坑了。开始的时候，秦始皇对这批人也很好，还封他们“博士”的官位，近于清朝时代的翰林院位子。后来秦始皇有事情向他们咨询，问他们的意见，或者要他们提建议，他们当面唯唯诺诺，背地里又瞎批评，“腹诽”——肚子里反对，阳奉阴违。还有“处士横议”，这批人不走直路，不说正话，遇到事情，鸡蛋里挑骨头，横行霸道。所以秦始皇一气之下，把他们统统活埋了。但也只是活埋了这批“腹诽”“横议”的人，并不是把所有的读书人都活埋。

在这个故事里，说到冯妇“卒为善士”，是他像周处除的三害一样，改好了，或者去读书了。而那些弱不禁风的书生们，看见老虎，束手无策，他们又对国家社会有什么用处？所以这个故事，也说到正反两面的道理。因为后来说到冯妇，看见这些同学对老虎怕成那个样子，至少心里在嘀咕："你们这批窝囊废!"一定走过去说："老虎有什么了不起，大猫一只而已，不要慌嘛！等它张开口，伸手抓它的舌头一扭，它也咬不下了，这有什么难!"这就是真勇。冯妇这样救人的侠义行为，却被一些读书人笑他旧习未改，依然好事。这就是前面说的"处士横议"，你做了坏事，他要讥笑；你做了好事，他也要讥笑，那些读书人就是喜欢批评别人。

前面孟子说的"士憎兹多口"，知识分子的是非特别多，不合他意的这一面，他批评；合他意的那一面，他不说。你对人好了，他说不可以，不分是非黑白；如对人不好，他又说你不慈悲。反正都是他对，书读多了，歪理有千条，说不过他。碰到这样的情形，只有"拳头大"来对付，打落他的门牙，不跟他讲理由，他也就讲不出歪理来了。

我这样解释《孟子》，连古人的句读也推翻了，似乎"胆大妄为"。但事实上，书要这样读，从正反两面，上下各方，各个角度去推敲研究才对，道理自然就会通了。

孟子说的"其为士者笑之"，也有责备齐国那些"横议之士"的含义，说他们的批评是不对的，这也就知道孟子快要离开齐国了，因为齐国可能有很多人在批评他。

由这个冯妇的故事，我们引用清朝末年几个文学家的诗，来作一番解释，可见对于读书人的看法，虽隔数千年，仍有相同之处。

（一）李星沅的对酒诗：

眼前睥睨傲群公　昨梦惊看海日红
世事登场原傀儡　书生放步即英雄
蛟龙卷甲藏霖雨　雕鹗梳翎待朔风
毕竟唐衢非俊物　向人垂涕哭途穷

孟子所谓冯妇的故事，也等于诗中“世事登场原傀儡，书生放步即英雄”两句所说；一部二十四史，也不过是一部二十四幕的脚本而已。孟子表示不愿再来演这出戏，当这个主角。而“书生放步即英雄”则是冯妇的写照，人有时候要做书生，但有时要做英雄。知识分子读多了书，就没有勇气，如果有丰富的知识，勇气又壮，毅力又强，那就是“书生放步即英雄”了。古人还有一句诗——“英雄退步作神仙”，是说英雄退休以后，可以去修身养性了。

（二）孟子讲冯妇的故事，也是说每一国家、每一政权，真正关心国家安危、老百姓福祉的，究竟有多少人？这是第二首诗的感叹。这首诗是清末光绪年间，李鸿章与苏俄办交涉失败的时代背景，题名《愤言》，共有八首，写得非常好，作者只署名“痴人”，真实姓名已经难以查考。其中一首说：

尽多优孟袭元冠　不少遗贤咏考盘
万里行师筹饷急　十年树木叹才难
谁能国事如家事　莫便偷安作治安
夜半鸡声真不恶　隔窗灯逼剑光寒

谁能够把国事当家事一样去办？那才是对国家民族的精忠。我们可不要把苟且偷安，当成了天下太平那样。诗中“谁能国事如家事，莫便偷安作治安”，可以说是道尽了当时的国情，也道出了历史上的许多辛酸。

（三）冯妇的故事，还可引出一首诗来。这首诗是光绪以后，一位名儒吴瀚涛写的。他的学问也很好，是中外闻名的留学生，比辜鸿铭还早。当时他正在华盛顿，对北京光绪皇帝被逼瀛台的一事写了八首诗，其中一首写道：

归来久分闭柴关　风卷闲云又出山
得意要须及年少　抚心讵肯避时艰
英雄肝胆千秋壮　儿女情怀一例删
沧海无情天地窄　驰驱容易误朱颜

像冯妇再出来打虎，为了救大众，死在虎口也不怕的那种精神，就是“英雄肝胆千秋壮”。在这个时候“儿女情怀一例删”，心里不会软绵绵地谈情说爱，春花秋月，都一剑挥断，统统抛弃了。这也就是上面一句“抚心讵肯避时艰”的精神。抚心自问，遇到国家民族艰难的时候，决不退避，宁可再做冯妇，就决定站出来了。

《孟子》冯妇这一段，放在人要用心一段的后面，是有非常深刻含义的。

穷理尽性以至于命

孟子曰：“口之于味也，目之于色也，耳之于声也，鼻之于臭也，四肢之于安佚也，性也，有命焉；君子不谓性也。仁之于父子也，义之于君臣也，礼之于宾主也，智之于贤者也，圣人之于天道也，命也，有性焉；君子不谓命也。”

这里开始，转到内在修养的道理。

首先的一段，是说人之常情：人的嘴巴、舌头辨味，要吃好的食物，眼睛要看美的东西，耳朵要听美妙的声音，鼻子爱嗅好闻的气味，四肢肉体爱安逸，懒于劳动，这是人的天性。其实人的一生，活了六十年，就有三十年躺在床上；再加上幼小时整天躺在床上一、二年；老年时期，如果健康欠佳，还很可能躺上十几年。所以，没有几年是站着的，四肢是贪图安逸的。这些都是“性也”，天性本来如此；但是其中“有命”。在中国“性”与“命”是分开的，“命”就是我们的生命，我们只要活着，就是佛家说的，就有眼、耳、鼻、舌、身、意等这六根本能的作用，这些作用中间就有个“命”的功能，这是很大的问题。有些人二三十岁“命”的功能就结束了，有些人七八十岁、一百岁才结束。

“性”是本体，心物一元，大家同根的；而“命”则各有不同。在这六根的作用上，只谈“命”，而不谈“性”。以声、色两个字来说，几千年来，不外乎三类东西，吃的、用的、穿的。除了这三类以外，古今中外再没有其他东西。但六根却随时在变化，尤其少年与老年不同，这个作用是“命”的功能了。

“命”的功能在人衰老时就渐消失了，与健壮时期，完全两样。现在有的人说，上一代与下一代有代沟，我认为没有什么代沟问题，几千年来，年年代代，都是如此。所谓“年年岁岁花相似，岁岁年年人不同”，因为老年人与年轻人，感受总有不同之处。也有人始终提出一个青少年问题来，认为代沟是问题之一，其实青少年也没有问题，唐朝名诗人刘禹锡的诗——“近来年少欺前辈，好染髭须学后生”，可见在古代也是如此。现在有许多人白发染黑，并不新鲜，从前人也是“好染髭须学后生”，要跟着年轻人后面走，不要自己落伍，以免形成了代沟。

这就是“命”。人的生命，一年一年过去，当然色、声、香、味、触的爱好，也就一年不同于一年。所以孟子说：有道之士，在这个上面，不谈性理，只谈后天的作用。注重后天生理的变化，那就要走道家或密宗的路子，先把这四大之身调整好，留形住世，长生不老，这是“命”的事。而悟道，明心见性，则是“性”，是形而上的事。

第二段孟子说，仁、义、礼、智、信，这类道德的作用则是“性”功，不是命功。所以学问修道，讲究修行，如果个性没有一点改变，而说自己悟了道，顶多是懂了道理，却没有用处。性功是要在行为上，不自知的，自然而然的，表现出与前不同的心性。所以君子在这一方面，不谈“命”，而讲“性”，明心见性之后，要见诸行。所以禅宗的沩山禅师告诉仰山说，“只贵子眼正，不说子行履”就是讲“性”，只要在见地、见解上清楚，依此修道，就是修性。

后人解释这两句话，说禅宗的行为，可以吊儿郎当，只要有见地就行，这是曲解。实际上，如果真正有了正见，明心见性以后，心理自然会有所改变，行为（行履）也自然会变。假使行为习气没有好转，就足证见地不清，所以才没有进步。命功是由“修为”来的，所以佛家要修戒定慧，离不开四禅八定；性功不走修定的路子，而要“般若”成就、“识见”透彻。

所以中国后来的道家，主张性命双修，只修性不修命就没有定功，要定功修到气脉都起了变化才行；但只是气脉起了变化，乃至做到出阴神、出阳神，如果心性的法门不通，也不行，也还属于“心外求法”的外道。所以修“命”到了这个出阴神、出阳神的地步，要赶快转向，把形而上的“性”理参透。

这里是孟子将“性”“命”两个字提出来，把两样并修的道理，说得非常具体而积极。后面说得更为积极。

浩生不害问曰：“乐正子，何人也？”

孟子曰：“善人也，信人也。”

“何谓善？何谓信？”

曰：“可欲之谓善，有诸己之谓信，充实之谓美，充实而有光辉之谓大，大而化之之谓圣，圣而不可知之之谓神。乐正子，二之中，四之下也。”

乐正子是孟子的学生，在前面曾经有好几次提到过他，孟子也曾经训过他。最近一次提到，传说乐正子要出来当政，孟子非常高兴。别人还问孟子是不是有偏心，看见自己的学生当政就高兴。孟子说，因为乐正子是善人，善人当政，自然比坏人当政好。宋朝有一个类似的情形。有一个宰相的学生，出去做官，来向老师辞行。这位宰相说，你出去好好做官，千万不可以作怪，作怪就不是好官。意思是吩咐这个学生，不要玩自己的小聪明，要什么新花样，否则新花样一出来，上上下下一切都要受影响，发生变动。本来人事与事物的变动，宜乎渐变，如果突变，一切人与事不能配合协调，各方都会受到严重的损害。这里说到“善人”当政，也和要做好官的情形相似。

孟子另外一个学生名浩生不害，问孟子说，乐正子这位同学，是一个什么样的人物？学问修养，到什么程度？

孟子说：他是一个“善人”，就是佛经上说的“善男子，善女人”那样的好人。孟子又接着说：他比好人高一些，更是一个“信人”。

照表面的文字解释，“善人”就是善良的好人，“信人”就是有信用的人。其实世界上的人，谁都有信用，最坏的坏人也有信用，连行为与信用相反的骗子也有信用。他虽骗一般人，可不会骗他真正喜爱的人，对他心爱的亲人，还是有信用的。所以“信人”的“信”，不仅仅是信用的意思，还含有“信息”的意思。具体言之，是指修持的人，有工夫了，有把握了，已经透露了某些征象的人，就叫作“信人”。

浩生不害再问：“何谓善？何谓信？”到什么程度，才算是善？到什么程度才算是“正信”？

孟子说：“可欲之谓善，有诸己之谓信。”

先说“可欲”，就以大家修道学佛做工夫来说，有没有做到“可欲”？就是身体内部有没有发起快乐，做工夫要做到工夫来找你，不是你去找工夫。这是佛学中四加行中的发暖，就是发乐了。到了这个程度，随时在发暖，得到喜乐的境界，叫“可欲”。这才够得上第一步为“善人”，也才有资格成为佛经上称的“善男子，善女人”。可惜我们大家修道学佛做工夫，连“善人”的资格都还够不上。

第二步“有诸己之谓信”，工夫与身心打成一片了，所谓不再受到四大假合之身的影响，就是“信人”。到了这一步，就是四加行中的“暖、顶、忍、世第一法”，在世间是最高的法了。

不要以为孔子、孟子的修养，和佛家、道家不一样，其事其理是和佛、道相通的，就是所谓“内圣外王”之学。

大家都需要切实反省一下，自己达到“可欲”的境界没有？尤其一般的人，逼着他盘了几天腿，搞了几天修养，但是“新起茅厕三天新”，才用功了个把月，慢慢又冷淡下去了。再过一段时间，三天打鱼，两天晒网；最后弄成三天打鱼，一个月晒网，晒网的日子越来越多，连“可欲”都没有达到，“有诸己”则更谈不到了。

到了“有诸己”以后，进一步要“充实之谓美”。这个“充实”，不是自己的内部充实，而是孟子在前几章说的“浩然之气，充塞于天地之间”。这个时候就叫作“美”，也就是佛学中的“妙不可言”的境界了。

到了这一步以后，还没有达到最后阶段的圣境，还要“充实而有光辉之谓大”。不但“充实”，而且要发展到圆明清净的光明境界，也就是禅宗说的“光明寂照徧河沙”的境界；这也是《华严经》的经题“大方广”的意思。

这时虽大，但还没有到圣境。“大而化之之谓圣”，大了以后能够起神通变化的作用，有了圣智妙用，才达到圣人境界。孟子说“圣而不可知之之谓神”，圣到了不可知，不可言的境界，就叫作“神”，修养要到达这个程度。最后“出神入化”，连自己这个圣人的境界都舍掉，没有个圣人，到达没有圣人之相，没有我相，没有法相，才是究竟。

孟子在这里，把圣人修养的真学问、真方法、真工夫，全部公开出来了，这就是中国上古传统文化“穷理尽性以至于命”的系统原理。

对于浩生不害问乐正子修养问题，孟子答复说：乐正子是在“善人”与“信人”之间，其他的四步修养，“充实之谓美”“充实而有光辉之谓大”“大而化之之谓圣”“圣而不可知之之谓神”，他还没有到。

孟子《尽心篇》到了这里，对于内圣外王之学，很明白地表达出来，并没有故弄玄虚，故作奥秘的玄妙姿态。所以，不论走道家的路或佛家的路线，这个原则几乎完全是相通的。

孟子的内圣外王之道，在这里到了一个高潮，也可以说，孟子把他一生修养的实证经验，做了一个大结论。下面是孟子的感叹。

巧妙的教育方法

孟子曰：“逃墨必归于杨，逃杨必归于儒。归，斯受之而已矣。今之与杨、墨辩者，如追放豚，既入其苙，又从而招之。”

孟子说，当时的文化思想，重点在杨墨二家之说。杨朱讲个人主义，拔一毛而利天下，不为也。墨子的学说，是讲大众福利的，也可以说是讲天下为公的，他主张摩顶放踵以利天下。当时思想界，正流行这两种大哲学，儒家则处于这两者之间。所以孟子说“逃墨必归于杨”，那些原来崇拜墨家的思想，欲走天下为公的路子，做到舍己利人利世的，结果做不到了，一定退回来，转向杨家走个人主义的路——为己。但是个个都为己的路，还是走不下去，两者比较下来，还是中庸之道，保留一部分适当地为己，适当地为他，所以“逃杨”的人，“必归于儒”，一定归于儒家。

假使一个人，起初胸襟汪洋博大，年轻的人狂气一来，不可一世的样子，后来还是逃墨归杨，只顾自己打坐，谁也不管了。现在他又逃杨归“妻”，结婚去了。年轻人最容易上自己的当了。人生不外三条路，一条是自欺，不自欺则欺人，再不然就是被人欺。

孟子说：对于这种人，逃到儒家来，就教他“斯受之而已矣”，意思是，你回家吧，安安稳稳先坐在自己家里，慢慢来，人生修养不是那么简单的，学说思想的研究不是那么容易的。以现代来说，大学的课本，只是传知识的工具，不能算是书；一本真正的书，那些活了二十几年的大学研究生，看不了几本。不要以为自己了不起，懂了思想学说，像我们到了这样一大把年纪，读了那么多书，看起书来，也还会常常惭愧得脸红。因为平日自以为了不起的见地、思想，在读到某一本书时，发现早在一两千年前的古人，就有了这样的思想，说过这样的话了。

孟子说：不必去和杨墨辩论，如果去辩论，就如拼命追跑掉的小猪，结果小猪跑到猪圈里了，人还跟在后面想招它回来。

这就等于谈到教育思想和方法的问题，一般家长或老师，对孩子的教育，就如赶小猪一样，拿一根棍子在后面猛追。一个孩子有了问题，是不能拿棍子在后面追的，越追得紧，这孩子跑得越快越远，说不定还会跌死。其实，就让他跑吧！不管他跑到哪里，你都可以知道。

在大陆农村的厕所，为了要利用粪便做肥料，多半是露天，在田野间或晒谷场的附近。乡下人家的孩子，都喜欢在田野或晒谷场游戏，不小心会跌进粪坑中，非常危险。家长不许孩子到那里玩，他们可偏喜欢去。有一个家长，从不去把孩子赶走，只悄悄放一根长竹竿在厕所旁边。有一天一个孩子果然跌下去了，他跑去拿起竹竿，伸到跌到粪坑里的孩子面前，叫孩子抓住，一下子就把孩子提出来了，没有被淹死。这孩子以后再也不去那里玩了。

这就是教育的道理，不让他去上一次当，吃一次苦，不置之死地而后生，光是追、赶、逼，是收不到效果的。所以孟子说，去和杨、墨两家辩论，就和赶小猪一样，也与不许小孩到厕所旁边玩一样，反而得到负面的效果。

还有第二种情形："既入其苙，又从而招之。"孩子太乖了，老是在规定的范围内待着，不活动，又会埋怨孩子。人就是这样矛盾，对太老实的人，拼命教育他，启发他的思想；等他思想启发了，又会捣乱，这时又埋怨他了。这能埋怨他吗？是教育启发了他的思想才会这样啊。

这一段就这样几句话，教育的味道，世态的味道，社会的味道，被孟子讲完了。所以他在上面说"逃墨必归于杨，逃杨必归于儒"，这就是孟子的教育思想。他先在前面等着，等你东碰壁、西碰墙，没有出路，无路可走了，自然走到他的面前说：老师，救救我吧！于是他拿起竹竿说：抓住！把你提回来。就是这么一回事，这是教育的味道。做工夫也是这样，许多年轻人学道学佛，做工夫，我非常不赞成，我希望他们到外面，各种修养都学完了，全世界的修养工夫都学过了，能学到更好，学不到的时候，再回过头来学道学佛做工夫。

孟子这些话，只是一个话头，不只与教育思想有关，甚至与政治哲学、经济思想等都有关。大家要注意这是一个大的原则，他所提倡的尧舜的领导与教化，就是这样的，站在正路的路口先等着你，不怕你走错路，当你在岔路上吃了亏，拉一把救你回来。尧舜之道，就是这个路子。

财聚人散

> 孟子曰："有布缕之征，粟米之征，力役之征。君子用其一，缓其二。用其二而民有殍，用其三而父子离。"

这里讲古代的财税。中国以农立国，国家有了大事，需要钱用，就靠田赋抽税，如果遇到动乱的时候，各种税收都来了。在春秋战国时代，平常有三种税法，一是"布缕之征"，古代男耕女织，家家织布，不像现代有大规模纺织厂，所以那时有"布缕之征"，家里织了一匹布，要缴若干税。第二有"粟米之征"，到了收成的时候，按种田面积大小，抽若干税。第三项"力役之征"，抽劳力，一年中抽若干时日，为政府服务。后方服勤务，前方服兵役，都是力役之一。

孟子说：从政的人要注意，这三种税赋只能"用其一"，才是高明的治理之道。否则就是对老百姓玩手段，不是大政治家的做法，只算是小政客的手法。

他说，"用其一"而"缓其二"，是治道的原则。例如要老百姓出力的时候，就要减轻他们的税捐；要他们在财经上有所负担时，就必须让他们在力役上，得到适当的休息，才能重新生产。“用其二而民有殍”，如果用两项税，老百姓就会有人饿死了，社会经济枯竭了。假使遇到动乱的时候而用三，征布、征粮又征力役，造成家庭中父子、兄弟、夫妇离散，整个社会也可能分崩离析了。

天下有许多理论，听来绝对动人，但拿来付诸实行时，绝对错误。有些理论，听来非常平淡，用起来是最高明的。可惜许多研究政治哲学的思想家，不懂这个巧妙。

其实不止国家的财税问题如此，个人的事业也是如此。身为领导人，对于事业机构中人才的运用，也该征其一缓其二，要求一个人才，负责一件事；其他的事，就要叫他人分担。有的领导人，发现部下之中有一个人才，什么事都叫这个人去做；例如总务处办事效率高，于是把业务也交给总务处去办，这就不对了。

读书读活的，把“用其一，缓其二”的道理贯而通之，那样的话，各方面都可以应用自如了。

孟子曰：“诸侯之宝三：土地，人民，政事。宝珠玉者，殃必及身。”

这是孟子提的一个政治大原则。一个国家的领导人，如果是政治家，所领导的，就是“土地，人民，政事”三宝，这三种是真正的宝。如果一个国家的领袖，重视珍惜的是珠玉珍奇的话，灾难一定会很快光临到他身上。古今中外皆有这种事实，应验在帝王身上的很多，最著名的是明末的崇祯皇帝，就是李自成打进北京城后，在煤山上吊的那个皇帝。实际上他是一个好皇帝，品德也很好，就是有一个毛病，手撒不开，财货要抓在手里。流寇作乱，要筹饷用兵，他一直说没有钱，拼命向民间增加赋税。管理财政的大臣向他报告，不能再加税赋，老百姓已经没有力量负担了，建议他用皇室内库的钱。他还是不允许，说这是不能动用的。等他吊死煤山以后，流寇打开内库，里面多的是黄金、白银、财宝，供给一百万部队的军用都足够。这就是“宝珠玉者，殃必及身”。

青年人要注意一点，如果要想做一番事业，应该知道“财聚人散”的道理——钞票都到你口袋里，社会的人际关系就少了，没有“真朋友”了；“财散则人聚”，孟尝君就是这样，钞票撒得开，解决了别人的困难，自己的钱当然没有了，但是朋友多，人际关系多，有了苦难，则有朋友帮忙。孟子虽然说的是政治原则，用之于人生，也是一样。尽管在有形的财富方面，上无片瓦，下无立锥，然而还是有无形的财富土地，以及自己的学问、思想、人品、真理等。人生的立场站稳就有“土地”了；有了人格，就有同道的朋友，那就是“人民”；然后有了合乎道德的标准行为，就是“政事”。国家如此，个人也一样，“土地、人民、政事”，这三件是大宝，如果只重钞票，当然“殃必及身”。

盆成括仕于齐。孟子曰：“死矣盆成括！”

盆成括见杀，门人问曰：“夫子何以知其将见杀？”

曰：“其为人也小有才，未闻君子之大道也，则足以杀其躯而已矣！”

小有才的危险

这一段的重点，在“小有才，未闻君子之大道”这句话。大家在平常批评别人时，包括历史上的人物和眼前的人物，常常会引用到这句话。例如有人提到某甲时，另一人会说：“某甲小有才。”听来好像是一句赞美的话，其实批评的人，态度含蓄，没有把“未闻君子之大道”这句话说出来。对于这两句话的意义，如做深一层的研究，值得讨论的地方很多。但我们首先要注意的是：一个研究《孟子》，或做学问的知识分子，不要把自己培养成一个“小有才，未闻君子之大道”的人。现在，先解说原文。

盆成括这个人，有一次将要到齐国从政，担任重要的位置。孟子一听到这个消息就说：盆成括完了，一定要遭杀身之祸。结果不出孟子所料，后来盆成括被杀了。但是究竟为什么被杀，历史上很难找到详细的记载，因为过去的历史，尤其在秦汉以前，用竹简的时代，书写困难，对于这类事情的记载，都很简单，只说他被杀了。

后来孟子的学生问老师，为什么能在事先判断盆成括会被杀？

孟子的结论说，他“小有才，未闻君子之大道”。凡是这一类的人，如果出来负责任做大事，则难免遭杀身之祸，这几乎成为历史人事上的定例。上自帝王，下至老百姓，属于“小有才，未闻君子之大道”类型的人很多，而他们多数没有良好的结果。

大家都很熟悉的《三国演义》，诸葛亮平常最爱护的一个青年马谡，他是五兄弟中最小的，他聪明、有才华、有能力。诸葛亮非常喜欢他，一直在提拔他。刘备看到诸葛亮培植这个青年，好像准备教他做接棒人一样。不过，刘备看出了他的短处，就告诉诸葛亮：马谡这个人，不可以大用，因为他“言过其实”。马谡很会吹牛，无论讲到什么事，他都说有办法；实际上，事情到了重要关键处，由于他性情刚愎自用，反而坏事。

诸葛亮总觉得刘备这些话，是一种成见，心里不大同意，但刘备到底是老板，不便多作辩论。等到刘备死后，诸葛亮还是重用了马谡。诸葛亮六出祁山，在第一次出祁山北伐中原的战役中，允许马谡带兵作先锋，驻守前线最重要的据点街亭。可是马谡一到街亭，不按诸葛亮“当道”扎寨的布置，自行安营在制高点，也不听部下劝告，故此导致前线第一道防线被突破，全军覆没，使诸葛亮第一次出祁山的计划全盘失败。诸葛亮虽然爱他的才华，也只好依照军法，挥泪把他斩了。这时诸葛亮说：“悔不听先主（刘备）之言。”

从这一历史事件中，反映了几个问题：

首先，诸葛亮是了不起的人物，但他的了不起之处，又不如刘备的了不起。刘备善于识人用人，所以能用到诸葛亮。曹操和孙权都想拉拢诸葛亮，都不成功，他只愿意帮助刘备，可见刘备的确有过人之长。当然刘备也有不及诸葛亮的地方。但是当领袖的人，能够知人善任，是首先应具备的条件，从国家领袖到杂货店的老板，都应该如此。

其次，马谡这个人，聪明、有能力，也有决心，但是见地不远大，而且“我见”非常深，就是典型的“小有才，未闻君子之大道”了。

再扩而充之来讲，南唐李后主也是如此。他的词写得好，“车如流水马如龙，花月正春风”，的确很好，但这也是“小有才”，是文学之才，假使不当皇帝，那在文学史上，是千古一人的词家名手。可惜命不好，不幸当了皇帝，成为一个亡国之君。现在流行算命，这也是算命的原则，大家不要以为做皇帝的人一定命好，一个人如果命好，但是才不能成其德，才不能成其位，一样是失败。北宋的徽宗也是如此，诸如此类的事，非常之多。

我们用孟子这两句话，去看历史人物，乃至于反省一下自己，就会发现，自己往往也犯这个毛病——“小有才，未闻君子之大道”。

不过“君子之大道”又是什么呢？孟子在这两句话的后面，并没有加以详细说明。但《孟子》全书所言，就是“君子之大道”。若人们能把《论语》《大学》《中庸》《孟子》都参究透彻，那就可以了解何为“君子之大道”了。人生的大路应该如何走？有两个最好的榜样，就是孔子与孟子。

下面是阐述“小有才，未闻君子之大道”的道理：

孟子之滕，馆于上宫。有业屦于牖上，馆人求之弗得。或问之曰：“若是乎，从者之廋也！”

曰：“子以是为窃屦来与？”

曰：“殆非也。夫子之设科也，往者不追，来者不拒；苟以是心至，斯受之而已矣。”

这是孟子亲身经历的一件事。孟子有一次到滕国，滕文公对他非常恭敬，以自己一等的别墅，招待孟子，作为孟子临时住宿的行馆。这个别墅有一个管理人员，在孟子住进来之后，管理员放在窗台上的木鞋不见了。

“屦”是古代穿的鞋子，在那个时代，都是席地而坐。日本人的榻榻米，就是我们古代室内陈设的习惯，后来传到日本的。人一进大门，就要脱下鞋子，赤脚进入室内，所以穿的并不是皮鞋，也不是布底鞋，是日本人穿的木拖板。台湾光复之初，还有人穿这样的木屐。几十年前，湖南也还有人穿这种木拖板，或者下面钉些铁钉，名为钉鞋。广东、广西的人，民初时也流行穿木拖板，不过更为考究，在木板上镂刻花纹。因为穿木拖板，不穿袜子赤着脚，所以女孩子还在脚指甲上抹颜色。在木拖板的上面，用粗线编起来，或钉上一条布质的鞋面，就名为“屦”。

“业屦”依古人的解释，是正在做鞋子，快要做好了，叫作

“业屦”。以前在公文中说一件事情已经办好了，就写“业已”两个字，这个“业”字不是事业的意思，是一个虚字，照字面很平实地来看，“业屦”就是做鞋子的人；也可以解释说是卖鞋子的。但也有古人辩论说，卖鞋子则鞋子绝对不可以搁在窗台上。古人这种话，实在是双槌击鼓，“不通”之论。这些都是文字上的小问题，不去多作讨论。

这里文字中说，上宫中的一个管理员，本来兼做鞋子，那天孟子带一批人来了，这位管理员忙于接待他们，匆匆忙忙将未做完的鞋子，随手搁在窗台上。等到招待的事办妥以后，再来拿这双鞋子，已经不见了。于是有人怀疑说：是不是孟子带来的这一批学生当中，有人是“三只手”，自己的鞋子穿破了，就把窗台上鞋子拿走了。当然这种事情，也是有可能的。在台湾光复之初，全是日本式房子，进门一定要脱鞋，就常有皮鞋被偷的事，甚至十几双鞋子，被小偷一麻袋装走。所以别人的怀疑，也是很普通的事。

有人则说：“子以是为窃屦来与？”你认为孟子带来的这一班同学们，是为了偷鞋子来的吗？你这不是侮辱这班人吗？他们是偷鞋子的人吗？——这几句话，古人有的解释是孟子说的，也有的认为是孟子的学生或别人说的。但到底是谁说的，并不重要，反正有人提出这样的意见。

于是又有人说：并不是说孟子的学生一定会偷鞋子。我们知道，孟子的教育态度，有时也和孔子的“有教无类”一样，宽大得很。孟子分科设教，对于学生的过去，纵然是做过强盗也罢，小偷也罢，他都不多追究、不多过问，因为过去的事，已经过去了，只要是改过迁善，来向他求教的，不管以前是好人坏人，他都不会拒绝。也许有一个同学，过去染了偷窃的习惯，又在路上把鞋子走破了，就把这双鞋子换穿上了。而在孟子方面，既不知道这位同学的过去，也不知道这件事，所以也不会追问，失鞋的也只有认了。

这只是孟子带领学生在滕国时所发生的一件小事，本来没有什么了不起，可是将这一段故事和对话放在这里，是为什么呢？古人的看法，重点在“往者不追，来者不拒”这两句话。以现代的话来说，儒家是只要你有心向善立志做好人，佛教是只要你发心忏悔，去恶从善，就可以既往不咎了。因为人人有过，肯改就是对的；至于说改过以后，坏习惯又复发，这也是很难保证的事，要看他改过以后的行为如何。

这是古人的说法，认为这段书的重点在“往者不追，来者不拒”这两句话，以阐述孟子教育精神的优点。

但我们今日从整篇来看，则发现这段的文字，是接着“小有才，未闻君子之大道也”的叙述。古人的解释，当然没有错，不过我们可以进一步做更深入的讨论。对于古人的解释，可以用禅宗的一句话来形容，那只是“担板汉”的见解。就是说，一个人在肩上担了一块木板走路，他只能看到前面，另一面看不见。要把这块板放下来，才能看清楚全面。这就是“小有才，未闻君子之大道也”的道理。

由《孟子》这一段，我们想起道家的《列子》。这部书最后以一个故事作结论，就是有名的“正昼攫金人”的故事。前面已经提到过，有人在大白天，在大家都看得见的情况下，拿了别人的黄金就走。《列子》这部书，说完了这个故事就结束了。后来有人考据，认为后面应该还有文章，但散失了；历代相传，都是这种说法。但在我看来，后面并没有什么文章，列子和庄子这两位道家人物，就是这么妙，讲话和禅宗的话头一样，如同歇后语只说了一半，另一半你们自己去参。这也是前面所说学“隐身法”的故事一样，世界上许多人，都是因“小有才”而蒙蔽了自己，或者是大糊涂蒙蔽了自己，都以为别人看不见自己所隐藏的这一面。这个闲话，说明许多人都有掩耳盗铃的心理与行为，所作所为，以为别人不知道，其实别人都知道。

这种奇怪的心理与行为，还不算什么，不过是小偷行径，小丈夫而已。有些自称为大丈夫的，连隐身法都不用，耳也不掩，认为你的就是我的，要拿就拿了，别人还不敢动他，这就是“正昼攫金人”，光天化日之下，堂而皇之来，把别人的东西就拿去了。就像历史上的人，把国家政权整个拿到手，也是“正昼攫金人”，一方面还要说些好听的“理由”，好听的名称。历史上这类故事很多，《列子》结尾的这个故事，也正是对历史批评所做的一个结论。

我们如果懂了列子之所以将“正昼攫金人”，作为他全书的结论，回过头来就知道，孟子用这个“失屦”的故事，放在“小有才，未闻君子之大道”这段后面，正是连贯一气的文章。到底孟子的学生之中，有没有人偷鞋子？很难断定；或说孟子的学生都是贤人，不会有人偷鞋子，这也很难讲。贤人之道，还没有修养到很高的境界，有时候习惯性的“顺手牵羊不为偷”也可能有之。禅宗有句话“偷巧心”，不肯脚踏实地去做，不肯吃苦头去做，用这样的偷心去发心，就会有这样的行为。所以《孟子》这段书中引用一双鞋子的事来做说明。

还有更深的意义，推开这一段中的故事不谈，我们讨论“往者不追，来者不拒。苟以是心至，斯受之而已矣”这几句话，大有佛说《金刚经》的味道。不要忘记，这一篇的篇名是《尽心》。《金刚经》上说“过去心不可得，未来心不可得，现在心不可得”，而《孟子》这里“往者不追”，过去的已经过去了；“来者不拒”，未来的还没有来；现在的心呢？“斯受之而已矣”，当下即是这个心。这和鞋子丢了没有什么关系。这说明孟子的教育，是在教我们了解人的心，纵然学生们个个都是好人，也许其中有一人，当下一念守不住，习性的污染未除，“随手牵羊”不是有心故意偷盗，容或有之。所以人当下一念的心，很难把持，这也就是“小有才，未闻君子之大道”。君子之大道，就是随时注意自己当下这一念，非常重要。

再往下看，就顺理成章，看到文章的连贯性了。

穿窬之心　偷巧偷心

孟子曰：“人皆有所不忍，达之于其所忍，仁也；人皆有所不为，达之于其所为，义也。人能充无欲害人之心，而仁不可胜用也。人能充无穿窬之心，而义不可胜用也。人能充无受尔汝之实，无所往而不为义也。士未可以言而言，是以言餂之也；可以言而不言，是以不言餂之也；是皆穿窬之类也。”

孟子接着上面，再讲心理作用，他说“人皆有所不忍”，每个人都有不忍心的地方。例如在家里吃到好东西，如果父母家人不在，总不忍心完全吃掉，这就是不忍之心。可是吃到最后，父母家人还没有回来，东西又实在好吃，于是会改变主意，吃完了再说吧。假使能够扩大这种不忍之心，“达之于其所忍”，下狠心要随时把不忍心扩大变成爱一切人，变成了真仁慈，那么就叫作“仁”。

其次“义”。孟子以“仁义”两个字作为他教育的中心思想。他说：“人皆有所不为。”每个人心里，有他自己的标准，某事该做，某事不该做。例如：看见面前放有一堆无主的钱，心里会想到，这不是我的，不能随便拿。基本上，人性都有这一善良的心理，但是“看得破，忍不过；想得到，做不来”。有这种善良的心理，到某一时候，由于环境上“依他起”，依外物外境的影响、引诱，守不住而自撤防线。人要有为有守，将这种有所不为的心理，能扩而充之，“达之于其所为”，变成不该做的绝对不做，该做的就做，至死不变。下面孟子又申述了理由。

他说：每个人的基本心理，开始都不想害别人，为什么又会想害人？因为利害关系，因为情感上的原因，这样一个一个的原因加上去，最后蒙蔽了自己原先那一点不想害人的善良之心，反过来却去做害人的事。“人能充无欲害人之心”，如果保持天理良心的一点良知，扩充自己不想害人的心，去掉那些妨害别人、怨恨别人、讨厌别人的许多差别变化出来的心态，“而仁不可胜用也”，那就是回归到仁心的本位了。所以检查自己，平常没有事的时候，都很平静，害人、怨恨、讨厌等瞋恨的心念都没有；一旦有事的时候，受外境影响，这些负面心理的作用就起来了，于是由讨厌扩充为仇恨，再扩充可能起杀人之念。所以人要认清楚自己最初的清净面、善良面，并且扩而充之，自然就是仁慈心。

一个人要扩充没有“穿窬之心”，所谓“穿窬”就是形容挖洞、钻孔，“穿窬之心”也就是偷巧之心。有人学道修心的心理，也是如此，因为心中有一点点好奇，想得到神通。如果自我反省一下，动这些念头的原因，各种怪花样就多了。这种“穿窬之心”，大家都有的，例如有两人在前面谈话，我们本来走过去就算了，可是有时候会想走到他们身边，把脚步放慢一点，偷听他们在说些什么，这也是“穿窬之心”。甚至到别人桌子上，开抽屉，看文件，翻书本，这些都是“穿窬之心”所使然的“恶作剧”坏行为。所以说，能够保持先天灵性的良知这一面，扩充为“无穿窬之心”，把偷巧之心泯灭了，“而义不可胜用也”，自然心中的道德，外表的行为都合于大义了。

第三点，“人能充无受尔汝之实，无所往而不为义也”。这一句照字面解释，“受”就是接受，“尔”是你，“汝”也是你，释成白话是“人能够扩充不受你你的事实”。什么是你你？很难解释，讲白了就是不受你啊、他啊，别人的影响和左右，就是不分人我之心，如《金刚经》讲的“无我相，无人相”。人与人相处，没有人我的观念，还是消极的；更积极的是你就是我，“同体之慈，无缘之悲”。人能扩充到没有你我之分，当下爱人如己，做到这样，就是大仁大义，无往而不利了。

心理行为的扩充，到达了仁义，就是佛家所说的无人我相。再进一步，爱人如己，爱天下人如己，就无众生相了。但小有才的人，就不知道这个“君子之大道”了。

前面说了“穿窬之心”，是偷巧的心理，就是偷心，在这里孟子又说：“士未可以言而言，是以言餂之也。”例如有一个求学的人，根器不够，不应该教他，但是为了炫耀自己有道德，有学问，非教他不可。尤其宗教方面，一定要别人皈依自己，传一个法门给人，这也是“穿窬之心”。自己的心理不是为名，就是为利，再不然就是弄权，好高，喜欢别人崇拜自己，用话去引诱别人。相反的，对于有程度，有足够道德的人，或对于该接受这种教育的人，也应该教给他们。可是因为悭吝，吝法，却不教人，以表示自己更高，这也是“穿窬之心”。

这里看到，儒家的道德和佛道两家一样，即使心理上犯了一点点错误，像是引诱别人似的，就变成我慢了，这是不可以的。

孟子曰：“言近而指远者，善言也；守约而施博者，善道也。君子之言也，不下带而道存焉；君子之守，修其身而天下平。人病舍其田而芸人之田；所求于人者重，而所以自任者轻。”

孟子说的“君子之大道”来了，非常重要，我们千万不要玩“小有才”，不要玩小聪明，那是不对的。

孟子说“言近而指远者”，话说得非常粗浅，初听之下，平平淡淡一句话，好像没有什么内涵；而仔细再想想，其中包含了太多的意思，也是很深奥的道理，这就是“善言”。一般人说出来的话，如果别人听不懂就算是自己高明的话，那不如去念咒语好了，口里叽里咕噜，谁也听不懂。所以一个真正的学问家，讲话要深入浅出，将高深的学问用简单明了的语言说出来，让没有读过书的人也都听得懂，不要玩弄自己的学问。使人懂是他的责任，并不是要使学生认为自己崇高，而故意讲得让人不懂。

“守约而施博者，善道也”，“约”就是俭省，收敛；守约施博就是告诉人一个原则，守住这一个原则，而用出来，布施出来，影响非常广大。中国人讲“天理良心”这四个字，很简单，也就是“约”，我们要守住这个原则，不能违背。我们为人处事，随时随地都要讲究“天理良心”，这就是“施博”。后来佛教进入中国，也有四个字“阿弥陀佛”，看见一件好事，念一声“阿弥陀佛”，见一件坏事，也说“阿弥陀佛”，有时候骂人也只念一声“阿弥陀佛”。所谓“阿弥陀佛”就是无量寿，无量光，这一句“阿弥陀佛”，真是妙用无边。

孟子说“君子之言也，不下带而道存焉”，君子所讲的话，“不下带”就有道理在那里了。这个“带”字有没有错不知道，要考据家去考据，但古人的解释，是说当时的人，腰上都系一根腰带，“不下带”就是讲话很平实。但这样理解还是含糊不清。依我的意见，很明白地说，“下带”的意思就是，君子说话，要说得使人清楚，不可以拖泥带水。简单的一句话，道的精神就都表达出来了。

孟子又说：“君子之守，修其身而天下平。”一个君子，本身的人格操守——在儒家讲操守，在佛家叫作戒律——真正有道德的话，无需言教，只要本人修养行为好，自然可为人榜样。“人病舍其田而芸人之田”，这句话等于讲，自己的心田不去种，拼命去耕耘他人的心田。也就是说，自己没有好好修身养性，偏偏喜欢开口教训别人，而且对别人要求得很严格，对于自己的修为，却马马虎虎。世界上这类人很多，这就是“小有才，未闻君子之大道也”的人。

君子行法以俟命

> 孟子曰：“尧、舜，性者也；汤、武，反之也。动容周旋中礼者，盛德之至也。哭死而哀，非为生者也。经德不回，非以干禄也。言语必信，非以正行也。君子行法以俟命而已矣。”

这里文字的解释，又是一个重要的问题，孟子提出另外一个观念。“尧、舜，性者也；汤、武，反之也”，这是什么意思啊？程颢、朱熹这些宋儒，为了这些文字，把圣人的话，设法塑造得非常之“神”，因此在注解时，下笔很痛苦。这两句话，依照文字解释，“尧、舜，性者也”，尧舜的仁慈、仁义，是生来善良天性自然流露出来的。下面是相反的话：“汤、武，反之也。”所谓“反之也”，应该是说，汤武是把人性坏的一面反转来，使人们恢复善良的本性。去恶存善，改过迁善，都是“反”的意思，而宋儒注解的文字，就如说梦话一样，朦朦胧胧、含含糊糊的，以为汤武与尧舜是相反的，其实并非如此。

我们现在可以怀疑、批评、指出这些注解的不当。如果是时光倒流回到一百多年前，这样批评的话，不但拿不到功名，还可能招致杀身之祸。尤其是宋明以后，考试都是以朱熹的注解为标准，如果批评了他，非但进不了孔庙，还会被排斥于读书人之外。

实际上宋儒这些注解，都是白费工夫，别人读了，如闻呓语，不知道说些什么。这本来是很简单的两句话，概括原意就是：尧舜当然道德好，但在他们的时代，物质文明尚未发达，社会还是保守的，人类的天性是自然善良的成份居多；那就是老子庄子所谓道法自然的表现，人们自然还保持了善良的天性，这就是“性者也”。

后来到了商汤与周武王的时代，由于物质文明进步，受声色物质的诱惑很大，慢慢影响了人的精神思想，人性就变了。这时再实施纯道德的政治制度，已不可能使社会安定，于是建立了法制，用法律来管理众人之事，希望人性回到原来善良的一面。

这也说明了一个现象，就是人类社会物质文明越进步，道德就越衰退，只好用政治的方法来管理，用法律来规范，希望回到纯朴善良的本性上去。这是很简单的道理，所以“反之也”，不必解释成汤武与尧舜相反。当然，看起来汤武是造过反，他们两个人都是起来革命，推翻前朝桀与纣两个暴君，也就是“你不行，下去！由我来”的作为。尧舜则是“我不行，请你来”。这两种情形完全不同，但这只是政权传承的形态不同罢了。

孟子继续申述：在尧舜时代的上古社会，人性被染污得少，自然人人都具有道德，不只是领导人如此，即使社会上的一般人，也是“动容周旋中礼”的。

“动容”就是态度。假使有人做错了一点事，旁边的人脸色稍微难看一些，或者把头偏过去，不屑看他，这个人已经很难过了。可是越到后来的人，如果被人轻视，他不但不难过，甚至会反过来想："你看不起我！谁要你看得起！你又算老几?"甚至你"动容"，多看他一眼，他就动刀了。社会上常有因多看一眼，就发生动刀杀人的事。

"周旋"就是应酬、交际，在社会上的待人接物，人与人之间的相处。"动容周旋中礼者"就是一个人的态度、言辞、动作、行为都处处合理，恰到好处，这就是德。说到道德二字，道是道，德是德。道是指明心见性之体，德是指明心见性以后的入世起用，也就是"盛德之至"。在佛家而言，就是功德圆满，学道有成就智慧圆满。

"哭死而哀，非为生者也"，有朋友死了，因而哭得很伤心，这哭并不是哭给活人看的。不久前一个青年写文章说，他父亲死了，父辈们去吊丧，有的哭得很厉害。他说这些人不是哭他父亲，是哭自己，因为这些人见他父亲死了，想到自己也快死了而哭。这篇文章，曾经引起一些非议，当然这又是前所未有的观点，说的是"哭死"的另一面，这说法也很新奇。

孟子说：哭死去的亲友，是真正的悲哀，并不是哭给别人看的，好朋友死了，是真的伤心；有时伤心到极点，则哭不出来，一滴眼泪也没有，人是木然的。遇到这种情形，要特别注意，要上前去推他一下，帮助他的气脉运行，否则的话，会发生危险，要等他哭了出来，危险才算过去。

"经德不回，非以干禄也"，"经"就是直道，有些人以直而坚强的直道，守住他的道德标准，毫不转弯。但并不是为了名利，目的也不是为好人好事大会上的表扬，而是为了自己经常遵守的直道。

"言语必信，非以正行也"，说话言出必行，不只是借了钱一定要还，开出去的支票一定要兑现，这只是小信；大信是自己做得到的才说，做不到的不说，不讲空话。例如有人问你吃荤或吃素，假如心里还有一点点想吃荤，就不可说吃素，否则就是言行不相符了。因为口里虽说吃素，心里还在想吃荤。简单地说，就是说出的话，要和自己心里的思想，完全合一，这才是真正的大信。也就是心口如一的道德，不是口是心非，更不是随便说话，再勉强自己的行为去和话符合，使别人以为自己有信用。

“哭死而哀”“经德不回”“言语必信”这三句话，每句都有两重意义。以“盛德”来说，尧舜以上的古人，自然人人有道德，不必另外标榜一个道德的口号。老子和庄子，曾经提到过这个道理。后来因为物质文明进步，人类的道德开始堕落，于是产生“仁义”的名词，要人类有仁义。再后来，人们的仁义也丧失了，于是又产生了“守法”的名词，要大家做到守法律的规范。现在人类的行为，法律差不多也无可奈何了，那就没有办法，只好用刑法。

所以每句话，都有两重意义，说明至情、道德、言语的真义。这都是说明用自己内在的天性，自然的向外流露，不是为了适应外在的人、物、事。所谓“君子行法”，就是效法这个道理“以俟命”，这就是修命。

由此可知，儒家所说的“命”，就是人在活着时候的生命价值；“俟命”就是人活着，应该如上面所说的三句话那样，也就是正命，那是生命的意义与价值。

孟子和孔子一样，他一生的言语行为，本身就是典范，也就是教育的标准。下面的话，是说孟子自己，也同样是对学生的教育。

说大人则藐之

孟子曰：“说大人，则藐之，勿视其巍巍然。堂高数仞，榱题数尺，我得志弗为也；食前方丈，侍妾数百人，我得志弗为也；般乐饮酒，驱骋田猎，后车千乘，我得志弗为也。在彼者，皆我所不为也；在我者，皆古之制也；吾何畏彼哉！”

孟子曰：“养心莫善于寡欲。其为人也寡欲，虽有不存焉者，寡矣；其为人也多欲，虽有存焉者，寡矣。”

孟子经常与“大人”会面，这里所谓的“大人”，指地位高，年龄高，有权、有势的人。像二十世纪中，香港的老百姓，对警察也叫大人，因为英国人虽殖民统治了香港九十九年，但其所用的法律，多半是沿用清朝的“大清律例”。在清朝官场上，对官吏惯称大人，所以香港人旧习惯对官吏仍称大人。又如香港有一座公园，以英国一个统帅的名字命名，而香港的老百姓则叫这座公园为“兵头公园”。所谓“兵头”，在我国宋朝时，是以“兵头”来称元帅的。

孟子所见到的齐宣王、梁惠王这些诸侯，他们生下来就是当王的，这种人从小接受当诸侯王的教育，在言谈举止之间，仪态就与别人不同。曾经见到清廷宗室贵族，以及大臣的遗老们，虽然帝制业已推翻，而他们的家里，还有许多男女用人，仍会摆出那种颐指气使的威风。官太太小姐们，放在面前的东西，自己不伸手去取，叫丫鬟从老远跑来，再双手拿来交给她，那种味道，现代的青年是看不到了。当时有新思想的青年，看到这些情形，非常反感，觉得太腐败，非革命不可。可是不待革命，由于日本对我国的侵略，战争苦难把他们都淘汰了。因为这些人离家逃难，出了大门，连米长在哪一棵“树”上都不知道，在逃难的路上，不待敌人打来，三五日的风霜，就倒路不起了。这一类也是所谓的“大人”。

孟子吩咐学生们说：你们见了“大人”，“则藐之，勿视其巍巍然”，不要被他言谈举止的态势吓住了。现在民主时代，已经看不见大人们的那种威风了。在帝制专政时代，只要看到地位稍稍高一点的人，乃至于只是一个县长，老百姓连头也不敢抬起来。

孟子说要“藐之”，“藐”不一定是小的意思，现在“藐视”一词，是从《孟子》这里来的，就是看得平凡一点，不是完全轻视。不要怕他“巍巍然”，高高在上的样子，因为在古代，地位越高，座位也越高。以前皇帝上朝的时候，满朝文武百官跪了一大堆，但是皇帝长什么样子都看不清楚，能够靠近一点的，最多见到一个模糊的影像而已。

老实说，这种“巍巍然”的样子，也未必是故意装出来的。在古代那种制度下，人在高位上坐久了，自然会有那种样子，所谓习惯成自然。像当老师教书久了的人，对人说起话来，一开口就是“懂不懂”或“你懂吗”这种话，在别人听来，多难接受！又如带过兵，习惯指挥别人的人，连对自己的太太，也像是带兵那样指挥。尤其那些部队阅兵惯了的人，一走下车来，就是沉步、抬头、收下颚、挺胸，头部移动；从左到右横扫一眼，又从右到左回扫一眼，就是那种意气飞扬的样子。有一个生意人，受了军阀中一个排长的欺负，一怒之下，不做生意，募来一些子弟兵，当了连长。有一次一个排长不听话，他要撤这个排长的职，把特务长（民国时代管军饷财务的职位名称）叫来，下命令说：“马上结清排长的账。”这都是习惯成自然，要改变过来，很不容易。所以孟子前面说的“动容周旋中礼”非常难。处于什么位置，就应该表现什么态度，说什么话。作客的时候就是客，当主人的时候就是主人，假使请一位长官到家里来吃饭，和请一般朋友又不同，所以事情要从两面来看。

所以见到“大人”，不要被他那“巍巍然”唬住了，连话也说不出来，心理上就已经不平衡了。孟子教学生，不要把大人看得那么高，他也是人，自己也是人，在精神上、人格上、心理上，都是处于平等地位的。

然后，他教学生一段话，说得慷慨激昂：

“堂高数仞，榱题数尺，我得志弗为也。”在农业社会里，古代有的房屋，高到十丈，梁柱都有几尺宽。像这样规模宏大的房屋，孟子说，就算自己得志，也绝对不住。住一个平常的茅屋就可以了，有了地位有了钱，不要先从居住上去贪享受。

“食前方丈，侍妾数百人，我得志弗为也。”例如清朝的大八仙桌，坐八个人的方桌，差不多就有一丈方圆，而每餐的菜肴，多达数十样，侍候在旁边的有好几十人，乃至上百人不等，添酒的添酒，端菜的端菜，盛饭的盛饭，各有不同的专职。这种奢侈的做法，孟子也不主张，得了志，绝对不摆这样的排场。

“般乐饮酒，驱骋田猎，后车千乘，我得志弗为也。”“般乐饮酒”就是吃喝玩乐。“驱骋田猎”，在现代来说，我国已经禁猎了，相当于去郊外打高尔夫球，后面还跟了一大批随从人员。这样的排场，孟子也不主张。

这些都反映了战国时代，那些在高位的所谓大人的奢侈。可是没有饭吃的穷人，还多的是。

孟子告诉学生们：“在彼者，皆我所不为也。”不要看到这些大人们，住高大的房子，排场大，吃得好，穿得好，玩乐得好，自己就动心了，老实说，这种自欺欺人的虚荣作风并不值一顾。“在我者，皆古之制也”，在我们，每一个人都应该有自己平凡庄重的生活习惯，上通天文，下通地理，中间的人事，都懂了；我们有自己的人格，诠古传今，有自己的精神文明。“我何畏彼哉”，我们没什么自卑或畏惧的。人们往往喜欢将物质、财富以及地位、声望等等拿来炫耀于人，这其实是低俗的心理。

孟子讲这一段话，很有豪气，孔子就不会这样讲。所谓炉火，孟子烧得满大，而孔子则已经纯青了。孟子这种话，有点像子路的口吻，所以还要进一步修养。看到富贵的人，心中根本就没有富贵的观念，看成和自己一样，人我的心，不要分别，能达到这样的修养，就更美了。当然，后来孟子还会“充实之谓美”的。

下面孟子为这一段做结论，提到了修养的工夫。对于孟子谈到的修养工夫，大家要特别注意，因为他讲得非常实际，而孔子所讲的，属于形而上学，更高却更平淡。

孟子说：“养心”就是修行，先要做到“寡欲”。“寡”就是少，一切的欲望要少，少到极限。儒家和道家的修养，只讲到“寡欲”，只有佛家做得到完全断欲。不过要注意的是，佛家的小乘才做绝欲的工夫；大乘不是绝欲，是化欲，到了化境，无所谓寡与不寡，绝与不绝。所以儒家与道家，在几千年来的争论中，都是争论这些话题。

佛家一开始，就是无妄想、除妄念，绝对无欲。儒家认为这是不可能的，所以摒弃了这个工夫。本来也是如此，一般学佛的，照这个话是做不到的。儒家、道家比较高明，先从“寡欲”做起，慢慢减少欲望。实际上佛家也有这个法门。一切的习气，先到“薄地”，妄念、欲望的力量，本来很强，慢慢使它薄弱，由“薄地”再转入“软地”，变成柔软，没有力量。例如修道的人，要除瞋念，自己想克制不发脾气，可是做不到，必须要化欲才慢慢减少，变得薄了，再逐渐变得柔软，就可以克制了。到这个阶段，才是“寡欲”，所以养心之道“莫善于寡欲”。绝对无欲的理论那么高，做不到的，反而变成罪过，变成口过，吹牛大王，犯了妄语戒，修行人是不能打妄语的。

孟子说，能够妄念减少，慢慢少想一点空事，把空想、幻想的范围缩小，只想几点切实要紧的事。照这样训练自己，修养自己，幻想妄念，自然越来越薄弱了，就会达到禅宗祖师所说“不是息心除妄想，只缘无事可思量”的境界。这不是说要故意把念头压下去，是自然没有事情可想了。人家说肉好吃，自己根本不想吃了；人家想穿好的，自己不想了，只要不受冻，能蔽体就行了。这是真的空，看开了，所谓“看破红尘”就是这个样子，真到了心平如水，则妙不可言。

相反的是，有人欲望多，学佛一开始心里就想：“自己要赶快修行，修成了佛，好去度众生。”这种欲望就太大太大了，说得好听，叫作愿力，那是对修成功的人而言，对于没有修成功的人而言，这种想法就是欲望。正像同样是人，岁数小的叫小孩，壮年叫大人，老了叫老头一样。

我们再看秦始皇、汉武帝这两个人，当皇帝的那种声威之显赫，所谓“大汉之声威”，站在国家民族的立场看来，的确是不错；可是当他们年纪大了，快死之前，都想求长生不老，希望永远活下去，要想做神仙，这个欲望多么大啊。

只有汉武帝的一个大臣汲黯，这个活宝，憨头憨脑地对汉武帝说：“陛下内多欲而外示仁义，神仙其可得乎？”汉武帝听了对他也没有办法。不但汉武帝有这个错误，老实说许多学道的人，都有这个情形，这样是修不好的，所以要先“寡欲”。

这个结论，同时也是“尧舜性者也”的诠释，因为上古的人，天性寡欲，对于外物的追求很少，自然是天生的圣人之道。

曾皙嗜羊枣，而曾子不忍食羊枣。

公孙丑问曰：“脍炙与羊枣孰美？”

孟子曰："脍炙哉！"

公孙丑曰："然则曾子何为食脍炙而不食羊枣？"

曰："脍炙，所同也；羊枣，所独也。讳名不讳姓，姓所同也，名所独也。"

"羊枣"这个名词，最早见于《尔雅·释木》篇中。后人的注释，有的说它实小而圆，紫黑色，俗名羊矢枣；又有人说紫黑色的羊矢枣，本来是柿类，冒用了枣的名称，但也说，"羊枣"实小而圆。另外更有人说，"羊枣"并不是植物，只是羊的一种内脏，因为从《孟子》本文上看，并不是果物，而是菜肴。所以古人的注解，仍成问题。"羊枣"究竟是一个什么东西，有待考据，但对这里的文义，不会有多大的影响。

曾皙是曾子的父亲，平日喜欢吃"羊枣"，曾子在他父亲死后，不再吃"羊枣"这样东西。这是一个历史的故事。

有一次公孙丑问孟子："脍炙"——那些烤的、涮的嫩肉和"羊枣"比起来，哪一样好吃？孟子说：当然是烧烤嫩肉好吃呀！

公孙丑于是问：那曾子为什么专门吃那些好吃的菜，而不吃"羊枣"？公孙丑这样问，是话里带刺，意思是说，曾皙吃"羊枣"，不会不吃"脍炙"；大家说曾子不吃"羊枣"是因为孝道，可是为什么是不吃"羊枣"而不是不吃"脍炙"呢？大家这种说法，也许有问题吧？但公孙丑到底是圣人的学生，受了道德的熏陶，这种话没有说出口来，只问孟子，曾子为何吃"脍炙"而不吃"羊枣"，只这么轻轻点一下而已。

孟子就告诉公孙丑，因为"羊枣"是很难做的，只有曾皙欢喜吃，别的人未必喜欢吃，所以曾子看见"羊枣"，就想起自己的父亲，当然也不吃。至于烧烤这些菜，因为好吃，很平常，大家都吃，并没有什么稀奇，不能代表他父亲独有的嗜好。所以孟子才引申出来，说明古代“讳”这一礼制的道理。这个制度，《礼记》中的《曲礼》上篇有详细的说明，这里不引叙，孟子这里是讲的一个原则。

唐代的韩愈，曾经为这个礼制，专门写过一篇文章，题目是《讳辩》。因为李贺听韩愈的劝告，去参加考试中了进士，很有名望。有一个和李贺争名的人，就指摘李贺，认为李贺的父亲名为晋肃，晋、进二字是同音同义，所以李贺当进士是犯讳，不应该的；而且韩愈也不应该劝李贺去参加进士的考试。于是韩愈说，假如一个人的父亲名字叫“仁”，那他的儿子就不要做人了吗？他还举了许多事例和理由，来为“讳”的正当道理作辩解。

“讳”就是忌讳、避讳，在古代看得很严重。例如唐明皇的谥号为玄宗，为了避讳，凡是写到或说到“玄”字的时候，就改用“元”。在唐明皇以后的书上，许多地方的“元”字就是“玄”字，这是避皇帝之讳。在家庭中，子避父讳，例如父亲的名字有一个“怀”字，他的孩子就绝不说“怀”字，只好说想念、惦念、挂念了。这种礼制流传到民国初年，还有人遵守，现在已经没有了。像现代的“中山路”、“中正路”这类路名，在古代是绝对不可以的，一定要避讳，因为在某种程度上也算是犯了名讳。

孟子这里说明古代的一个原则，避名不避姓。例如姓张的，开一个店，不禁用“开张”两字，因为“姓”是大家共同有的，不必避讳；“名”是某一人单独所有的，所以要避讳。

古代避讳的意义，对国君是表示忠，对父母是表示孝，是一种恭敬之心的表示。所以曾子对于父亲所喜欢吃的菜，不想吃，因为他是大孝子，有深感情、大孝敬心，这是人性的真情。

狂獧的表现

万章问曰："孔子在陈曰：'盍归乎来！吾党之士狂简，进取不忘其初。'孔子在陈，何思鲁之狂士？"

孟子曰："孔子不得中道而与之，必也狂獧乎！狂者进取，獧者有所不为也。孔子岂不欲中道哉？不可必得，故思其次也。"

"敢问何如斯可谓狂矣？"

曰："如琴张、曾皙、牧皮者，孔子之所谓狂矣。"

"何以谓之狂也？"

曰："其志嘐嘐然，曰：'古之人！古之人！'夷考其行，而不掩焉者也。狂者又不可得；欲得不屑不洁之士而与之，是獧也，是又其次也。"

孟子周游列国，也快回家了。这段书编排在这里，是有其意义的。在孟子表示要回去以后，他的学生万章，提出了问题。

孔子的这一段故事，在《论语·公冶长》中曾有记载，这里万章提出来问孟子说，孔子当年周游列国时，感觉其道推行不了，准备回鲁国去讲学了。当时曾经说："归与！归与！吾党之小子狂简，斐然成章，不知所以裁之。"孔子挂念那些学生，说学生之中有两种态度：一种是"狂"，大概就是现在流行的青少年问题，青少年大半都有傲气，狂气，自己都要创新；第二是"简"，对天下事看得很容易，认为只要自己来干，就有办法。年轻人的心理多半是这样，非"狂"即"简"。孔子接着说"斐然成章"，就是指这班学生，虽然如此，但是都有一些成就，每人都各成一种典型。如子贡、子路、颜回等等。因此孔子回去了，然后删《诗》《书》，定《礼》《乐》，著《春秋》，赞《十翼》，整理中国文化，留给我们现在“五经”的著作。实际上孔子整理中国文化的大典，主要在一部《礼记》，要了解中国文化，首先要了解《礼记》。

《礼记》并不是只教人行礼。《周礼》《仪礼》《礼记》，并称“三礼”。《周礼》是讲中国政治制度与政治哲学的原始资料；《仪礼》是讲人生的仪节、礼貌、生活的规范；《礼记》则包涵得更多，哲学、政治、军事、教育、社会、经济、艺术、文学、天文、地理，无所不包，可以说是中国文化渊源的宝典，也就是中国几千年来，形而上的宪章。所以真正要了解中国文化，首先要了解《礼记》。

《春秋》这部史书，孔子写来非常得意，也非常痛苦、悲切。他写完了这部书，最后说：知我者《春秋》，罪我者《春秋》。学好历史哲学的人，深通做人做事的道理，可以避免生活中对国家民族可能产生的罪过，而走上一条正路。一个人如果学历史哲学学得不好，只把人性和历史背后的黑暗面了解清楚，那就很容易学到坏的一面。人学坏以后，就会像晋朝桓温所说——“纵不留芳千古，也要遗臭万年”，不管香或臭，只管事功、名位。其实，千古至今比桓温有过之而无不及的人还有啊！也都是众所周知的。这是了解历史的反面以后，修养有偏差，就会出现这种情况，因此孔子说“知我者《春秋》，罪我者《春秋》”。意思是说如果在千秋万代以后，有人读历史，不懂《春秋》的含义，专门学坏的一面，那我（孔子）就罪过无边了。

此外，在学术方面，孔子研究了《易经》。他在形而上的哲学思想方面，《论语》中不大看得出来，要深刻了解他著的《周易》中的《系传》《文言》等《十翼》，才会知道。

孔子删《诗》《书》，在保持文化的感情方面，集中在《诗经》三百篇。当时，因为各地言语没有统一，各诸侯国的民风情绪不同，习俗不同，他把各地的民歌、情歌，都搜集起来，删除不好的，编辑成这部《诗经》。当然，与现代的诗歌比较，两者相差很远。《诗经》中的诗篇，每首每字，都代表了许多观念与意义，如果读懂了《诗经》，就能了解古人的思想、情感，与现代人并没有不同。

另外一部为《乐经》，内容包括了音乐的法典和国民的康乐生活，后来这部经失传了。秦始皇烧书只烧了一点点，罪过更大的是项羽，咸阳三月一把火，几乎烧掉了中国所有的古代典籍；后人却把罪过统统归到秦始皇的身上，让他替人背了黑锅。其实秦始皇只是把中国文化的典籍，全部集中到咸阳宫，而项羽这个二十几岁骄狂的年轻人，进到咸阳，一发脾气，火焚咸阳宫，连烧三个月，天下丰富的文化财产，就这样被毁了。所以民国以来，有名的才子易实甫，写诗说项羽：

二十有才能逐鹿　八千无命欲从龙
咸阳宫阙须臾火　天下侯王一手封

孔子的《乐经》丧失后，有人怀疑《礼记》中的《乐记》就是《乐经》，但那只是一小部分，《乐经》不至于那么简单。也有人说，后来道家修道的方法，都在孔子的《乐经》中，可惜失传了。

总之，孔子删《诗》《书》，定《礼》《乐》，著《春秋》，赞《十翼》，为我们后世，留下来这些文化的财产。

孔子写《春秋》，写到“获麟”时，就是孔子生命的最后一年，他梦中见到圣庙中在祭祀，而自己也在神座上受别人的祭拜。梦醒以后，他告诉他的学生说，他将要离开人世了；等于释迦牟尼佛快要涅槃的时候，在定中见一面金鼓，被敲得分裂成五块。出定以后告诉弟子们，自己将涅槃了，并说将来的佛法，会四分五裂，产生许多派系。孔子与释迦佛的情形相似，就在这一年，鲁国出现了麒麟。古人的观念，麒麟、凤凰为稀有的祥瑞灵物，要在天下大治的太平时代才出来。孔子认定出现的是麒麟以后，非常感叹地说：在这个乱世，你来干什么？这等于说，你在不该出现的时候出现了，那我也该走了，真是生不逢时。孔子已经深切地感到，无法挽回这个乱世了。

我们了解了孔子晚年的事迹，再读这一段书，就知道孟子说这个话的时候，也是在周游列国之后，看到时代无可挽救，准备卷铺盖，要回家乡去了。更妙的是，这里没有明说，是由万章发问而提出来的。

万章说：当孔子在陈国的时候，曾经说："盍归乎来。"这个"盍"字，是一个虚字，是说话前的一个语助词，所以叫作发语词，像是一声叹息。等于现代说话时，首先说的"那么""这个""唉""嗯"等等声音，有若干踌躇的态度。此字也可解释为"何不"的意思。我们看了这几个字，可以知道，古人的文章也是抄来抄去的，后世晋朝陶渊明写的"归去来兮"，就是从这里抄来的。

孔子的意思是说：唉！我们回去吧！或说：我们何不回去呢！

想到回家乡去，也就想到他的那些学生，前面已经略做解释，但是有一句话，在《论语》中没有记载，只是在这里由万章说了出来，就是孔子说"进取不忘其初"。一个人读书到大学毕业，乃至继续深造到博士学位，踏进社会的第一步，准备做什么？这是"进"；而"取"，是准备在这人生中走哪一条路，做一番怎样的事业，合起来是"进取"。一个知识分子，应该"进取不忘其初”，当一动念开始考虑的时候，不要丧失自己孩童时的那份纯洁，不要忘了原来的最初的本心。

我们都知道，年轻人的抱负很大，看天下国家大事也很简单，这就是“狂简”。当然，“狂简”并没有错，因为“狂简”的心理比较纯洁；后来久了，染污比较多，染污多了，原来的初心就被蒙蔽了，变样了。所以学问并不是知识，知识反而是最厉害的染污，知识越多，心中的染污越大。学问是自己做人做事时的心，那是个天然纯洁的童心，是小孩子坦然、纯洁可爱的童心，那就是初心。

孔子说他的学生们“进取不忘其初”，这是一般人最难达到的修养工夫。一个人在人生的路途上，不管自己的功业成就多大，能够“进取不忘其初”，是很难很难做到的。例如明朝开国的帝王朱元璋，由一名小和尚而达到皇帝之位；宋朝的开国皇帝赵匡胤，也是由小军官做起，最后当了皇帝。清朝的顺治皇帝曾经说过，“勿忘初心”，意思是：皇帝也是人，没有什么不同，不必把皇帝抬得太崇高了。这也正因为他们当了皇帝，气度到底与一般人不同，但是在他们的心理上“不忘其初”，就是要平凡、平淡，不要被染污了。

所以中国古代做官的人，退休后所作的诗文，往往有“依然还吾是初心”这一类的句子与思想，做了几十年官，做了几十年的事业，现在回到乡下去，种种花，锄锄草，养养老，此心还是和童年时候出来读书时一样。还有一句话是“还我初服”，意思是：本来是一个乡下的小孩，当年出来，穿了一件破破烂烂的学生装，几十年来曾任各级的官吏，乃至地位到了一人之下、万人之上，穿过了紫袍、红袍、蓝袍、绿袍，各级的官服，现在年纪大了，辞官回家，脱下了那些锦袍玉带，回到故乡；还乡后穿回以前的布衣裳，没有架子，像是没有做过大官，没有建立过大功业的样子，清闲自在，和儿时的同伴往来，坦率诚恳，无有挂碍，其乐融融。

所以在这里，特别将这句话提出来，希望今日的青年，能够懂得这个道理，当完成学业，踏入社会的时候，能够“进取不忘其初”。

万章现在对孟子提起孔子的这几句话，也是因为对当时所处时代的感慨，所以故意提出来问孟子。他言外之意，等于说：老师，我们还是回去种田吧！这个时代，已经没有办法挽救了。不过万章问孟子一个问题：孔子当年在陈国的时候，为什么会想到自己鲁国的那一班学生呢？

孟子说：“孔子不得中道而与之。”孔子当时认为那个时代，没有办法挽救了，因为人心没有办法挽救了。时代到了某一趋势，整个社会都是同一个思想，就算其中有一两个人高明，也抵不住时代思想那个潮流。说是用暮鼓晨钟，青磬木铎去敲醒，其实把磬打破，木鱼打扁了也没有用，敲不醒的。所以孔子感到“不得中道而与之”，不能够符合道德、道理而行，因此想起了自己的那一班学生。这一班三千弟子也蛮可爱，至少有两种典型：一种是“狂”，一种是“狷”。

在《论语》上，“狂”是和“狷”连在一起讲的。所谓狂狷，狷就是狷介，个性非常方正，内向而带一点孤僻，你的是你的，绝对不想占你丝毫便宜。有人恭维他非常好，他会答复说：“我有什么好？别乱讲。”“狂”的人就是子路这一型人，孔子问他的志愿，他说：“愿车马，衣轻裘，与朋友共，敝之而无憾。”照现在的生活，是坐最豪华的汽车，穿最漂亮的贵重衣服，凡是我的朋友，也都有这种生活，由我负责，穿用坏了就算了，一点不在乎。这就是子路“狂”的味道，气魄非常大。所以最后，他可以为仁义，为忠贞，死就死，为卫国而战死。在临死之前，虽一身创伤，血渍满襟，他想起孔子的教训，还是坐得端端正正，戴好头盔，整理好战袍，庄严谨肃地死去。

孟子这里所提的“獧”，就是狷，狷介的人，那是绝对有超然独立品格的。但这个品格的标准是：我要自由，你也要自由；你的东西我不碰，你的范围我不侵入。

孟子说，孔子知道这个时代无法挽救，宁可回去，找这帮“狂獧”的学生。

“狂者进取”，狂者能够努力向前走，不管任何艰难困苦，非冲破不可！没有灰心。不会像现在的青年，规矩是很规矩，功课也很好，深度近视，在路上贴墙角走，畏畏缩缩的。“狂”的人自有他的气魄，不低头，不灰心，永远前进，永远努力。

“獧者有所不为”，狷介的人，是有所为，有所不为，他认为不该做的事，宁死也不做。像文天祥等等，不投降就是不投降，违背了人格的事，绝对不干；说不干要杀头，他说没关系，一个头不过六斤四两重，要拿便拿去。

孟子说：孔子当时，难道不希望青年得其“中道”吗？“不可必得”，他找了一辈子，也没有找到，因此想想，还是自己这帮学生，算是不错了，于是下决心回去，还是教育他们去吧！

万章于是又礼貌恭敬地问：“敢问何如斯可谓狂矣？”请原谅我的大胆，敢于打断您老人家的话，请问一下，什么是“狂”的标准？

孟子说：像孔子的学生琴张、曾皙以及牧皮这几个人，他们的态度，可以说就是“狂”了。

琴张最好的朋友子桑户死了，大家去吊丧，都很忧伤，有的流泪哭了。琴张也去吊丧，他却说：你走了，好吧！我唱一支歌送你。他靠在门上就唱起歌来，唱完歌就走了。

曾皙也是这样，季武子死了，他也是去唱歌。因为他们已经

“了生死”，看透了生死，生死只是一种形态，他们知道这个朋友的道德、学问、修养，仍旧存在，所谓“灵魂不灭”，精神没有死。所以曾皙不像一般人那样，哭着送他走，而是唱歌送他走，气魄有如此之大。人生最痛苦、最难受的是生离死别，在这个时候，能处之泰然，不是一般人做得到的。

孔子、孟子，则说这是“狂”，而禅宗大师中，这些情形很多。例如南宋的大慧宗杲禅师要涅槃时，徒弟对他说：师父你还不能死。大慧宗杲说：为什么？徒弟说：自古以来的宗师，涅槃的时候，都留有偈子，你老人家还没有留偈子。他拈起笔来，大声呵斥道：没有留偈，就死不得啊？这就是“狂者”。

孟子告诉万章，像琴张、曾皙、牧皮等人，就是“狂者”，万章仍不懂，又问：那怎么叫作“狂”呢？

孟子说：所谓“狂”的人，胸襟宏大，同天地一样，意志“嘐嘐然”，其思想境界，扩大得像宇宙一样，包罗万象。

胸襟宏大是很难的，并不是肺活量大，也不是胸围宽，而是思想上器量大，对什么都不在乎。曾经有一个人，手掌都被机器压伤了，送到医院去，那是在几十年前，医疗技术、设备、药物都还落后。医师诊断后，告诉他要从上臂胳膊部位切除。他问如果不切有什么后果，医生说，不切可能有生命危险，他就吩咐医生替他切。小医院一时找不到麻醉药，他叫医生不必上麻醉，动手术硬切好了。他就自己坐着，伸手给医生做割切手术，痛得他全身直冒汗，可是一动也不动。后来只说了一句话：“切快一点好吧。”这是他痛得太厉害时说的。事后有人问他，失去一条手臂伤心不？他说，这有什么好伤心的，反正伤心也得切，不伤心也得切，已经切得够痛的了，如果再加上伤心，就太不合算了。

这就是“嘐嘐然”。虽然这是一件小事，可也得靠宽大的胸襟和器度。有些小姐们，看见一只蟑螂，也尖声高叫连眼泪也掉下来，吓成那个样子，就和“狂”极端相反了。

万章一听就说：这只是古代的人啊。现在的人心量越来越狭窄了，一点点事情，心里都放不下去，被人多看了一眼，就会生气杀人，没有胸襟可谈了。

不过话说回来，几十年前，听老一辈的人说：“人心不古，江河日下。”我们心里非常反感；但没过一二十年，现在我们这一辈也有许多人说：“人心不古，江河日下。”其实也没有什么古与不古，行与不行，说这个时代不行的人与这个时代最不行的人，也都照样地活下去，太阳照样从东边出来，人类就是这么一回事。

孟子又对万章说：这种人的胸襟，是令人向往的，毫不藏私，他的情感、思想，和太阳一样光明，掩盖不住，这是“狂者”。

孔子的学生中，“狂”的没有几个。他最爱的学生，当然是颜回、子路、子贡、曾子等等少数的几个。子路虽“狂”，可是狂得并不算高明。第一个够得上“狂”的是子贡，有时候他对于孔子的话，并不完全言听计从。那个时候的观念是轻商的，但是子贡发展他的生产事业，一边走他的商道之路，一边做他的学问。孔子虽不完全赞成，但也不阻止。在《论语》中记载，孔子有一次说：“赐不受命，而货殖焉，亿则屡中。”就是说子贡有时候不大听我的话，连我也把他没有办法，但是他去做生意，只要他估计认为对的，就一定是对的。所以孔子晚年的生活，我认为大部分都是子贡供养的。子贡有的是钱，什么官也不做，什么也不干，他玩他的财富。孔子死后，三千弟子服心丧三年，子贡则庐墓三年，守了三年墓（《史记》谓大年）。据堪舆家的传说，孔子在曲阜的墓茔，也是子贡勘的风水。最初有人选的是后世汉高祖所葬的陵寝，子贡去看了以后说，这个地方大不了葬一代帝王，不配葬我们老师，我们老师是万世之师，是精神王国中永远的王，于是选了曲阜这处地方。不过，子贡也说，曲阜的地，每逢某一个时代，会令孔门有女祸，需要小心，但决不会妨碍夫子的圣德。于是同学们才决定把孔子葬在曲阜。

孔子在世的时候，有一次齐国来打鲁国，孔子自己的国家受到侵害，只好准备亲自出马，要救自己的国家。子贡觉得老师年事已高，不宜亲自出面，因此说：老师，还是我去吧。孔子听了非常高兴，知道他出面一定可以为鲁国解围。于是子贡就出去办外交。子贡先后去了吴、越、晋等诸侯国，看清形势，先后挑起了齐、吴、越、晋的矛盾，反而解除了鲁国的危难。他自己若无其事地回到鲁国。他有的是本钱，第一国际之间友人多，第二在路上一面办外交，还可能一面做国际贸易，赚人家的钱。他的外交策略与手法，岂是后来的苏秦、张仪之流可以比拟！这是子贡的“狂”。相形之下，子路的“狂”，则是小的了。

第二个狂者是原宪，他曾经替孔子管过总务。孔子死后，他退居在草莽（平民社会）之间，还有一帮人跟着他，等于草莽英雄的头子。可是他自己穿得破破烂烂，并无任何物质享受。子贡也最喜欢这个同学，到处去找他，终于打听到他的住处，带了许多随从，到一处贫民窟里，挨户寻找，最后原宪从一个低矮的茅草棚里钻出来。子贡看见他面有菜色，穿的住的都这样破旧，就对他说：师兄，我看你很穷嘛！他说：我不穷，只是我有病。子贡问他生什么病？他说：时代病。于是大骂子贡一顿说：老师死了以后，世界乱成这个样子，我们对社会、国家、世界，毫无贡献，不能行老师的道，你还有心肠摆这副“后车千乘，食前方丈”的排场与我相见吗？你走吧！子贡原来想送点钱给他用的，不料挨他一顿训，这是子贡一辈子没有遇到过的，他被骂得满脸通红，但也很佩服原宪这种狂狷的气度。

孟子说：求“狂者”既不可得，就求那些“不屑不洁之士”，也就是“獧”者，所谓狷介之士——不干净的钱财他们是绝对不取，不干净的事绝对不屑去做的人。这些人好是好，他们抱“独善其身”的主张，把自己弄得干干净净，其他的一概不管，比“狂”的又差了一层。但这两种人，都是可爱的，或走这个“狂”的极端，或走那个“獧”的极端。其余的一般人，叫作“无所不为”，走什么路都可以，那就不必谈了。

乡原的表现

“孔子曰：‘过我门而不入我室，我不憾焉者，其惟乡原乎！乡原，德之贼也。’”

曰：“何如斯可谓之乡原矣？”

曰：“‘何以是嘐嘐也？言不顾行，行不顾言，则曰：“古之人！古之人！”行何为踽踽凉凉？生斯世也，为斯世也，善斯可矣。’阉然媚于世也者，是乡原也。”

万章曰：“一乡皆称原人焉，无所往而不为原人；孔子以为德之贼，何哉？”

曰：“非之无举也，刺之无刺也；同乎流俗，合乎污世；居之似忠信，行之似廉洁；众皆悦之，自以为是，而不可与入尧舜之道，故曰德之贼也。孔子曰：‘恶似而非者；恶莠，恐其乱苗也；恶佞，恐其乱义也；恶利口，恐其乱信也；恶郑声，恐其乱乐也；恶紫，恐其乱朱也；恶乡原，恐其乱德也。’君子反经而已矣。经正，则庶民兴；庶民兴，斯无邪慝矣。”

这里还是上面所述，孟子与万章师生之间的那一次对话，讨论了狂、獧问题之后，万章紧接着，又提出一个中国文化的基本精神问题。

万章首先引用孔子所说关于“乡原”的话，去问孟子，什么样子才是“乡原”？“乡原”是我国文化中一个特有的名称，现在我们谈话时，也常常会说到这个名称。

他说：孔子曾经说过，“过我门而不入我室”，对于经过我的门口，而不进来的人，我对他们当然遗憾，只有“乡原”这种人，我是不会遗憾的，因为“乡原，德之贼也”。请问，什么才叫作“乡原”？

孟子说，“乡原”这种人，有知识，也受过教育，好像学问、人品也不错，可是没有建立人生观，没有人格，平常却信口批评圣人。这一类人，“言不顾行，行不顾言”，说了一些尧舜之道，事实上又做不到，而他们的行为非狂即獧，又不能和他们口中所说的尧舜那样。他们把古人都抬出来，如何如何，自己却不做尧舜，只叫别人当尧舜，“嘐嘐然”，嘴里的大话很多，一辈子想救世界，教化人，结果没有人同路，也没有人真信他。这类人认为，一个人活在这个世界上，要顾到现实，自己一辈子活得好就可以了。

孟子说：这一类人，不但向现实低头，而且还“阉然媚于世”，讨好现实。后世的人叫这种人为“阿世”，态度“阉然”，不男不女，没有自己的人格与精神，如风吹两边倒的墙头草，没有中心的人品。假如是在现代的会议席上，当争议发生时，他会说双方的意见都好，大家综合一下就好了。这就是“乡原”。他没有对就说对，不对就说不对的气魄。反正他不得罪人，也怕得罪人，如果骂他两句，他会说：你大概有点误会，我们都是好朋友，你骂两句也没有关系。

万章说：老师，你这样一说就怪了，“原人”是好人，一乡的人都说他是“原人”，一个人在一乡党之中，如果做到被公认为药中甘草，是和事佬，不反对别人的意见，以别人的意见为自己的意见，人云亦云，貌似良善的话，孔子为什么会说他是道德之贼呢？

孟子说：这种人“无举也”，别人骂他是贼，都反对他，他也不脸红，不难过。“刺之无刺也”，他软瘫瘫的，正如禅宗祖师骂人“皮下无血”，是凉血动物，没有血性，刺他一下，不痛不痒。“同乎流俗，合乎污世”，别人觉得怎样好，他也就怎样好。人说不可以穿长袍，他明天就脱了。“居之似忠信”，表面上看起来，好像是忠信——拜托他事情，满口答应，过了好几天却毫无消息，再去问他，他说慢慢来，再想办法。请他写封介绍信，他也满口答应，不管有效无效，反正他做好人，写了算了。“行之似廉洁”，他的行为看起来，似乎也干净，送他一点东西，他说不好意思收，不要，不要，但小的不要，大数目也可以要。

几十年前，这类人被称作“汤圆”。抗战时期在四川，听到人们叫这类人“水晶猴子”。有事时，想到某人是“汤圆”，就说把汤圆找来，事情好办，因为汤圆又圆又软，任人挪拿，对于这种作风，他还自以为很对，做人成功了，绝对不讲人生的大道理。总之一句话，这种人，看上去有学问，有知识，以不得罪人为原则，面面讨好，没有是非观念。当然，他心里对于是非明白得很，但他的行为，并没有是非观念。闽南人叫作“搓汤圆”，上海人叫作“和稀泥”。

在李宗吾的《厚黑学》中，最后就说到这种人。孔孟之道痛恨这种人，但是时代到了某一阶段，这种人是非常多的。所以人生之道，在儒家是道德，就是佛家的戒律；戒律的道理，就是明辨是非，明辨善恶，任何思想行为，不可以马虎。儒家坚持人格、道德必须要有自己的标准，不可以苟且，不可以忽视，否则就是“乡原”。

“乡原”之所以是“德之贼”，因为“乡原”的作风，和道德的行为，在外表上差不多，很相像，那就是《西游记》上，孙悟空在小雷音寺，遇到乡原佛，也上了当。孙悟空这个水晶猴子，那么聪明剔透，遇到任何妖怪也不吃亏，只有遇到这个与真佛很像的假佛——乡原佛，他吃了亏上了当。

孟子说：孔子曾说过，一个时代，不论文化、学说、社会、政治，乃至做生意，最讨厌、最可怕的是大概、好像、差不多，等等，简直分辨不出是肯定还是否定，实际上这就是大奸大恶。“恶莠，恐其乱苗也”，就像种田的人，要将莠草、稗子拔掉，以免混乱了真正的秧苗。“恶佞，恐其乱义也”，这种恶佞的人，见风转舵，看起来很像够朋友，做事适当，而往往是助人之恶。“恶利口，恐其乱信”，能说会道，擅长辩论，一张口说话，歪理千条，一句话可以把一个国家，送到灭亡的路上。“恶郑声，恐其乱乐也”，那种靡靡之音，听起来很好听，但对整个社会风气，影响太大。“恶紫，恐其乱朱也”，古代认为朱——红色，是正色。现在所说的原色，其实在我国几千年前，已经有了颜色的分类，确立了原色和变色的原理。紫色为变色，但是很悦目，把朱这种正色的光华，在视觉上遮盖了。

后来清朝人们作文章、说话，都不敢引用“恶紫，恐其乱朱也”这句话，因为清代有人作了一首赏紫牡丹的诗，引用了这句话说“夺朱非正色，异种亦称王”。照理说，上一句是引用这句话，咏花的颜色；下一句因牡丹花素有花王之称，这两句诗，用来咏紫色的牡丹，用典是最为贴切的了。可是清兵入关，推翻了明朝，而明朝的皇帝，又刚好是姓朱，所以就有人指为是讥讽朝廷，报告到清廷皇帝那里，而兴起诛九族的文字大狱。另外还有人的诗中有“清风不识字，何事乱翻书”的句子，同样被认为有反清的思想，因而大兴文字之狱。这是讲到这一段想起的故事，顺便提一下，当然与《孟子》的本文，并没有关联。

《孟子》这里又引用孔子“恶似而非者”的话，最后一句是“恶乡原，恐其乱德也”。中国文化是绝对反对“乡原”的，教育的目的，是建立一个人格；知识只是谋生技能的养成，千万不要变成“乡原”。自古以来，知识多了以后，很容易走上“乡原”的路。

所以君子之道“反经而已矣”，“反经”不是反对经，而是返回正常。韩愈的学生李翱，学了禅宗以后，了解了人性本性的道理，写了一篇题名《复性》的文章，复性就是“反经”。“经”就是常，就是正。社会到了混乱的时候，一个知识分子的醒悟，能够使文化、思想、风气，从混乱中返回到正常，就是“反经”。所有的知识分子都能“反经”，“经正”，人生的常道一正，“则庶民兴”，所有人类社会，都跟着走上正路了，邪见自然没有了，奸佞的人也没有了。

这一段是全部《孟子》的结论。下面最后一段，是孟子的感慨。在前面《公孙丑》章，孟子曾经提到过“五百年必有王者兴，其间必有名世者”，这里，孟子的话，说得更具体了。

孟子曰：“由尧、舜至于汤，五百有余岁，若禹、皋陶则见而知之，若汤则闻而知之。由汤至于文王，五百有余岁，若伊尹、莱朱则见而知之，若文王则闻而知之。由文王至于孔子，五百有余岁，若太公望、散宜生则见而知之，若孔子则闻而知之。由孔子而来至于今，百有余岁，去圣人之世若此其未远也，近圣人之居若此其甚也，然而无有乎尔！则亦无有乎尔！”

孟子的感慨

孟子说：从唐尧到商汤这五百多年间，其中的大禹和中国法治的始祖皋陶，他们道的成就，“则见而知之”，是靠修养来的，人生的经验多了，学识丰富了，知道回转来找这个道。商汤又差一点，他是“闻而知之”，由上古留下来的文化教育，才知道回归本性。后来佛学中经常说到的一个名词“声闻众”，就是听了佛法，学了佛法，是由佛经告诉我们如何学佛，乃至于修道成佛，都是“声闻”而来，不是自己悟出来的，不是无师自通的。像尧舜，就是无师自通的。

由汤至文王，五百余年，又是一个历史的大起落、大转变，其间有伊尹、莱朱，这些名宰相，他们也是“见而知之”的。文王则是“闻而知之”。再由文王到孔子，又过了五百年，其中姜太公、散宜生是“见而知之”。孔子是“闻而知之”，是秉承传统文化的启示而来的。

孟子又说，由孔子到现在，只有一百多年，距离孔子的时代不算远，尤其我是邹地人，和孔子的家乡也很近。“然而无有乎尔！则亦无有乎尔”，在我这一生，却一无所成，想想我未来的日子也不多了，将来也不会有什么了。

这一段是孟子非常大的感叹，好像白活了一辈子，对人类社会没有贡献。

回想他在《公孙丑》章中曾说“五百年必有王者兴，其间必有名世者”的时候，最后还说：“如欲平治天下，当今之世，舍我其谁也。”他的话，当时很勉励自己的，可见那是中年时候说的；而这次他说“无有乎尔”，是在晚年说的。

“五百年必有王者兴”这句话，是由孟子明确提出来的。而在中国文化中，五百年是历史文化命运的大关键，三十年为一世，这一世当中有一个变化；六十年为一个花甲，两个花甲是一百二十年，又是一个变化；而一个花甲有五纪，即十二年为一纪，在“世”与“纪”的当中，又都有小的变化。六十年中小变化，一百二十年大变化，五百年更大的变化。

有一年，我曾在孔孟学会讲“五百年而后王者兴”的问题。上古史因资料不全，暂不去说。从周文王到孔子为五百年算起，是第一期。到现在一九七九年，已经是二十世纪末期，从二十一世纪开始，刚好是第六个五百年开始。孔子以后这个五百年，中间就是汉朝统一，汉武帝跟董仲舒整理文化，这是第二个五百年。由汉武帝到达摩祖师到中国来，禅宗的传入为第三个五百年。然后由达摩祖师到宋儒的兴起，是第四个五百年。理学家的兴起到王阳明的学说影响整个东方民族，为第五个五百年。由王阳明到现在四百多年，这个历史的大命运，是一个关键，所以讲算命啊，我们这个民族，交运脱运之间，是很苦的。在这个过来以后，你们青年一代，现在就要努力，未来五百年的命运，操之在你们的手里。不过要看你们能不能挑得起，五百年的命运能不能做一个黏胶，把这中间连起来黏住。假设你们还不能做个黏胶，前后就联结不起来了，中华文化断了怎么办？所以看青年同学哪一位能够充实自己，能够真正挑得起来，才能承先启后，继往开来。因此关于《孟子》的最后一段，说到五百年，不免有这么一个感想。

我们今天把《孟子》匆匆做一个结束，这次讲《孟子》的一件工程，算是完成了。

东方出版社南怀瑾作品

论语别裁
话说中庸
孟子旁通（上）
　梁惠王篇　万章篇
孟子旁通（下）
　离娄篇　滕文公篇　告子篇
孔子和他的弟子们
原本大学微言
孟子旁通（中）
　公孙丑篇　尽心篇

维摩诘的花雨满天
金刚经说什么
药师经的济世观
圆觉经略说
楞严大义今释
楞伽大义今释
禅话
禅海蠡测
静坐与修道
禅与生命的认知初讲
禅宗与道家
定慧初修
如何修证佛法
学佛者的基本信念
大圆满禅定休息简说
洞山指月

老子他说（初续合集）
庄子諵譁
列子臆说
我说参同契
中国道教发展史略述

易经系传别讲

易经与中医（外一种：太极拳与静坐）

小言黄帝内经与生命科学

漫谈中国文化

金融　企业　国学

廿一世纪初的前言后语

易经杂说

新旧教育的变与惑

南怀瑾讲演录 2004—2006

南怀瑾与彼得·圣吉

关于禅、生命和认知的对话

历史的经验（增订本）

中国文化泛言（增订本）